近世史研究叢書44

近世琉球貿易史の研究

上 原 兼 善 著

岩田書院

序 論

1 本書の意図と視角

近世の幕藩制国家は長崎口・対馬口・松前口・薩摩口の四つの口をもって外国と接していたとするのが今日の一般的理解であるが、本書はその中の薩摩口の研究である。薩摩口はいうまでもなく古くから中国との間に冊封関係を保ち続けてきた琉球の支配を前提として機能した口であり、この点について政治・外交の側面から様々な問題点が明らかにされてきている。しかし、本書はそうした研究の主流に位置づけられるものではなく、どちらかといえば脇に追いやられた貿易の問題に焦点を当てて、薩摩口の実像に迫ろうとするものである。

一五世紀以降一六世紀にかけての琉球国（ここでは一六〇九年〈慶長十四・万暦三十七〉の島津氏侵攻までの琉球国を前期琉球国とよぶことにする）の対外貿易については我々は、小葉田淳氏の『中世南島通交貿易史の研究』（初版は一九三九年、日本評論社。のち一九六八年に刀江書院より再刊。一九九三年増補版として臨川書店より復刊）をはじめとして多くの蓄積をもっている。しかし、近世期の琉球国（ここでは後期琉球国とよぶことにする）に関しては意外にも当該テーマの研究は手薄であったといっても過言ではない。その理由は前期の琉球国が中国・日本・朝鮮・東南アジア諸国との貿易で繁栄し、黄金時代を築き上げたのに対し、後期の琉球国は島津氏の支配下に置かれ、貿易圏は縮小し、かつての貿易立国としての覇気が失われたという理解が意識の根底に存在するからであろう。しかし、後期の琉球国は中国と進貢貿易を継続し、いっぽうで薩摩藩を介して強く幕藩制市場と結びつくことで国家経済を維持していたことは紛れもない事実であり、その実態分析を抜きにしては琉球国の構造を理解することはできないと考える。そうした観点から、本書ではまず中国市場での唐物購入にあたっての資金の調達、輸入唐物の日本市場での換銀という進貢貿易の基本的な構造を明らかにする。

対外貿易を財政的基盤の中に深く組み込み、存立したという点で似ているのは対馬藩である。しかし同藩の対朝鮮貿易は、一六九九年の幕府による元禄銀の発行、通用を契機に勢いを失い、一八世紀後期には、主要輸入品である朝鮮人参の国産化も手伝って縮小化の方向へ向かうことが指摘されている〈田代和生『近世日朝貿易史の研究』第十一章「輸出銀をめぐる諸問題」〈創文社、一九八一年〉、同「一七・一八世紀東アジア域内交易における日本銀」〈濱下武志・川勝平太『東アジア交易圏と日本工業化　1500－1900』、リブロポート、一九九四年〉、山本進「近世日朝貿易と被執取引」〈『北九州市立大学外国語学部紀要』一三六号、二〇一三年〉〉。これに対して、琉球の進貢貿易は、薩摩藩の戦略もあって、一九世紀のはじめには長崎の会所貿易にシステム的に結ばれ、長崎商法とよばれる薩摩藩の唐物商売は以後拡大を遂げながら安政の長崎開港まで続けられる。こうした薩摩藩の会所貿易への食い込み運動は、会所役人を抱き込んで展開されたがゆえに、会所貿易を揺るがすことになったことはいうまでもない。また同時に御免品の調達、流通をめぐる規制強化となって琉球に跳ね返っていくことになった。本書では次にこうした薩摩藩の長崎の唐物取引市場への参入がもたらした問題点について触れる。

本書は琉球口貿易ならびに薩摩藩の唐物商法の展開過程の解明に中軸を据えたものであるが、しかし着目したのは唐物だけではない。琉球には王府財政を基盤から支える砂糖・鬱金・反布・藍・泡盛などの諸特産品が存在した。それらが貿易資金源であるかぎり無視するわけにはいかないので、その流通についても取り上げることにする。長崎商法品以外の唐物および諸特産品の、鹿児島ならびに上方市場への販売にあたっては、もちろん薩摩藩の領主的規制がかけられ、自由な貿易は封じられていた。それゆえに琉球と薩摩藩との間には商品の販売利益の獲得をめぐって確執が生じることは避け難いことであった。それは決してあからさまにでなく隠微なかたちをとって現れている。本書ではそうした静かな闘争に着目して、琉球と日本幕藩制国家との関係を読み解くことにつとめる。

なお、ここで取り上げたテーマについては拙著『鎖国と藩貿易』（八重岳書房、一九八一年、以下旧著という）と重なっているものがある。しかし論旨は旧著のままではなく、史料を補い、再検討を加え論点を整理し直している。本書で述べていることが目下の筆者の琉球貿易に関する理解の到達点であることをお断りしておきたい。

2　最近の研究動向

すでに述べたように、一九八一年に刊行した旧著は、当時の私の力量不足から十分な考察が展開できず、書籍の体裁から言っても研究書とも概説書ともつかない不備だらけなものであった。その稚拙な書が引用されるたびに冷や汗が流れる思いを禁じ得ず、機会があればもう一度敬遠されがちなこのテーマときちっと向き合いたいとの思いを懐き続けてきた。本書をまとめた基本的な理由はこの点にある。

幸いにもこの三〇年ほどの間に沖縄県史料編集室による『歴代宝案』、浦添市による『琉球王国評定所文書』が公刊され、さらには那覇市史編集室によって尚家文書の公開をみ、貴重な史料が比較的身近に利用できる条件が整ったおかげで、琉球研究は飛躍的な発展をみせた。政治・対外交渉史関係はひとまず差し置いて、旧著を上梓して後の、貿易をテーマにした研究について概観してみる。まず一九八〇年代後半の研究としては、宮田俊彦『琉球・清国交易史—二集「歴代宝案」の研究』（南島文化叢書7、第一書房、一九八四年）、真栄平房昭「近世琉球における、個人貿易の構造」（『球陽論叢』、ひるぎ社、一九八六年）、島尻克美「仏船来琉事件と薩摩藩の貿易構想」（『球陽論叢』、ひるぎ社、一九八六年)、黒田安雄①「天保改革期の薩摩藩の唐物商法」(『南島史学』二五・二六号、一九八五年)、同②「薩摩藩の唐物商法と長崎会所」(『南島史学』三三号、一九八九年)などを挙げうる。

宮田氏の著書は「歴代宝案」第二集の分析を通して、琉清関係・朝貢貿易の実態に迫ったものであり、真栄平氏の論考はこれまであまり明らかでなかった渡唐役者・船方の個人貿易に切り込んだ意欲的な研究である。島尻論文は一八四四年から四六年にかけてのフランスの琉球に対する開国要求を受けて、薩摩藩が示した貿易構想をめぐる琉球王府の対応を追跡した研究である。黒田氏の①論文は、長崎払い琉球産物の拡張過程、商売御免銀高の推移、天草の豪商石本家が商法代銀の一手引受けにいたる経緯などについて明らかにするもの、②論文は幕府天保改革の推進にともなって顕わになっていく長崎商法をめぐる薩摩藩との相克、改革政策下の琉球産物の長崎払いの実態などに触れたもので、ともに筆者の旧著の不備を補ってくれる研究である。

一九九〇年代の当該テーマに関する研究としては、兪玉儲①「清代における中国と琉球の貿易についての試論」(『第一回琉球・中国交渉史に関するシンポジウム論文集』、沖縄県立図書館史料編集室、一九九三年)、同②「清代における中国と琉球の貿易についての再論―並びに中琉の漂流難民船救助活動について―」(『第二回琉球・中国交渉史に関するシンポジウム論文集』、沖縄県立図書館史料編集室、一九九五年)、豊見山和行「琉球国の進貢貿易における護送船の意義について」(『第五届中琉歴史関係国際学術会議論文集』、一九九五年)、宮田俊彦『琉明・琉清交渉史の研究』(文献出版、一九九六年)、傳朗「清代中国薬材輸入琉球考」(『第五届中琉歴史関係国際学術会議論文集』、一九九六年)、劉蘭青「清代中琉封貢と貿易の関係について」(『第三回琉球・中国交渉史に関するシンポジウム論文集』、沖縄県文化振興会公文書館管理部史料編集室、一九九六年)、富島壮英「唐船(進貢船・接貢船)に関する覚書―全乗船者の構成を中心に―」(『歴代宝案研究』六・七合併号、沖縄県立図書館史料編集室、一九九六年三月)、真栄平房昭「琉球王国における海産物貿易」(『歴史学研究』六九一号、一九九六年十一月）、朱淑媛「清代乾隆前期における琉球銅について」（『第五回琉球・中国交渉史に関するシンポジウム論文集』、沖縄県文化振興会公文書館管理部史料編集室、一九九九年）などが存在する。

兪氏の①論文は清国檔案中の貿易品の税額に着目し、貿易品目、数量を追跡した研究で、②論文は中国漂着琉球船、琉球漂着中国商船に対する中琉双方の対応を中心に論じたものである。豊見山氏の論考は、一八世紀に入って中国漂流・漂着民を送還するために派遣するようになった護送船に光りをあてた研究で、一九世紀に入って琉球では漂着中国人・朝鮮人の護送を名目に、積極的に貿易に乗り出していた実態を明らかにしている。宮田氏の著書は『歴代宝案』を素材とした前記著書の続編である。傳朗論文は琉球の清国よりの薬種輸入に焦点をあてた研究で、劉論文は清代の朝貢貿易を概観したもの。富島論文は進貢船・接貢船の乗員構成を取り上げたもので、中琉貿易を理解するうえでの基礎的研究といってよい。真栄平氏の論考は、これまでかえりみられなかった、琉球のヤコウガイ・タカラガイ・サメ・ナマコ・タイマイ（鼈甲）など、海産物の確保とその貿易の実態に焦点を当てた研究。これに対して、朱淑媛論文は清代乾隆前期の琉球の銅輸出を扱った研究である。

このように、一九九〇年代に入ると急速に中琉貿易に関する論考が増し、そして研究に厚みを添えたのは中国・台湾の研究者であったことが理解できる。それは中琉歴史関係国際学術会議、琉球・中国交渉史に関するシンポジウムなどの、中国・台湾と琉球・日本の研究者の間での学術交流の機会が増したことによる。

そうしたことを背景に貿易関係のなかでも飛躍的に研究が進んだテーマがある。それは冠船貿易に関する研究で、管見の限りでも次のようなものをあげることができる。徐玉虎「『冠船之時唐人持来品貨物』之分析」（『第一届中琉歴史関係国際学術会議論文集』、中琉文化経済協会、一九八七年）、豊見山和行①「冠船貿易についての一考察―準備態勢を中心に―」（『第三届中琉歴史関係国際学術会議論文集』、中琉文化経済協会、一九九一年）、同②「冠船貿易からみた琉球王国末期の大清外交」（『琉球大学法文学部紀要　日本東洋文化論集』六号、二〇〇〇年）、朱徳蘭「一八三八年與一八六六年的封舟貿易」（『第三届中琉歴史関係国際学術会議論文集』、中琉文化経済協会、一九九一年）、兪玉儲「三たび清代の中国と琉球の貿易を論ず―冊封の過程で展開する貿易をめぐって―」（『第三回琉球・中国交渉史に関するシンポジウム論文集』、沖縄県文化振興会公文書館管理部史料編集室、一九九六年）、孫薇「道光十八年（一八三八）琉球国尚育への冊封実態の一側面」（『法政大学大学院紀要』第三九号、一九九七年）、謝必震「琉球『冠船に付評價方日記』的史料價値」（『海交史研究』第一期、一九九九年）、呂小鮮「清代琉球冊封中の貿易に関する問題について」（『第七回琉球・中国交渉史に関するシンポジウム論文集』沖縄県文化振興会公文書館管理部史料編集室、二〇〇四年）。

これまで琉球がわの進貢・接貢を機会としたいわゆる定期的な朝貢貿易に対して研究関心があつまり、不定期の琉球国王の冊封を機会とした貿易にはあまり注意がはらわれてこなかったが、こうした研究によって冊封使一行によってもたらされた貿易品の品目、数量、その収買をめぐる琉球王府と冊封使一行との交渉などについてはほぼ明らかになった。ただ、一度にもたらされた大量の唐物がどのように薩摩・幕藩制市場に放出され、どれほどの貿易資金の回収ができたかという点についてはまだよくわかっていない。今後追究すべき課題である。

二〇〇〇年代に入って以降の研究としては、松浦章『清代中国琉球貿易史の研究』（榕樹書林、二〇〇三年）、梅木哲人①「『薩摩藩の琉球貿易』と銀の問題について」（『第九届中琉歴史関係国際学術会議論文集』、福建師範大学中琉関係研究所、二〇〇五年）、同②「薩摩藩・琉球国の中国貿易における日本銀の調達について―薩州御渡銀と銀座―」（『沖縄文化研究』三五号、二〇〇九年）、深沢秋人「近世琉球における渡唐使節の編成―一九世紀の事例を中心に―」（『法政大学沖縄文化研究所紀要　沖縄文化研究』二六号、二〇〇〇年、のち同氏『近世琉球中国交流史の研究』〈榕樹書林、二〇一一年〉所収）、山田浩世「近世琉球における王府官人制度と渡唐役者」（『日本歴史』七五七号、二〇一一年）などを挙げうる。

松浦章氏の著書は、檔案・『歴代宝案』等を駆使し、清代の中琉貿易の大要をまとめ上げたもので、やっとここにいたって我々は待望の清代を中心とした本格的な琉球貿易研究にめぐり会えたといっても過言ではない。今後の清代の中琉貿易に関する研究の進展は、この好著を乗り越えられるか否かにかかっているといってもよいであろう。ただし、松浦氏の研究は中国・琉球間の貿易に力点を置くもので、琉球と日本の幕藩制市場との結びつきにまではおよんでいない。この隙間を本書が埋めることができればと思っている。

梅木哲人氏の二つの論考は中琉貿易の媒体となった銀に着目した研究で、①では一六七一年（寛文十一・康熙十）以降、琉球・清国の関係が安定し、新しい貿易が始まったこと、それにともなって幕府による渡唐銀の制限が政策的に打ち出されていった事実が述べられている。これに対して②では、幕府の貨幣改鋳政策にともなう渡唐銀の吹き替え問題をとりあげつつ、貿易銀の確保という点で日本と深く結ばれていた実態が明らかにされている。

深沢論文は渡唐役者の主従編成のあり方に、また山田論文は渡唐役者の船間配分に着目した研究である。これらの点についてはこれまで不明な部分が多かったが、両氏の研究で多くのことが明らかになった。本書も両氏の基礎的研究に学んで渡唐役者の存在状況の分析に多くの紙数を割いている。

以上のように、後期琉球国をめぐる貿易史の研究は、ここ三〇年の間に遅々としてではあるが確実に歩を進めてきたといってよい。ただし、こうした研究の内容をみてくると、論点が中琉間の貿易に限定されていること、つまり、もう一方の日本との貿易関係に関する研究の影の薄さに気付かされる。まさにこの点が後期琉球国の貿易史研究の直面する問題であるが、近年、これまでの手薄の側面を埋める貴重な研究に恵まれた。徳永和喜氏の『薩摩藩対外交渉史の研究』（九州大学出版会、二〇〇五年）と深井甚三氏の『近世日本海海運史の研究―北前船と抜荷―』（東京堂出版、二〇〇九年）である。徳永氏の著書はすべての内容が貿易の問題を取り扱ったものではないが、「第二編　琉球口貿易と領国経営」で越中売薬商人組織薩摩組の昆布調達の動向、琉球口貿易と新潟港との関わりに触れている。いっぽう、深井氏は北国筋の要港の廻船問屋の史料を博捜し、薩摩と北国筋とを結ぶ抜荷ルートの存在を実証するにいたっている。この二つの研究によって、かつて筆者が旧著『鎖国と藩貿易』で薩摩を通じて琉球唐物が北国に流れていたのではないかと推測したことが裏付けられるかたちとなった。本書では両氏の研究を取り込み、また尚家文書など新たに閲覧が可能となった史料を利用して、さらに琉球貿易の輪郭を明瞭なものにしてみたい。

二〇一五年　三月

近世琉球貿易史の研究　目次

序章　近世初期・中期の琉球貿易概観

第一節　生糸・絹織物輸入のサブルート

島津氏は一六〇九年（慶長十四・万暦三十七）、琉球を制圧したが、琉球の進貢貿易に積極的に介入するのは、一六三一年（寛永八・崇禎四）以降のことである。それまでも唐物貿易に無関心であったわけではなく、銀一〇〇貫目程度が投じられ、生糸の買付けがなされていた[1]。琉球がわはこれに対して、四五貫目以上の船載は不都合であることを主張しており[2]、藩の投《な》げ銀《がね》の増大を牽制しようとしていたふしがみえるが、一六二五年（寛永二・天啓五）秋の渡唐に際しても一〇〇貫目が付託され、琉球にも二〇貫目を三割利で貸し付けている[3]。琉球自体、貿易資本の面では大きく島津氏に依存していたわけであり、そこに進貢貿易から島津氏を排除できない構造的理由があった。琉球の薩摩藩よりの借銀高からみて、資金的にも貿易の主導権は島津がわにあったといえる。

その薩摩藩もこの段階の投資額が銀一〇〇貫目程度にとどまっていたのは、琉球と明国との関係がなお正常化していなかったという事情があったからであろう。島津氏の侵攻をうけたのち、明国は日本に対する警戒心から、琉球の二年一貢の進貢を、一六一二年（慶長十七・万暦四十）に一〇年一貢に制限し、ようやく一六二二年（元和八・天啓二）には明国の態度が軟化して五年一貢制が認められたものの、藩が本格的に参入するにはなお条件的には整っていなかったというべきだろう。

しかし、一六三一年（寛永八・崇禎四）を期して薩摩藩の貿易政策に変化があらわれる。すなわち、七〇〇〇貫目という膨大な借銀高を抱え込んだ藩は、川上又左衛門の建策を受け容れて、進貢貿易の利をもってその財政の建て直しをはかる方向へ動き出す。藩は建策者の川上を琉球在番奉行に任じるとともに、伊地知心税（悦）に銀一〇〇貫目を託し、琉球風の蓄髪をさせて琉球の使者らとともに渡明させて生糸の調達にあたらせている。伊地知季安《すえよし》が「今いわゆる御糸荷と云うは、ここに首まる也」(4)と記しているように、ここにおいて藩は本格的な生糸貿易に取り組みはじめたのである。伊地知心税の中国派遣は、進貢貿易の実態を具に把握し、生糸貿易の道筋をつけるためであったとみてよい。

川上久国・喜入忠政・島津久国ら藩家老は、一六三一年（寛永八・崇禎四）閏十月三日付で琉球三司官（国政を掌理する三人の宰相）あてに「覚」を出し、年間の貿易に投下する御物銀子額を一〇〇〇貫目とすること、渡唐船は春秋冬の三期にわたって仕立てることなど、貿易銀高の大幅増枠と遣船度数の増加を促すいっぽう、御物銀子（公銀）を預かる「才府役」は扶持人として取り立てるよう命じ、役方の編成にも着手している。もちろん事は琉球王府要路のうち、「心持悪衆」を恫喝して進められた(5)。

藩がこの段階で、進貢貿易への参入を企図するにいたったのは、琉球国王尚豊の冊封使者の琉球渡来が予定されていたことと無関係ではなかった。藩は、一六三二年（寛永九・崇禎五）五月には、翌年の冊封の使者来航にそなえて、冠船奉行として新納忠清・最上義時らを派遣し、貿易体制の構築に乗り出している(6)。その新納・最上らが同年八月二十七日付で、琉球国摂政金武《きん》王子朝貞、三司官国頭親方《くにがみうぇーかた》（王族に与えられる最高の称号）朝致・勝連《かつれん》親方良経にあてた「覚」は、七〇〇〇貫目におよぶ藩借銀を消却する途は、琉球を介した唐物商法以外にないことを強調し、明国ならびに冊封使との交渉案件を指示している。その内容は、①三年に一度の進貢、②年頭使の派遣、③毎年皇帝ご誕生の祝言を申し述べるための使船派遣、④進貢物の馬・硫黄の加増、⑤やこ貝（夜光貝）の毎年の積渡しなどである。(7)

すなわち、藩の意図するところは明への遣船度数ならびに船隻数を増し、貿易の機会を拡大することであった。勅使船の帰帆に際しても、琉球より王舅乗船のほかに、冊封使一行を送るために、馳走船一艘を仕立てて計二艘とし、明着津と同時に、銀七五〇貫目分の生糸の積載が可能になるよう船間を拡張すること、勅使より二艘の馳走船は無用とされた時は、翌春勅使の無事帰帆を確認するための使船を派遣すること、などを指示している（右「覚」四条目）。

藩による積極的な対明交渉が促されるなか、琉球では一六三三年（寛永十・崇禎六）には明国勅使杜三策《とさんさく》らに随行するかたちで国頭親方・喜友名《きゆうな》親方らを派遣、ついに懐宗より二年一貢と、貢船一隻を増して二隻とすることを許されるにいたり、藩の貿易への参入も具体化の方向へ向かうにいたる。巨大な藩資本の参入を前に、琉球王府の困惑ぶりが想像できるが、右の八月二十七日付の「覚」で、琉球がわでは銀子八〇貫目ほどは「王位御物」として毎年遣わしたいと主張したことがわかる（七条目）。これよりすると、琉球がわの渡唐銀高はほぼこの程度であったかのように解される。しかし一六三九年二月九日付の金武按司《あんじ》（王族のうち王子に次ぐ称号・位階名）・勝連親方らによる平田狩野介・伊東二右衛門あての「覚」(8)によれば、藩の御物銀三〇〇貫目に対し、琉球がわが二〇〇貫目の隠し銀を積んで生糸を買い込んでいた事実が明るみに出、一〇〇貫目以上の商売は不可能であるとする、これまでの琉球の主張は虚偽であることが責められているから、国王御物銀子のほかに実際は二〇〇貫目ほどが積み込まれていて、総高三〇〇貫目程度が生糸購入にあてられていたのではないかと思われる。しかし、そうだったとしても、藩の生糸買入れ資本が一〇〇〇貫目も投入されるとなると、遣船度数ならびに船数が限られている状況においては、琉球の貿易高が圧迫を蒙ることになるのは必定であった。

また、先の一六三二(寛永九・崇禎五)八月二十七日付の「覚」では、調達生糸の鹿児島にての計量がきびしく、目減り分は「王位様御糸」や唐物買付けにあたる才府・官舎買入れ分で弁じ、いっぽうでは渡唐船仕立てにあたっての「遣物」は琉球の負担になっている旨が訴えられていたことが判明する(八条目)。ここにも琉球がわが従属的地位に置かれていた状況が示されているが、この点について、「王位御物銀」一件同様藩主に披露する旨、最上・新納は請け合っている。こうして、藩の貿易拡張政策が押し切られようとするなかで、琉球がわの既得権を守り、あるいは不利な現状を改善しようとする動きは注目してよいであろう。

このように、藩の貿易参入は琉球がわとの矛盾を内包することになったがゆえに、藩の期待とはうらはらに、けっして順調ではなかった。すでに一六三六年(寛永十三・崇禎九)帰帆の使船が購入してきた生糸は粗悪品で、しかも水濡れや鉛などの異物の混入による斤目の偽りなどで、京都市場での評判を落としていた(9)。また一六三四年・三六年派遣船が多額の藩御物銀を生糸の誂え銀として明の牙行(仲買業者)たちに前渡ししたにもかかわらず、品物を入手できず詐取されるという事件が起き、藩は莫大な損害を蒙った。そしてこの事件がひきがねになって、一六三七年には明国より生糸貿易を禁止する旨の通告を受けたのである(10)。こうした事態に象徴されるように、藩にとって進貢貿易への関与は一定のリスクをともなうものであった。明国との交渉は琉球が担い、現地市場における商品購入の裁量権は渡唐役者に帰属し、渡唐役者らが牙行らとの間に築いた信用体系に介入できないかぎり、損失をともなうことを覚悟しなければならないものであった。

琉球の生糸輸入ルートが明国によって封じられるという事態のなかで、江戸幕府はまたポルトガルとの関係を閉じようとしていた。山本博文氏・永積洋子氏らの研究によれば、島原の乱の鎮圧後、幕閣の間ではポルトガル人の追放が論議されはじめていたが、その最終的な決定は翌一六三九年(寛永十六・崇禎十二)七月五日の評定所の大寄合において行われ、八月五日には長崎奉行の太田資宗を通じてその旨がポルトガル人に伝えられた。[11]この間幕府の懸念は、ポルトガル人を追放することによって生糸・絹織物・薬種・乾物類の調達が不可能になるのではないか、ということに向けられていた。だがしかし論議の末、これらの貿易品は対馬・琉球を通じて求める方針を固め、ポルトガル人の追放に踏みきったのである。

ちなみに、薩摩藩が幕府の求めに応じて上呈した、中国より琉球への輸入品リストは、①生糸、②巻物少々(紗綾・縮緬などの類)、③薬種少し、④書物少し、⑤椀・折敷・盆・その他誂え品、⑥皿・茶碗、⑦墨、⑧線香の類、⑨しゃひん、⑩唐扇、⑪もうせん(毛氈)、⑫とうたん(釷丹)、などとなっている。これがこの段階で琉球が明国より入手していた主要な商品ということになり、このリストによって、幕府は薩摩藩に対し、琉球に生糸・巻物・薬種類の輸入に当たるよう正式に伝えさせたのである。[12]こうして薩摩口は長崎口を補完する唐物輸入のサブルートとして公的に位置づけられた。

幕府よりの要請によって、薩摩藩はいうにおよばず、琉球でも生糸貿易禁止令を明国に解かせることが急務となった。琉球ではこれまで恩恵的に生糸の輸入は免税とされていたが、関税納付を前提として輸入交渉をすすめ、事態を打開しようとはかった。しかし、交渉半ばにおいて中国の政情は動乱を迎える。一六四四年(正保元・崇禎十七)、李自成率いる農民起義軍によって北京は占拠され、崇禎帝(毅宗)は自害、また李自成は間もなく清軍によって放逐となり、明の勢力も南京に逃れた。琉球の白糸貿易の復活交渉はこの南明政権と続けられることになったのである。一六四五年(正保二・弘光元)、交渉は一応成立し、三部輸税による生糸の輸入が認められるにいたったが、もはや明国の滅亡は明らかであった。

一六四九年(慶安二・順治六)になって、清朝へ投誠の意を表するための使者が立てられた。これに対して、世祖は琉球に明印の返還と慶賀使の派遣を求め、琉球がわも一六五三年（承応二・順治十）に世祖の登極を慶賀し、そして清朝に印綬を返還して正式に冊封を要請した。しかし、その後一〇年間は、「中山世譜」などでも琉球がわより公的な使者が立てられた形跡はみられない。海上の治安が悪かったことによるが、ようやく一六六三年（寛文三・康熙二）になって張学礼と王垓ら冊封使一行が来航し、ここに文字通り清国との冊封関係が成立するにいたった。この時の勅書によって、琉球国は明の制度にならって、二年一貢が認められ、貢使一行は一五〇人、入京の人数は正副使二人に随

表1　1670年賊難進貢船の積荷

	積　荷	数　量	代銀（匁.分厘）
1	金子	997匁（両カ）5分	997.5
2	銀子	191貫343匁9分	191,343.9
3	馬	5疋	2,500
4	硫黄	7,321斤	18,302.5
5	やこかいから	1500	1,200
6	綾蕉布	50反	650
7	練蕉	56反	560
8	上紙	20,000枚	225
9	鬃刻（刷ヵ）	50箱	325
10	金屏風	3双	1,500
11	からかみ	1,000枚	50
12	わく水風呂	5通	300
13	水風呂	13	325
14	金扇子	138本	483
15	銀扇子	285本	356.25
16	やくわん	32	112
17	砂子扇子	151本	75.5
18	扇子	75本	26.25
19	筆	80対	40
20	きせる	212	74.2
21	貝盆	35	15
22	大すひ	30	9
23	洞貝大小	40	700
24	砥	10丁	5
25	焼酎	537沸	2,174.85
26	中白米	9石5斗	475
27	米	34石7斗5升	1,390
28	大ツ（豆）	1石7斗5升	52.5
合　計			276,575

『東恩納寛惇全集』第2巻91頁。小野まさ子・里井洋一・豊見山和行・真栄平房昭「『内務省文書』とその紹介」（『史料編集所紀要』12号、沖縄県立図書館史料編集室、1987年、64号）より作成。

行者一五人と定められた。しかし、洋上では台湾に拠った鄭成功の抵抗が続き、陸上では一六七三年（延宝元・康熙十二）には呉三桂・尚之信・耿精忠らが、それぞれ雲南・広東・福建に拠って蜂起し（三藩の乱）、中国との通交そのものもままならず、貿易は退潮に追い込まれていった。渡唐船はしばしば洋上で海賊行為の被害をうけているが、ちなみに一六七〇年（寛文十・康熙九）に渡清の途中、賊難を被った進貢船の積荷が判明するので、それを掲げてみると表1のようになる。

まず渡唐銀高に注目すると、一九一貫三四三匁九分（表1№2）となっている。貢船一隻の積銀高であるから、単純にはいえないが、他の一隻の積銀高もこれに近い額であったと仮定すれば、この頃の進貢船の渡唐銀総高は四〇〇貫目内外であったことになろう。進貢・接貢料銀の内容が問題になるが、一六七二年（寛文十二・康熙十一）閏六月八日付の桂杢之助（忠保）あて摂政羽地按司朝秀（向象賢）および三司官の「覚」[13]によれば、同年秋藩より渡される銀高は、御物方・浮徳方・二ノ丸方当などの役所誂え銀と諸士誂え銀よりなり、前者が七〇〜八〇貫目、後者が二〇〜三〇貫目で、計一〇〇貫目程度となっている。藩がこの時点において、諸士に投げ銀を許していた点が注目されるところで、免許銀高は高二〇〇〇石以上五〇〇匁、一〇〇〇石以上三〇〇匁、三〇〇石以上一〇〇〇石まで二〇〇匁、無高より三〇〇石まで一〇〇匁とされた。それらはまとめて鹿児島の琉球仮屋在番（一六〇九年の薩摩藩の支配後設置）に渡され、縮緬・紗綾・綸子・さおうちう（焼酎）・白糸・毛氈・布類の購入にあてられた[14]。進貢時にこれらの諸士誂え銀を含めて藩の誂え銀が一〇〇貫目程度であったとすれば、洋上の治安悪化で、貿易が低調のこの段楷において、琉球独自の渡唐銀高は三〇〇貫目ほどということになろう。

表をみると、この頃渡唐船にはそれほど多くはないが、金子も積まれている。幕府は、一六六四年（寛文四・康熙三）に唐・オランダ船に金の輸出を許したが[15]、琉球がわも牙行の求めに応じていたことが理解される。もちろんその入手先はこの頃、金の採掘に力を入れていた薩摩藩であったとみて間違いはない。

表中の品目のうち№3馬、4硫黄、5やこかいから、6綾蕉布、7練蕉布、10金屏風、24砥などは進貢物で、他は販売に付され、これらの代銀が銀・金とあわせて生糸・紗綾・薬種などの唐物購入にあてられたものと思われる。なお品目のなかで気になるのは、26中白米（九石五斗）、27米（三四石七斗五升）の存在である。これについては渡唐船乗員の飯米という理解が先に立つが、琉球王府の財政史料である「御財制」には「唐定式御礼格」という項目で米高が書き上げられているところからすると[16]、清朝官衙役人らへの贈答用を含むものであろう。明末清初の動乱の一六四四年（正保元・崇禎十七）、薩摩藩では中国における米価高騰の報に、進貢船による米の輸出も議論されているから[17]、贈答用としては大きな価値を有していたものとみられる。

第二節　渡唐役者・船方の構成

琉球船も、こうした積荷を賊難から守るために鉄砲などの武具を備え、襲撃をうけた場合は抗戦している。しかし、渡唐船乗員の生命や積荷の被害が考慮されたのであろう、「中山世譜」によれば、遣使は一六七二年（寛文十二・康熙十一）以後数年間は空白になっていて、入貢がほぼ常態に戻るのは一六七七年（延宝五・康熙十六）以降のことである[18]。ようやくこの頃には洋上の治安も回復したものと思われる。

一六八一年（天和元・康熙二十）には三藩の乱も止み、また一六八三年には台湾の鄭軍も清に降って遣船の環境は大きく改善されることになった。そして清朝が、台湾の鄭軍降伏の翌年、商船の出海・貿易を禁じた遷界令（一六六一年〈寛文元・順治十八〉発令）を撤廃し、展界令を公布すると、長崎への唐船の来航が急増、逆に幕府は新たな貿易対策を迫られることになったが、いっぽう琉球貿易も再編すべき事情をかかえるにいたっていた。すなわち、琉球の買物は年々高値になり、そして品質は粗悪になる傾向を示し、一六八二年藩では問題になっている(19)。翌年冬には、池《いけ》城《ぐすく》親方安憲（毛国珍）を尚貞王の冊封使汪楫《おうしゅう》一行に謝恩使として随行せしめ、福州の貿易事情を視察せしめている。そして一六八五年（貞享二・康熙二十四）に池城が買物に上々の首尾をおさめて帰国すると、十月には王府に対して以下の諸点について指示している(20)。

まず第一点は渡唐役者についてで、具体的には今後渡唐役者は池城の指図をあおぐこと、買物にあたる役人は無功の者を交代で送ることをやめ、現地の事情にくわしく買物に手なれた者を派遣すること、以後買物役を二人とし、その一人を必ず次回に渡航させるようにして、両人ともはじめての者を派遣しないこと、などを内容としている。第二点は買物についてで、これまでの買入れの御用絹布は粗悪で用に立たないことを指摘し、以後良品がなければ注文外の品でも良品を見立てて買い入れ、粗悪品を買わないこと、としている。第三点は鹿児島への確実な着荷の指示で、福州での御用物の調達は早々に行い、出航時期を逸しないようにすること、御用物の遅着を避けるため薩琉往還の楷《ケー》船《ジン》（ジャンク型の官船）をいま一艘備えること、としている。第四点目は渡唐役者たちの私貿易についてで、これまで渡唐役者らに私貿易を禁じてきたが、それでは彼らの身上の疲れになる、として、役料として一定額の私貿易を認めるよう促している。

このように、中国現地における唐物の仕入れのあり方に改善を加え、唐物の荷送りを速やかにかつ確実なものにし、またこれまで認められていなかった渡唐役者たちの私貿易を認めるかたちでその役務に対する意欲をかきたて、低迷を続ける唐物商法の建て直しをはかったのである。かくして、各種渡唐船には貨物の積間が配分されていったものとみられる。

表2　大唐船・小唐船の乗員構成

a　常例進貢使節（大唐船）への船間

	役　職	主　従	積間（斤）
			「算術書」
1	勢頭	主従10人	12,879
2	勢頭与力	主従	2,161
3	大夫	主従10人	9,570
4	大夫儀者		1,080
5	北京宰領（2人）	主従	5,284
6	北京大筆者	主従6人	3,242
7	北京大通事	主従6人	6,485
8	在留	主従6人	5,404
9	大通事	主従5人	5,404
10	才府	主従5人	22,686
11	官舎	主従5人	22,687
12	大筆者	主従3人	20,525
13	脇筆者	主従3人	20,525
14	総官	主従	2,161
15	船頭		20,486
16	勤学（4人）		0
17	五主（10人）		22,260
18	佐事（8人）		20,520
19	水手（32人）		36,640
		計	239,999

b　常例進貢使節（小唐船）への船間

	役　職	主　従	積間（斤）	
			「算術書」	「旧記」
1	大通事	主従5人	12,045	12,515
2	存留	主従6人	9,279	9,279
3	才府	主従5人	29,565	29,565
4	官舎	主従5人	29,381	29,381
5	大筆者	主従3人	25,905	25,905
6	脇筆者	主従3人	25,905	25,905
7	総官	主従	5,006	5,006
8	船頭		23,224	23,024
9	五主（10人）		22,260	22,260
10	佐事（8人）		20,520	20,520
11	水手（32人）		36,640	36,340
		計	239,730	240,000

山田浩世「近世琉球における王府官人制度と渡唐役者」（『日本歴史』757号、2011年）より引用。

渡唐船の乗員の構成については、明代のそれは小葉田淳氏のすぐれた研究で詳細は早くから知られていたのに対し、清代に関しては長い間研究は放置されてきたといっても過言ではない。しかし、最近ようやく富島壮英氏(21)・真栄平房昭氏(22)・深沢秋人氏(23)・山田浩世氏(24)らの研究によって多くのことがわかってきたので、以下、それらによって論点を整理しておきたい。

清代の渡唐船としては定期的な進貢船・接貢船と、漂着中国人・朝鮮人などを送る臨時の護送船などがあるが、ここでは特に進貢船一艘（大唐船・小唐船）の乗員構成について触れることにする。渡唐船の乗員構成について触れた史料としては、Ⅰ「算術書」（『那覇市史』第一巻一〇、「琉球資料（上）（四）租税関係」四三号文書）・Ⅱ「渡唐船積間定」（『旧記書類抜粋』）・Ⅲ『事々書抜』・Ⅳ「古老集記類の二」（『近世地方経済史料』十巻、三三五〜三三六頁）などがあり、すでに各氏によって引用されているところであるが、ここでは山田氏がⅠおよびⅡなどによって作成した表2によって常例進貢使節派遣に際しての大唐船・小唐船の乗員構成と、彼らに認められた貨物の積間配分の状況をみておこう。

深沢氏によれば、ここに示した表2-aの№1から17までの渡唐役者らは大きく三つのグループに分けられる。第一は北京の朝貢を主務とする「進京」グループで、正使（耳目官）の勢頭《せどう》（1）、副使の正義大夫（3）、北京大通事（朝京都通事）（7）、北京大筆者（6）、北京宰領二人（5）、勢頭与力（2）、大夫儀者（4）、それに勢頭内証（内証聞）らの九人の上級官人と、その人伴（従者）を合わせて二〇人で構成される。この一団は翌年派遣されてくる接貢船で二年後に帰国することになる。第二は、福州に留まって貿易活動に従事し、復路の進貢船に乗船して翌年に帰国する「摘回」グループで、渡唐役者の圧倒的多数がこの集団に属する。第三は、足かけ三年にわたって、福州に滞在して朝貢使節とともに帰国する「存留」グループで、一六人前後よりなる。

一般に上級の渡唐役者らには従者を従えることが認められたが、主従は福州においても新たに再編成された可能性も指摘されている[25]。表中には見えないが、時折「進京」グループの一員として史料上に現れる勢頭内証（内証聞）は福州到着後に設定された役職であったのではないかとみられる。必要に応じて「主従」の関係が改編されるものであったとすれば、表中の「主従」も本来の主人と従者の関係を示すものかどうか検討の余地を残している。なお、表中№19の「水手」には定加子・水主・大工が含まれており、『事々書抜』によればそれぞれの員数は六人・二四人・二人となっていることを付言しておきたい。

表3　接貢船の乗員構成

	役　職	人　数	従者人数	主従合計
1	才府	1	4	主従5人
2	大通事	1	4	主従6人
3	官舎	1	4	主従5人
4	脇通事	1	4	主従5人
5	大筆者	1	2	主従3人
6	脇筆者	1	2	主従3人
7	総官主従	1	1	主従
8	船頭主従	1	1	主従
9	五主	10		
10	佐事	8		
11	定加子	6		
12	水主	26 (内2人大工)		
	合人数	80人		

『事々書抜』より作成。

以上みてきた進貢船の乗員の数は、大唐船で一二二人、小唐船で八〇人である。進貢使一行を迎えるために翌年に派遣される接貢船の場合は表3の通りで、才府以下八〇人である。年によって多少の出入りがあるが、渡唐役者の制度が整ったとみられる一八世紀初期の段階の乗員の数もこの程度であったとみられる[26]。

これら渡唐船の乗員には、貿易のための貨物を積む船倉空間が与えられた。これが「船間」あるいは「乗間」「積間」などと称されるものである。表2をみると、大唐船と小唐船の積間の総計はそれぞれ二四万斤程度となっている。船間の問題にいち早く着目した真栄平房昭氏は、『旧記書類抜粋』中の「渡唐船積間定」の分析によって、大唐船における積間の配分構成比は才府と官舎がそれぞれ一〇・二四%ずつで、全体の二割を占め、船頭と大筆者がこれに次ぐ地位にあること、小唐船においてもやはり官舎と才府が全体の一二%ずつを占め、優遇されていたことを明らかにしている[27]。またその後、山田浩世氏は表2-aによって高官の正使(勢頭)・副使(大夫)に較べて才府・官舎・大筆者・脇筆者・船頭などの小官クラスに広く船間が割り当てられ、その所持荷が大荷の多くの部分(二四万斤中一一万斤)を占めていることから、特に才府・官舎・大筆者・脇筆者は、「受益職」であったとしている[28]。

船間配分から導き出された真栄平・山田両氏の指摘はたいへん興味深く思われるが、封建的ヒエラルキーを原理とする旅知行制で、下位の者が上位の者より優遇されるということがあるだろうか、という疑問を禁じ得ない。渡唐役者らには一定の粮銀・飯米が支給されていたので、その点も考慮すべきであろう。粮銀の配分基準ははっきりしないが、下って一八五四年（安政元・咸豊四）の「案書」にみえる六月二十五日付の「覚」によって渡唐銀の内訳を示すと表4のようになる。(29)

「覚」の但書きには、合計高七九貫六〇〇目のうち、遣銀三〇貫目と使者以下付々役者の持高銀一九貫六〇〇目の合計四九貫六〇〇目は「例年進貢渡唐料銀之内ニ而持渡」、とあるから、官給されたものと解される。そう理解したうえで、渡唐役者らに給された一九貫六〇〇目の配分のあり方をみると、そこには上位の役者が多く配分にあずかっていることがみてとれるのではあるまいか。この粮銀のほかに飯米が支給されていたことは、すでに真栄平氏が一八五〇年（嘉永三・道光三十）に渡唐した田里筑登之親雲上《ちくどうんぺーちん》（下級士。従七品、黄冠）を例として示す通りである。北京大筆者の田里は賦銀として銭六七五〇貫文（銀子にして九〇〇目）、飯米として粟九石を給されている。(30) 田里は乗員の中では上層官人であるから当然しかるべき船間も給されたであろう。それは表2-aに示される三〇〇〇斤程度であったと目される。銭（銀子）はもちろん、飯米も自家消費の残りは貿易に当てられたから、やはり上位の者が貿易利を上げ得る仕組みになっていたとみるべきであろう。とするならば、より上位の者ほど広い船間が与えられていなければ説明がつかない。史料Ⅱによれば大唐

表4　1854年の渡唐銀の内訳

	役　　者	銀子（貫.目）
1	北京遣銀	60.000
2	使者	10.000
3	使者与力	0.700
4	大夫	5.000
5	北京大通事	2.000
6	北京大筆者	1.000
7	宰領人（２人）	0.900
	計	79.600

「案書　咸豊四年」142-3号（『琉球王国評定所文書』第八巻）より作成。

表5　乗員の身の回り荷物

	役職	積間（斤）
1	勢頭主従	2,800
2	大夫主従	2,955
3	才府主従	1,477
4	北京大通事主従6人	1,625
5	大通事主従	1,477
6	官舎主従5人	1,477
7	存留主従6人	1,625
8	北京大筆者主従3人	1,182
9	脇筆者主従3人	1,182
10	総官主従・勢頭・与力・船頭	737
11	北京宰領主従3人	738
12	五主10人（1人296斤宛）	2,960
13	作事8人（1人296斤宛）	2,368
14	水主32人（1人148斤宛）	4,736

「渡唐船積間定」（『舊記書類抜粋』）より作成。

船には表5のごとく乗員の「身廻荷物」三万斤分（表中の斤数は二万七三三九斤）が設定されていて、従者員数によって斤数に出入りがあるものの、こちらは上位者に広い積間が与えられるという傾向を読みとることができる。

史料Ⅱは、大荷の積高を大唐船二〇万斤（一二〇トン）、小唐船一四万斤（一四四トン）とするので、それを大唐船・小唐船の基準積載容量とみると、表2‐aの大唐船は「身廻積間」を加えると二五万斤を超える船間を擁していたことになる。

表2‐a・bを渡唐役者ならびに船方のみの船間とすると、もう一つ厄介な問題が出てくる。すなわち、琉球王府御用物の積間は一体どうなっていたのかという問題である。一七五六年（宝暦六・乾隆二十一）、幕府の抜荷禁止令の発布に際しての藩の問合せに対する琉球王府の回答書によれば、進貢料銀三〇二貫目の内、公銀による唐物（白糸・紗綾）の買入れ代が七五貫目に対し、渡唐役者ならびに琉球諸士に許された貿易投資銀（諸士免銀）は七〇貫目、接貢料銀の場合は、一五一貫目の内、三五貫目に対して三〇貫目という状況となっている。[31] つまり、諸士免銀よりもやや二番方銀高[32]が多いわけであるから、さらに渡唐役者・船方の船間を超えるスペースがなくてはならないわけで、大唐船・小唐船ともに山田氏のいうように五〇万〜六〇万斤を超える荷を積んでいたことになる。それはけっしてありえ

ない話ではない。周益湘氏の「道光以後中琉貿易的統計[33]」をみると、一八六四年(元治元・同治三)の接貢船の輸出高は、海帯菜(昆布)・海参(いりこ)・魚翅(ふかひれ)・醃魚(塩ざかな)・鮑魚(あわび)・目魚乾・醤油・茶油・銅器・棉紙・刀石等、斤の計量で示される品目のみで三九万九九斤(二四〇トン)におよんでいるからである(第二章表20―b参照)。清代を通じて渡唐船がこれほどの積載量を維持したとはいえないであろうが、それは次第に拡幅をみ、王国末期の一九世紀半ば頃には大船化していた可能性はないわけではない。

ちなみに、山田氏によれば、この頃の渡唐船の船倉は「半界」と「庫理」の二つに分けられ、それぞれが①舳先部分の「半界」、②船の中間部の「半界」、③艫部分の「庫理」、④船中下部の「庫理」に区分されていた。そして①②③といった船の上層部に、王舅(正使)・紫金大夫(副使)を筆頭に、両使者付属の与力・儀者、さらに北京大筆者や総官らの荷が積まれ、一方船体下部の「庫理」には大量の「御物」が収載されて、それが船体を安定させるバラストの役割を果たしていたのではないかと氏はみている[34]。「庫理」の中にはなお上級官人の積荷のスペースがあったことも考えられるが、この点については今後の追究課題としたい。

第三節　定高仕法と琉球貿易

幕府では、清国による展海令の発布にともなって、長崎への唐船の入船数が急増するようになると、いよいよ貿易制限に踏みきらざるをえなくなっていった。幕府は、一六七一年(寛文十一・康熙十)、一六五五年(明暦元・順治十二)以来施行してきた生糸の自由な取引きを認める相対仕法をやめ、市法貨物商法に改めていた。相対仕法は生糸の国内需要に応えるため、それまでの糸割符仲間が生糸を一括購入して売却する糸割符仕法にかわって定められた貿易システムであったが、商品の自由取引きは貿易の主導権を外国商人の手に委ねることになり、そのため商品価格は高騰し、金銀のおびただしい流出を招くにいたっていた。そこで幕府が打ち出したのが、五ヶ所（京都・大坂・堺・江戸・長崎）から出た貨物宿老・貨物目利の入札によって長崎奉行が商品の元値を決定したうえ、商人の入札に付す市法貨物商法であった。それは仕入れ価格、貿易高の抑制を意図したものであったが、しかし、唐船の入船数の増大によってあらためて貿易制限策を構築する必要に迫られたのである。

すでに一六八三年（天和三・康熙二十二）二月、幕府は長崎入港の外国船に対し、奢侈的商品や羅紗・猩々緋《しょうじょうひ》そのほかの毛織物類の輸入を禁じるなどの輸入品目制限の動きをみせているが、(35) 一六八四年（貞享元・康熙二十三）十二月に市法貨物商法を廃し、翌一六八五年には、唐船の貿易高を年間銀六〇〇〇貫目（金一〇万両）、オランダ船のそれを金五万両（銀三四〇〇貫目）に制限して定高とし、あわせて糸割符も復活するにいたる。ここにおいて、市法貨物商法施行中に設けられた上方の長崎問屋への登荷は、糸割符年寄が手板（送り状）に裏書き、押印して送られると、まず小倉で、ついで荷受地で荷改めが行われ、長崎問屋は道中抜荷がなかったことを手板に裏書きして長崎へ送り出す仕組みとなり、密貿易への対応も強化された。

このいわゆる貞享令は琉球の進貢貿易にも貫かれるところとなった。同令が発布される前々年の一六八三年（天和三・康熙二十二）、琉球国王尚貞の冊封を行うために来航した汪楫（正使）・林麟焻（副使）らの冠船は多くの毛織物類をもたらした。それは、一六六一年（寛文元・順治十八）以来の清朝の遷界令によって、毛織物が不足をきたしていることを予測してのことであった。藩は、やむなくそれらを秘かに長崎・京都・大坂の各地に転売したが、やがて幕府の察知するところとなり、一六八五年（貞享二・康熙二十四）四月、老中大久保加賀守忠朝より藩留守居相良仁衛門に琉球の毛織物・巻物（反布）貿易の実態についての報告が命じられた。幕府は二年前に触れた輸入品目制限令への抵触を問題にしたのである。相良は問合せに応えて国許に調査を命じ、十一月には、琉球の輸入品は天鵝絨（ビロード）・毛氈・紗綾・縮緬・繻子・緞子・糸類を主としていて、羅紗・猩々皮・毛織物の類は輸入していないこと、また巻物については古くより輸入していることを報告している[36]。これを受けて、幕府ではさらに薩琉間の金銀の流れと進貢貿易の総枠の把握、その制限へと動き出すことになる。

すなわち、一六八六年（貞享三・康熙二十五）七月、老中大久保忠朝は、藩に対して琉球との商品取引き数量と金高について過去三年分の報告を求めた[37]。十一月、藩が琉球より薩摩への売り物の金高は三〇〇〇両余におよぶ旨回答すると[38]、十二月十五日、藩主島津光久を登城せしめ、老中列座のもと「薩摩大隅両国より琉球江年々商売之儀、向後金高弐千両可限之、其上ニ金銀堅遣間敷候、但、諸色之内差而不入品者一切不調様ニ自今以後可被相心得候」[39]と申し渡すにいたった。すなわち、幕府は、藩の琉球との取引高を三〇〇〇両から二〇〇〇両に減じ、かつ不要品の調達をも禁じて金銀が琉球に流れることを極力阻止しようとしたのである。

この決定が下される前に幕閣から内達を得た藩留守居相良は、十二月朔日、従来高の存続を願ったが幕府はこれを認めず、さらに琉球と中国間の進貢貿易の総額にも制限高を設けるにいたった。幕府の求めに応じて、藩が一六八七年（貞享四・康熙二十六）九月七日付で報告するところによれば、渡唐銀高は一六八二年（天和二・康熙二十一）、進貢船二隻で八七六貫目（金一万四六〇〇両）、一六八三年、接貢船一隻で銀高四二六貫目（金七一〇〇両）、一六八四年（貞享元・康熙二十三）、進貢船二隻で八八七貫目（金一万四七八三両）となっている[40]。つまり、清朝の治安回復後の琉中貿易額は進貢船が九〇〇貫目内外、接貢船がその半額程度であったことになり、明末清初の動乱期と異なって大きく増大していたといいうる。藩は、それらの渡唐銀は薩摩商人から調達され、返済は唐で仕入れた糸・巻物その他の商品を薩摩領内で売り払ってなされている旨報告におよんでいる[41]。貿易資金は、初期と異なって藩も財政事情から調達できず、このように民間に依存していたことになる。

渡唐銀高について藩が報告におよぶと、やはり幕府よりその削減について内々に指示があったのであろう、十月十六日付の老中あての「口上覚」で、藩は右の事情を説き、銀高の減額は困難としつつも、進貢船の渡唐銀高を一二〇〇両減じて一万三四〇〇両、その積荷の薩摩における売立て高も一万七八〇〇両のところを二〇〇〇両減じて一万五八〇〇両とし、接貢船についてはそれぞれその半額とすることを申し出ている。(42) 二十日には老中の申し渡しがあって、右の藩の申告が認められ、進貢料は金一両六〇匁替えで銀八〇四貫目、接貢料はその半額の四〇二貫目と定められた。(43)

このように、金銀の国外流出抑制を意図した貞享年間の定高仕法を琉球貿易にも適用し、幕府はその管理統制へと動き出した。そのことと関連して注目されるのは京都に琉球唐物を扱う問屋の設置を認めていることである。貞享令の一環として、輸入唐物の売買に糸割符宿老の手板を要するようになると、これまでの上方、長崎における琉球唐物の売買に支障が生じた。このため藩は一六八八年(元禄元・康熙二十七)正月、国家老を通じて長崎奉行山岡景助・宮城和澄あてに京都への定問屋の設置を願い、六月にはその認可を取り付けた。すなわち、幕府は翌一六八九年八月には、京都の内侍原善兵衛店を定問屋と定め、以後琉球輸入唐物はこの定問屋の封印をもって販売されることとなった。(44) 藩にとって、定問屋の設置は、幕府公認のもとに上方における唐物販売の拠点を確保することにねらいがあったが、幕府が藩の要求を受け容れたのは、琉球唐物を正規の流通機構にのせることによって貿易そのものの管理統制の実をあげうるという目論見からであろう。藩はそうした幕府の意図を汲むかのように、定問屋設置を願い出た一六八八年の十月には、琉球に対し、渡唐銀の制限高が守られているかどうか、在番奉行の改めを受けること、渡唐船が帰帆の時は在番奉行・三司官が立ち会って積荷改めを入念に行うこと、琉球に残す用物と鹿児島へ積み登せる物を区別して帳付けし、藩国遺座（勝手方を所管）へ提出させること、毛織物の商売用としての輸入を禁止すること、などを琉球がわに通達している。(45)

しかし、こうして貿易の管理統制が強化されるなかで、一六九一年（元禄四・康熙三十）琉球唐物の抜荷が発覚する。すなわち、琉球より鹿児島に送られてきた唐荷物の中に、送り手形以外の荷物が「大分」含まれていたのである。荷物の運送には御用船船頭・水主らの同意が必要であったから、抜荷の一角が彼らによって担われていたことはいうまでもなかった。問題は、御用船船頭・水主らに唐物を売り渡し、あるいは運送を依頼した者たちであるが、国王御用物、藩士の誂え品については送り手形が付されていたから、抜荷物の出所は、渡唐役者らに投げ銀を投じた王府役人、あるいは渡唐役者自身や船頭・水主たち以外には考えられなかった。藩の調べでは渡唐船が帰帆の際、中途の島や那覇から出される多くの引き船に隠し荷が積み移された形跡があった。藩は抜荷の発覚後、一六八八年十月の論達遵守を促すとともに、琉球国王ならびに諸士の買物、御用物、鹿児島市場での販売用品目、惣銀高について三司官が書き出し、それに在番奉行が奥書をして国遺座へ差し出すことなど、あらためて細部にわたって取締りを指示している。(46)しかし、琉球の諸士・渡唐役者らに貿易権を認めることによって成り立っていた琉球貿易から抜荷を根絶することはできなかった。

ところで、この一件を責める藩の言辞の中に注目すべき事実が認められる。それは一六九一年（元禄四・康熙三十）、藩は上国してきた琉球の唐物宰領人に対し、定高の銀高による買物を諭したところ、宰領人は多量の買物は自由にならず、そのうえ船間も狭隘であることを理由に藩の要求を拒否していたことである。「於唐大分之買物仕儀自由ニ不罷成、其上船間茂迫り候間、銀高相重候儀者難儀仕之由段々申出候得共」(47)とあるところよりすると、進貢料八〇四貫目、接貢料四〇二貫目という定高は、やや膨らませた虚偽の高を申告して勝ち取ったものということになり、この上限高まで藩は重《かさみ》銀を意図していたことになるが、琉球はこれを拒否したのである。一七〇五年（宝永二・康熙四十四）にも藩は錫一〇〇斤をもって糸・反物類を購入することを打診、ついで一〇〇貫目の御物銀の増枠の検討をもちかけているが（『琉球国要書抜粋』十一月七日付「覚」）、やはり琉球がわはことごとくこれを拒否している。幕府貞享令の発布を梃子に貿易への介入を強化しようとする藩の動きを牽制し、琉球がわは鹿児島の民間資本と提携して自律的な貿易運営を目指していたといえるであろう。抜荷もそうした動きの反映とみることができる。

第四節　貨幣改鋳と渡唐銀

すでにみたように、幕府は貞享令を対馬口・琉球口にも貫徹し、金銀の海外流出の抑止につとめたが、そのいっぽうでは貨幣の改鋳に着手し、改鋳益銀の確保による財政の補填と同時に、貨幣の市場流通量の増大をはかる。金銀貿易に基礎を置く両口の貿易はまたそうした幕府の貨幣政策の影響から無縁ではなかった。

金貨はさておいて、銀貨のみに着目すると、まず一六九五年（元禄八・康熙三十四）九月に、幕府は銀含有率六四％の丁銀・豆板銀（元字銀）を鋳造、そして宝永年間にはいると、一七〇六年（宝永三・康熙四十五）六月二ツ宝銀（銀含有率五〇％、以下括弧内は同じく銀含有率）、一七一〇年三月永字銀（四〇％）、同四月三ツ宝銀（三二％）、そして一七一一年（正徳元・康熙五十）八月四ツ宝銀（二〇％）と、次々に改悪していった。長崎では、唐人たちは品位五〇％の二ツ宝銀までは受け取ったが、それ以下の丁銀については受け取ろうとしなかったため、長崎宿町の者が長崎銀座で二ツ宝銀に引き替え、渡さなければならなくなっていった。また対馬藩では、改鋳の当初、貿易への悪影響を恐れて、朝鮮へ慶長銀を輸出していたが、それも不足がちになったため、朝鮮がわと元禄銀を貿易銀とすることを交渉し、一六九九年（元禄十二・康熙三十八）に交渉は一応成立したものの、その後も倭館では元禄銀の受取りをめぐってトラブルは止まなかった。

幕府は薬用として欠かせなかった朝鮮人参の品不足による価格高騰という事情もあって、対馬藩には一七〇〇年（元禄十三・康熙三十九）には一〇ヶ年の期限付きで貿易額一万八〇〇〇両を三万両（銀一八〇〇貫目）に増額することを許し、宝永銀発行後、貿易銀の慶長銀位（銀含有率八〇％）への改鋳願いが出されると、一七一〇年（宝永七・康熙四十九）九月には往古銀（慶長銀）一四一七貫目余の鋳造交付を認めている。しかも、この往古銀の鋳造は同額の宝永銀を納付するのみで、往古銀との品位差の部分と鋳造の経費はすべて幕府が負担するという、いわゆる「無部引替」の特典つきで、「特鋳銀」とよばれ、一七一二年（正徳二・康熙五十一）から通用した。(48)

いっぽう琉球がわは、元禄銀が発行されると、王府は一六九七年（元禄十・康熙三十六）六月、宮平親方良教らを鹿児島に派遣、元禄銀は貿易銀としては用い難いことを訴えている。(49)これに対し藩は、翌一六九八年十月十六日付の新納近江（久辰）あての「覚」で、「琉球については来年三月までは古銀の使用が認められているので、渡唐銀は当年までは古銀を差し渡す。しかし、以後は古銀を差し渡すことは全く不可能となるはずである。すでに長崎口よりは去年新金を差し渡した由であるが、琉球よりは未だ新金銀を渡していない。すべて新銀を差し渡し、後年御買物に故障が生じてはならないので、試みに当年渡唐銀の中に新銀を少々加えて差し渡す。琉球では藩による古金銀の調達が可能と思っているようであるが、それは不可能である」、として、一六九九年より試験的に古銀に新銀を取り混ぜて帯びて行かせるよう指示を出している。(50)一七〇二年になって王府は具志堅親方盛武を派遣、渡唐銀の増額を藩に働きかけたが、幕府との交渉まではいたらなかった。(51)ちなみに一七〇六年（宝永三・康熙四十五）十月十七日付の「覚」(52)によれば、新銀の発行にともなって、糸・巻物などの買物が粗悪で、京都での販売価格は低落し、藩にとっては打撃となっていたようである。同じ「覚」は、それればかりでなく、福州での買物が品柄は低劣にもかかわらず値段は高騰している、と指摘しているところをみると、琉球口の取引市場においても新銀通用の影響が出ていたものと思われる。

琉球がわとしては、貿易の利を維持するためには古銀の確保が大きな課題であったが、しかしこの頃幕府の琉球に対する認識は微妙な状況にあった。一七〇四年（宝永元・康熙四十三）、幕府は徳川家宣が将軍綱吉の養子となった際に計画された慶賀使の参府を無用とし、琉球の処遇が問題となっていた事情もあったのであろう。(53) しかし、一七〇九年二月、島津吉貴は、琉球は中国へ進貢し、冊封使をも受け容れている国ではあるが、島津氏が武威をもって手に入れた国であり、将軍は異国の王を陪臣として従えていることになる、したがってその礼を受けるのは当然である、と説き、二月二十四日、将軍家宣の側用人間部詮房より先例通り慶賀使の参府が認められる。すなわち、琉球よりの使節の受容れは「第一日本之御威光ニ罷成事」(54)という意義付けがなされ、以後その論理が継承されることになったのであった。いっぽう島津氏が琉球使節（慶賀使・謝恩使）の派遣にこだわったのは、何よりもまたその威令が琉球に行き届かなくなることを恐れたからにほかならなかった。

こうした琉球との政治的位置関係が確認されたのちの一七一二年（正徳二・康熙五十一）七月に、琉球より新銀発行にともなう貿易運営上の困難な状況が訴えられると、藩は八月に幕府に対し、琉球渡唐銀の元禄銀位への吹き替えを願うにいたっている。(55) これに対して、幕府は十月三日付で五箇条からなる「御尋条々」を藩に下し、藩の進貢・接貢料銀調達に対する琉球からの代償、銀の使途、清国皇帝より琉球への頒賜物および琉球の買調え品の有無、清国への使者派遣ならびに調物にいたった経緯、清国よりの使者派遣の様子等々について問いただしている。(56) 今度は金銀の流出抑止の観点から中国との冊封朝貢関係の実態確認がなされたことになる。

これをうけて藩では、一七一三年（正徳三・康熙五十二）閏五月から六月にかけて縷々回答におよんでいるが、そのなかで、「渡唐銀の元禄銀位への吹き替えが許されなければ当年の接貢船の派遣もかなわず、中山王（琉球国王）の進退は極まることになる。そうなれば、琉球の末々までをどのように統治すべきか、薩摩守の思案のおよぶところではない」（「吹替不被下候得者、接貢船差上〈止カ〉候外無御座候、左候得ハ、中山王進退必至と差迫申積御座候、及其儀候ハヽ、末々之儀何様可相治哉、薩摩守不能了簡」[57]）と述べている。これは先に琉球との政治的関係を認めた幕府の急所を突く主張であり、同年七月二日、老中井上正岑は異例の処置として、幕府の公認貿易高に関して、元禄銀との無部引き替えを認可するにいたる。その理由を「且亦琉球封王使之ためニ有之上は、願之通、先元禄《ママ》銀之位ニ吹替可仰付候条」[58]と述べている。琉球では一七一二年尚益王が没し、新国王尚敬の冊封が予定されていたから、幕府でもその儀礼の遂行を重視したことがうかがえる。

なお、藩は一七一三年（正徳三・康熙五十二）五月晦日付で、琉球に対し、以後藩御蔵より供出の渡唐銀を「琉球拝借」、「唐買物」を「返上物」と称するよう命じている[59]。このことは、藩より渡唐銀の琉球がわへの貸し付けがなされ、輸入唐物で元利決済がなされていたことを示している。おそらく渡唐銀の元禄銀への引き換えを要するようになって、藩の公的資金の貸し付けに依存するようになっていったのであろう。

琉球渡唐銀の元禄銀位への吹き替え願いは、翌一七一四年（正徳四・康熙五十三）二月にもなされ、間もなく認められているが[60]、しかし、五月十九日には、銀貨の品位が銀含有率八〇％の慶長銀位に復することを理由に、渡唐銀の減額を諭されるにいたった[61]。幕府はすでに一七一二年十月、新井白石の「建議」に沿って金銀貨の改鋳方針を、六代将軍家宣の遺命として布告、そして、一七一四年五月十三日には銀座の粛正を断行したが、その六日後には対馬口・琉球口の貿易額の削減をうちだしたのである。「上銀」である正徳銀の発行にともなって、翌一七一五年には対馬口の特鋳銀制度が一時停止され、琉球渡唐銀も進貢料銀二〇〇貫目、接貢料銀一〇〇貫目が減じられて、それぞれ六〇四貫目、三〇二貫目と定められた。(62) ただ、この琉球渡唐銀高の減額は銀貨の品位向上にともなう増額部分の削減であり、また対馬藩にとっても慶長銀位への復帰であったから、「特鋳銀」の廃止は打撃とはならず、したがって正徳新銀ならびにその後の同品位の享保銀の発行が両口の貿易に与えた影響は大きいとはいえなかった。

新井白石の路線にのっとって押し進められた正徳・享保期の通貨政策も、通貨供給量の抑制からくる物価下落（デフレ）、武士・農民の困窮、商況の不振など、あらたな矛盾に直面し、幕府は一七三六年（元文元・乾隆元）、品位六五％の真文小判・一分判と、四六％の真文丁銀・豆板銀などを鋳造するにいたった。新貨鋳造にあたっては資材不足から、多量の新貨を一時に鋳造することができず、高品位の正徳・享保期鋳造の金銀貨との併用を認めたため、経済的混乱が生じたが、しかし、文政初年までおよそ八〇年間、元文の幣制は維持されたのであった。(63)

品位、量目において慶長・正徳・享保期の鋳造貨幣よりも劣位の元文貨幣の鋳造発行によって、再び厳しい局面に立たされることになったのは対馬・琉球両口の貿易であった。対馬藩では、元文の金銀貨の鋳造にともなっていちおう特鋳銀の通用を認められることになったが、その交付高一四一七貫五〇〇目は人参代六〇〇貫目、貿易代八一五貫五〇〇目に分けられ、無歩引き替えではなく、人参代だけは五割増歩で、交易代は九割の増歩で引き替えられることとなった。人参代の五割増歩は人参の売値を五倍に引き上げることを前提にしていたからともかく、貿易代の九割増歩引き替えは、対馬藩の貿易を急速に不調におとしいれていった。そのため、一七四六年（延享三・乾隆十一）以降、幕府より一万両の補助をうけたが、「特鋳銀」の引き替えは一七五四年（宝暦四・乾隆十九）の五〇〇貫目を最後に行われなくなり、日朝貿易による銀輸出の時代は終わりを告げ、輸出の中心は銅に移っていった。(64)

いっぽう、琉球では一七三九年（元文四・乾隆四）十月、貿易銀の往古銀への吹き替え願いを藩に提出、(65) 藩ではこれをうけて一七四二年（寛保二・乾隆七）四月十一日付で願書を幕府に上呈するにいたった。(66) 幕府は当初これを渋る動きをみせたが、島津家当主継豊は、姻戚関係にあった若年寄水野壱岐守忠定および奥右筆に工作を展開、四月二十八日には老中松平乗邑より渡唐銀の慶長銀位への吹き替え認可を引き出すにいたったのである。こうして、薩摩藩も対馬藩同様に京都銀座より「特鋳銀」の交付を受けることになったのであった。五月二日の勘定奉行の藩あての達によれば、進貢料六〇四貫に対して六〇〇貫六〇九匁四分六毛、接貢料三〇二貫目に対しては三〇〇貫目三〇四匁七分二毛のそれぞれ足銀、吹賃を加えて、文字銀一二〇四貫六〇九匁四分六毛、六〇二貫三〇四匁七分二毛とされており、琉球はほぼ一〇割増し高を京都銀座に納付して渡唐銀を確保することになった(67)。

すでに長崎からの銀の輸出が止み、対馬口においても一七四〇年代後半から五〇年にかけて銀の輸出は五〇〇貫目に満たない状態が続き、ついには途絶するのに対し(68)、琉球口の貿易だけは、品位八〇%の銀が進貢年には六〇〇貫目、接貢年に三〇〇貫目余の輸出で維持されていた点は注目すべきであろう。このことにも日中間のクッションとしての琉球の役割を保証しようとする幕府の配慮が示されている。

こうして、古銀確保の道は一応確定したが、しかし琉球口は基本的な問題にぶつかった。それは往古銀への吹き替えに必要な元文銀を容易に準備できなかったことである。頼みとする薩摩藩は財政が逼迫し、一七四九年(寛延二・乾隆十四)段階の借銀は銀三万四〇〇〇貫目(金五六万六六六両)で、上方の利払いのみに三〇〇〇貫目(金五万両)を要し、そのため一七五三年(宝暦三・乾隆十八)には四万貫目におよぶというように、藩債は膨張の一途をたどっていた(69)。一七五五年、重年に替わって藩主の座についた重豪《しげひで》は、借債、年貢・附加税の増徴、国産の奨励、倹約の徹底を財政政策の基本路線として押し進めていくことになるが、それは、劣弱な財政基盤のうえに拠って立つ琉球国との矛盾を一層際だたせていくことになる。

第五節　輸出入品の変化

銀の国外流出を防ぎたかった幕府は、銀にかわる貿易決済品を備える必要にせまられた。その一つとして選ばれたのが銅である。貞享から元禄前半期において、各年四〇〇～五〇〇万斤の輸出がなされていたが、一六九五年（元禄八・康熙三十四）の江戸商人伏見屋四郎兵衛に対する銀高一〇〇〇貫目の銅代物替貿易が認められたのを皮切りに、一六九七年には長崎地下の支配として五〇〇〇貫目の銅代物替貿易が許されて、輸出高はにわかに増大した[70]。

銅とともに、銀にかわる輸出品としていまひとつ幕府が注目したのは、周知のように海産物の俵物（煎海鼠・干鮑・鱶鰭）と諸色（昆布・鯣・鶏冠海苔・心太草《ところてんぐさ》・鰹節・干海老等の海産物のほか、椎茸・寒天・樟脳・銅製品などの諸物をいう）である。山脇悌二郎氏によれば、唐船が俵物を輸出した初見は一六八三年（天和三・康熙二十二）で、幕府がその輸出に力を入れるようになったのは一六九八年（元禄十一・康熙三十七）、二〇〇〇貫目の追御定高を認めてからだといわれる[71]。幕府は一七一五年（正徳五・康熙五十四）の海舶互市新令（正徳新令）の発布以降一七二七年（享保十二・雍正五）まで、輸出品総価額の比率を八〇％を銅、残りを俵物・諸色とすることを原則とした。しかし、銅の確保が困難になると、一七二八年には五〇％を銅、残りを俵物・諸色とした[72]。一七四五年（延享二・乾隆十）には俵物の長崎への集荷を独占した俵物一手請方商人らによって長崎に俵物会所が、ついで一七四七年に大坂・下関にもそれが設けられたが、一七八五年（天明五・乾隆五十）には長崎会所が俵物の直仕入れを断行し、浦々における俵物値段の固定化と統制強化がはかられていった。

また、幕府は、長崎への廻銅高の不足を補うために、一七〇一年（元禄十四・康熙四十）に九九〇貫目の銀諭出の特例を認めると同時に、寛永通宝銭の輸出を許している。これをうけて翌一七〇二年には、銅代物替商売を止められていた伏見屋四郎兵衛が、銅三〇〇万斤に相当する銅銭の輸出を出願している(73)。中国では銀に対する銭の価値がたかまり、銀輸出を望まなくなったため、一七六三年(宝暦十三・乾隆二十八)には銀の輸出が全く止むまでにいたる(74)。

こうした輸出品の変化は琉球口においてもみてとれる。琉球の進貢物は明代は馬・硫黄などの土産品のほかに瑪瑙、象牙、香木類など東南アジアの産品よりなっていたが、清代に入って一六六六年(寛文六・康熙五)に、貢物は土産品をもって常貢とし、ほかに外貢として黒漆龍画螺石盤とともに紅銅が貢進されている(75)。これを契機に、以後紅銅が進貢物として登場するようになっているが、これは銅の価値が大きく上昇したことにともなうものであろう。

銅は薩摩藩領内でも調達できなかったので、大坂銅座を通じて入手された。幕府は琉球口の銅輸出を停止させようと動き、薩摩藩も一七九三年(寛政五・乾隆五十八)には減量、品替えを諭したりしているが(76)、進貢の故障になるという、琉球がわの訴えもあって、清朝皇帝への進献は続けられた。

海産物も諸色の類を中心に、私貿易品として渡唐船船頭・水手(主)・中乗りらによって付帯されていた。一六九一年(元禄四・康熙三十)十月十三日付の新納近江あて、家老平田新左衛門(宗正)・御物座詰役禰寝八郎右衛門(清雄)の「覚」の中に、渡唐船船頭・水手・中乗りの者が自分用として昆布・鱶鰭・煮貝・醤油・海草類を持ち渡ることを禁じては、渡唐の者の不勝手なので、それらの私用の余分をもって唐物を買い取ることを許す(「渡唐船之船頭・水手其外中乗之人、自分為遣用昆布・ふかのひれ・煮貝・醤油・海藻之類、右躰之荒物持渡儀、無用ニ申付候ハヽ、渡唐之面々可為不勝手候、依之先規より持渡来候品々之儀ハ不苦候間、於唐私用之余分茂有之候ハヽ、右之荒物を以唐物買取儀令免許候条」)(77)とある。先に唐船が俵物を輸出した初見は一六八三年(天和三・康熙二十二)であるとする山脇氏の見解を述べたが、すでに早くから海産物は琉球ルートに私貿易品として登場していた可能性がある。

銅銭も琉球口では重要な輸出品となっていた。一六九四年(元禄七・康熙三十三)に琉球より新銭一万貫文の鋳造が訴えられた一件に関し、同年十一月二十六日付の新納近江あて薩摩藩家老連署の「覚」は、「薩摩藩領内において秋冬の頃になると銭不足となり、藩蔵方はもちろん脇方においても銭遣いが困難となり、国中が不自由となったため、原因を究明したところ、それらは、渡唐の節に清国へ携行されていることが判明した」と述べ、琉球仮屋の監督不行き届きを責めつつ、新銭の鋳造を認めるどころか、琉球へ今後一切寛永銭の輸出を禁止すべき旨新納に申し渡している。(78)

山脇氏によれば、一六五〇年(慶安三・順治七)の唐船による生糸・薬種の長崎への輸入量は、それぞれ一八万五五八六斤、一八万二九三四斤である。その後、生糸は一七〇四年(宝永元・康熙四十三)八万四二五〇斤、一七〇九年は四万八〇〇斤、一七一一年(正徳元・康熙五十)五万二六七斤、一八〇四年(文化元・嘉慶九)二四一三斤と減少している。(79)いっぽう薬種は一七一一年に七七万八八六〇斤の輸入となっていて、輸入増の傾向がうかがえる。薬種は一時輸入過剰になって、一七七一年(明和八・乾隆三十六)には輸入制限が行われるが、(80)文化・文政期(一八〇四〜三〇)には増大し、一八〇四年は一〇八万七〇〇〇余斤、一八一三年は一五八万一〇〇〇余斤、一八二一年(文政四・道光元)七五万四〇〇〇余斤とされる。(81)

日朝貿易においても同様に生糸・織物貿易は退潮の傾向をみせる。田代和生氏によれば、人参貿易で知られる日朝貿易も、実体は生糸・絹織物貿易で、そうした中国物資の代替に、対馬藩は大量の日本銀を投入していて、すでに長崎からの銀輸出が止んだ一八世紀前期においても、同藩を通じて一〇〇〇貫目内外の銀が流出していた。しかし一七二〇年代の末期、それまで順調であった対馬―朝鮮―中国の貿易ルートにかげりがみえはじめた。それは、生糸・絹織物・人参など、利潤を支えていた商品の国内生産の進展、それにともなう相場の下落、そして回転資金の凍結という事情を背景としていたという[82]。

田代氏は、国産生糸は通説のように一七世紀末に出回るのではなく、もう少し遅れて一七一〇年代から一七三〇年頃にかけてではないかとみる[83]。だとすれば、もちろん琉球の生糸・織物貿易もその影響をうけることになったであろうが、決定的な打撃要因となったのは、この後の清朝による生糸輸出制限策であろう。清朝は広東など外国に開かれた港に、ヨーロッパ諸国に対して上質の絹布を売り渡すことを禁じたり、あるいはその数量の制限を求めているが、朝貢国の琉球にまで生糸輸出禁止が打ち出され、一七六〇年（宝暦十・乾隆二十五）には中国より帰帆の使船によってその通告がもたらされている。これに困惑した国王尚穆は、一七六二年には進貢使馬国器・梁煌らに従来通り糸絹類の輸出を認めるよう懇請せしめ、ようやく特別に「土糸」五〇〇〇斤、「二蠶湖糸」（浙江省湖州産の上質生糸）三〇〇〇斤の買入れを許されている[84]。「土糸」「二蠶湖糸」がどのような割合で輸入が認められていたのか、明らかではないが、それぞれ私貿易高を除くおもての輸入高は、このたびの制限高をそう大きく超えない程度の斤高だったのではないかと推定される。

この頃、琉球から京都の定問屋に送られる生糸が一万斤を超えていたとしても、琉球が生糸貿易に果たした役割はそう大きくはない。ただし、琉球口を通じて入ってくるものは生糸・織物の類ばかりでなく、ほかに薬種・荒物類があった。注目されるのは、中国国内における生糸・織物類の高騰を背景に一八世紀半ば頃から、長崎口同様にやはりそうした薬種・荒物類の輸入高が増大していったことである。一七七八年（安永七・乾隆四十三）閏七月、返上物宰領の四人の者は、鹿児島琉球館あての報告で「元文銀発行による古銀潰れの後は、渡唐料銀の確保のために一〇割増歩が必要になったうえに、近年中国では糸・反物類の価格が高騰しており、それらを買い来っても不勝手ゆえ、渡唐銀で荒物類を買い入れるようにしている。しかし、昆布・あわび類は現銀に換えることができないので、値段を決め、雑唐物・薬種類と引き替えの約束で商人たちに渡している」（「古銀潰ニ相成候以後渡唐料艮《（銀）》太分増部相懸り候上、近年唐之儀糸反物高直ニ相成、糸反物類買来候而者及不勝手候故、都而あら物類買渡儀に御座候、然共昆布・あわひ類之儀、現銀差替之商売者相調不申候間、直段相究、雑唐物・薬種物類引替之約束ニ而、商人共江相渡候得者」[85]）と述べている。一七八七年（天明七・乾隆五十二）十二月、藩家老らは、琉球よりの唐物の送荷・保管・入札払いなどの手続きなどについて、向々役所、諸郷・私領への徹底を触れているのであるが、布達に「別紙」として付された対象品の書き上げは次のようになっている[86]。

①鼈甲、②桂皮（肉桂あるいは桂の樹皮。健胃薬）、③蘇木（蘇枋《すおう》。赤色染料）、④大楓（風）子（大風子油はハンセン病治療薬として利用された）、⑤山帰来《さんきらい》（梅毒薬）、⑥小割桂、⑦甘草《かんぞう》（鎮痛・鎮咳薬）、⑧馬銭《まちん》（ストリキニーネ。殺鼠薬・興奮剤の原料）、⑨破胡紙《はこし》（補陽薬）、⑩麒麟血《きりんけつ》（血竭《けつけつ》。止血・止瀉薬）、⑪蜍（てぐす）、⑫木香《もっこう》（健胃薬）、⑬木瓜《もくか》（ぼけ。霍乱治療薬）、⑭大腹皮《だいふくひ》（鎮腹痛薬）、⑮龍脳（発汗・去痰・止痛薬）、⑯白豆蔲《びゃくずく》（健胃・胃痛・腹痛薬）、⑰肉桂《にっけい》（発汗・解熱薬）、⑱白朮《びゃくじゅつ》（健胃・利尿・止汗薬）、⑲三園朱、⑳象牙、㉑胡桝（椒カ）、㉒益知仕、㉓朱墨《しゅずみ》（朱粉を膠《にかわ》で固めた墨）、㉔大黄（健胃・瀉下《しゃか》薬）、㉕阿膠《あきょう》（止血薬）、㉖檳榔子《びんろうし》（駆虫・健胃薬）、㉗穿山甲《せんざんこう》（東南アジア・アフリカに分布する有鱗類。鱗が漢方薬、媚薬となった）、㉘粉朱、㉙阿仙薬《あせんやく》（止瀉・止血薬）、㉚砂仁《しゃじん》（健胃薬）、㉛洋山（北アメリカ産の洋山人参。疲労回復薬）、㉜蟾酥、㉝犀角《さいかく》（解熱薬）、㉞羚羊角《れいようかく》（解熱・鎮痙薬）、㉟白蛇花《（ママ）》（白花蛇《びゃっかじゃ》。鎮静薬）、㊱菟絲子《としし》（強精・強壮・止瀉薬）、㊲沈香《じんこう》（香木。血液循環機能の促進・利尿薬）、㊳良姜《りょうきょう》（血行促進薬）、㊴麻黄《まおう》（鎮咳・去痰薬）、㊵胡黄蓮《こおうれん》（健胃・解熱薬）、㊶阿片《あへん》（鎮痛薬）、㊷蒼朮《そうじゅつ》（健胃・利尿・解熱薬）、㊸草菓《そうか》（果）（健胃・整腸薬）、㊹辰砂《しんしゃ》（消炎・鎮静薬）、㊺水銀（ハンセン病治療薬の軽粉を作る）、㊻使君子《しくんし》（駆虫薬）、㊼藤（胃癌薬）、㊽遠志《おんじ》（強壮・去痰薬）、㊾紺青《こんじょう》（青色顔料）、㊿雌黄《しおう》（日本画に用いられた黄色樹脂）、51肉豆蔲《にくずく》（止痛・鎮痙薬）、52甘蓤《かんずい》（あ

まどころ)、53芦《ろ》誉(薈《かい》カ)(アロエ。緩下薬)、54十香皮、55岩緑青《いわろくしょう》(孔雀石から製する緑色顔料)、56爐甘石《ろかんせき》(結膜炎治療薬)、57麝香《じゃこう》(香料・鎮静・強心薬)

「別紙」は「右外ニ薬種類」と記していて、これら五七種のほかにも多くの薬種類が琉球から鹿児島にもたらされていたことを知らしめる。

第六節　薬種・荒物類の流通と管理

生糸・織物類と違ってこれらの薬種・荒物類は、部分的には琉球を往還する御用船の船頭たちから商人の手に渡るが、多くは琉球館蔵方扱いとして鹿児島琉球館に持ち込まれ、立入とよばれる琉球館出入りの御用聞商人の手を経て市場に放出された。ただし商人たちはこれらを領外へ持ち出して商売することは認められておらず、領内消費、いわゆる「地《じ》禿《つぶ》(潰)し」を前提として琉球唐物の流通が認められていたのである。それはいうまでもなく琉球国の存続を保証するために幕府より恩恵として特別に認められた処置であったが、「不締」りの状態が止まず、幕府の注意をうけて、先の一七八七年(天明七・乾隆五十二)十二月の布達で領内向け琉球唐物取り扱いの基本方針が示されたのである。その中の一条目には次のようにある。(87)

一、琉球より持登り候諸薬種、並粉朱・鼈甲類、別紙之品々買人有之迄ハ、町役共格護申付置候へども、長々召置候ては、過半虫付ニ相成、荷主共別て及迷惑由、且、右品々ハ為試、先年持登候斤数相定置候処、其通ニては、却て不締之聞得も有之、旁取締も不宜候間、以来斤数之定ニ不及候条、右品々持登候者共、都て、琉球表より御法之手形付ニて、可積登候、左候て、山川津口番所ニて細密ニ相改、手形於無相違は、津口番人より、其訳手形面ニ相記、上下町年寄・年行司方へ差遣、相届次第、掛町役共夫々致見分、上中下之位並斤め等、無親疎相糺、位難相分品は、壱分ニて、都て不洩様帳面留置、外ニ一帳取仕立置、御法度を背、他国出抜売致間敷旨、帳口ニ相記置、右品々相改、弥相違之儀無之候ハバ、右掟書之趣読聞せ、荷主名前書人(ママ)(入カ)等為致、品物は、荷主へ可引渡候、左候て、一夏中持登候品々、都て相片付候節、帳面、町奉行所へ可差出候、

これによると、従来琉球唐物は買手が現れるまでは城下町役らが管理しておく決まりであった。しかし買手がつかず長々と保管している間に過半が虫付になり、荷主の迷惑となる状況になっていた。そのためであろう、いったん前年には試みとして、持ち登りの斤数にも制限が設けられていたことがわかる。しかし、そうした処置はかえってほかに荷を抜け散らせる方向へ進ませた。そこで、あらためて以前のように御法通り手形を付して斤数にかかわりなく持ち登ることを認める、という基本方針が確立されたのである。

荷揚げの具体的な手続きは、まず山川の津口番所で改めを受け、手形の内容と荷物に相違がなければ、津口番人はその旨手形面に書き、荷とともに城下上町・下町の町年寄・年行事に送る。それを掛町役の者たちがそれぞれ見分し、品位と斤量を帳付けする。ほかにも一帳を仕立て、他国出し、抜け売りをしない旨、荷主に連署誓約させた後、はじめて品物は荷主に渡されたのである。

本来薩摩藩においては商売用の荷物には津口銀が課せられたが、琉球唐物についてはそれが免除されるかわりに特別な処置がとられた。布達の二条目には次のようにある(88)。

一、右式商買《ママ》之荷物候へば、おのづから津口銀上納可申付儀候へども、右品々は専御用分も有之事候間、津口銀は被成御免候条、町役共取計之節、不依何色、現品之内、十部一ヅツ上納申付、町方掛横目へ可差出候、左候て、横目相受取、会所蔵へ切封ニて入置、時々、一紙書を以可申出候、上納物之儀候条、掛銀等之節は、都て横目取

締申付候条、御用無之品は、不相屯様、入札払可申付候条、其節は、背御法度、他国へ致抜売間鋪旨、中受人証文可差出候、

すなわち、琉球唐物は津口銀の賦課は免除されたが、かわりに町役らが荷改めに際して、斤量の一〇の一を御用分として横目へ献納させるいわゆる「抽分」を適用、これを藩の会所蔵へ収納して、横目は品物を求める一紙書に従って供給する。そして「御用」が無くストックが膨らむ品については、入札払いにされる仕組みであったことがわかる。

これは個別の御用船船頭・商人の扱う商品についての処置であるが、琉球館に持ち込まれる館内蔵方物、諸士の付帯物については、布達は三条目で次のように触れている(89)。

一、館内届唐物類、是迄改方不行届不締之聞得も有之候間、以来、館内より買取候品々は、聞役へ差出、見分之上、品斤数於無相違は、帳面記置、掟書等之儀、都て前文之取締ニて門通可差免候、左候て、右品之内も御用可有之儀候間、不依何色現品之内、拾部一ヅツ御買入申付候条、聞役方へ取揃置、時々町方掛横目へ可差出候、代払等之儀は、右横目より証印を以可相払候、左候て御買入相成候儀は、年々売元之吟味を以相場可被相定候、館内仕向、何篇聞役計申付候条、不締之儀無之様可心掛候、

館内届けの唐物についても改め方不行届き、不締りという状況があって、以後立入り商人らの買取商品は聞役が見分し、斤数に相違がなければ、それらを帳付けし、領外取引に従事しないなどの掟書遵守を誓約させたうえ、現物の門外持ち出しを認めた。ただし、斤量の一〇分の一は藩が買い上げることになっていて、荷は琉球館聞役のもとに揃え置き、聞役は時々町方掛横目を通じて放出、代金も同横目から支払われる仕組みであった。この通りだとすれば、商売用については一〇分の一「抽分」が適用されたのに対し、館内届唐物については一〇分の一「御買入」という取

扱い上の差違があったことになる。

註

（1）『鹿児島県史』第二巻、六八九〜六九〇頁（初版一九四〇年、ここでは一九七四年の復刻版に拠った）。
（2）「御令条写」（小葉田淳「近世初期の琉明関係―征縄役後に於ける―」〈『増補版　中世南島通交貿易史の研究』、臨川書店、一九九三年〉）。
（3）「旧記雑録後編」巻七八、鹿児島県史料四、一八九三号。
（4）「南聘紀考　巻之下」寛永八年辛未条（『旧記雑録後編』巻八二、鹿児島県史料五、三九六号）。
（5）「旧記雑録後編」巻八三、鹿児島県史料五、四六六号。
（6）「旧記雑録後編」巻八三、鹿児島県史料五、四六〇号。
（7）「旧記雑録後編」巻八五、鹿児島県史料五、五六三号。
（8）（9）「旧記雑録後編」巻九五、鹿児島県史料六、一〇号。
（10）「旧記雑録後編」巻九五、鹿児島県史料六、一〇号。『歴代宝案　訳注本』（沖縄県教育委員会）第一冊、一―〇八―二一号。
（11）山本博文『寛永時代』（吉川弘文館、一九八九年）第三の「三　ポルトガル人の追放」、同『鎖国と海禁の時代』（校倉書房、一九九五年）の「三　ポルトガル人追放と幕閣」、永積洋子『近世初期の外交』（創文社、一九九〇年）第一部「三家光政権」中の「8ポルトガル人追放の決定」。
（12）上原兼善『幕藩制形成期の琉球支配』（吉川弘文館、二〇〇一年）終章「第二節　ポルトガル人の追放と琉球貿易」。

(13)「旧記雑録追録」巻一三、鹿児島県史料一、一四三二号。

(14)「御條書写」(『鹿児島県史』第二巻、七三四頁所引)。

(15)山脇悌二郎『長崎の唐人貿易』(吉川弘文館、一九〇〇年)四一頁。

(16)「御財制」(『那覇市史　資料編』第1巻12)には一一八石四斗余が立項されている。

(17)正保三年八月十一日付、山田民部少輔ほか国家老あて在府家老新納久詮・島津久通ら連署状(「旧記雑録追録」巻一、鹿児島県史料一、八七号)。

(18)「中山世譜」巻八(伊波普猷・東恩納寛惇・横山重編『琉球史料叢書』四、井上書房、一九六二年)。

(19)九月二十一日付「覚」(「旧記雑録追録」巻一五、鹿児島県史料一、一八三二号)。

(20)十月七日付「覚」(「旧記雑録追録」巻一六、鹿児島県史料一、一九三四号)。

(21)富島壮英「唐船(進貢船・接貢船)に関する覚書―全乗船者の構成を中心に―」(『歴代宝案研究』第六・七合併号、一九九六年)。

(22)真栄平房昭「近世琉球における個人貿易の構造」(『球陽論叢』、一九八六年)。

(23)深沢秋人「近世琉球における渡唐使節の編成―一九世紀の事例を中心に―」(『法政大学沖縄文化研究所紀要　沖縄文化研究』二六号、二〇〇〇年。のち、同『近世琉球中国交流史の研究』〈榕樹書林、二〇一一年〉所収)。

(24)山田浩世「近世琉球における王府官人制度と渡唐役者」(『日本歴史』七五七号、二〇一一年)。

(25)(26)　深沢註(23)。

(27)真栄平註(22)。

(28)山田註(24)。

(29)「案書　咸豊四年寅」(『琉球王国評定所文書』〈以下『評定所文書』と略記する〉第八巻。「覚」は、嘉永五年の譜久村親雲上・瑞慶覧親雲上らが進貢の折、咸豊皇帝御筆の額字を下賜されたことに対する謝恩使派遣に関するものであるが、例年の進貢にならった銀配分を論じているものなので、ここで掲げるのに問題はないと考える。
(30)渡名喜明「資料紹介・田里筑登之親雲上渡唐準備日記(一)」(『紀要』一号、沖縄教育委員会文化課、一九八四年)一〇八頁。真栄平註(22)。
(31)『琉球館文書』(琉球大学附属図書館仲原善忠文庫蔵)。
(32)「二番方」とは、国王内証向きの用物、王子・按司・親方、そのほか諸士当用の品をいい(『琉球館文書』)、これに対して私的な荷物を「琉人自物」といった。
(33)『中国近代社会経済史論集』上冊・下冊(香港山崇文書店、一九七一年)。
(34)山田浩世「進貢船の構造と積荷──『庫理并半界賦』をめぐって──」(『がじゅまる通信』七一号、榕樹書林、二〇一一年)。
(35)『御触書寛保集成』巻三十五、一九六八号。
(36)「島津家列朝制度」(以下「列朝制度」と略記する)巻之二十一、『藩法集』8、鹿児島藩・上、一二三六号。
(37)「列朝制度」巻之二十一、『藩法集』8、鹿児島藩・上、一二三九号。
(38)「列朝制度」巻之二十一、『藩法集』8、鹿児島藩・上、一二四一号。
(39)「旧記雑録追録」巻一六、鹿児島県史料一、二〇三八号。
(40)「列朝制度」巻之二十一、『藩法集』8、鹿児島藩・上、一二四四号。
(41)「列朝制度」巻之二十一、『藩法集』8、鹿児島藩・上、一二四三号。

(42)「列朝制度」巻之二十一、『藩法集』8、鹿児島藩・上、一二四五号。

(43)「列朝制度」巻之二十一、『藩法集』8、鹿児島藩・上、一二四八号。なお、貞享五年十月十日付の琉球あてのものと思われる「覚」(「旧記雑録追録」巻一八、鹿児島県史料二、二一三八号)には、去年玉城親方らの書き出しの高より七九貫目余を減じて七〇六貫目を渡し、以後はその都度銀高を決めて渡すとしており、藩よりはほぼ制限高の枠内で渡唐銀が渡されていたものと思われる。

(44)『鹿児島県史』第二巻、七二七頁。

(45)貞享五年十月十日付藩家老衆より新納近江あて「覚写」(「旧記雑録追録」巻一八、鹿児島県史料一、二二四一号)、十月十八日付家老衆より琉球在番三原次郎左衛門(重儀)あて「覚」(「旧記雑録追録」巻一八、鹿児島県史料一、二二四六号)。

(46)元禄四年九月二十六日付薩摩藩家老衆より新納近江あて「覚」(「旧記雑録追録」巻一九、鹿児島県史料一、二三三一号)、同年九月晦日付新納近江より琉球摂政・三司官あて「覚」(「旧記雑録追録」巻一九、鹿児島県史料一、二三三二号)、同年十月四日付新納八郎右衛門・平田左衛門より新納近江あて「覚」(「旧記雑録追録」巻一九、鹿児島県史料一、二三二四号)。

(47)元禄四年十月四日付禰寝八郎右衛門清雄・平田左衛門宗正より新納近江あて「覚」(「旧記雑録追録」巻一九、鹿児島県史料一、二三二四号)。

(48)田谷博吉『近世銀座の研究』(吉川弘文館、一九六三年)「第四章　対州渡し人参代往古銀」、田代和生『近世日朝通交貿易史の研究』(創文社、一九八一年)「第十一章　輸出銀をめぐる諸問題」。

(49)『大和江御使者記　全』(沖縄県公文書館史料編集室撮影本)康熙三十六年の条。

(50)「旧記雑録追録」巻二四、鹿児島県史料二、二八六号。
(51)『大和江御使者記　全』康煕四十一年の条、「翁姓家譜」六世盛武、城間親方条(『那覇市史　資料編』第1巻5)。
(52)「御條書写」(『鹿児島県史』第二巻、七三一頁所引)。
(53)紙屋敦之『幕藩制国家の琉球支配』(校倉書房、一九九〇年)「第二章　幕藩体制下における琉球の位置—幕・薩・琉三者の権力関係—」参照。
(54)「旧記雑録追録」巻四一、鹿児島県史料二、二七六四号。
(55)「旧記雑録追録」巻四六、鹿児島県史料三、七八号。
(56)「今度薩摩守願之儀被　仰出候に就て御尋条々」(「旧記雑録追録」巻四七、鹿児島県史料三、九二号)。『日本財政経済史料』巻七、経済之部四、一〇六一〜一〇六二頁。
(57)正徳三年六月二十五日付松平薩摩内島津大蔵「口上覚」(「旧記雑録」巻四八、鹿児島県史料三、一二三九号)。
(58)「列朝制度」巻之二一、『藩法集』8、鹿児島藩・上、一二四九号。
(59)「列朝制度」巻之二一、『藩法集』8、鹿児島藩・上、一二五四号。
(60)「旧記雑録追録」巻四九、鹿児島県史料三、三三六・三三八号。『島津国史』巻二十九、二八二頁。
(61)「旧記雑録追録」巻四九、鹿児島県史料三、三四九号。
(62)「旧記雑録追録」巻五一、鹿児島県史料三、五九七号。
(63)作道洋太郎「貨幣と信用」(『体系日本史叢書一三　流通史』、山川出版社、一九六九年)。
(64)田代註(48)書「第十一章　輸出銀をめぐる諸問題」。
(65)「旧記雑録追録」巻八七、鹿児島県史料四、一七八四号。

(66)「旧記雑録追録」巻八七、鹿児島県史料四、一七八五号。
(67)「旧記雑録追録」巻八七、鹿児島県史料四、一七九八号。
(68)田代和生「一七・一八世紀東アジア域内交易における日本銀」（浜下武志・川勝平太編『アジア交易圏と日本工業化 1500－1900』、リブロポート、一九九一年）。
(69)『鹿児島県史』第二巻、二一六～二一七頁。
(70)太田勝也『鎖国時代長崎貿易史の研究』（思文閣出版、一九九二年）三五〇頁、四四七頁。
(71)山脇悌二郎『長崎の唐人貿易』（吉川弘文館、一九六四年）二二三頁。
(72)山脇註(71)書、二二四～二二五頁。
(73)『唐通事会所日録』第三、一七四頁、二六四頁。山脇註(71)書、九八頁。
(74)山脇註(71)書、一五五頁、二一四頁。
(75)上原兼善「薩摩藩における唐物仕法の展開―会所貿易への浸透過程―」（九州大学文学部『史淵』一一三輯、一九七六年）。
(76)『琉球館文書』。
(77)「旧記雑録追録」巻一九、鹿児島県史料一、二三七一号。
(78)「旧記雑録追録」巻二〇、鹿児島県史料一、二四六三号。上原兼善「一七世紀末期における琉球国の動向」（『評定所文書』六巻、一九九一年）。
(79)山脇註(71)書、略年表。
(80)山脇註(71)書、二〇四頁。

(81) 山脇悌二郎『近世日本の医薬文化』(平凡社、一九九五年)二〇七頁。

(82)(83) 田代註(68)。

(84)「中山世譜」巻十、乾隆二十七年条。

(85) 安永七年閏七月「口上覚」(『琉球館文書』)。

(86)~(89)「列朝制度」巻之十、『藩法集』8、鹿児島藩　上、五三二号。

第一章　琉球王府財政と進貢貿易

緒　言

近世の初期から中期にいたる進貢貿易の実態について概観を終えたので、近世後期以降のその検討に移ることにするが、その前に琉球の財政構造の特徴についてみておく。いうまでもなく前近代の輸出品は民衆よりの貢納品であり、輸入品の購買に資せられる銀も様々な貢納品が換金化されたものであった。また琉球王府財政が進貢貿易を組み込んで成立していた以上、その問題を避けては通れない。貿易を規定づけた自然的条件、社会的条件を理解するうえでも財政構造に踏み込むことは必要だと考える。

筆者は今から三〇年ほど前に、『御財制』(1)、「御当国御高並諸上納里積記」(2)（以下「里積記」と略記する）などによって近世中後期の琉球王府財政について論じたことがある。(3)ほかに決定的な財政史料を欠き、まだ他の研究者が未着手のテーマとなっていたため、あえて考察を試みたのであるが、いま小論を読み返してみると、不備だらけで誤りの多い論考であったと反省している。二つの基本史料の検討を通して思い知ったのは、年貢高及び収取物は時代によって変化するものであるにもかかわらず、それが追跡できる財政史料を欠くため、ある特定時期を取り上げて財政構造を論じることは困難であるということであった。史料の決定的欠落という事情は当時も今もそう変わりはないが、『御財制』の校訂本が那覇市市民文化部歴史資料室によって刊行され、(4)数値の確定で悩むことはなくなった。そこで、同史料をあらためて見直し、再度、琉球王府財政の特徴について示しておきたい。

第一節　御所帯方高(蔵入高)・給知方高と物成

琉球国は一六〇九年(慶長十四・万暦三十七)の島津氏の侵攻後、一六一一年の検地を経て、はじめて八万九〇八六石の石高が確定し、それにもとづいて五万石を御所帯方高(王府蔵入)、残り三万九〇八六石を知行高(給知方)とすることが定められた。もっともその後、琉球高は、一六二八年(寛永五・崇禎元)に宮古島高に違算があることが判明して六〇〇〇石六斗余が減じられ、一六三五年には朱印高に不足ありとして、七七九八石九斗余の「盛増」となり、九万〇八八三石九斗余とされた。そしてさらに一七二七年(享保十二・雍正五)の薩摩藩の内検に際して、これに三三四六石七斗九升九合の「盛増」が行われて総高は九万四二三〇石七斗九勺四才とされ、以後これは明治まで変わることがない。

この総高確定後の御所帯方高は五万五〇九二石八斗余、給知方高は三万九一三七石八斗余である。ただし一七二七年(享保十二・雍正五)の「盛増」は実際の検地をへていないから、琉球高の実体を反映したものといえなかった。翌一七二八年に成立したとみられる「御財制」をみると、同年の「現高」が八万八三六七石一斗余と記載されている。(5)また、「里積記」(6)にはやはり同年「現高」八万八五四七石八斗余(「二十、新盛増出米上納之事」)、一七三六年(元文元・乾隆元)の「現高」八万七八六一石六斗余(「十九、在番出米上納之事」)と記載されている。一七二八年(享保十三・雍正六)の「現高」が「御財制」と「里積記」で微妙な数値の違いがみられる理由については今は明らかにしえないが、

表6　御所帯方・給知方高と物成収支(石.斗〈升以下は省略〉)

<table>
<tr><th rowspan="2"></th><th rowspan="2">石　高</th><th rowspan="2">物　成　高</th><th colspan="2">支　　出</th></tr>
<tr><th>項　　目</th><th>高</th></tr>
<tr><td rowspan="4">御所帯方</td><td rowspan="4">55,092.8</td><td rowspan="2">米粟16,256.1 (A)
外519.8,給知方現米不足ニ付、雑石ニ繰替、給地え出ル</td><td>三御殿(大美御殿・御太子・御妃)知行
御国え上納米(出米6,062.4, 賦米1,408.7, 牛馬口銀代米156.8)</td><td>858.6(a1)
7,628.0(a2)</td></tr>
<tr><td>差引現御蔵米残高
[A－(a1＋a2)]</td><td>7,724.0
*7,769.5</td></tr>
<tr><td rowspan="2">雑石4,139.9 (B)
内1,039.6,米ニシテ519.8,給地方雑石過ニ付、米ニ繰替入</td><td>三御殿知行</td><td>171.3(b)</td></tr>
<tr><td>差引現御蔵入雑石
[B－b]</td><td>3,963.0
*3,968</td></tr>
<tr><td rowspan="3">給知方</td><td rowspan="3">39,137.8</td><td rowspan="2">米　9,520.1 (口米共)(C)
内9,000.3　給知高物成
519.8　現米不足につき雑穀に繰替御所帯方より入</td><td>給知反米</td><td>4,306.7(c)</td></tr>
<tr><td>差引現給知方米残高
[(C)－(c)]</td><td>5,213.4</td></tr>
<tr><td>雑石1,183.4 (口米共)(D)</td><td>差引現給知方雑石残高</td><td>1,183.4</td></tr>
</table>

注1:「御当国御高並諸上納里積記」(『那覇市史』第1巻2)24号文書より作成。
2:*は計算上の数値。

中期頃の「現高」が八万八〇〇〇石余とされ、年貢収取の基礎になっていたことを確認しておきたい。

享保「盛増」後の御所帯方、給知方それぞれの物成収支を示すと表6のようになる。御所帯方高・給知高にかかるそれは、それぞれ米粟一万六二五六石余・雑石四一三九石余、米九五二〇石余・雑石一一八三石余で、これが石高にした場合の王府ならびに給知士の得分高ということになり、支出の基礎となる年貢高である。まず御所帯方高の支出内容を追うと、大きくいって大美《おおみ》御殿《うどうん》(奥向き付属の別邸)・御太子・御妃のいわゆる三御殿御知行高米八五八石六斗余・雑石一七一石余と、薩摩藩あての出米(反米)高七六二八石余に分けられ、両者を差し引くと、王府の現御蔵入米高は七七二四石余、雑石は三九六三石余となる。しかし、これにはなお諸士の扶持部分が見込まれるから、王府の消費でき

表7　寛政年間(1789〜1801)の王府の年貢収入(収納座奉行高原親雲上遺書にもとづく)

(ア)正租	本　島	田方	米	16,238石
		畑方	雑石	5,326石9斗
	両先島	宮古	粟	3,367石
		八重山	米	2,326石2斗
(イ)付加税	賦米			1,422石9斗
	荒欠地出米			1,518石3斗
	掛増米			368石2斗
	牛馬出米			443石9斗
	在番出米			61石4斗
	浮得出米			26石3斗
(ウ)特別税	夫役銭	日用銭		958,091貫996文
		請地夫銭・領地夫銭		
	夫賃粟	宮古島	粟	838石5斗
		八重山島	米	548石7斗
	浮得税	浮得銭		3,906貫550文
		棕櫚皮		16,964斤
		綿子		4貫75匁
		塩		2,438表

「沖縄県旧慣租税制度」(『沖縄県史』第21巻、資料編11〈琉球政府、1968〉、201頁)より作成。

る米・雑石量は後にみるようになお少なくなるであろう。給知方の場合は、年貢高九五二〇石中四五%の四三〇六石が薩摩藩への反米にあてられるから、給知士の財政的基盤の弱さもまた明白である。

　次に収納年貢の概要を示し、その特徴についてみておこう。表7は一八九五年(明治二十八・光緒二十一)沖縄県庁によってまとめられた「旧慣租税制度」によって作成したもので、原典は収納座奉行高原親雲上の書き残した寛政年間の史料だとされる(7)。琉球の貢租は大きくいって(ア)正租・(イ)付加税・(ウ)特別税からなり、(ア)正租は琉球本島から米・雑石、両先島の内、宮古から粟、八重山から米がそれぞれ原則として徴収されることになっている。

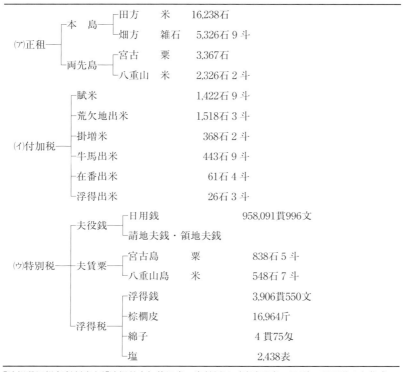

(イ)付加税は、(i)賦米・(ii)荒欠地出米、(iii)掛増米、(iv)牛馬出米、(v)在番出米、(vi)浮得出米などより構成された。それぞれについて簡単に説明すると、(i)賦米は薩摩藩の殿役米と称する夫米にあてられるもの、(ii)荒欠地出米は、慶長検地以来生じた欠損地の年貢補塡分、(iii)掛増米は一七二二年(享保七・康熙六十一)の三三一八石の増高にともなう盛増出米、(iv)牛馬出米は、牛馬の数を基準に山野に賦課した税で、他藩の小物成の一つ野銭に相当するものである。(v)在番出米は在番役一四人の扶持にあてられる分で、他藩の口米に当たる。最後の(vi)浮得出米は、浮得税の対象となる上《うわ》木《き》の内、芭蕉・唐苧・室藺の三品について現品徴収を改め、本租に附加して取り立てたものである。このように、付加税が多種にわたっていること、その合計高は三八四一石にのぼり、正租米高一万八五六四石の二一%にものぼっていることが琉球国年貢の特徴の一つといってよかろう。

貢租の(ウ)特別税は、労働課役の夫役と山林・河海の収穫物、生業に課せられる「浮得」などである。夫役は琉球本島については百姓地と、村の手余りとなって士《サムレー》請けが認められた「請地」に課され、実役から代米納をへて中期の段階で代銭納へと変化していた。給知百姓の場合は間切《まぎり》(数ヶ村で構成される行政単位)を領有する総地頭に年一回、一村を給された脇地頭に対して年二回の労働課役を果たした。これが地頭らの作得夫銭である。宮古・八重山の両先島は一ヶ月二度遣い(二度夫)とされ、それぞれ正男数に応じて粟八三八石、米五四八石と定められていた。夫役は実際に労役を徴されたか否かは別として、琉球の百姓は薩摩藩と王府あてに二重の負担となっていたことになる。浮得税はその徴収物として銭・棕櫚皮・綿子・塩などが挙げられているが、課税の対象は、芭蕉・唐苧等一一種の植物(上木物)と一五種の手工業製品におよんでいた。(8)

第二節　貢租種目と収納物

貢租額の大枠はほぼ以上の通りであるが、当然のことながら、藩庫に納入される年貢物は実際は多くの物で代納されていたから、納入物はこの通りとはかぎらない。そこで次に実際の納入物に即して王府の収入ならびに支出高を追い、そのうえで王府財政の実態を明らかにしてみたい。御所帯方年貢の実際の税種目と収納物、ならびにその量は表8のようになっている。まず①「田方上納」は「御蔵出米」と先に示した付加税の諸出米、「知行出米」それに「仕明知行出米」等の一万六八三九石八斗である。「知行出米」が御所帯蔵納入となっているのはそれが薩摩藩への納入年貢であったことによる。「仕明知行出米」は士が「仕明」(開発)し、知行として許された田畠八三六石五斗に懸かる出米で、その高が八八石七斗余であったことがここで明らかになる。②「畑方上納」は麦を中心に大豆類・菜種子・粟・黍、その他の雑穀、そして銭で納められている。代銭納は麦・豆八九三石三斗余の分で、合計高はそれを他の菜種子・粟・黍の高とひっくるめて「雑石」三〇八六石五としている。ここでの「雑石」は米以外の穀類をひろく指しているものとみられる。

表8で特別税とされている税目に目をやると、③「浮得上納」のうち棕櫚皮・浮得銭の上納高は表7と一致するが、塩については同表記載高より二九九四俵と五五五俵余多い。表7は国頭方の塩屋・小塩屋のみの上納高を示すもので、ほかに那覇の潟原《かたばる》からの上納高が合計高より抜けていることがわかる。また綿子四貫余の上納については、この表では「久米島・渡名喜島上納」として種目が別立てとなっている。

このほかにも収納対象物からいえば「浮得上納」の範疇に入るのではないかと思われる税種目がいくつか存在す

る。⑥「諸細工並職人上納」、⑨「宇久田・大工廻《だくじゃく》二ヶ村炭上納」、⑩「いなん地・ちゃか・神之干瀬《ひせ》(礁原)上納」、⑪「慶島《ちーしま》の内大いふ・小いふ・神山三ヶ所上納」、⑮「諸座所望物・売物諸色代」などがそれである。⑨の越来間切宇久田・大工廻二ヶ村の炭上納は夫役と引き替えであり、⑩は「いなん地」「ちゃか」「神之干瀬」三干瀬の漁場の用益を許された糸満村よりの上納で、他藩の運上に相当するものである。⑪は慶島三干瀬の漁場用益に対する慶良間村よりの運上。⑮については明確ではないが、諸座費用を賄うための徴発特産品が代銭納に転じたものかと思われる。⑬および⑭の宮古・八重山島の収取品目をみると、反布類のほかそれぞれの島の特産品、銭によって代納がなされている。なお、両先島とも⑦⑧に示されるように穀物の納付運賃が粟三五石余、米一九石余が貢租種目として立てられており、「部下げ」(割引)とはいえ、それは税収の一部を構成する種目として扱われていたことが注目される。

琉球本島と「離れ」とよばれる周辺離島、そして先島から納入される年貢物の種類と高は以上の通りであるが、このほかに表中にはみられないものの、「里積記」に鳥島からの硫黄二万斤、摺貝八〇〇枚の納入のあったことが記述されている。[9] 硫黄が従来中国への重要な進貢物であったことを思うと、その収取を無視するわけにはいかない。

ところで、いま表8の諸年貢を米高に換算したものを示すと表9のようになる。それによれば、年貢米総高は二万四七〇〇余石となるから、表8中の田高二万一六四二石余、畠高二万六一九五石余の計四万七八三七石余の「現高」に従って年貢率を出すと、およそ五ッ程度になる。そして年貢の内、二割超が銭・反布類・麦・豆類・菜種子類で代納されていたことがここで指摘できる。[10]

では次に、以上の物成収入に対する支出の実態を、やはり米高でみてみよう。表10によると、「御定制」の固定支出の部分(「永代不相替御定制候故別格相立」)Iと、年によって変化する支出部分IIから成り立っており、うちIの場合、(1)出物、(2)牛馬口銀代米のように薩摩藩あてに納付される部分と、(3)唐定式御礼格、(4)御国許定式御礼格とい

⑦宮古島上納運賃部下届	粟	35石2斗	大和船ならびに那覇船積石814石９斗の部下届
⑧八重山上納部下届	米	19石8斗	大和船ならびに那覇船積石387石の部下届
⑨宇久田・大工廻二ヶ村炭上納	炭・鍛冶炭	炭2,040俵 鍛冶炭1200俵	
⑩いなん地・ちやか・神之干瀬上納	銭	240貫文	
⑪慶島の内大いふ・小いふ・神山三ヶ所上納	銭	100貫文	
⑫久米島・渡名喜島上納	綿　子	4貫775匁5分	桑子1238本の納　内1,205本久米島、33本渡名喜島、桑１本につき３匁３分ずつ上納
⑬宮古島上納	直　上　布	2,411疋3合9勺4才	内937疋　上木納
	本　上　布	116反5尋1尺4寸	
	直　下　布	2,228反3尋4尺	
	本　下　布	314反3尋4尺6寸6リ	
	粟	1,173石7斗 423石5斗	御領国中惣物成の内に加給知方に成る
	ふくゐ筵	105枚	
	あたん葉筵	101枚	
	角　俣	524斤148匁5分2リ	
	夫　銭	6,231貫344文	
⑭八重山島上納	直上布	1,226疋1合2勺7才	
	本上布	45反3尋4尺7寸8分	
	直下布	2,136反5尋2尺3寸2分	
	本下布	175反4尋3尺5寸7分	
	米　粟	824石9斗 303石3斗	御領国中惣物成の内に加給知方に成る
	黒　縄	15,046斤127匁6分	
	ミヽくり(木耳)	78斤40目	
	夫　銭	1,884貫369文	
⑮諸座所望物・売物諸色代	銭	196,576貫237文	

註１：「御財制　一」(『那覇市史　資料篇　第１巻12』より作成。
註２：石高については升以下を切り捨てた。

表8　年貢の種類と収納高

物成の種別	納入物の種類	納入高	備考
①田方上納	御蔵出米	9,085石3斗	田高21,642石2斗(両先島高籠もる)
	賦米	1,321石	藩に対する夫役代米。高1石につき1升4合余
	荒欠地出米	1,568石5斗	欠損地に懸かる出米
	浮得出米	26石3斗	宝繭・唐苧・芭蕉敷き代米
	牛馬出米	442石3斗	22,769疋　1疋に付1升9合4勺7才
	知行出米	4,306石7斗	給知高39,137石8斗
	仕明知行出米	88石7斗	仕明知行高836石5斗　内60石5斗畑方半分出米　高1石に付き1斗1升4才
計　米		16,839石8斗	
②畑方上納	麦	1,112石6斗	
	粟　籾	100石1斗	
	黍	17石	
	下大豆	313石6斗	
	白大豆	13石3斗	
	本大豆	93石3斗	
	菜種子	260石	
	白へん豆	5斗	
	雑石	279石7斗	
	小豆	2石7斗	
	銭	90,049貫540文	麦・豆893石3斗代請
計　雑石		3.086石5斗	畑高26,195石2斗(両先島畑高籠もる)分
③浮得上納	塩	2,994表3升3合	2,438俵国頭方塩屋・小塩屋上納 555俵3升8合潟原上納、1俵5升入
	棕櫚皮	399,108枚	斤にして16,962斤14匁　棕櫚33,259本
	浮得銭	3,908貫50文	内1貫500文　島尻方小塩屋3軒の上納、その他船舶・柑橘類に対する課税の代銭納
④夫銭	銭	388,506貫420文	内33,600貫文大美御殿・中城御殿・佐敷御殿御知行夫銭9,960貫文，儀間・湖城2ヶ村夫銭
⑤請地夫銭	銭	1,361貫420文	請地高1,361石4斗の納
⑥諸細工並職人上納	銭	6,544貫493文	合　813人(計算上は821)

表９　御年貢の米換算高

	種　目	納　付　高	米換算高(石.斗)
1	銭	695,401貫877文	4,434.9
2	米	16,895石1斗	16,895.1
3	麦	1,112石6斗	675.5
4	粟　籾	100石1斗	57.2
5	黍	17石	9.7
6	下大豆	313石6斗	291.2
7	白大豆	13石3斗	15.2
8	本大豆	93石3斗	99.9
9	菜種子	260石	334.2
10	白へん豆	5升	0.3
11	小豆	2石7斗	3.1
12	雑石	279石7斗	159.8
13	塩	2,994表	51.9
14	棕櫚皮	399,108枚	151.4
15	綿子	4貫75匁5分	10.1
16	直上布	3,637疋	956.2
17	本上布	163反	12.5
18	直下布	4,365反	390.6
19	本下布	490反	33.8
20	炭	2040俵	31.2
21	鍛冶炭	1,200俵	30.6
22	ふくゐ筵	105枚	2.4
23	あたん葉筵	101枚	1.7
24	角俣	524斤	6.6
25	ミ、くり	78斤40目	1.4
26	黒縄	15,046斤	43.3
計(A)			24,709.5 (計算上は24,701.2)

註１　「御財制　一」(『那覇市史　資料篇　第１巻12』より作成。
註２　石高については升以下を切り捨てた。

う中国、薩摩藩あての進貢品・献上物などの調達に費される部分、そして(5)大美御殿・(6)御太子・(7)御妃知行物成などの蔵米知行にあてられる部分の三つに大別されうる。いっぽうⅡの場合、(8)(9)貯米、(10)〜(16)諸祭礼費用、(17)唐通融費用、(18)〜(21)御国許役人衆接待費用・所望物費用、(22)御国許出物仕出し費用、(23)御《う》内原《うちばら》(奥)御用、(24)〜(28)女房衆ならびに諸役人に対する故実《こじつ》飯米(旅費日当)・切米・御褒美合力・旅衆所望等、(29)〜(31)国王御親族あて諸祝儀・祭奠費、雪松・門松や大美御殿・久米島諸堂の聯などの雑物費用、(32)鹿児島琉球仮屋の続料、(33)両先島・鳥島人接待ならびに先島船の渡来前祈願入用等、(34)〜(36)御普請修甫(補)・御道具仕立て修甫・諸船作事修甫など諸修補費用、(37)菜種子ほか諸払い物の仕立て入費などのほか、性格がよく理解できない諸役座の(38)「減廃物」費用にいたるまで、実に多種多様な費目で構成されている。

これらのすべての支出費目のなかで最も大きな比重を占めているものを挙げれば、いうまでもなく薩摩藩あての出米、それにかかる運賃ならびに諸費を含む(1)出物である。本租にあたる本出米は七三六一石五斗余、それに賦米九九九石七斗余と「御奉行・横目衆・附々衆・足軽御賦飯米」一〇五石一斗余、そして(2)の牛馬口銀代米一五六石八斗余が加わって、藩あての出米高は合計八六二三石三斗余となる。全支出高の三八％に当る。

しかし実際の琉球の負担高はそれだけにとどまらない。ほかにいくつかの名目の三部八運賃米が存在する。三分八運賃とは、藩が鹿児島・琉球那覇間は本来三〇〇里であるにもかかわらず、三八〇里と見積り、一里当たり六石九斗三升の割合で課した運賃米のことである。いうまでもなく運送を担った船頭たちに支払われるべきものであるが、一部分は藩庫に納められた。それは、御奉行・横目・附々衆・足軽の乗間(積間)四六〇石に懸かる六〇石六斗余、一番方返上物積間(薩摩藩あて借銀返済物積間)一八五石八斗余にかかる四九石余があって、これらは出米六八四三石一斗余とともに運ばれ、そのための三部八運賃が二四九二石五斗余にのぼっているが、ほかに一三〇三石二斗の出物引き合いの大和御用物積間運賃も確認できるので、[11]運賃米だけでも全支出の一七％にのぼっていたことになる。ちなみに「里積記」によれば、本出米一万三六九石一斗余、賦米一四〇八石七斗余、[12]牛馬口銀代米一五六石八斗に対する三部八運賃はそれぞれ、二七三六石四斗余、三七二石二斗余、四一石三斗余で、一四％程度となるが、いずれにしても、藩あて納入出米の海上輸送費用が琉球国の負担を重くしていたことが指摘できよう。

出物の次に支出高のうちで比較的高い比率を示すのは、(26)王府士臣への切米二二二三石六斗余(全支出の一〇％)

	⒇御奉行・横目衆・附々衆・足軽所望物	188.7	米・雑石・諸色
	㉑御国許協方所望	1.8	諸色
	㉒御国許出物仕出	39.6	出物方御用の諸色荷作拵、御用酒詰，諸仕上せの時御物座以下右御用相勤候諸役人飯米故実,ならびに荷物持夫その他
	㉓御内原御用	200.4	御前方、御后毎日の御膳料その他
	㉔御女房衆ならびに下遣飯米故実	136.0	御女房衆・御家来赤頭、御中門作事、箒大ちゃ下遣飯米故実
	㉕御褒美御合力	5.5	諸人働有之候御褒美,鯨糞蝋見付差上候御褒美,暦師・細工人御合力,御用の品差上候御褒美
	㉖切米	2,223.6	諸役人・旅衆・久米村人・諸島人切米
	㉗諸役人飯米故実	50.5	御船手方・砂糖座方飯米故実、諸役人長詰にて相勤候飯米故実、諸役人遠方罷越相勤候飯米故実
	㉘諸士旅衆所望物	467.7	諸士諸間切え相渡候砂糖鍋車、上焼物壺、薬種その他
Ⅱ	㉙御親族諸祝儀	8.0	御年頭給酒、御親族誕生日給酒、脇方諸祝儀に付御重御菓子、脇方御奉行請待の時御菓子
	㉚御親族御祭奠	5.1	正月・7月御祭・年回りの時御祭酒御重、庭御祭文御葬送の時御祭酒
	㉛雑　類	490.2	雪松・門松・結彩松，大美御殿・久米村諸堂聯、福録寿御慰料,唐御衣裳調そかし、その他
	㉜琉仮屋続料	2029.4	仮屋遣酒詰、砂糖・鬱金仕上せ候諸料、仮屋遣いの品物荷作木細工賦、楷船船具修補その他
	㉝両先島・鳥島	169.4	先島・鳥島人御捧上候時給酒、先島御茶飯、先島船来着前祈願その他
	㉞御普請修甫	413.8	御城中諸座、寺院、久米村中廟堂、宮拝殿、鳥井、御嶽道、橋、蓮小堀、魚小堀その他
	㉟御道具仕立修甫	129.5	下庫理・御書院・御評定所・御物奉行所・諸役座・先御茶屋・御客屋・久米村中廟堂・泊頭取
	㊱諸船作事修甫	312.1	楷船作事・唐船より楷船に成候入目・楷船修甫・渡地舟作事
	㊲払物仕立	269.4	菜種油、胡麻油、かたし油、櫨中蝋・小蝋、塩、炭、先島布、塩海馬、胡麻、角又、唐苧
	㊳減癈物	117.6	諸役座減廃物
計		8,890.9	ただし「義貯」「副貯」の計2,229石２斗は除外
合　　計(B)		24,683.0	「義貯」「副貯」の高を含む
差引残表９(A)－(B)		26.3	

註１　「御財制　二」(『那覇市史　資料篇　第1巻12』より作成。
註２　石高については升以下を切り捨てた。
註３　項目の順序は適宜変えている。

表10　年貢米の払(支出)状況

	項　　目	石高(石.斗)	備　　考
Ⅰ	(1)出物	6,843.1	出米7,361石5斗，御賦米999石7斗，合計8,361石3斗の現米仕上分
		60.6	御奉行・横目衆・附々衆足軽乗間460石の三部八運賃届成分
		49.0	一番方返上物積間185石8斗の三部八運賃
		2,492.5	(上記)三行の三部八運賃
		105.1	御奉行・横目衆・附々衆・足軽御賦飯米
		2,035.9	内1303石２斗，大和御用物代出物引合分，品物積間運賃
	(2)牛馬口銀代米	156.8	運賃共
	(3)唐定式御礼格	118.4	琉調官府物料,諸事入用
	(4)御国許定式御礼格	505.6	御国元え御献上物，御進覧物,毎年御用物の芭蕉実・西瓜,進貢御使者・与力・才府・大筆者上国，自分調にて献上物仕候代り，琉御用物積間運賃
	(5)大美御殿御知行物成	421.0	御高1,000石，反米御蔵より出る
		76.5	夫銭
	(6)御太子御知行物成	466.6	御高1,500石，反米除く
		114.7	夫銭
	(7)御妃御知行物成	93.3	御高300石，反米除く
		22.9	夫銭
計		13,562.8	永代不相替御定制候ゆえ別格相立
Ⅱ	(8)義　　貯	1,114.6	
	(9)副　　貯	1,114.6	
	(10)御礼式	49.3	冬至・元日・十五日・七日之節句・五節句・諸折目六行、表方御入料ならびに御内原御繕料、聞得大君御殿え被差上候御祝酒その他
	(11)先王御祭礼	165.6	初行幸・七夕行幸・先王正月忌日の御月忌・崇元寺六二・八月御祭祀その他
	(12)年中御祭礼	8.1	麦穂大祭、稲之穂祭大祭、三年に一度久高島麦のみしきょま、知念玉城稲のみしきょま
	(13)御祈願	132.9	正・五・九月御社参、普天間御参詣、同時龍福寺仏前御祭酒，御城中にて御祈念その他
	(14)寺院	149.3	諸寺御仏飼米・御燈明油その他
	(15)久米村中御祭祀	30.4	孔子廟ほか
	(16)御祝儀	30.1	御誕生日・初御歳日その他
	(17)唐御通融	53.5	硫礦焼料，唐船御名付その他
	(18)御国許御取合	335.2	諸役所にて御献上物・御進覧物・脇方用物方に付諸入用その他
	(19)御奉行方御取合	217.1	御式正、旅御振舞、御年頭御奉行普天間参詣、御奉行御入津の時御進物、御奉行以下足軽迄御有付、御奉行え月越御使ならびに横目衆・附々衆歳暮進物その他

表11　蔵入方・給知方の年貢収支(石.斗)

	高	年貢高	支出項目	支出高
蔵入方	55,092.86626	米粟13,284.2(A)	御物・賦米・三分八運賃 中城御殿・佐敷御殿知行反米 御当地諸役人・久米村人・両先島役々御扶持方 三御殿御知行物成	5,763.04510 143.05200 2,296.25000 836.98928
			計(a)	9,039
			差引現御所帯蔵入高［(A)－(a)］	4,244.91280
		雑石33,105.6(B)	御所帯方役人御扶持方 三御殿御知行物成	1,306.73000 168.00000
			計(b)	1,474.73000
			差引現御所帯蔵入高［(B)－(b)］	31,630.96870
給知方	39,137.84278	米粟9,476.2(C)	給地反米 給地方諸知行・諸役知	4,306.72822 3,966.71863
			計(c)	8,273.44685
			差引現給知方蔵入高［(C)－(c)］	1,203.12000
		雑石1,183.4(D)	諸知行・諸役知(d)	908.00112
			差引現給地方蔵入高［(D)－(d)］	275.40000

『近世地方経済史料』第10巻　299〜300頁より作成。

と、鹿児島におかれていた(32)「琉球仮屋」の続料二〇二九石四斗余(九%)である。俸禄としての切米に消費される比率がわずか一〇%程度にとどまっているのは、他の同規模の藩と比較すれば若干の疑問を禁じえないところである。しかしこの点について、たとえば『近世地方経済史料』所収史料には表11の如く、「御当地諸役人・久米村人(中国系渡来人の集落久米村の住人)・両先島役々御扶持方」二二九六石二斗余のほか、「御所帯方役人御扶持方」として雑石一三〇六石七斗余が記載されており、米の絶対生産量が少ない琉球国においては、雑石が扶持としてあてがわれていたのである。この点も王府俸禄制の特質を示す事実といえよう。

「琉球仮屋」は諸藩の江戸藩邸、大坂の蔵屋敷に匹敵する政治的・経済的機能を合わせもつものであり、その維持費用が一定度の比重を占めるのはうなずけることである。

以上のほかに表10のなかで見逃すことができないのは(8)「義貯」、(9)「副貯」の存在であって、「御財制」中では両者を差し引いた残高を「御礼式」以下の諸支出に配分していることからすれば「定制」であったと考えうる。これら貯穀の制については享保年間に開始をみたようで、『球陽』には一七三六年(元文元・乾隆元)、従来首里城広福門の左右に貯在し、あるいは各蔵庫に借積していたが、この年にあらためて「儲蓄蔵」を池上の地に建てて米一五〇〇石を貯え、毎年半高を新米と換えるかたちで荒年の用に備えたとある。[13]「義貯」「副貯」の両貯穀制がいつ成立し、貯米高が二二二九石余になったか明らかではないが、一七四一年(寛保元・乾隆六)にはこれまで出物として徴収していたのをあらためて田地を差し分け、村中で共同耕作をするようになったという。しかし、注目すべき点はこれら貯穀は凶年に際して年貢・諸上納の未進にも当てられていたことである。[14]すなわち、備荒を大儀名分としながら、年貢・諸上納の確保が目的であった可能性が高い。

王府の年貢収支を、すべて米に換算して指摘できるのはほぼ以上の如くであるが、しかし現実の米年貢高を基準に王府が消費できる米・雑石高を算出してみると、表11で明らかなように、米は薩摩藩あての出米五七六三石余(賦米・三分八運賃米を含む)、中城御殿・佐敷御殿知行反米一四三石余、諸役人・久米村人・両先島(宮古・八重山)役々扶持方二二九六石余、そして三御殿知行物成八三六石余を差し引いた残り四二四四石九斗余程度であったのに対し、雑石が御所帯方役人扶持方一三〇六石七斗余、三御殿知行物成一六八石を差し引いた三万一六三〇石九斗余で、物成に観点をおけば、琉球王府の財政基盤はきわめてひ弱であったことは歴然としている。

第三節　銀収支見積りと貿易

王府財政は物成収支だけでみるわけにはいかない。琉球は鹿児島琉球館の銀の出入りを中心とした蔵方財政が存在していたので、それをも考慮する必要がある。表12は「御財制」より銀の収支見積りを整理してみたものである。同表によれば、銀収入高は四三七貫三四三匁余で、そのうちもっとも収入比率の高いのはなんといっても(a)の砂糖売払代である。(e)の「御奉行方ならびに諸士所望砂糖代」、(f)の「下砂糖売払代」などを含めると二五六貫二〇匁余で全収入銀高のおよそ五九%におよんでいる。ちなみに、田租の代納である貢糖と買入れによる買上糖からなる王府砂糖に対し、(e)は国王親族・奉行、諸士等に特権的に収取ないしは地頭地での栽培が認められた砂糖、(f)は蔵方収納砂糖の内から一定量の「申請」けを許し、王府があらためて買い上げた砂糖のことである。

比率の高いものの第二は(c)の「二番方白糸代」の一五六貫七〇一匁余で、およそ三六%であり、(d)の「唐ニ而買物代」六四一匁余を含めて中国貿易が銀収入の主要な柱になっていたことは認めてよいであろう。第三は(b)の欝金販売代金一七貫目余であり、領主的商品としては砂糖についで重要な地位を占めるものであったことがわかる。第四番目は(g)の「御用意物売払代」であるが、「御用意物」とは、江戸参府など臨時の出費に対応するための役所に「御用意方」というものが存在することからすれば、不時の入費にそなえての別立ての売物をいうのであろう。いまのところそれが何であるか表中からは明らかではないが、後に明らかにするように上布、泡盛の類ではないかと思われる。

次に支出を検討してみると、総高四〇五貫五八五匁余のうち第一に比率の高いのは(h)の進貢・接貢銀の一八二貫三六六匁(「唐ニ而売物代」を含む)で、およそ四五%を占めている。これは収入項目(c)の白糸売払代銀を二五貫ほども超

表12　銀収支見積り（貫.匁）

収支の別	費　　目	銀高	備　　　考
収入	(a)砂糖	252.381	721,090斤代、100斤に付35匁値段
	(b)欝金	17.400	30,000斤代、100斤に付58匁値段
	(c)二番方白糸代	156.701	戊子丑寅秋走二番方白糸代４年ならし
	(d)唐ニ而買物代	0.641	
	(e)御奉行方并諸士所望砂糖代	3.114	
	(f)下砂糖売払代	0.524	
	(g)御用意物売払代	6.580	
計		437.343	
支出	(h)渡唐銀払	182.366	進貢の時302貫目、接貢の時151貫目、２年ならし　181.725 唐にて売物代　0.641
	(i)諸間切砂糖代	140.000	100斤に付20匁
	(j)諸士砂糖代	33.750	100斤に付19匁
	(k)諸士欝金代	10.303	100斤に付34匁
	(l)米代	6.504	米63石3斗代、但し仕《し》上《のぼ》せ砂糖541,090斤積間2,164石３斗の八部部下げ
	(m)砂糖代	0.237	173斤琉仮屋遣、503斤御払砂糖541,090斤の減
	(n)米代	1.498	米37石６斗代、但し欝金30,000斤の積間105石の三分八運賃
	(o)米代	1.403	米35石２斗代、但し白糸5,372斤の積間98石３斗の三分八運賃
	(p)欝金代	0.034	欝金59斤代，但し御払欝金30,000斤の減
	(q)船2艘作事料	15.019	唐船２艘作事入り目60貫79匁，４年ならし
	(r)唐船檣代諸入り目込	2.266	唐船檣３本代、10年ならし
	(s)唐船の修補入り目	3.194	唐船４艘の修補
	(t)進貢物ならびに官府遣いの大和御用物代	9.006	４年ならし
計		405.585	
	残	31.758	

註１　「御財制　三」（『那覇市史　資料編第１巻12』）より作成。
註２　銀高については分以下を切り捨てた。

過しており、(q)進貢船二艘の作事料・(r)唐船檣代諸入り目・(s)唐船の修補入り目などを加えて考えるならば、中国貿易そのものはすでに指摘されるように赤字経営ということになる。しかしここに出ているのは白糸売払代銀のみであり、ほかに薬種類などの輸入品の販売益なども考慮にいれる必要があるから、軽々にそのように断ずることはできないであろう。

ちなみに渡唐銀の払い銀高の詳細を示すと表13の通りで、㈠御所帯方・用意方など王府諸座御用物代(1)一五貫一六〇匁、㈡官府ならびに細遣い銀(2)・存留遣い銀(3)・北京遣い銀(4)などの中国にての諸遣い銀五八貫六八八匁、㈢白糸五三〇〇斤余の買付け代(5)一〇八貫五一八匁からなり、それに㈣渡唐船乗員の持ち高銀ならびに諸士免銀(6)四四貫七七五匁が加わって、渡唐銀の総高は二二七貫一四一匁ということになる。それぞれの費目の総銀高に占める割合を示すと、㈠七%、㈡二六%、㈢四八%、㈣二〇%である。これをみると、渡唐銀の比較的多くが中国官衙役人に対する礼銀を中心とした諸遣い銀として費消され、琉球がわは進貢貿易を維持するために多大の負担をしていたことがわかる。

そうした運営コストのかかる進貢貿易を円滑に運営していくための一つの方法としては、㈠の諸座御用物代の名目で貿易銀を膨らませることが考えられよう。事実、初期には琉球がわの隠投銀のことが問題になっているから、それが行われた可能性がないわけではないが、しかしその額には自ずと限界があろう。いまひとつ考えられるのは㈣の渡唐船乗員の持ち高銀ならびに諸士免銀の中に王府銀を滑り込ませる方法であろう。しかしそれは乗員・諸士の貿易権を圧迫することになるから、極力避けられたにちがいない。とするならば、王府の貿易銀回収の力学は㈢の白糸・絹織物・薬種類の購入枠に向けられざるをえないであろう。すなわち、薩摩藩の投げ銀額を減らし、限られた船間に少しでも王府の自由になる積間を確保することが求め続けられることになるのである。

ここで再び表12に立ち戻って支出銀高に着目すると、渡唐銀高についで大きいのは(i)の諸間切砂糖代の一四〇貫目であることがわかる。総高のおよそ三五%に当るが、(j)の諸士砂糖代三三貫七五〇匁を含めると、およそ四三%を占める。「諸士砂糖」の買入れ代銀が三三貫七五〇匁余なのに対し、収入項目中(e)の「御奉行方ならびに諸士所望砂糖代」はわずかに三貫一一四匁にすぎない理由はいまのところ明らかにしえないが、王府が諸間切の百姓より買い上げた砂糖は、備考欄に示すように一〇〇斤当り二〇匁で買い入れられて三五匁で売り払われ、利益率は七五%にのぼっていたことがわかる。

総高中第三の比率を占めているのは(k)の諸士よりの欝金仕入代であり、第四は三分八運賃として船頭たちに渡される(l)・(n)の米代である。(k)の諸士欝金は、やはり諸士に特権的に栽培もしくは取扱いを許された分で、その仕入価格一〇〇斤当り三四匁三分余に対する販売価格は五八匁余であるから、利益率は約七一%となる。ほぼ砂糖にちかい利潤を得ていたことが明らかである。

表13　渡唐銀の払い内訳（貫.匁）

	項　目	銀　高
(1)	諸座御用物代	15.160 (内御所帯御用物代　8.579) (御用意　6.581)
(2)	官府ならびに細遣い	43.388
(3)	存留遣い銀	0.300
(4)	北京遣い銀	15.000
(5)	白糸5,382斤代	108.518
計		182.366
(6)	渡唐人数持高銀ならびに諸士免銀	44.775

註1　「御財制　三」（『那覇市史　資料編第1巻12』）より作成。
註2　銀高については分以下を切り捨てた。

結語

以上、「御財制」を手がかりに王府の財政収支の実態をみてきたが、ここまでの検討でまず明らかになってきたのは、主穀年貢の絶対量の少なさである。水利、苅敷肥料の確保の困難な琉球の自然地理学的な制約がしからしめるところ大であったが、穀物の生産量の飛躍的拡大が望めないところで、収取年貢の五〇％近くを薩摩藩に対する出米として上納しなければならず、そのことが王府財政をいっそう脆弱なものにしていた実態があった。王府がそうしたひ弱な財政を補うために生産に力を入れたのが、幕藩制市場で商品価値の高い砂糖・鬱金であった。特に砂糖こそが、王府の銀収入の根幹をなすものであり、王府が薩摩藩への貢納が実現でき、進貢貿易を王国末期まで維持できたのも、原資としての砂糖が存在したからであった。「御財制」の銀収支見積りでは一応三一貫目余の残が見込まれていることは注目されてよい。中期以降、幕藩制市場の強い要求に応ずるかたちで王府の砂糖生産量は飛躍的に増大し、一九世紀に入ると二〇〇万斤程度が出荷されるまでになるが（一八〇八年〔文化五・嘉慶十三〕七月十六日付「乍恐御内意申上候覚」『琉球館文書』）、いっぽうでは単一特産物への依存は主穀の生産を圧迫し、[15]非自給物資の確保を通じて薩摩藩への経済的従属を深めていくという矛盾を生み出していくことになった。

註

（1）沖縄県立図書館東恩納文庫蔵。
（2）『那覇市史　資料編』第1巻2、那覇市総務部市史編集室、一九七〇年。
（3）「近世中後期の琉球王府財政」（『岡山大学教育学部研究集録』七二号、一九八六年）。
（4）『那覇市史　資料編』第1巻12、那覇市市民文化部歴史資料室、二〇〇四年。
（5）「御賦米」「荒欠地出米」の項（『那覇市史　資料編』第1巻12、八頁）。
（6）『那覇市史　資料編』第1巻2。
（7）『沖縄県史　資料編』第21巻11（一九六八年）、二〇一頁。

（8）右同、一九九頁。

（9）『那覇市史　資料編』第1巻2、一〇一頁。

（10）それぞれの代納率を示すと、銭（四四三四石）一八%、反布類（一〇四二石一斗）四%、麦（六七五石）三%、豆類（四〇八石七斗）二%、菜種（三三四石二斗）一%、である。

（11）「里積記」には「御国元江上納米之儀、右通毎年仕上せ有之候、尤諸雑物御用分ハ代米取立、本出米之内より引合落し申候」とある（「十一、享保御目録高を以出物取立之事」〈『那覇市史　資料編』第1巻2、八〇頁〉）。

（12）「里積記」（「十一、享保御目録高を以出物取立之事」）。

（13）球陽研究会編『球陽　よみくだし編』（角川書店、一九七四年）巻十三、尚敬王二十四年の条、一〇二五号。

（14）「一　諸間切諸島貯之儀、跡々は百姓中へ出物申付被置候処、御差支之訳有之、乾隆六酉年貯方之分量御取究田地差分村中模合にて相耕、年々右之出実有長ケ相貯候様被仰渡置候、貯之儀凶年差当候砌一ヶ年年貢并諸上納、百姓中三ヶ月分飯料之為用意、兼て其手当被仰渡置候事」（「古老集記の二」『近世地方経済史料』九巻、三七九頁）。

（15）この点については拙稿「幕末期琉球国社会に関する覚書」（『九州文化史研究所紀要』三七号、九州大学文学部、一九九二年）参照。

第二章　進貢貿易の輸出入の動向

緒　言

前章では王府財政の収支構造を検討し、貿易の財政上に占める位置について確認する作業を行ったが、本章では中国がわの記録を拠りどころに、琉球貿易の大まかな輸出入の動向をみておこう。ここで主たる検討の素材とするのは周益湘氏の「道光以後中琉貿易的統計」(1)（以下「貿易的統計」と略記する）と『清代中琉関係檔案選編』中の「清単」（物品目録）である。「貿易的統計」は一八二一年（文政四・道光元）から一八七四年（明治七・同治十三）までの琉球渡唐船の福州港における出入状況、輸出入貨物および本来それにかけられるべき関税の免除額の推移などが統計的に示されていて、琉球貿易の動態を知るうえで重要な史料である。いっぽう「清単」は一七四五年（延享二・乾隆十）から一八七五年（明治八・光緒元）にいたる福建における琉球船の輸出入貨物とその免税額を明らかにしてくれる。『清代中琉関係檔案選編』は一九九三年に中国第一歴史檔案館によって刊行され、「清単」の一覧はすでに松浦章氏が作成するところである。(2)

この二つの史料がどのような関係にあるのか理解するために、「貿易的統計」の記載がはじまる一八二一年（文政四・道光元）以降について、琉球船による輸出入免税額の比較を行ってみた。その結果、両者の数値は数年を除いてほぼ一致することが判明した。同史料記載の免税額は、進貢船・接貢船という定期的な派遣船と、それ以外の護送船・漂着船などの非定期船の出入港時の免税額をトータルに記載したもので、「清単」の福州港出入琉球船ごとの免税額を合計すると、「貿易的統計」の数値と一致する。この点からすると、福州海関の報告は「清単」に基づくものであった可能性が高い。ただし、両史料の間では免税額で一致しない年度もある。琉球よりの輸出品の免税額についていえば、一八二四年(文政七・道光四)・一八四一年(天保十二・道光二十一)・一八四七年(弘化四・道光二十七)・一八四九年(嘉永二・道光二十九)・一八五〇年・一八五三年(嘉永六・咸豊三)・一八五四年(安政元・咸豊四)・一八五五年・一八五六年・一八五七年・一八六一年(文久元・咸豊十一)・一八六二年(文久二・同治元)・一八六四年(元治元・同治三)・一八六六年(慶応二・同治五)・一八六九年(明治二・同治八)・一八七〇年・一八七三年の各年度がそうである。

また同じく輸出品の免税額で、「貿易的統計」には「清単」よりも一年早い年度に免税額が記載されるというズレが見受けられる箇所がある。第一例は、一八四八年(嘉永元・道光二十八)の免税額についてで、「貿易的統計」では二三七両八銭五厘であるが、「清単」は翌年閏四月入港の進貢船の免税額を同額としている。第二例は一八五九年(安政六・咸豊九)の免税額で、「貿易的統計」では一三〇両二銭一分七厘であるが、「清単」は翌一八六〇年(万延元・咸豊十)八月入港の接貢船の免税額としている。第三例は一八七三年(明治六・同治十二)の場合で、「貿易的統計」が免税額を一三四両三分とするのに対して「清単」は六五〇両八銭と記し、「貿易的統計」で記載を欠く翌一八七四年の「清単」が二月入港接貢船の免税額を一三四両と記している。

以上のように、両史料を検討してみると、どちらにも史料上の問題が多少存在することが明らかであるが、両史料は多くの年度で免税額が一致する点に着目すると、それぞれで不明であった年を補い合う関係にある点に意義を求めたい。たとえば輸入についていえば、以下の年度の免税額は「貿易的統計」にはみえるが、「清単」には欠けていて不明である。

一八二二年（文政五・道光二）　一三四九両余
一八三三年（天保四・道光十三）　二二八二両余
一八四一年（天保十二・道光二十一）　一四六一両余
一八五一年（嘉永四・咸豊元）　三四〇八両余
一八五二年（嘉永五・咸豊二）　二一三六両余
一五六二年（文久二・同治元）　六三六両余
一八六五年（慶応元・同治四）　二八五五両余
一八六六年（慶応二・同治五）　二九〇両余
一八七二年（明治五・同治十一）　三〇〇両余
一八七三年（明治六・同治十二）　六五〇両余

いっぽう以下の年度の輸入免税額は「貿易的統計」に記載がないが、「清単」が残っていて、判明する分である。

一八四二年（天保十三・道光二十二）　一二九七両余
一八五九年（安政六・咸豊九）　四一〇八両余
一八六〇年（万延元・咸豊十）　一二六五両余

こうしてみると、二つの史料を検討すれば、琉球貿易の輸出入高が把握できることになる。ただし、それは二つの史料が各年の貿易品の品目・数量を間違いなく反映していることが前提であるが、すでに指摘したように、二つの史料にはなお検討すべき史料上の問題がある。それに、そもそも免税額が貿易の実態をそのまま反映するのかという、基本的な問題も存在する。にもかかわらず、二つの史料が多くの年次で免税額が一致する事実を無視するわけにもいかないから、ここではあえてそれらを基軸に据え、他の史料と比較検討することによって、そこから導き出される問題点を指摘してみたい。

第一節　輸入品

まず最初に、一八三六年(天保七・道光十六)から翌年にかけての『産物方日記』(3)にみられる帰唐船積載の御用注文品、乗員の自物品の品名・数量が「清単」と一致するか否かを追跡してみよう。表14は一八三六年の「清単」によって接貢船の輸入品と免税額を示したもので、表15は同じ接貢船の御用品の調達状況を『産物方日記』から抽出示したものである。これら二つの表を比較してみると、表15の調達御用品のうち品目が表14で確認できるのは木香・沈香・玳瑁・虫糸(蜍・てぐす)の四つのみで、他の品目については「清単」には記載されていないことが明らかとなる。御用品は薬種が中心であるから、表14中では㉒の「粗薬材」に含まれているとも考えられる。ただし、四つの品目の輸入量をみると、表14では⑸木香八〇〇〇斤、⑺沈香三〇〇〇斤、⑽玳瑁七五〇斤、⑾虫糸二〇〇〇斤であるが、表15ではそれらの買渡り高はそれぞれ、⑥八二九斤余、⑦二七八斤余、①八三五斤余、③一五一六斤余と大きく数値は異なり、木香は四一七〇斤余、沈香は一二二一斤余の買不足とさえなっている。このほか、表15の②爪が玳瑁とともに鼈甲細工の原材であるとすれば、表14では⑽玳瑁とならんで表記されてもよいように思われるが、その記載がみられないのも釈然としない。

薬種以外の品については、接貢船乗員の持ち渡り(輸入)自物品を示した表16との比較をしてみる。表16では品名が和名表記になっていたりするものもあると思われるので、単純な比較はできないが、表16にあって表14に挙がっていない品目を示すと、[1]嗶岐(サージ)・[2]桐板《トンピャン》・[3]目貫・[13]きせる竿・[26]筆糸・[27]海月(くらげ)などがあり、いっぽう表14にあって、表16にみえない品目としては、(26)鉄針・(27)篦箕(梳櫛)・(32)小鼓などを挙げうる。

次に一八三七年(天保八・道光十七)帰国進貢船の輸入貨物についてみてみよう。その数量・品目を「清単」によって示すと表17のようになる。これを表18の帰国進貢船のもたらした御用品の目録と引き比べてみると、まず表18には象牙・木香・爪の記載があるが、表17には見当たらない。また表18の玳瑁・虫糸・沈香の買渡り高をみると、それぞ

表14　1836年接貢船の輸入品と免税額

	品目	数量	税銀(両.銭分厘)
(1)	上縐紗	100疋	3.000
(2)	中花綢	230疋	4.600
(3)	氈條	450斤	0.900
(4)	胭脂	16,000張	3.200
(5)	木香	8,000斤	32.000
(6)	砂仁	5,000斤	15.000
(7)	沈香	3,000斤	90.000
(8)	洋参	6,000斤	630.000
(9)	丁香	5,000斤	100.000
(10)	玳瑁	750斤	22.500
(11)	虫糸	2,000斤	12.000
(12)	水銀	4,000斤	48.000
(13)	蘇木	25,000斤	37.500
(14)	細茶葉	25,000斤	150.000
(15)	粗磁器	18,610斤	18.610
(16)	徽墨	40斤	0.200
(17)	粗夏布	1,112疋	3.336
(18)	白糖	13,000斤	13.000
(19)	毛邉紙	41,000張	2.624
(20)	線香	2,500斤	2.000
(21)	甲紙	16,300斤	10.169
(22)	粗薬材	127,046斤	127.046
(23)	油傘	3,027巴	3.027
(24)	大油紙	2,400張	0.960
(25)	油紙扇	9,500把	5.700
(26)	鉄針	7万根	1.400
(27)	篦箕	4,000把	0.320
(28)	器錫	450斤	0.900
(29)	土漆茶盤	2,500個	4.000
(30)	故綢衣	42件	0.336
(31)	故布衣	30件	0.090
(32)	小鼓	25面	0.050
	計		1,342.568

『歴代宝案』校訂本　第十二冊(沖縄県、2000年) 232～233頁より作成。

表15　1836年帰国接貢船の御用品注文高とその買渡り高

	薬種	注文高 (斤)	買渡り高 (斤.合勺寸)	買過ぎ・買不足の別 (斤.合勺寸)
①	玳瑁	800	835.311	+35.311
②	爪	600	2,318.614	+1,718.664
③	虫糸	100	1,516.18	+1,416.18
④	象牙	400	40.25	−3,459.75
⑤	犀角	500	197.37	−302.63
⑥	木香	5,000	829.8	−4,170.2
⑦	沈香	1,500	278.92	−1,221.08
⑧	龍脳	500	462.25	−17.75
⑨	阿膠	2,000	579.805	−1,420.195
⑩	硼砂	2,000	4,223.3	+2,223.35
⑪	大黄	25,000	12,909	−12,091
⑫	桂皮	15,000	4,369	−10,631
⑬	山帰来	10,000	12,743	+2,743
⑭	甘草	25,000	14,860	−10,140
⑮	蒼朮	25,000	6436	−18,564
⑯	甘松	100	369	+269

天保７年６月「口上覚」(『産物方日記　道光拾六申年より翌酉年迄』)(尚家文書390)より作成。

れ八一三斤余・三一五斤余・八一七斤余であり、とくに沈香の場合は一八二斤余が買不足となっている。これに対して表17によるとそれぞれ一一〇〇斤余・八〇〇斤余・八三〇〇斤余となっており、沈香はむしろ大幅な買過ぎにさえなっているのである。

このようにみてくると、福州の海関が琉球の輸入品について、品目・数量ともに完璧に掌握していたか否かということになると、大いに疑問が出てくるのである。後に取り上げるように、御用品でも表向きは買不足を装いながら、脇荷として確保している場合もあり、福州海関がどの程度それらの把握につとめていたか検討してみる必要がありそうである。清国は朝貢国の撫恤のために免税措置をとり、しかも個々

表16　1836年帰国接貢船乗員による持来り自物品のうち、茶・反物・器財類

	品　名	量
［1］	嶂岐	300疋程
［2］	桐板	1,000反分程
［3］	目貫	1,000反分程
［4］	笠	7,000本程
［5］	まかり物入桶	40
［6］	煖鍋	25程
［7］	白唐紙	50束程
［8］	わら黄紙	150束程
［9］	綿紙	10束程
［10］	丸藤	25斤程
［11］	白砂糖	10,000斤
［12］	氷砂糖	8,000斤
［13］	きせる竿荷	大小40
［14］	反布類	2,000反程
［15］	路地盆	100束程
［16］	重箱	30箇程
［17］	□（毛カ）せん	150枚程
［18］	清明茶	15,000斤程
［19］	半山茶	600斤
［20］	半鞁（カ）	30程
［21］	官香	30箱程
［22］	鞁（カ）	70程
［23］	短香	30箱程
［24］	双紙かい	20程
［25］	皮かい	30程
［26］	筆糸	1,800斤程
［27］	海月	1,600斤

出典は表15に同じ。

表17　1837年8月帰国進貢船の輸入品と免税額

品目		数量	税銀（両.銭分厘）
1	上縐紗	234疋	7.020
2	中花綢	296疋	5.920
3	氈條	3,600斤	7.200
4	沈香	8,300斤	249.000
5	玳瑁	1,100斤	33.000
6	砂仁	9,400斤	28.200
7	虫糸	800斤	4.800
8	細茶葉	72,000斤	432.000
9	粗磁器	35,400斤	35.400
10	徽墨	80斤	0.400
11	粗夏布	3,400疋	10.200
12	白糖	65,300斤	65.300
13	毛邊紙	116,800張	7.475
14	線香	11,250斤	9.000
15	甲紙	26,500	16.695
16	粗薬材	216,564斤	216.564
17	油傘	9,000巴	9.000
18	大油紙	3,400張	1.360
19	油紙扇	22,550把	13.530
20	織絨	60疋	1.200
21	鉄針	250,000	5.000
22	篦箕	8,000把	0.640
23	器錫	1,120斤	2.240
24	土漆茶盤	6,010箇	9.616
25	故綢衣	215件	1.720
26	浄棉花	3,500斤	5.600
27	嗶嘰（嶂岐）緞	200丈	30.000
28	小鼓	24面	0.048
計			1,208.128

『清代中琉関係檔案選編』（中国第一歴史檔案館、1993）「清単」　758～759頁より作成。

表18　1837年帰国進貢船の買い荷の状況

	薬種	注文高（斤）	買渡り高（斤. 合勺才）	買過ぎ・買不足の別（斤. 合勺才）
①	玳瑁	700	813.379	＋113.379
②	爪	600	1,355.12	＋755.12
③	虫糸	100	315.627	＋285.627
④	象牙	500	112.	－388.
⑤	犀角	500	376.497	－123.503
⑥	木香	15,000	921.75	－14,078.25
⑦	沈香	1,000	817.205	－182.750
⑧	龍脳	2,000	2,427.925	＋427.925
⑨	阿膠	2,000	1,085.39	－914.61
⑩	硼砂	1,000	2,150.3	＋1,150.3
⑪	大黄	30,000	5,516	＋2,516.
⑫	桂皮	30,000	16,066	－13,934.
⑬	山帰来	30,000	59,548	＋29,548
⑭	甘草	37,586	37,586	＋2,586.
⑮	蒼朮	25,000	26,737	＋1,737.
⑯	甘松	500	1,456	＋956.

出典は表15に同じ。

の輸出品の税率も小額を課したにとどまるものであったことからすれば、琉球がわの申告でことは済んだのではないか。松浦章氏が引用する一七四七年（延享四・乾隆十二）四月十八日付の閩浙総督喀爾吉善らの奏摺によれば、琉球より福州に来航する進貢船二隻の積載貨物の価格は合計一万両とされるが、乗組員の持ち込み貨物もあってその一〇倍近いものになっていた[4]。また、翌一七四八年（寛延元・乾隆十三）三月十六日付の福建巡撫潘思榘の題本（上書）うけて、乾隆帝は琉球からの進貢船は積載量が多いにもかかわらず、過小申告する傾向にあるとして、それを是正するよう琉球国王に指示している[5]。その後、こうした過小申告の弊習がどの程度是正されたかどうか明らか

表19　琉球の輸入品目

食品類	薬種類	生糸・織物類	日用雑貨類
冰糖	黄連	氈條(毛織物)	虫糸(てぐす)
白糖	蘇木	織絨(毛織物)	銭香(線香)
烏糖	砂仁	縐紗(絹織物)	油傘
茶葉	沈香	中花綢(絹織物)	漆箱
兒茶	洋参(西洋人参)	羽花緞(絹織物)	篦箕(櫛)
茶油	冰片(龍脳)	嗶岐緞(毛織物)	小鼓
	薬材	哆囉呢(毛織物)	油紙扇
	木香	棉花	白紙扇
	丁香(丁子)	苧麻	大油紙
	硼砂	獐皮	毛邉紙(竹の繊維を原料とする紙)
	豆蔻(とうこう・ずく)	中葛布(麻布)	
	川貝母(かわばいも，アミガサユリ)	粗夏布	川連紙(四川産白唐紙)
		中西洋布	徽墨(安徽省徽州府参の墨)
		旧綢衣(古い絹衣)	靛花(てんか)(染料)
		旧布衣(古い綿衣)	甲紙
		棉花綾(綿織物)	胭脂(えんじ)(染料)
		青蔴	鐵釘(針？)
			銅器
			錫器
			磁器
			茶釜
			水銀
			玳瑁
			象牙
			銀硃
			洋青(染料)
			紅花

周益湘「道光以後中琉貿易的統計」(『中国近代社会経済史論集　上冊』)より作成。

ではないが、現実には清国の期待通りにはいかなかったのではないか。

いま、ちなみに「貿易的統計」にみえる一八四一年（天保十二・道光二十一）以降の輸入品目を掲げると表19のようになる。品目数は六〇にのぼるが、もちろんすべてが恒常的に輸入されたものではなく、川連紙・靛花・冰糖・銅器・冰片（龍脳）・洋青・烏糖（黒砂糖）・青蔴・紅花などの輸入は一度限りとなっている。

この表が福州海関が掌握する琉球がわの輸入品リストではあったとしても、すべてを網羅するものであったとはやはり考え難い。その理由は、この表には見えないがすでに早くから輸入が明らかになっている品目が存在するからである。その例として、たとえば朱・朱墨・明礬などを挙げうる。その具体的な輸入の動向については以下で検討する通りで、「貿易的統計」も「清単」も琉球の輸出入の実態を反映しているものとは言い難い。その点で興味深いのは、岡本隆司氏が明らかににするイギリス福州領事代理シンクレア（Charles. A. Sinclair）の報告である。

岡本氏はシンクレアの、琉球の輸出入貨物は免税にもかかわらず、慣例的にほとんど同じ内容の申告が行われ、貨物は半分の量も海関に申告されず、その大部分は当局の承認のもと、琉球商人と球商（琉球の注文荷を仲介する中国商人）の間でいわば密輸される、との報告を紹介している。(6) それに従うと、「貿易的統計」と「清単」の輸出入貨物とその数量が一致するのもうなずけるし、逆に渡唐役者らの『産物方日記』に示される御用品の買渡り状況との相違も納得できるのである。今のところ、琉球の輸出入貨物とその数量を示す確たる史料はないといえるが、右の二つの中国がわの史料に記載されている以外の貨物と量が、中国と琉球の間で密輸のかたちで動いていたことは確かであろう。

第二節　輸入リストに見えない唐物

1　朱・朱墨

周益湘氏の「貿易的統計」と「清単」に記載がみられないにもかかわらず、琉球・薩摩がわの史料で輸入が確認できる唐物の例としてはまず朱を挙げることができる。実は朱は、琉球貿易ルートでは、京都定問屋で販売を許された生糸・紗綾、そして長崎商法品として指定されていた一六種の薬種類以外に、幕府の管理下に置かれていた唐物である。

朱は国産品が少なく、古くから中国より輸入されていた。戦国期に京都に朱座が存在していたことが知られているが、豊臣秀吉の楽座令で廃された。徳川政権になって一六〇九年（慶長十四・万暦三十七）に、堺で三河浪人小田助四郎と江戸竹川町の甚大夫に、堺と江戸における朱座設置の許可を与えたのを皮切りに、京都・奈良、長崎にも設置を認めるにいたった[7]。中国産の朱の主要な輸入ルートはいうまでもなく長崎口であるが、琉球口についても「地潰し」分を除いて、薩摩藩を通じて朱座が買い受けていた。平賀源内が一七六三年（宝暦十三年・乾隆二十八）に著した「物類品隲[8]」巻二の銀朱の条で「○漢産、上品、○和産、上品、○琉球ヨリ来ルモノ至テ上品」と述べているところをみると、市場でも一定の評価を得ていたものと思われる。

朱座は独占的な輸入権と日本国内における朱及び朱墨の独占的製造・販売権を獲得し、代わりに幕府に対して運上銀を納めた。しかし、中期になると、抜け朱や私造の朱墨が出回るようになり、そうした朱座の独占権を脅かすようになる。琉球口からも薩摩藩の厳しい流通統制にもかかわらず、朱は抜け出ている。その態様を知らしめる興味深い例が『絵具染料商工史』(9)に出てくるので示しておこう。

抜け売りを働いた張本人は大隅国分唐仁町の松本惣兵衛という商人である。惣兵衛は一七五七年(宝暦七・乾隆二十二)九月、鹿児島西田町の多葉粉(煙草)市で顔見知りの琉球人ヲホグスク(大城)に一五〇〇斤の煙草を売り渡し、その代銀五貫四〇〇目は明くる秋、ヲホグスクが来薩の際に支払う約束で、引き当てとして唐朱一二〇斤を預かった。ところがその後、他の琉球人より、ヲホグスクが商売に失敗して、鹿児島にのぼることができないことを聞いた惣兵衛は、一七六〇年九月、朱を携えて上坂、兄徳左衛門の知り合いで、西国廻船宿を営む京町堀一丁目の長門屋彦三郎に販売を依頼した。彦三郎は、朱の売値を一斤八〇目、口銭は銀一〇〇目につき二匁の約束で販売を引き受け、京都の東洞院松原下る町近江屋惣兵衛という薬種屋に話を持ち込んだ。惣兵衛は当初朱は朱座以外への販売は禁じられているとしてこれを断ったが、彦三郎は物は辰砂であると偽ってこれを売り込み、ついで惣兵衛の引き合いで、京都麩屋町四条上る町萬屋久兵衛、同御幸町六角下る町小田原屋喜兵衛らにも売ることに成功、銀高にして七貫六〇〇目余にのぼる九六斤余を処分した。しかし、このことがやがて露顕し、大坂町奉行所の追及をうけることになった。一七六二年八月のお仕置によれば、荷主の松本惣兵衛は松平薩摩守へ身柄引き渡し、販売を引き受けた長門屋彦三郎は家財取り上げのうえ所払いとされ、ほかに抜け朱を購入した近江屋惣兵衛ほか九人の薬種屋・塗師たちが銭三貫文ずつの過料に付されている。

ここでは、抜荷取締りの網の目をかいくぐって禁制品を鹿児島市場に持ち込み、鹿児島商人との間で、琉球でより需要の高い商品(ここでは煙草)に換えて持ち下る琉球商人(琉球船の船頭であろう)の姿がみえる。一二〇斤という朱について、ヲホグスクに煙草を売った鹿児島商人松本惣兵衛は単に預かりおいたものだとするが、商業取引のうえでは考えにくいことで、煙草の代金として受け取ったものと考えたほうが自然であろう。禁制品の抜け売りに積極的に関わっていないことを装って罪を減じてもらうための方便であったとみてよい。琉球を抜け出た朱は、一部は薬種屋に引き取られて小売りに付され、また一部は塗師たちの消費に回されたことがわかるが、他の抜荷品についても、こうしたかたちで隠密裏に問屋や仲買・小売り、あるいは直接消費者の手に渡っていったにちがいない。

その後も朱・朱墨の脇売りはやまず、一七七七年（安永六・乾隆四十二）には、七月二十一日付をもって大坂三郷に朱座のほか脇々にて朱墨を商売することを禁ずる触れが出されている。また、幕府は一七八二年（天明二・乾隆四十七）十一月には、あらためて長崎より輸入される朱は長崎朱座の買取りとし、琉球船載の朱は薩摩藩より朱座へ引き渡すよう触れ、朱は朱座の独占であることを明らかにしている(10)。

さらに一七九六年（寛政八・嘉慶元）八月には幕府は江戸・堺・京都・大坂・奈良に朱仲買を設けることとし、仲買は朱座より鑑札を得て商売をすること、朱は朱座包みのままで売り渡し、職人共の遣い残しの分を同職の者に売る場合も朱座包みのままとする旨触れるよう、大目付へ諭している(11)。すなわち、座所有朱の流通促進とともに、末端においても朱座扱い品と抜け朱との区別がつくように管理統制が企図されたのである。しかし、『絵具染料商工史』が佐古慶三氏の論考(12)から引く史料によれば、仲買たちに朱代銀一〇〇目につき銀五匁の世話料を渡す取り決めであったが、累年不正の朱が流布し、座方の朱の販売は振るわなかった。仲買のうち、販売に出精した者には一割、ないしは一割二、三分の世話料を出すようにしたが、不正の朱は格別に値段が安かったため、事態は好転しなかった、とある

（「寛政八年辰年江戸・京・大坂・奈良・堺薬種絵具渡世仕候者へ、朱仲買被仰付、為世話料朱代銀百目に付銀五匁つゝ、座方より相渡可申旨、御取究被仰出、右は朱売捌高相増可申御趣意に御座候処、累年出所不正の朱隠し売買流布仕、座方の朱矢張不捌に付、御定は五分通の世話料に御座候得共、仲買の内出精売捌候者へは、一割又は一割二三分通も世話料相増候得共、不正の朱は本より抜荷物にて格別値段下直に付、世話料相増候ても、兎角捌方相進み不申候儀に御座候」(13)）。

琉球口においても、薩摩藩が渡唐役者のもたらした朱のうち、琉球には必要分を残し、不足すれば逆に藩より売り渡すようにして、(14)不要な朱を残さないように管理していたが、朱粉が「荷細之品」ゆえにその抜荷はやまなかった。しかし藩では、天保改革の着手とともに、琉球登船に対する山川港での荷改めを徹底し、かつ江戸・京・大坂には隠密を放って取締りを強化して、漸く抜口を封鎖することに成功し、一八三八年(天保九・道光十八)より江戸朱座御用を申し請けるまでにいたった。江戸へは同年八三〇包、一八三九年三七五〇包、一八四〇年三一七〇包を渡し、大坂にも右に準じて売り捌いて、江戸・大坂両朱座に対する滞納銀二〇貫目も、一八四〇年の段階には皆納の目処がついた。すなわち江戸・大坂における朱粉の払い高は合計一万包、斤にして五八一二斤半(とすると一包は〇・五八一二斤となる)で、一斤当たり五七匁六分で売って代銀は三三四貫八〇〇目(金五五八〇両)にのぼった。藩では年々四、五千包を売り払う予定としている。(15)一包を〇・五八一二斤とすると、二五〇〇〜三〇〇〇斤程度の江戸・大坂朱座への売渡しが見積もられていたことになる。

朱座の製造独占であった朱墨についても、管理統制が徹底されたことはいうまでもない。一八三五年(天保六・道光十五)九月に琉球に対して、国中役人の入用分を除いて、買売することの禁止令が出され、これをうけて琉球国中の用分のほかは一切持ち渡らないことを、渡唐役者らに申し触れるよう通達がなされている。(16)この通達にもかかわらず、翌一八三六年帰国の接貢船は多量の朱墨を積み来たったことが次の史料から判明する。

覚

朱墨壱万八千丁

外

弐千弐拾丁者地禿[　　]仕上せ座ニ而格護被仰付置候、

右今般接貢より持渡候□、仕上せ座江囲方被仰付置候処、本行之員数者此節御国元江被差登候、尤代料之儀者、御国元より御差図次第何分可被仰付候間、此旨主之方江可申渡置旨近藤彦左衛門殿より昨日承知仕、今日主々江茂申渡、御取納之上、大和船江積入被仰付候、為御心得此段御問合申上候、以上、

六月廿七日

真栄平親雲上
宇良筑親雲上

安村親方様
天願親雲上様

すなわち、これによると、接貢船の朱墨の積載高は二万二〇丁にものぼり、それらはいったん王府仕上世座に保管されていたことがわかる。この内一万八〇〇〇丁が間もなく国許に引き取られ、二〇二〇丁が仕上世座に残されている。前年九月の通達通り琉球の地禿し分を除いてすべてが藩の引き取るところとなっているのである。

2　明礬

明礬は、染料を反物に定着させる媒染剤、皮なめし、止血剤などとして使われ、古くは中国からの輸入に頼っていたが、近世にはいって国内での生産が伸びていった商品である。特にその生産高をほこったのは豊後速見郡鶴見村・野田村で、一七三五年(享保二十・雍正十三)の唐和明礬会所の創設も野田村明礬山請負人の出願によるとする説がある。(17)その後一七五八年(宝暦八・乾隆二十三)十二月、会所は京都・堺にも増設されていったが、いっぽう中期に入って薩摩藩でも大隅桑原郡を中心に明礬の生産が進み、一七八二年(天明二・乾隆四十七)八月には、江戸・大坂・京

都・堺の四ヶ所に薩摩明礬引請会所の設置をみるにいたった(18)。それに際して、十二月に江戸八官町天満善太郎、同五郎兵衛町伊勢屋庄兵衛より藩役人衆中あてに差し出した会所諸雑用金の見積り(「覚」)は、取扱い高を年平均一〇万斤とし、内訳を領内産七万五〇〇〇斤、唐明礬二万五〇〇〇斤としている。しかし、実際の取扱い量は領内産と唐明礬合わせて五、六万斤程度であったとみられている(19)。

天保期(一八三〇～一八四四)には、藩は領内産保護の観点よりこの中から輸入明礬の排除にとりかかるようになり、一八三五年(天保六・道光十五)十一月には、家老島津但馬の名で琉球館あてに次のような通達を出している(20)。

唐物品取締向之儀者、追々申渡置候通ニ候、然処、渡唐琉人共唐製明礬持渡、致商売候聞得有之、明礬之儀者御国産御仕登品之内ニ而、右通唐製持渡候而ハ妨相成候条、琉球地禿之品、屹与商売差留候、此旨琉球館聞役并在番親方江申渡、可承向江茂可申渡候、

十一月　　　但馬

すなわち、明礬は琉球特産の染織りに無くてはならない品であったため、地禿し分だけの輸入を認め、仕登品である領内産の販路を塞がないよう商取引を禁じていたのであるが、現実には藩の取締りにもかかわらず、商品として市場に流れていたのである。ちなみに一八三六年(天保七・道光十六)に帰国した接貢船・唐漂着船二艘の乗員がもたらした自物の中には三四九斤の明礬がみえる(第七章表29№9)。前年の通達はこうしたかたちで続く渡唐役者たちの輸入を対象としたものであったのだろう。

こうして、「貿易的統計」「清単」には載らないが、古くから輸入され、道光期(一八二一～一八五〇)においてもそれが途絶えることのなかった品目が存在していたことが明らかになった。両史料によって一九世紀以降の琉球貿易の全

容を描くには限界があることを指摘しておきたい。

第三節　琉球国よりの輸出品

次に琉球国よりの輸出品の検討に移ろう。福州入港の琉球船の積荷の実態を知るには「私物帳」の類が有効であるが、いまのところ、それは一八五六年(安政三・咸豊六)派遣小唐船の渡唐役者らのものと、一八六四年(元治元・同治三)の返船乗員のものに存在が限られているから[21]、輸出品目およびその数量の推移をみるには、やはり「貿易的統計」と「清単」によるほかはない。ただし、すでにみたように「貿易的統計」は進貢船・接貢船以外の、護送船・漂着船など非定期船の入港時の免税額をトータルに記載していて、年次ごとの輸出の規模を知るには都合がよいが、年次ごとの輸出品目と数量の変化を追うには適当ではない。それには進貢船・接貢船という定期派遣船の積荷を追跡することのほうが有意性があるからである。そこで以下では進貢船・接貢船の「清単」をまとめた表20をもとに輸出の傾向を追ってみたい。

同表より輸出品としては①海帯菜(昆布)・②海参(いりこ)・③魚翅《ぎょし》(ふかのひれ)・④醃《えん》魚(塩漬けの魚)・⑤鮑魚(あわび)・⑥目魚乾(干しイカ)・⑦醤油・⑧茶油・⑨銅器・⑩棉紙・⑪刀石・⑫囲屏・⑬火酒・⑭白紙扇などが存在していたことが明らかである。ほかにも一七六三年(宝暦十三・乾隆二十八)〜一八二〇年(文政三・嘉慶二十五)の「清単」には佳蘇魚・麦醤(味噌カ)・木耳・石鉦・銅水火爐・茯苓などが持ち渡られたことがみえるが、数回程度に限られている。そして、右の一四品目中④醃魚は一八二二年(文政五・道光二)の一三五七斤を最後に進貢船から消え、また⑤鮑魚も一八三九年(天保十・道光十九)以降、進貢船の積荷から見当たらなくなり、接貢船にはなおその後も積まれたも

醤油（斤）	茶油（斤）	銅器（斤）	棉紙（斤）	刀石（斤）	囲屏（架）		火酒（罈・壜）	白紙扇（把）
0	0	0	0	250	金彩小囲屏	2	91	0
225	0	0	225	420	金彩囲屏	2	50	1,000
260	0	0	250	900	金漆囲屏	2	65	0
400	0	0	700	300		0	30	0
0	0	95	0	380	金漆囲屏	2	60	0
300	0	68	0	400	雕漆囲屏	2	60	400
0	0	0	125	400	金紙囲屏	2	60	1,000
0	0	0	125	1,000	〃	2	70	600
6,900	1,260	108	500	2,000	〃	2	160	2,000
6,000	1,260	81	125	2,000	〃	1	115	1,000
2,160	900	46	125	1,000	〃	2	55	600
4,830	840	89	125	1,500	〃	2	105	1,000
5,340	940	105	125	1,600	〃	2	120	1,000
4,012	830	105	175	1,700	〃	2	115	1,200
3400	895	50	62	1,000	〃	1	65	500
5,700	1,120	199	1,250	1,600	〃	2	130	1,000
2,100	560	99	125	1,300	〃	1	65	500
5,100	840	324	750	3,200	〃	2	120	2,000
3,800	1,000	306	500	0	〃	2	120	2,000
4,200	400	324	1,000	900	〃	2	110	3,000
3,900	345	199	250	3,400	〃	2	120	1,000
3,800	400	199	500	0	〃	2	120	2,000
3,300	200	199	250	2,400	〃	2	110	1,000

表20-a　進貢船による輸出の動向

年　　度	海帯菜（斤）	海参（斤）	魚翅（斤）	醃魚（斤）	鮑魚（斤）	目魚乾（斤）
乾隆28（1763）	114,500	400	4,900	300	18,450	250
32（1767）	177,500	310	3,000	60	9,000	160
34（1769）	175,000	280	5,500	481	10,000	200
＊39（1774）	92,300	2,500	1,000	320	2,600	100
40（1775）	186,000	300	5,000	1,720	17,000	130
42（1777）	176,000	3,000	4,000	600	10,000	400
52（1787）	196,000	4,000	5,000	1,000	24,000	570
嘉慶5（1800）	196,000	5,000	6,000	2,060	24,000	540
19（1814）	196,000	15,360	7,500	3,370	18,000	530
25（1820）	196,000	18,600	14,500	3,624	19,400	530
＊道光2（1822）	98,000	5,000	2,500	1,357	9,700	283
道光4（1824）	196,000	18,600	11,500	0	19,400	1,364
8（1828）	198,000	16,000	5,000	0	19,400	1,440
12（1832）	196,000	16,000	5,000	0	19,400	1,470
＊18（1838）	98,000	8,000	2,500	0	9,070	746
19（1839）	198,000	0	5,000	0	0	2,085
＊23（1843）	101,500	5,000	3,200	0	0	657
27（1847）	198,000	3,000	6,400	0	0	1,385
29（1849）	206,000	5,000	10,400	0	0	1,720
30（1850）	206,000	5,000	8,400	0	0	2,112
咸豊3（1853）	206,000	3,000	8,400	0	0	2,693
4（1854）	206,000	5,000	14,400	0	0	4,214
7（1857）	206,000	9,000	11,400	0	0	3,180

註1：『清代中琉関係檔案選編』の「清単」により作成。
註2：＊は進貢船1隻のみの積荷。

茶油（斤）	銅器（斤）	棉紙（斤）	刀石（斤）	囲屏（架）	火酒（罈・壜）	白紙扇（把）
0	0	0	600	金紙囲屏　2	30	200（紙扇）
0	49	0	600	大雕漆囲屏 2	20	280（紙扇）
630	64	62	1,000	金紙囲屏　1	55	500
0	21	0	500	〃　1	37	0
1,230	58	624	1,200	〃　1	40	500
750	87	0	800	〃　1	37	625
1,100	87	125	1,050	〃　1	40	500
790	337	500	800	〃　1	40	2,500
1,160	142	250	0	〃　1	111	1,000
1,500	152	250	0	〃　1	120	1,000
0	87	125	0	〃　1	43	500
150	87	125	750	〃　1	35	500

のの、一八五一年（嘉永四・咸豊元）を境に輸出は途絶えている。したがって、一八世紀半ば頃から一九世紀後期までの約一世紀間の、琉球より中国への主な輸出品はそれらを除く一二品目ということになろう。

そうした主要品目中、圧倒的量をほこっていたのは海帯菜・海参・鮑魚・目魚乾などの海産物であることは明らかである。薩摩藩でも一六九二年（元禄五・康熙三十一）に醤油ほか、昆布・ふかのひれ・煮貝・海藻などの海産物を持ち渡り、唐物を買い取ることを正式に認めているから[22]、その供給体制が早くから構築されていたといってよいであろう。長崎ではこの頃、海産物のうち、煎海鼠・干鮑・鱶鰭のいわゆる俵物とよばれるものは特別に定高口（本方）商売で売られ、いっぽう昆布・鯣・鶏冠海苔・所天草・鰹節・干鰯・干海老・椎茸・寒天・樟脳・和人参・銅製品・真鍮製品・蒔絵・樽物（醤油の類）、その他俵物以外の諸色と称される諸品は、本方商売口以外の諸口で売られていた[23]。こうして長崎における俵物・諸色の取引が活発になるに

表20-b　接貢船による輸出の動向

年　度	海帯菜（斤）	海参（斤）	魚翅（斤）	醃魚（斤）	鮑魚（斤）	目魚乾（斤）	醤油（斤）
乾隆35（1770）	92,300	2,300	800	300	3,600	100	300
41（1776）	40,000	1,000	1,500	700	3,250	170	1,450
道光4（1824）	98,000	5,000	2,500	0	9,700	695	2,400
20（1840）	104,000	0	5,000	0	0	4,534	500
21（1841）	104,000	2,000	5,880	0	0	562	1,950
23（1843）	104,000	2,000	5,890	0	2,000	536	2,600
30（1850）	104,000	5,500	5,000	0	4,000	4,546	2,120
威豊元（1851）	104,000	1,500	5,350	0	0	420	1,695
3（1853）	285,200	1,500	8,400	0	0	2,497	5,850
6（1856）	117,519	1,500	8,400	0	0	4,994	3,500
7（1857）	104,000	2,000	6,500	0	0	6,928	1,950
10（1860）	104,000	3,000	7,000	0	0	3,035	1,350

註：出典は20-aに同じ

つれ、同様に琉球でもそれらの輸出がさかんになっていった様子がうかがえる。

表20では、bの接貢船の場合、入港年度が判明している事例が少ないので、aで進貢船による輸出の動態を追跡してみることにする。

まず輸出品の中心をなす海帯菜の場合、一八世紀半ば過ぎにはすでに一七万斤を超える高が輸出され、末期にはそれは一九万六〇〇〇斤代となり、一八五〇年代には二〇万六〇〇〇斤が輸出定高となっていたことがうかがえる。

海参は一七六〇年代は三〇〇〜四〇〇斤程度の輸出にとどまっているが、一七七七年（安永六・乾隆四十二）に三〇〇〇斤の輸出をみている。おそらくこの頃、大幅に確保する目処がついたのであろう、その後急速に輸出量が増大をみていて、一八一四年（文化十一・嘉慶十九）には一万五〇〇〇斤にまで達している。以後それを上回る輸出が続いているが、一八四〇年代以降は三〇〇〇〜五〇〇〇斤に落ち込んでいる。

魚翅は一八世紀半ばには三〇〇〇～五〇〇〇斤ほどの確保が可能となっていたことをうかがわせ、一九世紀にはその輸出に力が入れられたふしがみえるが、五〇〇〇斤を超える量を得るのが容易でなかったことはその後の推移が物語っている。しかし、一八五〇年代になると八〇〇〇斤代に乗り、一万斤を超える年も少なくなかったことからすると、数量の確保に特に力が入れられたことがうかがえる。

目魚乾は一八二〇年代までは数百斤程度の輸出にとどまっているが、一八二〇年代後半ごろには一〇〇〇斤代に乗り、一八四〇年代は二〇〇〇～四〇〇〇斤代で推移している。

醤油は一八世紀以前は二〇〇～三〇〇斤程度の輸出であったものが、一九世紀に入って急速に輸出量が増えた様子がうかがわれる。一八一四年に六九〇〇斤の輸出を最高に、年によって数量はばらつくものの、二〇〇〇斤を下ることなく積み渡られていたことは、輸出品として欠かせぬ位置を占めていたことを示している。

茶油は表によるかぎり、一九世紀に入ってから輸出が始まったように解される。茶油は『広辞苑』によれば、茶の実から絞り、椿油の代用として髪油に用いると記されているが、中国では食の中にふりかけ健胃薬として利用したという（福建師範大学謝必震教授・琉球大学法文学部赤嶺守教授のご教示による）。茶油に関して最大の問題は琉球がそれをどこから入手していたかである。茶油を絞るための茶の実を栽培していた形跡がなく、九州熊本・鹿児島あたりからの輸入かとも思われるが、しかしそのルートも今のところ史料的に確認できていない。

銅器は銅に代わるものとして輸出されたのであろう。さほど数量的には多くはないが、一八四〇年代後半ごろから輸出増大の傾向がみてとれる。銅を産しない琉球にとっては、こうした銅器の確保には多大の努力を強いられたと思われ、その確保の方法、ルートの確定が今後の課題である。

棉紙は綿で漉いた上質紙といわれるが、これも琉球で産したものか、日本のどこかから輸入したものかはっきりしない。輸出量は一八三九年(天保十・道光十九)に一二五〇斤、一八五〇年に一〇〇〇斤の輸出をみているものの、多くの年度は一〇〇〜七五〇斤の間で推移していて、輸出量そのものは少ない。

刀石は古くからの進貢品の一つでもあるが、一八世紀の輸出量は五〇〇斤にも満たない場合が多い。しかし、一九世紀にはいると一〇〇〇斤を超すようになり、二〇〇〇斤にのぼる年度も多々確認できる。

囲屏は雕漆・金漆のものと金紙製のものがあり、大体一〜二架が積まれている程度で、輸出品としてはけっして重きをなしているとはいえない。中国官衙役人への贈答品であろう。

火酒は泡盛とみてよい。『歴代宝案』に時々「大酒」と記載されるが、誤記とみて表中では同一のものとして扱っている。一八世紀中は輸出量は一〇〇罈《タン》以下にとどまっているが、一九世紀に入って一〇〇罈を超す年度が多くなっていることが指摘できる。

最後に白紙扇は、一八世紀中の輸出の動向はあまり明確ではないが、やはり一九世紀に入って一〇〇〇把以上の輸出を記録する年度が多く確認できる。輸出の最高額は、一八五〇年(嘉永三・道光三〇)の三〇〇〇把で、ほかに一八一四年(文化十一・嘉慶十九)、一八四七年(弘化四・道光二十七)、一八四九(嘉永二・道光二十九)、一八五四年(安政元・咸豊四)の二〇〇〇把がこれについでいる。数量が一〇〇〇把程度であったとしても、琉球国内に工房が整備されていなければ毎年の輸出は困難であろう。その存否についても今後の研究に俟たねばならない。

以上、琉球がわから中国への輸出品目とその数量を進貢船の場合について概観してきたが、輸出品の中には品物の性格、確保過程がよく理解しえていないものがあるというのが現状であり、さらにそれらの解明は今後の課題としたい。

結語

本章を結ぶにあたって、「清単」から読みとれる進貢船の輸出入の時代的傾向について触れておきたい。まず一七五九年(宝暦九・乾隆二十四)以降の輸入の動向からみよう。表21は輸入品免税額を示したもので、図1はそれをグラフ化したものである。それらをみると、輸入量は六つの画期をもって変動していることがうかがえる。

第Ⅰ期は一七五九〜一七七五年である。データが少ないので即断は憚られるが、免税額にばらつきがあって特別に貿易の勢いは感じとれない。海関把握の免税額が最大七〇〇両程度にとどまる時期である。第Ⅱ期は一七七六年〜一八〇三年である。一七七六年(安永五・乾隆四十一)を期して輸入免税額は一〇〇〇両を超すようになり、以後それが常態化しているのが読みとれ、貿易に力が入れられるようになった時期と捉えられる。第Ⅲ期は一八〇六〜一八二三年で、免税額は一五〇〇両代にのぼっていて、前の期を受けて、さらに輸入の増大をみている時期である。第Ⅳ期は一八二五〜一八四三年で、この期には免税額二〇〇〇両台の年が三年認められ、さらに三五〇〇両という年(一八二七・文政十・道光七)もあるところから、薩摩藩の交易拡張を目指す天保改革路線の影響がうかがい知れる時期である。第Ⅴ期は一八四七〜一八六三年である。一八四七年(弘化四・道光二十七)・四六三一両、一八四九年(嘉永二・道光二十九)・四九八四両、一八五九年(安政六・咸豊九)・四一〇八両と、これまでにない免税額を示す年があり、この期はさらに貿易に藩の力が加わったことを示している。ただし、この期をピークにして、以後免税額は激減し、琉球貿易は衰退していくことがわかる。それが第Ⅵ期である。

海関が把握するところの輸入の動向からも、一九世紀以降琉球貿易は伸張の傾向がうかがえるが、では輸出の場合

表21　進貢船輸入品免税額（両）

年　代	免税額
1759（乾隆24）	209.0
1767（　32）	597.8
1769（　34）	526.1
1774（　39）	708.2
1775（　40）	287.8
1776（　41）	1,215.8
1778（　43）	1,018.3
1786（　51）	1,289.1
1788（　53）	1,543.3
1790（　55）	1,811.9
1792（　57）	1,080.9
1794（　59）	970.8
1799（嘉慶４）	1,582.7
1801（　６）	1,152.1
1803（　８）	50.5
1806（　11）	1,787.8
1811（　16）	2,105.9
1815（　20）	1,597.6
1817（　22）	1,189.7
1819（　24）	1,768.7
1821（道光元）	1,567.4
1823（　３）	1,066.8
1825（　５）	2,099.5
1827（　７）	3,529.1
1829（　９）	1,774.4
1831（　11）	2,061.1
1835（　15）	2,301.0
1837（　17）	1,208.1
1839（　19）	1,790.7
1843（　23）	1,267.3
1847（　27）	4,631.7
1849（　29）	4,984.0
1853（咸豊３）	1,305.7
1855（　５）	1,196.4
1859（　９）	4,108.2
1861（　11）	1,914.9
1863（同治２）	1,560.7
1867（　６）	528.1
1869（　８）	644.5
1871（　10）	622.7
1875（光緒元）	646.9

図１

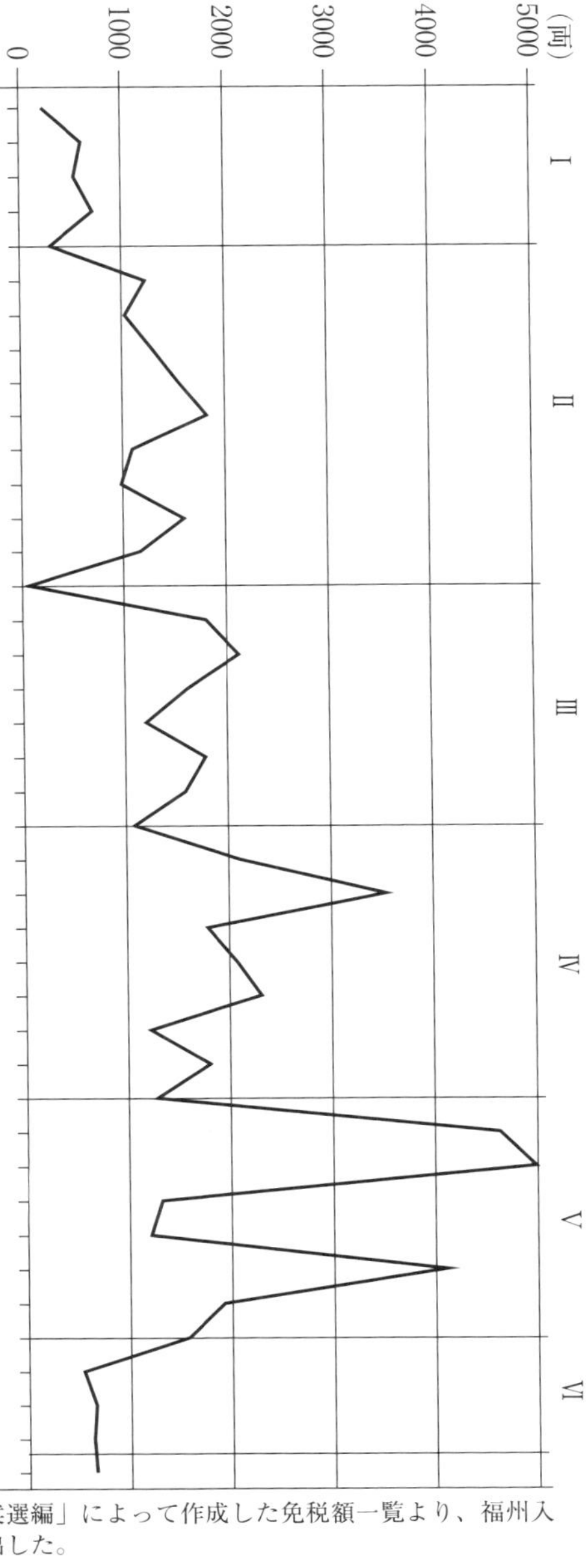

注：松浦章氏が「清代中琉関係檔案選編」によって作成した免税額一覧より、福州入港進貢船積載品の免税額を抽出した。

表22　進貢船輸出品免税額（両）

年　代	免税額
1759（乾隆24）	141.700
1763（　28）	226.500
1767（　32）	210.900
1769（　34）	221.800
1773（　38）	229.200
1774（　39）	104.800
1775（　40）	278.600
1777（　42）	227.900
1780（　45）	107.900
1781（　46）	288.800
1783（　48）	280.500
1784（　49）	115.100
1785（　50）	290.100
1787（　52）	316.900
1791（　56）	279.400
1792（　57）	151.400
1793（　58）	280.600
1795（　60）	390.600
1799（嘉慶４）	405.100
1800（　５）	336.600
1811（　16）	339.200
1812（　17）	367.200
1814（　19）	338.900
1815（　20）	231.900
1817（　22）	326.400
1818（　23）	199.800
1819（　24）	153.700
1820（　25）	378.400
1822（道光２）	336.800
1824（　４）	363.300
1826（　６）	162.900
1827（　７）	154.200
1828（　８）	326.200
1830（　10）	326.000
1832（　12）	325.200
1834（　14）	322.600
1836（　16）	161.200
1838（　18）	161.200
1839（　19）	193.800
1841（　21）	197.400
1843（　23）	116.000
1847（　27）	209.000
1849（　29）	237.800
1850（　30）	230.200
1853（咸豊３）	223.300
1854（　４）	257.400
1857（　７）	254.352
1861（　11）	240.700
1863（同治２）	318.800
1869（　８）	174.300
1873（　12）	650.800
1875（光緒元）	318.100

図２

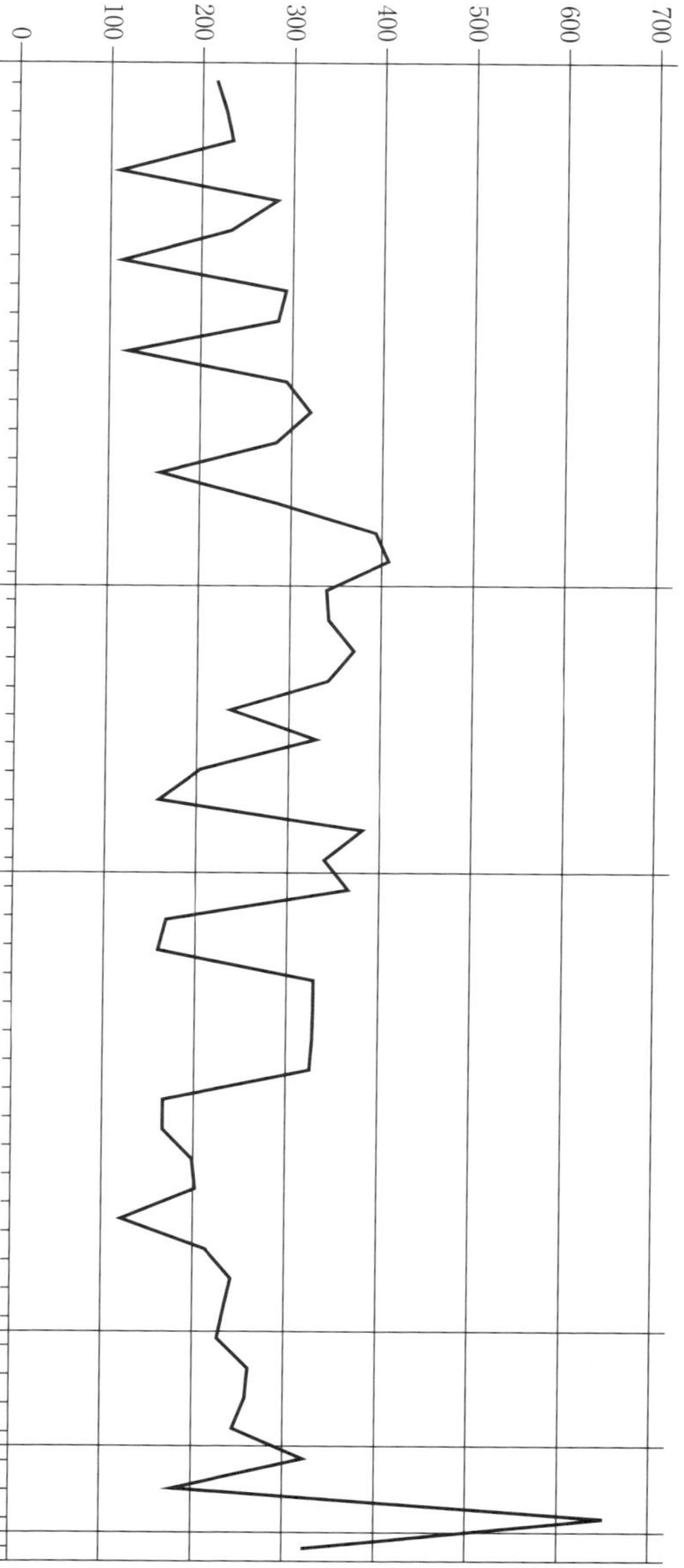

注：松浦章氏が「清代中琉関係檔案選編」作成の免税額一覧より、福州入港進貢船積載品の免税額を抽出した。

はどうであろうか。一七五九年(宝暦九・乾隆二十四)以降の進貢船の輸出品免税額を示すと、表22のようになり、それをグラフ化してみると図2のようになる。それらをみると、一八世紀半ば過ぎまでの輸出の免税額はおよそ二〇〇両台であったことが知られる。それが末期ごろから三〇〇両台に乗り、輸出量の増大がうかがわれるが、しかしついにそれを上回ることはなく、一八三〇年代後半にはたちまち減少の傾向をみせ、四〇年代は二〇〇両以下で推移している。一八五〇年代に入って再び二〇〇両台に回復をみせ、そして一八六〇年代から七〇年代にかけては三〇〇両台を超すという年もあるが、全体としては極端に輸出が伸びているふしはみえない。それは輸入の傾向と大きく異なっているといってよかろう。

全く予想に反する結果といわざるをえないが、このことは輸出の傾向を輸出品の免税額をもって云々することはできないことを意味している。もとより琉球の本手品の貧弱さは否定すべくもないからである。ここでは琉球が輸入の拡大に見合うだけの殖産の基盤を持ちえてなかったこと、貿易品の幕藩制的な流通管理・統制の問題に思いをいたすべきであろう。では、代物《しろもの》の輸出量に変化がみられないとすれば、輸入の増大を支えたのはいったい何であっただろうか。それはやはり銀、あるいは小判・銭の類以外は考えられないであろう。しかし、その実態はなかなか把握できるものではない。

そして、あわせて、ここにみる輸出入の傾向が実態を反映したものではないということも承知しておかねばならない。すでに触れたように、イギリス福州領事代理シンクレアは、琉球の輸出入貨物は免税にもかかわらず、慣例的にほとんど同じ内容の申告が行われ、貨物は半分の量も海関に申告されていなかった、と指摘していた。「貿易的統計」と「清単」との免税銀高の数値の機械的一致からも、それが真相であるように思われる。球商と渡唐役者の間に繰り広げられた真実の貿易の世界、それに迫るには琉球がわの記録と中国がわのそれとの丹念な突き合わせ、断片的な事例分析を積み上げていくこと、これしかあるまい。以下各章で琉球貿易の具体的な側面を検討していくことにする。

註

(1) 周康燮編『中国近代社会経済史論集』上冊・下冊(香港崇文書店、一九七一年)。
(2) 松浦章『清代中国琉球貿易史の研究』(榕樹書林、二〇〇三年)八〇〜九二頁。
(3) 尚家文書(那覇市市民文化部歴史資料室蔵)三九〇
(4) 『清代中琉関係檔案選編』(中国第一歴史檔案館編)一一頁、松浦章『清代中国琉球貿易史の研究』五七頁。
(5) 『清代中琉関係檔案四編』(中国第一歴史檔案館編)一七一頁、松浦章『清代中国琉球貿易史の研究』五七〜五八頁。
(6) 岡本隆司『近代中国と海関』(名古屋大学出版会、一九九九年)二三三〜二三五頁。
(7) 「官中秘策」二十九(『古事類苑』官位部五十九)五九二頁。『大阪市史』第一、五三二頁。大阪絵具染料同業組合編『絵具染料商工史』二五四〜二六〇頁。
(8) 「物類品隲」(正宗敦夫編『日本古典全集』第三期、日本古典全集刊行会、一九二八年)。
(9) 『絵具染料商工史』二六六〜二七三頁。
(10) 『絵具染料商工史』二七八頁。
(11) 『御触書天保集成　下』九十四、六一一六号。
(12) 佐古慶三「朱仲買株と唐薬問屋」(『染織』七一号、一九三四年)。
(13) 『絵具染料商工史』二八六頁。

(14)　たとえば、次の天保八年六月に王府あてに塗物師朱粉取締主取らより差し出された「口上覚」(『産物方日記　道光拾十六申年より翌酉年迄』　尚家文書三九〇)を参照されたい。

口上覚

乍恐申上候、年々塗物用とソ申請仕候朱粉之儀、此以前者毎年弐、三千斤程相尽為申事御座候処、去年より大和人衆塗物道具買入候方下り少、当年者猶以望手少相成申候、右ニ付而者、当春迄御下方被仰付置候残分ニ而者、塗物師中来年迄之入用随分相済可申候間、此節御国元より御申請之儀者、御取止被仰付度奉存候、此旨可然様被仰上可被下儀奉願候、以上

酉六月

塗物師朱粉取締主取
大見謝筑登之
(外六人省略)

これによると、琉球がわは毎年塗り物用として二、三千斤程度の朱を藩より申し請けていたことがわかる。しかし、一八三六年(天保七・道光十六)より大和人衆による塗り物道具の買入れが少なくなり、残余が生じたため、塗物師たちは一八三七年分については買入れを見合わせたい旨願っているのである。

(15)　「薩藩天保度以後財政改革顚末書」(『近世社会経済叢書』第四巻、五六頁)。

(16)　『産物方日記　道光拾十六申年より翌酉年迄』。

(17)(18)　『大阪市史』第一、九九二頁。『大日本近世史料　諸問屋再興調七』。

(19)　『絵具染料商工史』三五九頁。

(20)『産物方日記　道光拾十六申年より翌酉年迄』。
(21)『辰之秋走小唐船大清国江為進貢指渡人数私物帳』(尚家文書二七四、表54参照)、「子之秋走大清国為御返船指渡人数私物帳」(『那覇市史　資料編』第1巻11)(表56参照)。
(22)「旧記雑録追録」巻一九、鹿児島県史料一、二三七一号。
(23)山脇悌二郎『長崎の唐人貿易』(吉川弘文館、一九六四年)二二一～二二三頁。

第三章　文化期薩摩藩の琉球政策と王府の動向

緒　言

近世後期にはいると、島津藩政は極度に不安定さをみせる。それが藩財政の窮乏に根ざすことはいうまでもない。一八〇七年（文化四年・嘉慶十二）、藩債が銀七万六一二八貫（一二六万両）にも及んだため、藩主斉宣は勝手方家老新納久命らを罷免し、かわって樺山主税（久言）・秩父太郎（季保）らを用いて藩政改革に着手する。樺山らの改革構想は、幕府から一五万両の借り入れと参勤交代の一五年間の免除などを勝ち取り、いっぽうで、琉球を通じての中国貿易、いわゆる唐物商法を藩財政と結びつけ、それをより拡充することを骨子とするものであった。しかし、人事の編成、諸制度の改廃が隠居重豪の忌諱に触れ、樺山・秩父らは切腹、斉宣自身も藩主の座をその子斉興に譲り、隠居を余儀なくされた。一八〇八年（文化五・嘉慶十三）から一八〇九年にかけてのことで、いわゆる近思録崩れ、文化朋党崩れなどとよばれる藩政騒動である。(1)

こうして、樺山・秩父および両人に連なる文化朋党派の改革構想は、奄美諸島や琉球には具体化されるまでにはいたらなかったが、しかし大御隠居となった重豪が再び介助を開始した後の藩の財政政策は、これら南西の島々を基盤に据えて展開されていくことになる。一八一三年（文化十・嘉慶十八）十月、島津重豪の指示で御勝手方二階に「御趣法方」が新設され、勝手方家老一名・御側用人・御側役・御納戸奉行のもと書役数名を置き、(2)勝手向きに関する出納を統括させることになった。もちろん唐物商法への新たな取り組みも趣法方のもとで押し進められることになったが、それ以外にも序章で王府の有力な財源として確認できた鬱金の専売制への組み込み、砂糖・反布類・焼酎・藍など琉球の小特産品への吸着、人別出銀・船出銀の賦課など、琉球に対する新たな負担転嫁策が展開をみていくことになる。本章では、大御隠居重豪のもとにおける唐物商法政策を検討する前に、まず琉球特産品の確保をめぐる王府と薩摩藩の攻防に焦点をあて、薩琉関係が新たな段階に入ったことを確認しておきたい。

第一節　鬱金の専売制

欝金の専売制は、従来調所笑左衛門の天保政革の一環として行われたものと解されていたが、それは誤りである。欝金を専売制の中に組み込もうとする藩の動きは、すでに斉宣藩政下の一八〇三年(享和三・嘉慶八)にはじまっている。すなわち、幕府より冠船(冊封使船)舶載の唐薬種等の販売を禁止されたその年、(3)抜荷取締りを理由に一〇〇斤につき一五〇目で買上げとすることを画策したが、「作人共及迷惑」とする王府がわの拒否にあって成功しなかった。(4)また、その後文化年間に入って、琉球館内の売値よりも「直増」を条件に買上げを打診しているが、王府は、館内の利増しは認めつつも、館内立入り用聞きたちの販売益を失わせることは、彼らよりの諸用銀の調達を困難にさせ、ひいては前後の差繰りも立ち行かなくなって「却而諸上納銀之支ニ茂可相成」として、藩の要求に抗しつづけていた。

欝金は従来、琉球館届砂糖ともども館内立入り商人たちに対して販売特権を与えられていて、その価格も一〇〇斤につき五四〜六〇匁程度にすぎなかったから、藩の提示する買上げ値段は破格に等しいものであったといえる。しかし館内借銀のほとんどが右の立入り商人たちに負うものであり、したがって琉球特産物の専売権が立入り商人たちの手から奪われることは、直ちに金融逼塞につながることを意味するものであった。そして、それに加えて王府がわが恐れたのは、欝金代銀が、藩によって積り積った諸出米や銀の滞納部分の差引勘定にまわされることであった。このことは後に触れる通りである。

しかし、文化朋党派が退けられて大御隠居重豪が藩政介助をはじめると、欝金専売制の要求は強くなり、王府は前回同様これを拒否したものの(5)、ついに一八一五年(文化十二・嘉慶二十)には藩買上げの実施に追いこまれるのである(6)。藩がまず王府に対して示した欝金買上げ計画は、およそ次のようなものであった(7)。

覚

一欝金三万斤宛

　但当亥年より来子年迄、弐ケ年之間

　　壱ケ年ニ本行員数宛御登、高百斤ニ付代分拾貫文宛

一同三万斤宛

　但来ル丑年より卯年迄三ケ年之間

　　壱ケ年ニ本行員数宛御登、高百斤ニ付代分拾五貫文宛

一同五万斤宛

　但来ル辰年より申年迄五ケ年之間

　　壱ケ年ニ本行員数宛御登、高百斤ニ付代分拾五貫文宛

一来ル酉年より先キ往々斤数御登高直段等之儀者其節規定可有御座候、

すなわち、当亥年（一八一五・文化十二・嘉慶二十）より翌年までの年間登せ高を三万斤、一〇〇斤当りの買上げ代分を一〇貫文ずつとし、来る丑年（一八一七）より卯年（一八一九・文政二・嘉慶二十四）までの三年間は登せ高は同額で一〇〇斤当り代分一五貫文ずつとする、そして翌辰年（一八二〇）より申年（一八二四・文政七・道光四）までの五年間の年間登せ高は五万斤に引き上げて、一〇〇斤当り代分は変わらず一五貫文ずつとし、酉年（一八二五）以降の登せ高斤数および買上げ価格については新たに定めることとしたのである。

こうした試行期間を設けて段階的に拡張をはかる案が提示されたのは、市場操作の必要があったからである。すなわち、藩ではすでに一八一四年（文化十一・嘉慶十九）には前琉球館書役の坂元万兵衛を大坂に派遣し、荷引受商人たちとの接触をはじめていたが、その結果、当分、荷引受人たちのもとに欝金は五〇～六〇万斤ほどのストックがあって、これを消化しなければ直段の引上げは困難である事情が明らかとなった。荷引受人たちは、事態を好転せしめるためには彼らが可能な限り買占めを行って「外ニ売口一切無之様仕立」てるほかないと主張し、それを受け入れた江戸の大御隠居重豪の采配にもとづいてつくられたのが右の案であった[8]。

藩としては、一定の市場操作と、領内の道之島・種子島その他の欝金産出地域、そして琉球よりの抜荷を封じこめることによって、いちおう丑年（一八一七・文化十四・嘉慶二十二）より先は応分の利潤をあげうるものと予測し、段階的に登せ高の増枠と買上げ価格の引上げを考えたのである。買上げ価格が一〇〇斤当り一〇貫文、一五貫文というのは、一八一五年の大坂の銭相場銭一貫文につき銀九・〇四～九・〇五匁で計算すれば、ほぼ九〇匁、一三五匁程度となり、琉球館立入り商人への売渡し価格より一・五倍より二倍強の価格であったことになる。

価格のうえでは問題はなかったが、ただ王府がわは奥平親方の名で「斤高之儀ハ年数ニ依り致凶作引入候儀も可有之、自然左様之砌斤数引入候而も直段之儀者不相替様ニ御規定被仰付置度、尤致量作候而も斤高過上ニ而差登候儀不仕候、且又代分御渡方之儀、館内諸上納差引等ハ御用捨ニ而、賛金御取入次第年々代分ハ館内江御渡方被仰付候様、是又御規定被仰付置度」(9)と、凶作による斤高不足の際も規定通りの価格を維持し、また生産量が増えても規定以上の買登せを行わないこと、代銭は館内よりの諸上納と差引勘定を行わず琉球館へ直接下付することの、二点を条件として付すことを忘れなかった。結局、藩によってこうした買上げ価格の引下げの不安が解消され、代銭の直渡しの途が保証されたことで、賛金の藩専売制は確立されることになる。

第二節　諸士自物砂糖の取締り強化と人別出銀・船出銀の賦課

このほか、琉球に関わる藩の財政再建策としては、諸士自物砂糖の取締り強化、人別出銀・船出銀の賦課などを指摘することができる。館内届産物および諸士自物については、一八〇四年（文化元・嘉慶九）に琉球救助の措置として手形銀の免除措置がとられて以来、一八一二年にもそれは五年間の年限で更新が認められていた。だが、しかし、藩は未だ年限に到達しない一八一五年、自物砂糖の「不締」を理由に、その年より自物に限って手形銀の上納を王府に命ずるにいたった。困惑した王府よりは当然、年限通りとするよう訴えがなされた。幾回となく交渉のすえ、ようやく藩は自物砂糖の分については、角印のほかに○自の焼印を付して他の登せ品とはっきり峻別できるようにし、万一諸士自物に「不束」のことが発覚すれば、砂糖は御取揚げを認めるとすることを条件に、再度手形銀の免除を認めたのである(10)。年限あけまで二年を残しながら突然、藩が自物砂糖の手形銀復活を令したのは異例であって、これは明らかに、琉球より持ち登せられる自物砂糖の流通統制の強化を目論んだ政策であった。すなわち、まず手形銀の復活を令し、これに対する琉球がわの訴えを見越して統制の網の中に追い込んだものといえよう。

表23　人別出銀・船出銀の賦課状況

一	文銀　90貫806匁	分ニシテ435,868貫800文
	戌切支丹宗門改帳136,367人之内	
	人数90,806人	但1人ニ付文銀1匁宛
	外逼迫人45,558人	
一	同1貫110匁	分ニシテ5328貫文
	7反帆船より5反帆船迄37艘	
	反帆222反	但1反ニ付文銀5匁宛
一	同864匁	分ニシテ4147貫200文
	12反帆船より14反帆船迄9艘	
	反帆109反	但1反ニ付文銀8匁宛
一	同2貫918匁	分ニシテ14,006貫400文
	4反帆舟より橋舟迄1173艘	
	反帆1,459反	但1反ニ付文銀2匁宛
	合文銀95貫698匁	分ニシテ459,350貫400文

『大和江遣状』三　第二五番文書より作成。

次に人別出銀・船出銀も、一八一五年（文化十二・嘉慶二十）に上納が始まった。おそらく前年ぐらいには、すでに琉球あてに通達があったものと思われるが、納付を厳達されたこの年の六月、琉球王府は「逼迫人」の存在をあげ、その分の宥免を訴願するよう鹿児島琉球館の聞役・在番あてに指示している。文書そのものは、出銀高に関する藩との交渉内示案ともいうべきもので、詳細は表23の如くである。

これによると、人別出銀は人別当り文銀一匁ずつで、割り掛けられた人数は九万八〇六人、銀高は文銀九〇貫八〇六匁におよんでいる。いっぽう船出銀は橋船の類まで課税の対象とされ、出銀高は四貫八九二匁で、双方の合計高は九五貫六九八匁である。ただし人別出銀の場合、本来の出銀を負担すべき人数は一三万六三六七人であるが、その内四万五五五八人が「逼迫人」として出銀の負担から除外されているのである。担税者の三三％が「逼迫人」というのは、当時の琉球社会の貧困を象徴的に物語るものといえよう。それゆえに、王府は「近来諸士末々段々難儀を懸一統及窮迫候故、上納方相調不申候間、於館内調方を以上納仕候様可被取計候[11]」と、諸士末々の困窮を理由に、琉球館内で調達上納するよう琉球館聞役・在番に命じているのである。

琉球館聞役、在番よりの嘆願に、藩がどのような対応を示したか詳細は不明であるが、出銀の負担額については、琉球の窮状に鑑みておそらくこの案で決着をみたのではないかと思われる。『大和江御使者記　全[12]』の一八一五年（文化十二・嘉慶二十）の条に、この年の年頭の使者湧川親方朝傑が[13]、藩に対する諸儀礼の使者について、琉球がわの出費を抑えるためにこれより先七年間一人で兼務すること、ならびに琉球館の藩に対する滞納銀の三割利が免除されたことを謝した旨が記されているところからすると、出銀負担にも配慮が加えられたのではないかとみられる。

このように藩の自己中心的な負担転嫁を、もはや国内の小農・諸士に再転嫁することによって解決することができない状況においては、王府がとりうる途といえば、小特産品を幕藩制市場に積極的に繰り登せ、領主財源を確保する以外にはなかったのである。

第三節　王府による特産品の販売

王府が生産と販売に力をいれたのは砂糖・欝金のほかに、反布類・焼酎（泡盛）・藍などの類であった。反布については、たとえば一八一五年（文化十二・嘉慶二十）六月三日付の王府の琉球館在番あての御用状は、一七舛紺地細上布・久米島布・赤島上布などをそれぞれ山川の覚兵衛船、指宿摺之濱の平良左衛門の船で送る旨伝え、それらを「随分直増ニ相払」うよう指示している[14]。藍については、同年六月の御用状で「製藍壱万弐千弐百五拾弐斤入中壺百五拾本」を御糸船両艘で送る旨が述べられ、やはり「直増払」の尽力がたが諭されると同時に、「尤員数相重差登候而も払方可相成哉取究、何分ニも当秋早便より可被申越候」と、その市場における需要度の見極めを促している[15]。さらに焼酎についても、払い用として御糸船より送る旨を記した、同年六月二十一日付の御用状が同様に存在する[16]。

琉球王府がこうした小特産品をこの頃さかんに琉球館を通じて販売するようになったのは、琉球館蔵方届け産物に掛けられていた手形銀の免除、ならびに馬艦《まーらん》船（ジャンク船型の大型琉球船）による産物運送の認可、さらにひきつづいて琉球諸士の自物産物の手形銀が免除されたことによるものであろう。前二者については、『大和江御使者記　全』に一八〇七年(文化四・嘉慶十二)、年頭使奥平親方の使者役目として御礼言上のことが見えるから、藩による認可はその前年のことであろう。後者については一八一二年の年頭使伊江親方朝安が配慮に御礼を申し述べたことが、やはり『大和江御使者記　全』のなかに見えており、館内届けの産物より少しおくれて、諸士が「旅役」に付随して携帯販売を許された小特産品についても、琉球王府は手形銀の免除を勝ち取ったことがわかる。

小特産品の販売自体が、藩のさまざまな流通規制を受けていた中にあって、商品手形にかかる課税が免除され、自前の馬艦船で物産が運べるということは、琉球にとって財政的には大きなメリットであったことはいうまでもないが、琉球士臣の自物に対する手形銀免除も士臣のみならず、王府にとっては有利に働いたといってよいであろう。先に触れた一八一五年(文化十二・嘉慶二十)二年六月二十一日付の焼酎の販売を促す御用状(17)は、そのことを暗示する。

一　焼酎五十盃

入中壺百本

但松嶋親方江宿元より届用之成ニ而差登候、

一　同五十盃

入中壺百本

但湧川親方江右同断、

右之通自物成を以御糸船両艘より通り手形相付差登申候間、去年之振合を以随分直増相払候様可被申渡候、此段及御問合候、以上、

亥六月廿一日

在番

御用状の内容は、焼酎入り中壺二〇〇本を通り手形を付して、御糸船一艘で琉球館に送り、その売払いを在番に命じたものであるが、問題は、松嶋親方・湧川親方へ「宿元より届用之成」、両人の「自物成を以」て商品を処理するよう指示がなされていることである。松嶋親方朝常は前年の一八一四年（文化十一・嘉慶十九）の年頭使として鹿児島滞在中で、いっぽう湧川親方はまさにこの年の年頭使として鹿児島渡海の仕度に追われていたところであった（七月二十六日鹿児島到着）(18)。史料によれば、王府では両人の自物のかたちをもって焼酎を売り捌こうとしているのであり、しかも「去年之振合を以随分直増相払候様可被申渡候」というくだりからすれば、前年も同様に、上国中の使者あてに送り荷のかたちで焼酎の売捌きを行っていたことが判明する。つまり、諸士自物の手形銀が免除されたことで、琉球館蔵方届けとしてばかりでなく、機会あるごとに王府がわが諸士自物のかたちをとって特産品の出荷を行っていたことを意味する。このようにみると、上国の使者らは本来の使命のほかに、御用聞らとの商談を重要な役目として負うていたということができる。

しかし、琉球のこうした自物品のかたちをとっての小特産品の出荷を、藩は見逃すことはしなかった。『大和江遣状』によれば、藩は両先島（宮古・八重山島）の綿布類のほか、芭蕉布・麻布類、島紬・藺表・久米島綿類、黒次（ヤシ科の常緑低木、つぐの木）・赤次の綱・小縄類などについて、一八一五年（文化十二・嘉慶二十）夏に積み登せるよう通告におよんでいる(19)。予期せぬ藩の要求に、琉球がわが対応できなかったのも無理はない。それぞれ表24に示すように調え不足高を出し、琉球館を通じて断りをいれている。これらの調え不足高からも、藩の要求高は相当の量にのぼっていたことが理解できるが、琉球がわが藩の要求に応えきれなかった理由として挙げているのは、基本的には原材の不足である。すなわち、両先島反布について、「唐苧致不出来太分之反数皆同不相調候段在番人申越有之候」(20)と述べ、

表24　調え不足となった琉球産物

1．両先島反布

反布	反・疋数	調達の名目
宮古白細上布	56引疋	御物方
宮古白縮布	15反	〃
太平布	580疋	〃
白下布	200反	〃
八重山島細上布	20疋	〃
八重山島白細上布	17疋	〃
八重山島白細上布	10反 長2丈5尺6寸, 幅1尺6寸金差	御物方・御厩御用
宮古島上布	355疋	模合方
宮古島中布	330反	〃
宮古細上布	5反	〃
八重山上布	110疋	〃
八重山島中布	300反	〃
宮古細上布	5反	於八百之御方御用

『大和江遣状』三　三九番文書より作成。

3．黒次・赤次製品

品名	量	調達の名目
黒次皮	220斤	御船手
赤次綱	6房	御船手
赤次小縄	4900斤	御船手
黒次小縄	800斤	御船手
赤次小縄	900斤	久美崎御船手

『大和江遣状』三　四一番文書より作成。

2．芭蕉布・麻布

反布の種類	反数	調達の名目
薄芭蕉布	45反	御物方
中目綟子	23反	御物方
綳布	71反　長８尋	模合方
琉細目綟子	25反　長８尋	模合方
練芭蕉布	940反	模合方
寄芭蕉布	159反	模合方
三ツ葉布	170反	模合方

『大和江遣状』三　四〇番文書より作成。

4．島紬・藺表等

品名	量	調達の名目
琉島紬	180反	御物方
琉白紬	35反	御物方
割藺諸糸細目表	15束	御物方
〃	30束	江戸御用
久米綿	9貫目	江戸御子様御用

『大和江遣状』三　四一番文書より作成。

芭蕉布については「頃年芭蕉致不出来、太分之反数調方差支候」[21]と述べる。また島紬・藺表・久米島綿類については「久米島江調方申渡候処、頃年蚕致不出来、伊平屋・渡名喜・粟国三嶋之綿子差積候得共、御用高全不相調、且細目表之儀も藺致不出来」[22]、黒次・赤次の綱・小縄類などについても「近年黒次・赤次共及憔悴、太分之員数調方差支」[23]、とその理由を述べる。こうした多種の小特産品について通り一遍の原材不足が主張されていることを額面どおり受け取るのには、いささか躊躇を覚える。琉球の生産能力を超えて過剰になった藩の要求に対して、オブラートに包んだ琉球がわの拒絶の意思表示であったとみたほうがよいであろう。断片的な史料からではあるが、一九世紀に入って、南島の小特産品の争奪をめぐって琉球と薩摩藩の相克が顕著になっていったことがうかがえる。

第四節　一八一五年湧川親方あて王府「口達」にみる問題点

以上、文化期にはいって薩摩藩による南島の小特産品に関心が向けられるにおよび、その確保をめぐって琉球と藩とのせめぎ合いが水面下で生じていたことを明らかにしたが、ここで、一八一五年（文化十二・嘉慶二十）、年頭使として鹿児島上国を直前にひかえていた湧川親方朝傑に対して示された王府の「口達」によって、琉球が直面していた問題点をみておきたい。以下にその全文を掲げる[24]。

一、砂糖之儀第一之御払物ニ而、直増相払不申候而不叶、三町入札等、段々働方を以為被申渡事候得共、何そ直上り之方ニハ不相見得候、然者登船々上着涯者上直之取沙汰有之年柄ニも、漸々後下り相成事多々有之、畢竟大坂表之直段聞究候以後ニ入札申渡候故、多分直下り相成事共可有之哉、入札申渡候時分柄、能々吟味之上随分直増相払候様精々可被相働候、

一、時借銀返済之方江砂糖相重差登候儀、先見合候方可然吟味之由申越之趣有之候得共、時借之儀、当年返済相済候ハヽ、来年よりハ御繰合宜相成候吟味ニ而、諸士砂糖買入是迄之振合を以差登候、自然及不足候ハヽ、御用意砂糖之内より寄替を以全致返済候様、若差支候訳も可有之哉、松嶋親方被申談、可成程ハ此節皆返済引結候様可被取計候、

一、館内届鬱金之儀、当年より御物御買入被仰付、御取入之次第委曲坂元万兵衛殿より被申越趣有之、右ニ付、代分御渡方之儀、館内諸上納御差引等ハ御用捨ニ而、鬱金御取入次第直ニ代分被成下候様取計度、万兵衛殿江申越置候、尤松村孫兵衛より兼而申談之願有之、館内役々細密吟味之上、堅致約諾、互証文等引結、其上頭ニ約束相究、以後ニ至リ替ヶ間敷様相聞得候ハヽ、諸人疑相付、諸事差支ニ可相成哉、御請申上候様も難仕候得共、去年唐物御買入之一件御断申上、未何分不相片事ニ而、是迄御断之方ニも難申上、是非御請申上置候間、右之儀、松嶋親方江も被申談、孫兵衛方落着させ候様可被取計候、

一、有馬善次郎事、上方用聞差替度、大和役々よりも被申聞、林金蔵江代り被申付可然吟味之由ニ而、金蔵江代り被申付置候処、祖父代より相談御用聞相勤来、至去年ハ代合被申付、至極及迷惑候訳を以爰元江願越之趣有之候処、館内之儀、何篇在番江御談之事候間、館内江願出候様申達置候、右通三代相談、用聞相勤候由緒も有之者ニ而、外聞ニ相掛り、迷惑させ候儀も如何敷と、壱人重申付候方ニも可有之哉、自然差支候訳も有之候ハヽ、為心付二番方砂糖之内より員数見合相渡候儀共ハ相成間敷哉、御着之上、いつれ之筋宜被申談、当秋何分可被申越候、右旁申達候様、御差図ニ而候、以上、

六月

湧川親方

「口達」は四条からなるが、まず一条目は、砂糖の値増し販売の指示である。ここで明らかになるように、砂糖は上町・下町・西田の鹿児島城下三町の商人たちへの入札払いが許されていた。ところが、落札価格は思うようには上がらないのが現状であった。着荷直前までは高値が取り沙汰されながら、後になって値下がりする傾向がみられたのであり、それは大坂表の相場確定後の入札となっているところに原因があると解された。そのため琉球にとって砂糖を高値で売るためには、有利な入札時期の設定が必要となっていた。琉球館在番はもちろん、年頭使など儀礼的使者にも、マーケットに関する情報の収集、商人たちとの交渉が重要な役務として負わされていたのである。

砂糖が王府の銀収入の主軸であり、薩摩商人よりの金融もこの砂糖の裏打ちがあってはじめて成り立っていた。二条目は、砂糖の重み登せによる時借銀返済に関する指示である。時借銀、すなわち当座借りの返済にあてるために、砂糖の重み上せを行うことは差し控えるべきだとする琉球館からの申し入れがあったのに対し、時借を当年返済すれば来年よりは繰合いもよくなる、として、王府はその返済にこだわっている。王府では「諸士砂糖買入是迄之振合を以差登候、自然及不足候ハヽ、御用意砂糖之内より寄替を以全致返済候様」に検討を促しており、借銀返済にはこうしたかたちで、諸士から買い上げられた砂糖と、諸儀礼に備えて用意方にストックされた砂糖などが振り向けられるのが通例であった。その砂糖は、この段階では販売はまだ自由であったが、のちに藩の専売制の中に組み込まれていくことになるのである

三条目は、やはり琉球の銀収入源であった鬱金に対して、この年より専売制が布かれたことにより、すでにその取扱いを委ねる契約をしていた商人松村孫兵衛に対する説諭方の指示である。すでに述べたように、代分の直渡しを条件に琉球は藩の鬱金専売制を呑んだ。それは前年の藩の唐物買入れを断った手前、その要求を拒むことができなかったためであったことがわかる。しかし鬱金専売制の受容れは、これより先「館内役々細密吟味之上、堅致約諾、互証

文等引結」んでいた松村孫兵衛との約束を破ることになった。藩の圧力によるものであったとはいえ、琉球が約束を違えるかたちになったのは、商人たちの信用を損ねることになる。そうなれば、琉球産物の引受け手を失い、金融の途も閉ざされかねない。「頭ニ約束相究、以後ニ至り替ヶ間敷様様相聞得候ハヽ、諸人疑相付、諸事差支ニ可相成哉」というのはそのことをいうのであろう。藩の琉球の小特産品に対する吸着強化は、琉球がこれまで作りだした信用体系をうち崩し、藩による新たな信用体系の構築をともなったいうことになる。

四条目は、そうした藩の思惑に対して、これまで築きあげてきた独自の信用体系の維持をはかろうとする動きを示すものである。焦点となっているのは有馬善治郎のことで、有馬は上方用聞の任にあったが、藩では前年にこれを林金蔵なる者に入れ替えていた。有馬家は祖父の代より琉球館の御用聞を勤めてきたものであったがゆえに、琉球館では「至極及迷惑候訳」を王府に伝え、王府はこれをうけて、琉球館に藩との交渉を促すいっぽう、湧川あてに新たな指示を与えている。すなわち、三代にもわたって琉球館の用聞を勤めた有馬の家が役替えになったことで、同家の外聞を損なうことを恐れた王府では、湧川に鹿児島到着次第用聞を一人増すこととし、財政的に差し支えるようであれば、心付けとして二番方砂糖（琉球蔵方砂糖）のうちから一定額を渡したい旨、交渉するよう促しているのである。こうした動きのなかにも、ささやかではあるが藩の政策に対する琉球がわの反発を読みとることができよう。

結　語

一八一三年（文化十・嘉慶十八）十月の趣法方体制の発足とともに、藩の琉球政策に大きな変化があらわれた。とくに一八一五年というのはそれが顕著になる年といえる。すなわち、まず注目されるのは鬱金の専売制の断行である。

鬱金については一八一五年から第一期二年、第二期三年、第三期五年と年期を限り、市場の需要状況をみはからいながら、買入れ高の増枠が目論まれた。後に調所笑左衛門（広郷）による天保改革にともなって、重豪の意志通りに三島その他の島々の欝金が掘り捨てられ、琉球産品の流通規制、価格維持がはかられることを思うと、それに向けての地ならしがこの段階で出来上がったというべきであろう。

またこの年（一八一五・文化十二・嘉慶二十）、藩は一八〇四年以来琉球救助の名目で免除されてきた諸士自物砂糖に対する手形銀についても、許可年限の中途であるにもかかわらず、「不締」りを理由にそれを課す挙に出ている。琉球がわから免除継続の哀願がなされると、藩は琉球諸士の自物砂糖に琉球砂糖を示す角印のほかに〇自の焼印を押させることを約させ、手形銀の復活は取り下げている。しかし、藩は諸士自物砂糖が不正荷物として脇へ流れるのを封じ込めるのに成功したといえる。

また自物砂糖手形銀の徴収は断念したが、藩はそれで引き下がったのではない。同じ年、両先島の綿布類のほか、芭蕉布・麻布類・島紬・久米島紬などの反布類、藺表、黒次・赤次の綱、小縄などの小特産品の確保がはかられている。また、人別出銀一匁と船出銀の徴収にも手が着けられ、藩財政の補塡が試みられている点も見逃せない。船出銀は四貫八九二匁に過ぎなかったが、宗門人別上の人数一三万六三六七人の内九万八〇六人にかかる銀高は九〇貫八〇六匁にもなり、王府にとっては無視できない額であったといえる。

さらに藩の動向で注目すべき点を挙げれば、これまで琉球の特産品の流通を担い、金融・財政の後ろ盾となっていた琉球館立入り商人、いわゆる御用聞き商人との間に築いてきた信用体系を改編しようとする節がみえる点である。それは、たとえばこれまで親子三代にわたって琉球館の上方御用聞を勤めてきた有馬善治郎から林金蔵へすげ替えられている点にうかがうことができる。藩が琉球産物の販売にとりかかるにあたって、独自の信用体系の構築が求められたということになろう。

このように一八一五年（文化十二・嘉慶二十）に藩の琉球産物に吸着、負担転嫁の動きが顕わになるが、しかしこうした藩の要求を琉球は唯々諾々と受け容れようとしたのではない。鬱金については、琉球王府は期限中の買入れ規定量・価格の遵守、代銭を諸上納と差引き勘定としない旨を藩に約させているし、特産品の生産注文には、原材料の不足を盾に調達できた分だけの納付にとどめている。また人別出銀に関しては、四万五五五八人という「逼迫人」の数を前面に押し立てて軽減を要求し、さらに上方御用聞を有馬善治郎から林金蔵へ差し替える件については、独自に財源の手当てをして有馬との関係を繋ごうとする動きをみせている。こうしてみると、一八一五年という年は、藩によって矢継ぎ早に繰り出される負担転嫁策をめぐって、薩琉双方の間に矛盾がたかまった年といえよう。

註

（1）近思録崩れについては、黒田安雄「文化文政期長崎商法拡張をめぐる薩摩藩の画策」（『史淵』一一四輯、一九七七年）を参照されたい。

（2）「島津斉宣・斉興公史料」（『鹿児島県史料』）二四〇号。

（3）一八〇〇年（寛政十二・嘉慶五）、幕府は冠船がもたらした唐物・薬種類を琉球に持ち帰らしめ、代わりに琉球国救助のために一万両を給した。

（4）（5）『琉球館文書』（琉球大学附属図書館仲原善忠文庫蔵）。

（6）薩摩藩による鬱金の専売制とそのもとでの生産体制については、里井洋一「近世琉球におけるウコン専売制の起源と展開―夫役がささえるウコン経営―」（『琉球王国評定所文書』第十八巻、浦添市教育委員会、二〇〇一年）に詳しい。

（7）～（9）『大和江遺状』三、一〇番文書。
（10）『大和江遺状』三、五番文書。
（11）『大和江遺状』三、二五番文書。
（12）沖縄県公文書館史料編集室撮影本。
（13）「中山世譜」附巻五、嘉慶二十年乙亥の条は、朝傑は嘉慶二十年七月二十六日に薩摩に到り、翌年十月十七日に回国と記す（『琉球史料叢書』五〈伊波普猷・東恩納寛惇・横山重編、井上書房、一九六二年〉八八～八九頁）。
（14）『大和江遺状』三、二六番文書。
（15）『大和江遺状』三、三二番文書。
（16）（17）『大和江遺状』三、五一番文書。
（18）『大和江御使者記　全』。「中山世譜」附巻五、八八～八九頁。
（19）『大和江遺状』三、三九・四〇・四一・四二番文書。
（20）『大和江遺状』三、三九番文書。
（21）『大和江遺状』三、四〇番文書。
（22）『大和江遺状』三、四二番文書。
（23）『大和江遺状』三、四一番文書。
（24）『大和江遺状』三、一三番文書。

第四章　薩摩藩による長崎商法の展開

緒　言

前章で大御隠居島津重豪の藩政介助後、一八一三年（文化十・嘉慶十八）に設置をみた趣法方を中心に、琉球産物への吸着、人別出銀・船出銀の賦課など琉球への負担転嫁策が顕わになっていく状況を明らかにしたが、本章では唐物貿易への取組みの実態解明に論を進めたい。

重豪が再び藩政介助を行うにおよんで、琉球を通じた唐物貿易への取組みも積極化する。唐物貿易そのものについてはすでに文化年間に入って、藩主斉宣のもとで新たな動きがはじまっていた。すなわち、一八〇四年（文化元年・嘉慶九）六月、斉宣は利益が思わしくなっていた白糸・紗綾にかえて、蘇木（紅色の染料）・鼈甲・虫糸（てぐす）の銀一〇〇〇貫目分の販売を幕府に願っている。この時はこれら三品が長崎貿易に支障があるとして幕府の拒否に遭い、願いを果たすまでにはいたらなかったが、一八〇七年、斉宣によって藩政改革を委ねられた樺山主税・秩父太郎らも、琉球の唐物貿易を基軸に藩財政の再建を構想した。(1) しかし、そうした構想自体も、翌年、重豪によって樺山らが排除され、一八〇九年に斉宣が致仕に追い込まれるにおよんで、具体化されるまでにはいたらず、むしろ新たな局面を切り開いたのは、当の新藩主斉興の後見人となった大御隠居重豪自身だったのである。

重豪は一一代将軍家斉の岳父(三女茂姫は家斉夫人)としての権威を拠りどころに、長崎の会所貿易に食い込んでいく。すなわち、一八一〇年(文化七・嘉慶十五)九月には薄紙(一〇〇束)・五色唐紙(五〇〇束)・鉛(五万斤)・羊毛織(三〇〇端)・丹通(六〇〇枚)・緞子(三〇〇本)・猩燕脂(二〇〇〇斤)・花紺青(二〇〇〇斤)など八種(2)、銀高にして三〇〜四〇貫目程度(3)について、五年間の年限つきで長崎での販売が認められた。これらの琉球の輸入唐物は「琉球産物」とよばれ、本方商売同様、長崎会所で入札に付されることになったのである。その年限明けとともにさらに藩は唐物商法の拡大化に成功するが、ここではまずそれにいたる過程を明らかにし、ついで天草の豪商石本家と連携のもと、新たな展開をみていく実態に触れる。

なお、この点については、武野要子氏(4)・黒田安雄氏(5)・安藤保氏(6)らの先行研究があり、あらかたの様相についてはそれらによって明らかにされ尽くされた観がある。しかしこれら先行研究には琉球がわの史料が十分活かされていないので、ここでは、石本家文書と琉球がわの史料をあわせて検討しつつ、事実関係を補っておきたい。

第一節　薩摩藩の唐物商法の積極化

1　藩の唐物一手買入れ要求と琉球

八種の販売年限が満ちると、薩摩藩は一八一四年(文化十一・嘉慶十九)には、洋参人参・水色虫糸・奥手玳瑁などの追加を求め、また一八一六年には商法限度高を銀一〇〇〇貫目とする、ただし売上げ代の一歩は会所に納入する、などの条件を提示して、年継ぎを幕府に求めるにいたる(7)。長崎における唐物商法の地歩をさらに強化しようとする動きをみせるのであるが、いっぽうで注目されるのは、この年、藩は琉球唐物にも専売制の網をかけようとしていることである。このことについてはこれまであまり知られていなかったが、「琉球雑記」(8)の中に存在する湧川親方の一八一五年九月二日付「乍恐御内意を以申上候口上扣」によって新たな事実が明らかになる。少し長くなるが、興味深い史料なので、全文を示しておこう。

乍恐御内意を以申上候口上扣

唐物御発商御願被仰立度御吟味被為在、去年御書付を以て被仰渡趣御座候付、於琉球細々取しらへ去夏御届申上候処、今一往吟味可仕旨、去冬御手続書を以被仰渡候趣、国王始摂政・三司官承知仕、早速掛役々申付、猶又段々為尽吟味候得共、何れ成御買上之方ニ者差支候趣申出有之、押々申付候丈之儀ニ而無御座、不及是非此節御用捨之願別紙書付四通私持登候付差上申候、依之乍恐願意之趣申上候、琉球諸役人之儀多分年季代を以被申付候故、無扶持ニ而罷居候方段々有之、夫々勤功相募次第旅勤被申付事ニ而、全体之暮方不如意ニ罷在、妻子養方不行届、偏ニ唐向之勤見賦を以て莵哉角与罷過候体之者共ニ而、渡唐仕廻向之儀手沙汰を以相調候者無御座、専借財之働を以交易品買渡、右之余勢ニ而返上物方部銀差足、帰帆之上借元返済彼是取償申候、且又船方末々之者共ハ心付迚も無之猶以困窮故、是又各繰取次第銀主を頼借銭を以交易品取入、渡唐之上雑唐物類ニ致品替、帰帆次第売払、借主方元利返済仕、急ニ払方不埒明節ハ現品ニ而も無滞致首尾方、重而渡唐之節も又候借銭を以相調、年々繰合之働ニ而乍漸行過候体之者共御座候、右通之次第を以役々末々迄取償、御奉公向相勤来候処、御買上相成候ハヽ、右様之差繰不相成、勿論以後ハ借銭相達呉り候者無之、渡唐之面々一統当惑可相成、就中船方之者共ニハ旅数之勤功を以褒美被申付儀ニ而も無御座、専差繰之働ニ而少々得用を致本望、我増進立候処、御買上相成候ハヽ、其儀不相調おのつから船方相衰、然時者難海之往還難乗渡体ニ茂成立可申哉与、旁以必至与驚入、十方ニ暮居申仕合御座候間、何与そ前段之次第御憐察被成下、御買上之儀御用捨被仰付、是迄之通被召置候様被遊御賢

慮被下度、乍恐此段御内意を以申上事ニ御座候条、幾重ニも御都合宜御取成可被下儀奉頼候、以上、

文化十二年亥

九月二日

湧川親方

この湧川親方の「口上扣」によると、琉球唐物の買入れについてまず一八一四年(文化十一・嘉慶十九)に藩より打診があり、王府では、夏に断りの返事をしたようである。これに対して、藩が冬に王府に再度の検討を促してきたため、琉球ではやむなく掛役々にはかり、あらためて唐物の買上げ方は差し支えるという結論を得た。そこで王府ではその用捨願いを四通に認め、上国する湧川親方に託したのである。琉球館を通じて藩に上呈された四通の嘆願書の内容については明らかではないが、それらを提出するにいたった「願意之趣」は以下のようなものであった。

①琉球の諸役人は多くは年季交代にしているので、無扶持で過ごす場合が多く、妻子の養い方もできず、ひとえに唐向きの勤めを当てに暮らしている。

②渡唐役者らは、自己資本で渡唐の遣り繰りができる者はなく、専ら借財をもって貿易品を買渡り、その余勢をもって藩の返上物方用銀の利銀払いを補い、そして帰帆のうえ借元の返済を取り償っている状況である。

③かつまた船方末々の者たちは心付とても無く、なおもって困窮ゆえ、借銭をもって貿易品を入手し、渡唐のうえ雑唐物類に品替えのうえそれを帰帆次第売り払い、借主方に元利を返済している。急に払方ができない場合は現品で決済し、重ねて渡唐となった際もまた借銭をもって貿易品を調え、年々繰り合わせをもって身過ぎをしている。

④右のように、渡唐役者より末々まで借金をしながら奉公をしているところで、唐物をお買上げになっては、その

差繰りもできなくなる。もちろん以後借銭に応じてくれる者もいなくなり、渡唐の面々すべてが途方にくれることになる。特に船方の場合は渡唐役者とちがって、旅数を勲功として褒賞するものでなく、わずかの貿易利を当てにして進んで奉公しているだけだから、唐物のお買上げとなれば、おのずと船方の衰えとなり、難海の往還も叶い難くなる。

嘆願書の内容を整理すると、ほぼ以上のようになるが、注目されるのは、琉球では渡唐役者ならびに船方に貿易権を保証することによって貿易そのものが成り立っていて、藩の唐物独占は王臣たちの利潤確保の途を閉ざして、中国との貿易そのものを危うくする、という点が強調されていることである。しかし、銀入手のための商品であった唐物が藩によって買いたたかれることで大きな打撃を被ることになるのは、大口の王府貿易であることはいうまでもなかろう。つまりここでは、そうした王府自体が被る不利益は巧妙に背面に押し隠されてしまっている。

ともあれ、両度にわたって藩の要求を断った点には、唐物貿易については王府の自立性を確保しようとする強い意志の表れをみることができるが、しかし琉球の頑な態度は、先にみたように、諸産物類などについても要求が満たされないことも手伝って、藩を苛立たせた。一八一五年（文化十二・嘉慶二十）という年は、藩との間に気まずい空気が一気に広がった年であったことは間違いない。それゆえに、琉球はこの年、要求に一部応ずる態度を示し、藩との関係修復につとめた。それが鬱金の専売制要求に対する譲歩であった。藩の要求を受け容れるにあたって、鬱金の販売と深くかかわっていた松村孫兵衛の説得を湧川親方に促していたことはすでに指摘したが、その中に次のようなくだりがみえる。[9]

（前略）去年（文化十一年）唐物御買入之一件御断申上、未何分不相片付事ニ而是迄御断之方ニも難申上、是非御請申上置候間、右之儀、松嶋親方江も被申談、孫兵衛方落着させ候様、可被取計候、

すなわち、一八一四年(文化十一・嘉慶十九)に藩の唐物買入れ要求を断り、いまだにその一件が決着をみていないため、さすがに琉球がわとしては鬱金については藩の要求を呑まざるをえなかったのである。見方をかえれば、鬱金の件はやむをえないとしても、藩の唐物販売への介入という事態は回避したかったということになろう。

2「唐物方」の設置

しかし、そうした琉球がわの思惑は、藩によって押し戻されていく。唐物の買入れ問題で薩琉間でせめぎ合いが続く中、漂着中国商民の送還を行う護送船に関して気になる事実が存在する。琉球が中国の漂着民を長崎に送らずに直接中国に送還することが幕府によって認められたのは一七〇一年(元禄十四・康熙四十)のことで、豊見山和行氏と松浦章氏の研究を総合すると、それ以後、護送船が派遣された件数は表25に示す通りである[10]。表中には貿易額を知るために同一船の福州入港・出港をともに記載したケースがあるので、琉球からの護送船の実質発遣件数はいまのところ二五件ということになる。まずその遣船頻度に着目すると、十九世紀に入ったのを境に、一八四〇年代にかけて頻度が増しているのがわかる。急速に琉球への中国商民の漂着が増大するようになったということになるが、これを藩が見逃すはずはない。

護送船には使者として当初都通事・大通事・副通事のほか、特別に司養贍大使なる役職が乗り込み、漂着民の送還にあたったが、一八一五年(文化十二・嘉慶二十)になると貿易を担当する役人である才府役が登場し、一八一七年には同じく貿易に関わる官舎役が置かれるようになっている。これら両役が配置されるにいたった経緯は詳らかではないが、藩の示達を受けてのものであったことは十分考えられよう。一八〇三年(享和三・嘉慶八)から一八三一年(天保二・道光十一)までの入港時だけに限ってではあるが、免税額をみると、年によってはこの間の進貢船のそれに匹敵するか、上回っている場合も認められるから(表22参照)、こうした護送船貿易は貢船貿易を補う役割を十分果たしたといえよう。「古老集記類」の中にも「近年護送船は御両国之御物差荷被仰付、産物方御用物も進貢・接貢之時同様被仰付、至て大粧之首尾合故、右通被仰付候は、…」[11]という記事がみえる。

藩は進貢・接貢船同様、護送船の才府役・官舎役にも藩の貿易銀(一番方銀)を付託して唐物入手の機会を拡げたとみられるが、しかし一八一六年(文化十三・嘉慶二十一)には、藩財政はそれでも追いつけない局面へ追い込まれる。すなわち、同年四月、美濃・伊勢・尾張の東海道筋の川々普請入用として高割り金七万七六六四両の負担を強いられるにいたった。藩はやむなく翌年より二年間にわたって、高一石当たり城下士に一升五合、郷士に二升二合の重出米《かさみしゅつまい》を課すことにし、いっぽう琉球にはお手伝い金のうち一万五〇〇〇両を求めた[12]。しかし当の琉球はこの年に入っていよいよ飢饉がはなはだしくなり、特に宮古島では五月ごろより旱魃・大風の被害が甚大で、餓死者の数は一五六〇余人にもおよぶ有様で[13]、琉球への負担転嫁は基本的に無理な状況であった。

そうした飢餓に喘ぐ琉球の救助を前面に押し出し、重豪はこの年もそして翌一八一七年(文化十四・嘉慶二十二)にも長崎商法品の品替えを願い、ついに幕府より新たな譲歩を引き出すことに成功する。すなわち、翌一八一八(文政元・嘉慶二十三)四月、幕府は藩より要求のあった水色虫糸・奥手玳瑁・洋参人参の追加は長崎貿易に支障をきたすことを理由にこれを認めなかったが、代わりに虫糸・硼砂・桂枝・厚朴の四種について、それぞれ二〇〇〇斤、二〇〇〇斤、二〇〇〇斤、七〇〇〇斤ずつを追加し、銀高にして二〇七〇貫目まで、三年間に限って長崎で販売することを許した[14]。

ついでこの年には、幕府は藩の求めに応じて琉球国のために、金五〇〇〇両の拝借をも認めている。幕府がこのように琉球の直接的な救済にまで乗り出したのには背景があった。実は一八一六年(文化十三・嘉慶二十一)九月十六

⑲	道光17(天保 8・1837).春　入港		「世譜」238頁 『宝案』台十二、6825～6834頁
⑳	〃 21(天保12・1841)　入港		「世譜」244頁、 『宝案』台十二、7253～7257頁
㉑	咸豊 3(嘉永 6・1853)　入港		世譜」261頁 『宝案』台十四、8044～8069頁 『選編』941～946頁 『評定所』345～538頁
㉒	咸豊5(安政 2・1855).春　入港		「世譜」263頁 『宝案』台十四、8519～8522頁 『選編』967～969頁
㉓	同治 1(文久 2・1862).10　入港	117.2	1『選編』1030頁～
㉔	〃 2(文久 3・1863).秋　入港		「世譜」272頁 『宝案』台十五、8593～8596頁
㉕	〃 2(文久 3・1863).秋　入港		「世譜」272頁

註1：豊見山和行氏の「護送船一覧表」(「琉球国の進貢貿易における護送船の意義について」)と松浦章氏の遣船一覧表(同『清代中国琉球貿易史の研究』80～92頁)によって作成した。
　2：「出典」の『選編』は『清代中琉関係檔案選編』、「世譜」は「中山世譜」(『琉球史料叢書』第四)、『宝案』は『歴代宝案』で「台」はその台湾大学本、『評定所』は『琉球王国評定所文書』を指している。
　3：税額の単位は両。

日、英艦アルセスト号とライラ号が那覇に現れ、四〇日間留まって近海を測量するという事件があり、(15)薩摩藩は外国に対する危機感をあおり、幕府に琉球救助の措置をとらせたのである。こうしてみると、幕府が一八一七年を期して、藩の取扱い唐物の追加要求を認めたのも、右の英艦渡来事件が大きく影響していたと解することができよう。

　取扱唐物に関する対幕交渉において一定の成果をおさめると、いよいよ藩は唐物商法体制の整備へと動き出す。すなわち、一八一八年（文政元・嘉慶二十三）十二月には「唐物方」を設置し、本格的に唐物商法へ乗り出すのである。ちなみにこの年の段階で、藩の借債は九〇万両余におよび、(16)年が明けて一八一九年二月、重豪は側近の向井十郎太夫と堀殿衛に「格外ノ仕向申付」、大坂ならびに国許に送っているが、(17)後にみるように、堀が唐物商法で一定の利をあげた

表25　護送船一覧

	入港・帰港年月	税額	出典頁
①	康熙40(元禄14・1701). 4　入港		「世譜」127頁 『宝案』三、175・178頁
②	康熙57(享保 3・1718). 秋　入港		「世譜」133頁 『宝案』三、391～395頁
③	雍正12(享保19・1734). 春　入港		「世譜」141頁 『宝案』四、228～235頁 『評定所』一、63～126頁
④	乾隆 7(寛保 2・1742). 春　入港		「世譜」143～144頁 『宝案』四、403～407頁 『評定所』一、227～296頁
⑤	乾隆10(延享 2・1745). 4　入港	9.3	「世譜」144頁 『選編』12頁～
⑥	乾隆15(寛延 3・1750). 夏　入港		「世譜」145頁 『宝案』四、582～589頁 『選編』26頁
⑦	乾隆15(寛延 3・1750). 夏　入港		「世譜」145頁 『宝案』台五、2596～2603頁
⑧	乾隆27(宝暦12・1762). 5　入港		『選編』94頁～
⑨	嘉慶 8(享和 3・1803). 8　入港	203.5	『選編』355頁～
⑩	〃 15(文化 7・1810). 6　入港	220.5	『選編』416頁～
	〃 15(文化 7・1810).10　帰港	809.6	『選編』419頁～
⑪	〃 21(文化13・1816). 6　入港	440.5	『選編』490頁～
⑫	〃 22(文化14・1817). 7　入港	113.7	『選編』502頁～
⑬	道光 2(文政 5・1822). 1　入港	112.6	『選編』552頁～
	〃 2(文政 5・1822). 5　帰港	282.5	『選編』560頁～
⑭	〃 4(文政 7・1824). 4　入港	94.1	『選編』599頁～
⑮	〃 4(文政 7・1824).11　入港	66.7	『選編』614頁～
⑯	〃 5(文政 8・1825).11　入港	224.7	『選編』627頁～
⑰	〃 7(文政10・1727). 6　入港	112.9	『選編』648頁～
	〃 7(文政10・1727). 8　帰港	330.7	『選編』649頁～
⑱	〃 11(天保 2・1831).10　入港	291.3	『選編』694頁～

ことを理由に褒賞を受けていることからすれば、両人には唐物商法の振興についても言い含められていたものと思われる。

一八一九年（文政二・嘉慶二十四）になると、ついに琉球唐物に対する一手買入制が施行された。これについては、『球陽』に次のような記事がある。[18]

此の歳、御目付高城六右衛門・御目付御裁許掛東郷半助・御勘定方小頭格大御隠居御附御徒目付中山甚左衛門・表方御代官御徒目付中村孫右衛門・書役平田利右衛門・御兵具方足軽松下長兵衛・大山仁平太等の員役、唐物方、華物を官買するに因り、故に華物の透漏を検束する事の為に、本国に到来す。

すなわち、唐物方が「華物を官買するに因」って高城六右衛門以下数人が琉球に送り込まれている。それぞれ御目付・御目付裁許掛・御兵具方など、治安維持・監視を主務とする者たちが中心をなしており、まさに琉球に「華物の透漏を検束する」体制を徹底しようとしていたことがわかる。こうした藩の素早い対応は、やはり重豪の意向を体してのものであったろうことは、派遣された人物の一人中山甚左衛門は大御隠居付の御徒目付であることからもうかがわれよう。重豪は、すでに一八一八年（文政元・嘉慶二十三）、琉球に対して買渡りの御用物の品質が次第に粗悪になっていると注意を与えており[19]、監察体制の強化は、琉球をして唐物貿易への新たな取組みを促していった。やはり史料中の御目付御裁許掛東郷半助は長崎と頻繁に行き来しており[20]、琉球産物の荷動きの調整にあたっていたものと思われる。

ちなみに、この年一八一八年（文政元・嘉慶二十三）派遣の進貢船官舎譜久里里之子親雲上・嵩元里之子親雲上らは、品質のよい御用品の調達にあたったことで、一八二一年には藩より褒賞をうけている[21]。また「昜姓家譜」[22]の四世憲暉の条に、「嘉慶二十四年、唐物を買い置く事のため、薩州、各役を遣発して国に駐劄し公務甚しく冗繁を加う。

那覇官・定額筆者三人にては諸凡の事を弁じ難きを恐る。朝廷に稟請し、文筆を考選して寄筆者二人を加立し、任期は二年とす」とあり、取締り役人らの駐箚により、那覇里主ほか定員三人の筆者では用務が捌ききれなかったため、新たに寄筆者二人を二年任期で加立したことが記されている。琉球も藩の要請に体制的に応じていったことがわかる。

3　幕府への品増し要求

こうして、藩の唐物の一手買入制は琉球に貫かれていったが、いっぽうこれと同時に、琉球を利用してさらに幕府への取扱品目拡大が働きかけられていく。すなわち、一八二〇年（文政三・嘉慶二十五）二月十六日、藩は琉球国中山王より願い出があったことを口実に、新たに嘆願書を老中水野出羽守忠成あてに差し出しているが、その主要な部分を掲げると以下の通りである。[23]

（前略）①御免之四種格別之御訳合を以被仰付儀ニ者御座候得共、中山王蔵元且国民一統へ相掛、所詮、救助筋行届候品高ニも無御座、差知候員数御座候間、乍恐別紙品立書之内を以、今四五種も御吟味被仰付被下候様奉願候、②尤品立之内ニ者、先年以来奉願、御差支有之趣承知仕候品も御座候得共、最初奉願候筋ハ、全躰品数少斤数余計奉願候儀付、自然右等之訳を以御差支為相成儀も御座候者、相応ニ斤数被相減、右品々御免被仰付被下度奉願候、③且又厚朴之儀七千斤御免被仰付候へ共、近年唐国払底ニ而、買入方相調不申候、乍然適御吟味を以被仰付候義付、右斤数弐千斤程ハ被相減、其余計等を以、御免之銀高弐千七拾貫目余之内を以御繰合と一往御吟味被仰付被下度、（後略）

大意をまとめると次のようになる。

①先に唐物四種について格別の訳合いを以て販売を許されたけれども、中山王蔵元かつ国民一統にとって、所詮その救助に資するほどの品高でもないので、別紙品立書に挙げた奥手玳瑁・木香・白手龍脳・辰砂・阿仙薬・宿砂・大黄のうちより、あと四、五種の販売を認めてもらいたい。

②品立書のうちには、先年会所貿易に差し支えるとの理由で断られた品も存在するが、最初品数を少なくして斤数を余計に願い出たので、差支えもあったであろうから、相応に斤数を減じて御免仰せつけられたい。

③厚朴については七〇〇〇斤の取扱いが認められたが、近年唐国においても払底して、買入れ方が調わないので、斤数を二〇〇〇斤に減じ、御免銀高二〇七〇貫目余の範囲内で適当に繰り合わせることを認めてもらいたい。

①②の内容からすると、藩のねらいは、斤数はともかく取扱い品目を奥手玳瑁・木香・白手龍脳・辰砂・阿仙薬・宿砂・大黄等にまで枠を拡げることにあったことが明らかであるが、もちろんそれだけではない。③で品薄の厚朴の免許斤高を減じて他の品目に振り替え、斤高についても御免銀高二〇七〇貫目の範囲内で調整を、というのであるから、つまるところ斤高については藩が裁量権を確保しようとしていたことになる。

これらの嘆願について、それから約半年後の八月十日、老中水野忠成より藩留守居の呼出しをうけ、次のような趣旨を伝えられた(24)。

ⅰ去々寅年(一八一八・文政元・嘉慶二十三)、願い出の四、五種については差支えの品もあって断った。「乍去被中立候趣も無余儀筋相得候間、格別之訳を以」て、厚朴七〇〇〇斤のところを二〇〇〇斤に減じ、代わりに玳瑁八〇〇斤、白手龍脳一〇〇斤を加え、三ヶ年に限って長崎に回すことを許す。

ⅱただし、年間の商売銀高ならびに長崎会所への納入歩銀は去々寅年(一八一八・文政元・嘉慶二十三)に相達した通り心得、委細は勘定奉行村垣淡路守と相談のこと。

ⅲ右にあたっては抜荷取締り方を特に申し付けるが、その件は追って通達する。

四、五種の品目を追加公認させるまでにはいたらなかったが、ここに藩は新たに玳瑁八〇〇斤・白手龍脳一〇〇斤の長崎における販売権を獲得することに成功した。

こうして幕府が会所貿易と競合しない範囲内で、特定の品目について、藩に開放していったのは、もちろん重豪の強い要請を無碍に退けることもできなかったこともあるが、それだけではなかったであろう。幕府は前年の一八一九年(文政二・嘉慶二十四)十二月、正銘唐物の流通を促す触れを、大目付を通じて全国的に流している。それには「文化二年、唐物売買の際に手板が三ヶ年の期限切れ、あるいは削り張り、さらに継手印形(文書の継ぎ合せの印形)を欠いている場合は、不正物に準ずる旨触れた。しかしながら遠隔地では手板の書き替えも行き届きかね、唐物を買持ちする者もなく、自然とその融通が滞っているやに聞こえる。これにより三ヶ年目の手板であっても書き替えずそのまま用いてよい。もちろん削り張り、継手印形のない手板はこれまで通り不正物として扱う。正銘唐物においては、「危踏なく、手広ニ可致売買候」[25]とある。すなわち一八〇五年(文化二・嘉慶十)、手板による唐物逓送を徹底して不正唐物の排除につとめたが、それが唐物の流通を滞らせる結果を招いたため、手形が満期であっても正銘物として扱うこととしたのである。[26]

幕府が不正唐物の流通を封じ込め、かつ正銘唐物の流通量を増やすためにも、藩の要求を全く退けるわけにはいかなかったといえよう。ただし、右の触れの末尾で「尤抜荷取締方之儀は、弥以前々相触候通相心得、猶又改方厳重ニ可申付候」としていたように、抜荷取締りの徹底は当然、薩摩藩にも求められた。藩では、これを受けて、一八二一年(文政四・道光元)六月二十七日付で「右取締之儀者、先年以来承知仕候趣も御座候付、其都度々々致吟味、家来之者余多掛置、(中略)琉球国之儀者、彼国国益相拘儀御座候へハ、役々一統掛心頭、併場広之事候付、猶又追々尽吟味、手堅取締可仕旨申付置候、此段申上候」(27)と、多くの家臣を取締りにあてていること、琉球も国益にかかることなので、取締りを心掛けている旨届け出ている。この点については事実、藩では唐物方の設置後、琉球に御目付らを派遣して、抜荷監視体制を構築していたことはすでにみた通りである。

ただ、そうした抜荷取締り体制が領内で万全でなかったことを知らしめる事件が一八二一年(文政四・道光元)に起き、藩を狼狽させている。すなわち、この年、領内で売薬に従事していた富山の売薬商人らが唐薬種売買の嫌疑で長崎奉行所の摘発を受けたのである。同商人らは「無証跡之義被申懸」としているが、仲間一統で「太分之銀子」を支払っているところをみると、(28)売薬商人らによる唐薬種の抜買いがあったのは事実であろう。いかなる経路でその事実を掌握したのか判明しないが、幕府自体、特に藩の唐物の動きには注目していたことは否定できない。長崎における唐物商法を維持、さらに拡大できるか否かは、ひとえに抜荷抜取締りの徹底如何にかかっていることを、藩自体十分認識させられたといってよいであろう。

第二節　藩長崎商法と天草石本家

1　石本家との連携

唐物方を中軸に進められた藩の唐物商法で特筆すべき点は、琉球産物(唐物)を長崎会所の入札ルートに乗せ、その安定的な捌き口を確保したことにあった。しかしそれだけではない。琉球貿易への関わり方の変更をともなっていたことが注目される。従来、藩は貿易銀を渡唐役者らに付託し、生糸・紗綾などの唐物を購入させていた。琉球ではこの藩の貿易銀を一番方銀、琉球がわの渡唐銀は二番方銀と称したが、藩は一八二一年(文政四・道光元年)を期してその一番方銀による買物を取り止めたのである。そのことを琉球に明確に通告した文書はまだ見出し得ていないが、一八六九年（明治二・同治八）五月二十四日付の琉球館在番小波津親方・浦添親方あて宜野湾親方ら三司官の書状に次のようにみえる。「道光元巳年より一往一番方渡唐御銀取止、二番方売上迄御調文被仰付置候処、其節者宰領人共減少并御銀積船・返上物積船迄茂御取止之方ニ於其元奉願候処、都而御取揚無之段書留相見得（後略）(29)」。

すなわち、買物は二番方銀のみで調えて藩に売り上げることとなったことで、特別に藩の御用品を調える宰領人は不要となり、また一番方銀を積む「御銀積船」、御用唐物を積む「返上物積船」も仕立てる必要がなくなったので、それぞれの廃止を願ったが、それは認められなかった旨の「書留」が存在する、というのである。後で触れるが、一八六九年（明治二・同治八）に藩は再び一番方銀の停止を琉球に申し渡していることから明らかなように、なお渡唐銀の中に一番方銀を残したのであろう。しかしそれは藩主・世子の御用品、あるいは藩の特別注文のためのもので、長崎商法品については琉球渡唐役者らから買い上げるシステムに切り替えたものと判断される。ここにおいて藩は、貿易の首尾不首尾に左右されるリスクを回避する道を選んだということになろう。

そして、もう一つ藩唐物商法の特徴をいえば、本方商人の唐物入札代銀の回収を直接藩が行わずに、天草の豪商石本家の手に委ねたことである。中村質氏が『天保十二年琉球産物売捌候ニ付御書付』（長崎図書館蔵）によって示すところによれば、まず薩藩の「琉球産物」はすべて長崎西浜町の藩蔵屋敷に搬入管理され、会所取引終了後、同藩役人主宰のもとに目利・商人見せ・入落札・荷渡し・代銀精算等の業務が行われた。すなわち、会所と合わせて「二手」の唐物取引が行われるかたちとなったのである。奉行所の検使および会所調役以下目利・請払役等の会所役人は呼出しに応じて、蔵屋敷に出向いて目利きし、荷見せ・入札等の諸仕役に立ち合うのみであった。また、払立代銀の収納も薩摩藩独自で行っていた(30)。

ただし、藩の長崎商法は決して順調というわけではなかった。というのは、本方商人らは琉球産物を引き受けたものの、払立代銀の支払いは滞りがちであったからである。唐船・オランダ船の積荷に対する落札代銀の決済期限は七〇日と限られており、琉球産物もそれに準ずるものであったとみられるが、しかし、日限規定は遵守されていなかったのである。その原因は、武野要子氏によれば、抜荷の増大による会所貿易の不振、ついで資金力の乏しい新規商人を入札に参加させたことにより、落札代銀の不納・未納が起こりやすい状況にあったからであった(31)。藩ではこの「出後れ銀」(遅滞銀)を速やかに回収し、資金繰りを円滑にする必要に迫られた。そうした現状を打開するためにすすめられたのが、天草の豪商石本家との連携である。

石本家は一八一八年(文政元・嘉慶二十三)に長崎へ出店し、一八二二年(文政五・道光二)唐紅毛貿易の入札株を取得、一八二三年十一月「出後れ銀」の一手引請案を薩摩藩に提出、そして一八二四年には藩の「産物方御用聞」に任じられている。安藤保氏の研究によれば、石本家では藩と公的な関係を結ぶ前に、人吉藩の特産品である苧・茶などを薩摩の球磨問屋瀬戸山市兵衛を通じて販売、一八二一年の段階では鹿児島町人、市来郷・阿久根郷の商人らと商取引がなされていたことが判明している(32)。そしてまた、この年、藩の黒砂糖二〇〇樽(二万九八四〇斤)を下関の角屋六兵衛に送り、売却を依頼している事実や、石本家当主勝之丞が島原の商人と思われる者たちに同年九月二十三日付で送った書状に、藩への出金や米などの産物取扱いを内容とする「薩州取組一件」が触れられていることなどから(33)、藩と石本家との接触もこの年ごろからではないかと、安藤氏はみている(34)。

そうした商取引を通じて接触を深めていた藩と石本家が、公的な関係を結ぶにいたったのは文政六年のことである。すなわち、石本勝之丞は一八二三年(文政六・道光三)九月二十六日、鹿児島に入り、三ヶ月余の長期にわたって滞在、その間に藩と琉球産物「出後れ銀」への対処方について話し合い、人吉産の苧・茶の買上げ、櫨蠟の買入れなどに関する商談を積極的に展開している(35)。この交渉のなかで、苧・茶の買上げ高については藩は確たる約束を与えなかったが、五〇〇〇両の借銀を勝之丞に依頼、いっぽう勝之丞も全額ではなく半額の二五〇〇両(銀一五〇貫目)の調達を請け合うことで、両者の間に公的な関係が始まっていくことになった(36)。

一八二三年(文政六・道光三)十一月に、石本勝之丞が唐物方の東郷半助らあてに差し出した「御請書」によれば、銀の借入れにあたって藩が提示したのは、支払いは長崎会所が滞っている一八二二年の秋割の琉球産物代二七〇貫目の回収をもって充てるという条件であった(37)。琉球産物は年二回入札される仕組みで、春荷物は五月、秋荷物は十一月に入札に付されていたが(それぞれ春割・秋割という)、この段階で、秋荷物の代銀の滞り高は二七〇貫目におよんでいたのである。石本家では、こうした「出後れ銀」は貸付けとすれば利息四〇貫目の損失になっているとして、会所に貸付けのかたちにすることや、会所に納入される天草郡の年貢四〇〇貫目を流用させることなどを提案、具体的な行動に出る。

石本家の介入が具体化する直前の、本方商人の琉球産物代銀の支払い状況がどのようになっていて、どれほどの出後れが生じていたのかを示す次のような史料がある。この史料はすでに黒田安雄氏によってとりあげられているが(38)、同氏の指摘に若干のことを付け加えることにする。

覚

一　銀五八〇貫三五八匁八分七厘三毛三糸…(ア)

右文政五年午春於長崎入札払相成候琉球産物代銀高

但、午五月廿九日荷渡

内　百拾六貫七拾壱匁七分七厘四毛六糸…(イ)

右払代ニ相掛弐歩通会所江納銀
差引残　銀四百六拾四貫弐百八拾七匁九り八毛七糸…(ウ)
此所
弐百貫目…(エ)
同年午十二月四日相渡
八拾四貫弐百八拾七匁九り八毛七糸…(オ)
文政六年未二月廿八日右同
五拾貫目…(カ)
同年五月十七日右同
百六拾貫目…(キ)
同年六月廿二日右同
〆め高

一　銀五百六拾七貫三百四十三匁九分三厘弐毛…(ク)
右同年午秋同断
但、午十二月三日荷渡
内　百拾三貫四百六拾八匁七分八厘六毛四糸…(ケ)
右払代ニ相掛弐歩通会所江納銀
差引残　銀四百五拾三貫八百七拾五匁壱分四り五毛六糸…(コ)

此所
　三拾三貫八百七拾五匁壱分四厘五毛六糸…(サ)
　　文政六年未七月廿六日相渡
　右之後渡銀無之事

この「覚」は、一八二二年(文政五・道光二)の長崎における琉球産物払い代銀の支払いの内訳に関するもので、以下のことがわかる。①まず支払い代銀は春秋両度の入札にかかるもので、それぞれ五八〇貫目余(ア)、五六七貫目余(ク)で、一八二二年の琉球産物の払い銀高は合計一一四七貫目であったことが判明する。すでに一八一八年(文政元・嘉慶二十三)に二〇七〇貫目までの販売権を獲得していたにもかかわらず、藩では黒田氏も指摘するように(39)、その半額程度の荷しか会所に搬入できていなかったことになる。

②代銀からは会所に納入される二分(二割)が差し引かれ(イ)(ケ)、藩の請取り分はそれぞれ春荷が四六四貫目余(ウ)、秋荷が四五三貫目余(コ)である。③その支払いは、春荷の場合一八二二年(文政五・道光二)十二月四日―二〇〇貫目余(エ)、一八二三年二月二十八日―八四貫目余(オ)、同年五月十七日―五〇貫目(カ)、同年六月二十二日―一六〇貫目(キ)と四度にわたり、秋荷の場合は春荷の支払いが済んだ後、七月二十六日に三三貫目余(サ)が渡されたのみで、以後は支払いがなかったこと、つまり四二〇貫目が「出後れ」となっていたことがうかがわれる。「出後れ」銀高については、先の「御請書」の二七〇貫目という記載高と一致しないが、この年八月以降一五〇貫目の支払いがあって、残金が二七〇貫目となっていたのかもしれない。しかし、安藤保氏が石本の藩唐物方役人らにあてた書状に拠って示すように(40)、この年十二月、会所は「近年稀成銀支」えで、「市中ニ至而ハ絶言語」という有様であったから、藩においてはこの産物代銀の回収には石本家を頼るほかなかったのである。

年が明けて、一八二四年（文政七・道光四）正月十日、勝之丞は長崎薩州屋敷臨時詰唐物方御役郡奉行奥四郎と面談、その折、奥より石本家の提案通り天草の年貢銀を為替でもって「出後れ銀」の回収に流用できるようにとの依頼を受け、会所と内談におよんだが、その経過について、勝之丞は正月二十七日付で鹿児島の瀬戸山市兵衛にあてた書状で次のように述べている(41)。

一、当地より御取受御産物代銀御取請之儀、於御国許懸案中上置候都合ニも成立候ハヽ、万端御上向御厚被思召上候旨、御内意之趣為御知被下、彼是御心添忝奉存、是亦委細先書ニ申上候通、去冬当地会所向案外之銀支ニ而、何れも身分相応ニ調達ハ勿論、僅之商人迄先納被仰付、漸々御役料銀而已御出方ニ相成、其余一切御渡銀出来不申、誠ニ必支之半ニて、産物代迚も当春御渡之手段出来兼、漸々天草御上納銀来月相納候上、百貫目程ハ請取方ニ相成候様内談仕候得とも、此節今少し高増ニも不相成而者、所詮春中ニハ此末御渡方之模様不相見へ、跡ハ当六月と相聞候ニ付、相成丈ケ此節御取請之積り奥様江も申談、御同所も夫而已之御心痛ニ付、今日迄も右ニ懸申、私出立も遅刻ニおよひ罷在、此節之儀ニ付、私義も格別ニ差入り、内実は私方江当節会所より御出方ニ可相成筈之銀子を跡ニ廻し請取候様会所へも申談、漸々右之通仕寄出来候位ニて、扨々当惑仕候、（後略）

すなわち、この書状からは、まず長崎の銀支えによって、会所は商人に身分相応に銀子の調達はもちろん、入札代銀の先納を求め、辛うじて役料のみは給しているものの、そのほかの支払いには一切応じきれず、いうまでもなく琉球産物代銀を支払う手だてを失っていたことがわかる。そうした会所の財政状況のなかで、勝之丞は次の月（二月）に納入される天草上納銀のうち、一〇〇貫目を琉球産物代銀に引き当てさせるのに成功している。しかし、再度春中に代銀の請取りが望めず、あとは六月中の渡し方となる旨聞いて、奥四郎と相談のうえ、さらに高増しを働きかけている。末尾にも「内実は私方江当節会所より御出方ニ可相成筈之銀子を跡ニ廻し請取候様会所へも申談、漸々右之通仕寄出来候位ニて、扨々当惑仕候」と触れられているように、一〇〇貫目の回収も、石本家の会所よりの請取分を後に回して漸く可能となったようであるから、会所の窮状はおおよそ理解できよう。

2　石本家による「出後れ銀」の処理

請取銀高の増額に関する会所との交渉は難航をきわめたが、その後、勝之丞は天草の年貢銀のうち一〇〇貫目を立て替えて早納めすることを条件に、二、三の所吟味役の内諾をとりつけ、ついに五〇貫目を増額させるのに成功する（「今朝会所江出後、向々相対之末内藤江対談、天草御成箇銀之内私上り合を以、今明日中百貫匁高早納仕候得ハ、会所弁利ニ相成候ゆへ、尚亦右之入銀申立を以て五十貫匁高増いたし、二月歩通当地御役料御出方相済候所ニて、御渡方相成候様申談、都合百五十貫目高承知相成申候」）(42)。これによって、藩は石本家の調達銀一五〇貫目と、この会所よりの支払い高一五〇貫目をあわせて三〇〇貫目の銀高を入手できる運びになったのである。調達銀の文銀一五〇貫目は三月に長崎の薩摩藩屋敷に届けられているが、その「借用銀証文」の案文は次に掲げる通りで、利息は月八朱、返済は琉球産物代で行われるものとし、一八二二年（文政五・道光二）の秋割の出後れ銀を含めて、以後の会所よりの支払い銀がこれに充てられる約束になっている(43)。

借用銀証文之事

一文銀百五拾貫目也

右者、唐物方就要用借用申処実正也、返済之儀者月八朱之利足相加江、元利之辻兼而長崎会所江売込置候産物代、去々年秋割より可請取銀子を始、会所より出方之節元利皆済迄直ニ御引取可被成候、為其会所釣合書相添、借用証文差出処、仍而如件、

文政七年申三月
勝之丞
辰之進　宛

なお、右の「借用銀証文」のあて先に石本勝之丞と並んで松坂屋辰之進の名が見える。松坂屋は長崎平戸町の商人で、石本の「出遅れ銀」の回収は、こうして松坂屋と組んで動き出した。勝之丞らは奥四郎と未回収の一八二二年（文政五・道光二）秋産物代をふくめて、以後の「出後れ銀」の処理について打ち合わせ、処理案を作成、奥はこれを藩唐物方に示すため、一八二四年六月十一日に長崎を発っている。その案の控えが次に示すものである。(44)

六月十一日奥四郎殿長崎出立ニ付、唐物方御役所江差出候書面扣

文政五年秋産物代
一ⓐ　銀三拾貫目　　会所出方残り
　但、此節七拾貫目出方相成候分引残り
文政六年未春右同断
一ⓑ　銀三百四拾三貫三百七拾六匁三分四厘三毛弐弗
同年秋割分
一ⓒ　同三百五拾六貫弐百拾五匁弐分壱毛四弗
当申春割分
一ⓓ　同弐百拾四貫三百五拾八匁三分八毛八弗
ⓔ合九百四拾三貫九百四拾九匁八分五厘五毛四弗

内百五拾貫目余ⓕ　当六月私方江引合可受取分
残而八百貫目程ⓖ
此高会所より御受取前滞銀高、此節より御仕法御取締之積り左之通相心得
右之内
弐百貫目　当秋割商売銀会所江入手之上、御請取之積り
此口、当十一月中御入手ニ可相成候
百貫目　当冬臨時割　右同断
此口、明酉正、二月中右同断
弐百貫目　明酉春割　右同断
此口、酉六月中右同断
百貫目　酉春臨時割　右同断
此口、酉七、八月中右同断
弐百貫目　酉秋割　右同断
此口、酉十一月中右同断
〆

これによると、まずこの段階で一八二二年（文政五・道光二）年秋の産物代銀がまだ三〇貫目ⓐ「出後れ」となっていたことがわかる。ただし、これはこの節七〇貫目の支払いがあってその残りだという。すでに述べたように、一八二三年十一月に石本勝之丞が唐物方の、東郷半助らあてに差し出した「御請書」には、文政五年の秋割の琉球産物代

の「出後れ」銀高は二七〇貫目とあり、(45) そのうち一五〇貫目については、一八二四年の二月に石本の手を経て藩は受け取っているのであるから、残銀は五〇貫目のはずである。この誤差については理由を明らかにすることはできないが、会所が約束通り、六月に支払いに応じたことは確かである。

次に一八二三年(文政六・道光三)の産物代は春が銀三四三貫三七六匁余ⓑ、秋が三五六貫二一五匁余ⓒで、この年の産物代銀高はおおよそ七〇〇貫目となっている。なお、『薩州御用向控』には別に「薩州江会所より出方ニ可相成琉球産物代銀未年分七百貫目有之候を、此方根証文引当ニ極メ貰候得ハ此方も弁利」と、一八二三年の会所より藩あてに払い込まれる産物代銀を七〇〇貫目とする記載がみられることからすると、琉球唐物の会所における取引き高はだいたいこの程度ではなかったかと思われる。

右の案では一八二四(文政七・道光四)の春割分までの回収見積りが立てられていて、その銀高は二一四貫三五八匁余ⓓとなっている。案は春荷の入札が済んで作成されたということになり、あと銀五〇〇貫目ほどが秋割りに回されたものと想定される。

藩が受け取るべき銀高の合計は九四三貫九四九匁余ⓔであるが、うち一五〇貫目ⓕは六月中に石本に返済されるべき分である。それを差し引いた八〇〇貫目ⓖほどが会所よりの受取り高で、その回収見積りは、会所の販売銀入手の時期に応じて、それぞれ、①当(一八二四・文政七・道光四)秋割商売銀(会所入手予定、十一月中)―二〇〇貫目、②当冬臨時割(会所入手予定明酉〈一八二五〉正月・二月中)―一〇〇貫目、③明酉春割(会所入手予定酉六月中)―二〇〇貫目、④酉春臨時割(会所入手予定酉七月・八月中)―一〇〇貫目、⑤酉秋割(会所入手予定酉十一月中)―二〇〇貫目となっている。

ここで注目されるのは、一八二四年(文政七・道光四)冬と翌年春に臨時割が設定されていることである。勝之丞はこの点については次のように述べる(46)。

右之通ニ者申上候得共、已後御売込代銀商人中より納候、時々御請取之仕法相極り候得ハ、会所も銀繰六ヶ敷可有御座ゆへ、格別ニ会所指支《ママ》相成候節ハ、前書之銀割相減、明年迄御取切りニ相成候を、明後年迄ニ皆渡りニ相成候心得を以取計方被仰付候ハヽ、御双方指支《ママ》不相成様御仕法出来可申、已後御売込代之儀者左之通相成候得ハ、限月無遅滞御取請出来可申候

すなわち、産物代銀の請取りの仕法が固定していては、会所も銀繰りが難しいであろうから、差支えの折は前書の通り、翌年までの回収のところを銀割を減じ、翌々年にわたる心得をもって取り計らうようにする、というのが勝之丞の考えである。春夏ごとに代銀が回収できない以上、入札回数を増やし、代銀も大口にならないようにして、少し時間をかけて回収するというこの案は、極めて現実的なものであったといえよう。

勝之丞は、この案について藩で検討され、ただちに長崎奉行を通じて会所に提示されることを期待したものと思われる。しかし、ある事件が藩にそのゆとりを失わせ、提示は延びることになった。すなわち、この年の七月にイギリス捕鯨船が藩領の河辺郡宝島に現れ、牧牛を強奪しようとした乗組員の一人を横目の吉村九助が射殺、藩内には緊張がつづいたのである。八月に入っても唐物方より長崎聞役の小森新蔵に指示がなく、勝之丞は「且御国許御混雑ニ付而ハ、立山（長崎奉行—引用者註）御申立之一条も御国許より未御沙汰無御座候趣奉承知、何卒立山御交代前御達込之御都合専一奉祈上候得共、此節御国許之御混雑之義ハ無御余儀次第奉存上候(47)」と、長崎詰めの奉行（土方八十郎勝政〈出雲守〉か、高橋越前守重賢のいずれかであろう）が、江戸詰めの奉行と交代する前に申し入れるのが第一だとしながらも、止む得ない事情に苛立ちを隠していない。

勝之丞は、藩の出方を待つわけにもいかず、会所に八月中に一五〇貫目の支払いを求めたが、会所は、奉行の交代

前で何かと差し支えるとのことで、二〇貫目から一〇〇貫目ぐらいしか応じられないという返事をよこしてきたに過ぎなかった。勝之丞はそれでは奥四郎との約束を破ることになるとし、やむなく自分が先納銀を納める相談を持ちかけ、閏八月、とりあえず一二〇貫目を、さらに翌月に五〇貫目を支払わせる約束をとりつけるにいたった(48)。その後、漸く藩の要求をまとめた書面が長崎に届き、長崎聞役小森はこれを長崎奉行に提示、閏八月二十日には奉行よりの返事をもらうことができた。その結果については「已後御産物代御取受方之義、御書面立山江御差出相成候趣にて、同所之都合も宜段内々昨日申来、会所向よりもいづれ御書面のこと相含、内談いたし候趣申来、右ニ付而ハ小森様御厚く御取計御座候哉、大ニ会所向都合も宜敷様子ニ相聞へ、於私も重畳奉大慶(49)」と、閏八月二十一日付で東郷半助らに書き送っていることから知られる。奉行所はもちろん、会所においても内諾が得られたことで、勝之丞の喜びも一入だったのである。

では、小森によって示された藩の申し入れ書の内容は具体的にはどのようなものであったのか。日付は欠くが、次の文書がそれに当たるものと思われる(50)。

(前略)猶亦当春御払立代銀弐百拾四貫三百五拾目有之由ニ付、何卒格別之御評議を以、向後之儀、七十日目納限商人納御取立相済候上者、一刻之払代一時之御渡方ニ相成候様被仰付被下候得者、琉人共江差渡御代り物之手配も行届可申、然上者国許掛り合役筋ニおゐても難有可奉存候、乍然当時柄之御模様も可有御座ニ付、去年中御渡残り両割之分一同御下渡之儀者銀高ニ相成候儀ニ付、右之分者両三度ニも御割合を以御下ケ被下、当春割より始已後御取立皆済之上者、割毎一時之御下ケ渡ニ相成候様被為仰付被下候得者、普く御蔭を以琉人御救助之詮相立、役々一統難有奉存候旨、此段御汲取可然御沙汰被為在被下候様、御願可申上旨、国許重役共より申越候間、宜被仰付被下候様奉願候、

中閏八月

薩州聞役
小森新蔵

すなわち、内容は以下のようである。①当春の払い立て代銀二一四貫三五〇目もあるよしなので、今後は入札後七〇日目を限って入札商人より代銀を取り立て次第、春秋の割ごとに代銀の支払いを願いたい。そうすれば、琉球人共においては貿易用の代物の手配も順調に行うことができ、国許の掛役々の者にとって有り難い。②去年中の渡し残りの春秋両割分はこれまでの事情もあり、また相応の銀高にもなるから、その分については両三度に分割して下げ渡されて構わない。③ただし、当春割より始めて取立て皆済の後は、割ごとに一回限りで支払いとするよう仰せつけられたい。

ここで述べられているのは、基本的には春秋入札が済み次第、会所は決められた通りに七〇日以内に代銀を回収し、それぞれの割ごとに決済してもらいたいという原則論に立った主張である。臨時割の設定について何も触れられていないことからすれば、先の代銀回収案はまだ藩の心積りとして留められることになったものと思われる。

願い出に対して、長崎奉行は「当春の払い立て銀は当冬に渡し、渡し残りとなっている去る未年(一八二三・文政六・道光三)分の一四九貫目余については、申し立て通り両三度に割り合わせて支払う。もちろんこれ以後は一割ごと期限通りに代銀を渡すよう会所へ申し渡すので、そのように承知されたい」と付紙をもって回答におよんでいる(51)。

3　入札銀の二割先納制

以上のように、琉球産物代銀の支払い方法は、長崎奉行の交代を前に薩摩藩がわの申し入れに沿うかたちで改善される方向へと向かった。しかし藩ならびに石本家に安堵を与えたのはそれだけではなかった。長崎奉行は本方商人に対し、会所に二割の正銀の先納を義務づけ、ついで、琉球産物についても入札代銀の二割の正銀の備えがなければ入札ができないものとする通達を出すにいたった。最初の二割の正銀先納制の意義については、勝之丞が十月十五日付で小森新蔵・奥四郎あてに送った次の書状から知られる(52)。

一、巳後産物代私方より一手ニ而取〆、商人中より取立候仕法ニ付、先納手当銀百弐拾貫目之積り滞銀之内御居(ママ)置与被思召、私方江御預ケ置被下候様申上置、然ル処、一昨日俄ニ弐割高正銀ニて会所江先納相備候上、根証文を以荷物津出仕候様、御奉行所より被仰渡、私共昨夜より先納相備今日津出仕候、右ニ付而者、弥以商人中江先納貸渡候へ者、産物代之儀も一手ニ而貸付仕克相成、重畳ニ奉存候、

これによれば、十三日(書状が認められた日が十五日とすればそうなる)、突然、入札代銀二割を会所に先納し、根証文を担保とすることを条件に荷物の津出しを認める旨、奉行より通達を受け、翌夜には先納銀を備え、荷の津出しを行ったのである。勝之丞はこの段階で一二〇貫目を先納のかたちにしながら、実際はそれを自己のもとに預かって、藩に支払っていたのであるが、会所への正銀先納制によって、商人への産物代銀貸付け運用も進むものと喜んでいる(53)。

いっぽう、相次いで通達されてきた琉球産物に関する二割の正銀先納制については、書状「追付紙」のかたちで次のように述べている(54)。

追付紙　前書弐割納先納会所江相備候外、此節之琉球産物より始入札前、宿老用場江尚弐割高正銀不相備候而者入札難相成旨、又々今日五ヶ所宿老中より申渡有之、已後者都合四割通正銀持出候様相成、漸々身元丈夫之商人五六人之外ハ一統大ニ難渋仕、存分入札不相成候故、此度之御産物入札直段何分可有之哉与奉存候、何れ尊顔意味合可申上事、

これによれば、琉球産物に関する二割の正銀納入制は、「此節之琉球産物より始」とあるから、間もなく行われる秋荷の冬入札からの施行ということになる。石本は本方商売と琉球産物商法で計四割の正銀差出しとなれば、よほど身元丈夫の五、六人の商人以外は難渋し、産物の入札値段にも影響が出るのでは、と危惧している。入札代銀の先納制は資本力の弱い弱小商人を、入札から排除する方向に向かわせることになったとみてよかろう。

こうしてみると、長崎奉行による先納銀制は会所の建て直しをはかった一種の改革ともいえる評価が成り立つ。もっとも注目すべきは、会所に正銀が据え置かれることになった点で、長崎聞役の小森・奥あての十五日差出しとなっている石本の書状には次のような一条が見える(55)。

一、右二割先納是迄与違、会所へ据置相成候ニ付而ハ、宿老方江先納御釣合書御差出之儀、格別差急も不仕、銀高も御減被下候事、

すなわち、入札銀の二割先納制はこれまでと違い、会所が先納銀を管理することとなり、それによって先納御釣合書の差出しも急ぐ必要もなくなり、先納銀高も減じられることになった、としている。これまで石本家や松坂屋辰之進が滞り銀のかなりの額を先納のかたちをとって立て替えていたことからすれば、この会所による二割先納銀の運用は大きな改善であったといえよう。先納御釣合書の差出しも急ぐ必要がなくなったということは、個々の宿老そのものの関わりが薄くなることを意味している。これまで会所役人らは荷見せ、入札立会いなどで一定の役割を担っていたが、会所自体は資金づまりもあって、琉球産物商法で大きな関わりもっていたといえなかった。しかし、このたびの長崎奉行通達によって、会所が総体として、琉球産物商法の管理に一歩のりだしたとみることができよう。

第三節　長崎商法の年継ぎと品増し

1　一六種の御免品の確定

先納銀制度が調い、琉球産物の長崎商法に一定の展望が開けてきたことによるものであろう、明けて一八二五年（文政八・道光五）になると、藩は幕府と品増し交渉を始める。品替えを経て、当時長崎に生圓子（猩燕脂）・虫糸・硼砂・鼈甲ならびに爪・桂枝・白手龍脳などを送っていたが、この六種の品目のうちには、値段が下落し引き合わない品目も出てきたため、斤数を調整し、新たな一〇品目の追加を求めた。訴えを受けた幕府（老中水野出羽守忠成）では余儀なき事情を認め、三月、生圓子一〇〇〇斤・虫糸一〇〇〇斤・硼砂一〇〇〇斤・鼈甲ならびに爪七〇〇斤・桂枝二万斤・白手龍脳七〇〇斤とし、新たに沈香五〇〇斤・阿膠一〇〇〇斤・木香五〇〇斤・沙参一〇〇〇斤・大黄七〇〇〇斤・大鞭甘草七〇〇〇斤・山帰来二万斤・蒼朮三〇〇〇斤・辰砂五〇〇斤・茶碗薬二五〇〇斤を、この年より来る丑年（一八二九）まで五年間に限って売り捌くことを認めた。

勘定奉行村垣淡路守定行ならびに長崎奉行より、条件としては、五年を限ることのほかに、商売の目当て高は年間一七二〇貫目余（金二万八六六〇両余）とし、この内の七割にあたる一二〇〇貫目の二歩（二割）を会所に納入すること、年により品物が過斤になった場合は、翌年の斤高に加えること、また会所の貿易に支障が生じた時は、たとえ年限中であっても検討し直すこと、などが提示された。(56) ただしその後、年限については、藩は清国へ御免品物を酉年（一八二五・文政八・道光五）に注文しても翌戌年（一八二六）にしか渡唐船は帰帆しないことを理由に、品物が届く戌年を御免年数の初年とすることを願い、許されている。(57) こうして一六種まで品目の拡大がかなったことによって、藩では清

表26　1825年の品増し願い認可後の石本家による幕府・長崎奉行所関係者への付け届け状況（抄出）

氏名	役職等	付け届けの内容
水野出羽守（忠成）	老中	三所物２通（現品は金200両）・肴１折
村垣淡路守（定行）	勘定奉行	銀50枚・肴１折
土方八十郎出雲守（勝政）	長崎奉行	銀50枚・肴１折
高橋越前守（重賢）	長崎奉行	銀50枚（現品は金300両）・肴１折
高橋勘右衛門	高橋越前守子息	銀30枚・肴１折
中村長十郎	長崎勘定与頭	銀20枚・肴１折
山本内記	高橋越前守家老	銀20枚
青木右左衛門	奥右筆組頭	銀15枚・肴１折
布施内蔵丞	奥右筆組頭	銀15枚・肴１折
久保田忠左衛門	高橋越前守用人	銀15枚
横田伝之丞	土方出雲守用人	銀15枚
田中龍之助	奥右筆	銀10枚・肴１折
内藤兵右衛門	長崎掛御勘定	嶋縮緬15反・肴１折
水野甲斐守（忠良）	大番頭	嶋宿緬２反・銀５枚
間宮平次郎	広敷番頭（前職奥右筆）	嶋宿緬２反・銀３枚

「薩州産物一件年継御挨拶之見合」石本家文書、3567（九州文化史研究所蔵）より作成。
詳細は安藤保「文政・天保初期の薩摩藩と石本家（一）」（『史淵』140輯、2003年）。

国で特定の品目に調達困難な状況が生じても、極端に貿易銀高が落ち込むというリスクを回避できることになったといえよう。

これまでの商法品の品増し・年継ぎが幕閣や長崎奉行所関係者に対する工作によってはじめて実現していたように、このたびの品増しについても関係者への裏面での付け届け攻勢が大きく功を奏していたとみられる。その役割をになったのが石本勝之丞であったことが「薩州産物一件年継御挨拶之見合」から理解できる。同史料は年継ぎや品増しが許可された後、認可業務にあたった関係者の名前と謝礼のための金品高をまとめたもので、すでに安藤保氏が紹介するところであるが[58]、同氏が立ち入った指摘を省いているので、あえて史料からわかる工作の実態を指摘しておきたい。

表26に示されるように、品増し認可の「挨拶」として幕府関係者では老中水野忠成の二〇〇両を筆頭に、勘定奉行村垣淡路守に銀五〇枚、長崎奉行所関係では奉行の土方八十郎出雲守勝政、高橋越前守重賢らにそれぞれ銀五〇枚が送られている。忠成が将軍家斉の信任を得て幕政に権勢をふるったことは周知の事実であり、また忠成の分家筋安房北条藩主水野忠実と重豪の養女立姫が結婚して、忠成と重豪は姻戚関係にあった[59]。同人が一八一八年（文政元・嘉慶二十三）の勝手掛老中への就任以降、家斉の岳父島津重豪の対幕工作が有利になったのは黒田安雄氏の指摘の通りである[60]。勘定奉行村垣とのつながりも、ことが会所財政と関わるだけに水野との線を積極的に利用して作り上げられたものであろう。

高橋越前守の場合は現職は寺社奉行であるが、一八二二年（文政五・道光二）六月十四日から一八二六年五月二十四日まで長崎奉行職にあったから、藩の唐物商法には一定の理解を示す立場にあったものと思われる。金品の贈与は子息勘右衛門（銀三〇枚）、同家の家老山本記内（銀二〇枚）、用人久保田忠左衛門（銀一五枚）らにも及んでいるところからも、藩との懇意ぶりが理解される。現奉行の土方八十郎にしても、同家の用人横田伝之丞に銀一五枚が贈られていることから、やはり、藩とは同様に親しい関係にあったものとみられる。

所期の目的を達成するためには、まず長崎奉行所関係役人の心を摑むことが重要であることはいうまでもあるまい。わけても長崎勘定与頭の中村長十郎や長崎掛御勘定の内藤兵右衛門らが金品の贈与の対象になっているのは、彼らが会所経営に大きな影響力を持っていたことからすれば、ある意味では当然である。

また、表中で注目されるのは、奥右筆組頭の青木右左衛門と布施内蔵丞、それに奥右筆の田中龍之助・間宮平次郎らも贈与の対象になっていることであろう。奥右筆は、幕閣より将軍に上げられた政策上の問題について調査・報告を行う権限を有し、機密文書の作成にもあたっていたので、やはりその理解を得ることは不可欠だったことを示している。水野甲斐守忠良も現職は大番頭であるが、前職は奥右筆だったのかもしれない。

以上のように、品増し願い後の関係者への「挨拶」をみると、藩が所期の目的を達成するために、実にそつなく周りを固めていった様子がうかがわれよう。藩ではその後も年期継ぎ・品増しを願い、成功するが、その背後にはやはりこうした幕府・長崎奉行関係者への工作が存在していたのである。

こうした、藩の巧妙な裏面工作で長崎貿易に関わる役人や商人が沈黙を余儀なくされる中にあって、藩の長崎商法の現状を指摘して長崎奉行所に適切な処置を求めたのは、中国の官商である王氏一二家総商王宇安と楊嗣亭である。王らは藩の要求通り年継ぎと品増しが認められることを知ると、ただちに長崎会所役人らを通じて奉行所に二度にわたって懸念を表明している。そのうちの二度目の五月に提出された嘆願書には、以下のような問題点が指摘されている。①貿易は五ヶ年の年限で、継続されるものではないというが、薩州が長崎へ持ち越す唐物は、琉球人が福建の所々で買い集めたもので、荒物・反物・小間物のみではない。②唐国へ売り渡している品も煎海鼠・干鮑・三ツ石昆布(北海道日高地方を主産地とする昆布)などで、扱っている商品は唐商のそれと同じである。唐船が帰着する以前に、それらが所々で売り渡されているので、詳細に糾明してみると、薩摩から入手して琉球が商売したものであることが判明した。③しかも商品は品位がよいにもかかわらず、値段は安価であるとのよしである(61)。

以上のように述べた上で、こうした状況では「自然与貴国会所之御出割も漸々相劣可申哉、且唐国之俵物昆布相嵩、捌方不宜相成、仕出方之難渋与罷成、私ともニおゐても不一方損失相立、貴国ニおゐても通商交易之差支ニも可相成道理ニ而、種々之苦情、以書紙難申上尽候(62)」と、会所の入札は衰退し、唐物・俵物の捌き方が悪くなって唐商たちにとって一方ならぬ損失となるのみならず、日本においても通商交易の支障になることを指摘している。この後に「不奉顧恐再応御願申上候儀ニ御座候」とあるところから、この嘆願書が二度目のものと判断されるのであるが、さらにその中の「右者五ヶ年限ニ而、接続之交易ニ無之趣、被仰聞候得とも」という文言からするかぎり、一六品目の薬種・雑唐物類の販売は五年限定で、期限延長はありえないものとして、唐商らは長崎奉行所より説得を受けたものとみられる。

藩の幕府・長崎奉行所関係者への巧みな工作が功を奏し、会所役人や本方商人が沈黙を余儀なくされていた中にあって、唐商たちの間から懸念が表明されたのは、このたびの一〇種の品増しが大きな意味をもっていたことを示している。そのことはほかのことからも理解できる。たとえば、一八一九年(文政二・嘉慶二十四)、重豪の特命を帯びて帰藩していた堀殿衛が、一八二五年(文政八・道光五)十月二十八日に、「右者唐物御商法発起より致精勤、殊此節御品増一件、分而致骨折候為御褒美、右之通拝領　仰付候条」と、このたびの品増し一件に対する尽力を賞されて知行を与えられている。[63] 藩もその首尾を極めて重視していたことが理解できる。

2　琉球への「唐物方御座」の設置

御免品が一六種にまで拡大したのをうけて、藩の琉球政策に変化が現れる。藩は一八二六年(文政九・道光六)三月はじめ、御目付裁許掛東郷半助に替えて三原善兵衛に足軽一二人を付し、琉球に送り込んでいる。三月二十九日に那覇に到着した三原は、四月十一日(十日とする記事もある)にはその宿に「唐物方御座」を構えた。四月十日付で神山親雲上・譜久村親雲上より貿易品を収蔵した御物城《おものぐすく》をあずかる長官御鎖之側《おさしのそば》あてに次のように通知がなされている。[64]

　唐物方御座之儀、明十一日より三原善兵衛殿御宿江被相建候間、諸御用向者彼御方江申出候様、別紙之通唐物方

より被仰聞候間、此段致御問合候、以上、

四月十日

神山親雲上

譜久村親雲上

御鎖之側御方

これによれば、貿易に関する諸用向きは唐物方御座が所管するところとなったことになる。これまでも東郷半助ら琉球派遣の御目付衆は抜荷防止にあたり、琉球産物の藩への荷送りに立ち会ってきたものと思われるが、ここにおいてそうした貿易の管理業務を行う唐物方の末端役所があらためて設置されたという点で、やはり注目されてよいであろう。

そして、御免品の品替え・品増しについても唐物方御座より琉球に伝えられ、琉球がわでは佐久間親雲上が六月十九日付で、薄紙・五色唐紙・鉛・羊毛織・丹通・鈍子・華紺青・厚朴については、唐物方では買い入れないので「以来右八行与々証文相除候様、那覇中不洩可申渡旨御指図ニ而候」(65)と那覇里主・御物城あてに通達している。また、翌年(一八二七・文政十・道光七)五月十六日付の亀山親雲上・譜久村親雲上の那覇里主・御物城御鎖之側あてと思われる文書には、次のように記載されている(66)。

一　虫糸　一　猩燕脂　一　硼砂

一　桂皮　一　白手龍脳　一　玳瑁

一　沈香　一　阿膠　一　錦紋大黄

一　大鞭甘草　一　蒼朮　一　辰砂

一　茶碗薬
右品々御国元御買入ニ付、脇商売堅ク御禁止被仰渡趣厳重相守候様那覇中申渡、無違犯段与々連印之証文取置申候、此段申上候、以上、
亥五月十六日
亀山親雲上
譜久村親雲上

すなわち、虫糸・猩燕脂・硼砂・桂皮・白手龍脳・玳瑁・沈香・阿膠・錦紋大黄・大鞭甘草・蒼朮・辰砂・茶碗薬の一三種について、国許買入れにつき、脇商売を禁止する旨通達を受け、これに違背しない旨那覇の与々中より連印の証文を取り置いたことが報告されている。

唐物方御座を仕切ることになった三原の役割は、まずは新たに長崎で販売を許されることになった品目の調達と、取扱い禁止となった品目を買い渡らせないこと、そして輸入唐物については一手買いを遺漏なく行うことにあったが、それればかりでなく、ほかに琉球特産品である海人草についても一手買いの実をあげることにあった。『唐物方日記』にはまた、佐久真親雲上が、この一件に関する唐物方役々衆の通達を那覇里主・御物城御鎖之側に伝える次のような文書が存在する。(67)

唐物方御用聞寄上町ノ
万右衛門

右者、琉球出産海人草一手買円支配唐物方御用聞黒岩藤右衛門・林仁平次江被仰付置候処、故障之儀有之、当年下着不致候間、右代として万右衛門江支配人於御国元被仰付置候間、彼方江売渡候様向々江可被申渡事

右之通、唐物方御役々衆より御掛合有之候間、右万右衛門江売渡候様、那覇中不洩可被申渡旨御差図ニ而《ママ》、以上、

戌四月十六日　　佐久真親雲上

里主

御物城

海人草の一手買いについては、すでに東郷半助の在任中に琉球がわとの間に了解が取り付けられていたものと思われ、唐物方御用聞黒岩藤右衛門・林仁平次がこの年（一八二六・文政九・道光六）琉球入りする予定になっていた。しかし二人に故障が生じ、代わりにやはり唐物方御用聞の城下上町の万右衛門が支配人に任じられたのである。四月十六日にはその旨、佐久真親雲上を通じて那覇里主・御物城御鎖之側に伝え、海人草はすべて万右衛門へ売り渡すよう那覇市中に触れさせている（ただし、翌一八二七年には林仁平次・黒岩藤右衛門代川原六次郎・図師伝助を「一手買円メ支配」とし、同人らへの売渡しが触れられている）(68)。また、六月九日にはその抜売り禁止を申し触れさせており(69)、唐物方御座の流通統制の手は唐物のみならず、他の琉球産物にも及んでいったことがうかがえる。

結　語

薩摩藩は一八一四年（文化十一・嘉慶十九）、唐物八種の販売御免年限が明けると、幕府に品目の追加、年限延長を求めるいっぽう、琉球に輸入唐物の一手買入れを打診するにいたった。これに対して、琉球は渡唐役者・船頭らの貿易利を奪い、進貢貿易を行き詰まらせることを理由に、一八一五年派遣の年頭使者湧川親方をしてこれを拒否せし

め、かわりに鬱金の専売制を受け容れた。進貢貿易を支障なく維持する道を選んだことがうかがえるが、いっぽう琉球唐物の一手買いの企図が実現することができなかった藩では、新たに護送船に貿易拡大の望みを繋ごうとしているふしがみえる。中国・朝鮮の漂着民送還のために仕立てられた護送船に、貿易を担当する才府役が一八一五年に、同じく官舎役が一八一七年に登場し、貿易体制が整えられている点は簡単に見逃せない。それはこの頃の島津重豪の動きに照準を合わせると一層気になるところである。重豪はこの頃の飢餓夥しい琉球の救助を前面にかかげて、幕府に長崎商法品の品替えを訴え、品目についてはすべて要求がかなえられたわけではなく、また三年という短期の年限つきではあったが、一八一七年には二〇七〇貫目までを上限とする商売高を認められるにいたっている。ここにおいて藩の長崎商法は一歩新たな段階に入ったといえよう。

対幕交渉において一定の成果を得ることに成功すると、藩は一八一八年（文政元・嘉慶二十三）「唐物方」を設置して本格的に唐物商法に取り組み、翌年にはついに琉球唐物に対する一手買いを挙行するにいたった。そして、長崎商法の年限満期を前に、一八二〇年二月には、幕府に新たに品増しを申請し、玳瑁・白手龍脳の販売を認めさせることに成功している。こうして年継ぎごとに品替え、品増しのかたちをとって長崎商法が拡大の方向へ向かうと、翌一八二一年には藩の買物に供される一番方銀の付託を止め、琉球がわの二番方渡唐銀、代物で調えてきた唐物を買い上げる方式に改めた。すなわち、中国商人（球商）・琉球渡唐役者らに依存することからくる琉球貿易本来のリスクを回避する道がとられたのであった。

しかし、長崎商法そのものは、いまひとつ出口のところで大きな問題を抱えていた。入札にあたる本方商人らの困窮から、唐物（薬種類）の払い立て代銀の回収はうまく進まなかったのである。そうした「出後れ銀」（遅滞銀）の発生に手を焼いた藩は、天草商人石本家の申し出もあって、その一手引請けを依頼するにいたった。同家は見返りに一八二四年（文政七・道光四）には、薩摩藩の「産物方御用聞」に任じられ、藩の産物では黒砂糖などを扱うことを許された。しかし、「出後れ銀」の引請けは石本家にとっても負担が重く、藩は事態の改善を長崎奉行にもとめ、奉行はこれを受けて、一八二四年には本方商人に会所へ入札代銀の二割に当たる正銀の先納をもってはじめて商品の入札ができる制度に改めた。これによって弱小商人は入札から排除され、代銀の回収も改善されはじめたものと思われる。このことを示すかのように、藩はさらに一八二五年幕府と品増しを交渉、商売限度枠を銀一七二〇貫目（金二万八六六〇両）とし、その内の七割にあたる一二〇〇貫目の二歩（二割）を長崎会所に納入すること、認可年限は五年間とすることなどを条件に、一六種の薬種の販売権を獲得することに成功するにいたったのであった。

五年間の年限付きではあったが、年継ぎが常態化している状況においては、藩が商法品の品増しを勝ち取った意味は大きかったといえる。このことが新たに長崎の中国官商たちに衝撃を与えた様子は、薩摩藩の長崎商法、琉球の貿易活動の活発化が唐商たちの貿易をいかに圧迫しているかを縷々述べた、王氏一二家総商王宇安・楊嗣亭などの嘆願にみることができた。こうした中国官商らの哀訴を振り切って品増しを勝ち取ることができたのには、また石本家の幕府・長崎奉行所関係役人への賄賂攻勢に負うところが大きかったのである。

ところで、長崎における御免商法品の一六種への拡大は、また琉球にも影響を与えずにはおかなかった。ほぼ時を同じくして、一八二七年（文政十・道光七）唐物方役人が琉球に派遣され、「唐物方御座」設置のもと、唐薬種類、輸出の対象となる海人草の一手買いが強力に押し進められることになった。

註

（1）黒田安雄「薩摩藩文化朋党事件とその歴史的背景」（『九州文化史研究所紀要』一九号、一九七四年）。

（2）「薩州唐物来由考」（『鹿児島県史料　旧記雑録拾遺　伊地知季安著作史料　第六』）三六号。
（3）『通航一覧続輯』巻之十、唐国総括部十、三三二頁。
（4）武野要子「薩摩藩の琉球貿易と貿易商人石本家の関係」（宮本又次編『九州経済史論集』二巻、一九五六年。のち秀村選三編『薩摩藩の基礎構造』〈お茶の水書房、一九七〇年〉に収録）。
（5）黒田安雄「薩摩藩の唐物商法と長崎会所」（『南島史学』第三三号、一九八九年）。
（6）安藤保a「近世後期石本家と薩摩藩の関係について」（『九州文化史研究所紀要』四五号、二〇〇一年）、b「石本家文書にみる薩摩藩関係史料―瀬戸山市兵衛―」（『玉里島津家史料十』月報一〇、鹿児島県歴史資料センター黎明館、二〇〇一年）、c「文政・天保期の薩摩藩と石本家（一）」（『史淵』一四〇輯、二〇〇三年）、d「天保二・三年期における歴史の裏表―石本平兵衛と薩摩藩―」（『玉里島津家史料補遺　南部弥八郎報告書　二』月報二、鹿児島県歴史資料センター黎明館、二〇〇三年）、e「石本平兵衛と御勘定所御用達」（『史淵』）一四二輯、二〇〇五年）。
（7）「薩州唐物来由考」36号。
（8）「琉球資料（下）・Ⅶ書簡・案文関係資料49琉球館文書案文」38号（『那覇市史　資料編』第1巻11）。なお、引用にあたっては適宜読点を増やした。
（9）文化十二年六月「口達」（『大和江遺状』三、一三番文書）。
（10）豊見山和行「琉球国の進貢貿易における護送船の意義について」（『第五届中琉歴史関係学術会議論文集』、一九九六年）。松浦章『清代中国琉球貿易史の研究』（榕樹書林、二〇〇三年）八二～九二頁。
（11）「琉球産業制度資料　後編第十巻　古老集記類の二」（『近世地方経済史料』第十巻、三六九頁）。
（12）『御国元使者孫左衛門殿御内用日記』（尚家文書〈那覇市市民文化部歴史資料室蔵〉三八三）。

(13)「薩州唐物来由考」36号。
(14)同右、40号。
(15)大熊良一『異国船琉球来航史の研究』(鹿島出版会、一九七一年)三六頁。
(16)『藩法集8　鹿児島藩　上』九二四号。
(17)「島津斉宣・斉興公史料」二七六　重豪公被仰出書(『鹿児島県史料』)。
(18)『球陽』附巻三(球陽研究会編、角川書店、一九七四年)、尚灝王一六年の条、一五一号。
(19)「秋姓家譜」五五九、七世柴富の条(『那覇市史　資料編』第1巻5)。
(20)『薩州御用向控』(石本家文書〈九州大学附属図書館付設記録資料館蔵〉五七一三)。
(21)「秋姓家譜」五五九、七世柴富の条(『那覇市史　資料編』第1巻5)。
(22)『那覇市史　資料編』第1巻5、第四二号、四五五頁。
(23)「薩州唐物来由考」41号。
(24)同右、42号。
(25)『御触書天保集成　下』百五、六五二一号。
(26)藩の文政元年の長崎商売品目の加増願いと、この触れとは何の関係もないであろうか。幕閣の間で触れの発布が前年ごろから検討されていたであろうから、重豪との関係で、藩がその情報を察知し、好機とみて嘆願書の上呈におよんだという筋書きも思い描けよう。
(27)「薩州唐物来由考」43号。
(28)『富山売薬業史料集』第二編(高岡高等商業学校編、一九三五年)第五四号。

(29)『従琉球一名問答　明治二巳年より同未春迄』、尚家文書三四八。
(30)中村質『近世長崎貿易史の研究』「第十一章　長崎会所の天保改革と財政」(吉川弘文館、一九八八年)。
(31)武野註(4)。
(32)「送状之事」、石本家文書四六二四。
(33)文政四年『書通扣』(石本家文書)、安藤註(6)a。
(34)安藤註(6)a。
(35)『文政六年十月より十二月迄　薩州表ニ而差出候書面之控』(石本家文書五七一〇)。
(36)詳しくは安藤註(6)aを参照されたい。
(37)『文政六年十月より十二月迄　薩州表ニ而差出候書面之控』。
(38)黒田註(5)。石本家文書一一二四―一八(熊本県立図書館蔵)。
(39)黒田註(5)。
(40)文政七年正月十一日付、石本勝之丞の東郷半助・田中新八・帖佐彦左衛門あて書状(『薩州御用向控』)、安藤註(6)a。
(41)『薩州御用向控』、安藤註(6)a。
(42)二月六日付市来〈鹿児島〉の長谷川市右衛門あて石本書状(『薩州御用向控』)。安藤註(6)a)。
(43)(44)『薩州御用向控』。
(45)『文政六年十月より十二月迄　薩州表ニ而差出候書面之控』。
(46)「六月十一日付、奥四郎殿長崎出立ニ付、唐物方御役所江差出候書面扣」(『薩州御用向控』)。

(47) 八月二十五日付、石本勝之丞より長崎聞役小森新蔵あて書状(『薩州御用向控』)。
(48)(49) 閏八月二十一日付、島原城下より東郷半助・田中新八郎・帖佐彦衛門あて勝之丞書状(『薩州御用向控』)。
(50)～(52) 『薩州御用向控』。
(53) 書状「付紙」でも次のように述べている(『薩州御用向控』)。

付紙

書面先納盆前江納方御国御名前を以相備候得者、表向都合も可然愚案仕置候処、此節二割先納被仰出も有之、且深く勘弁仕候得ハ、海上之憂も有之候故、此儀者数年御高案不相伺而ハ心決仕兼、先納相備候仕法之意味段々愚案仕、漸々安心之良事出来、何分書面難申上、全快次第御面語与奉残候事、

石本は、盆前に藩名をもって先納が調えば、海上輸送の憂いも少なくなるものと思っていたが、長崎奉行の二割先納制通達は「安心之良事出来」であった。
(54)(55) 『薩州御用向控』。
(56) 「琉球産物年限并品替御申立一件取斗候書類」(石本家文書)。同史料については黒田安雄「文化・文政期長崎商法拡張をめぐる薩摩藩の画策」(『史淵』一一四輯、九州大学文学部、一九七六年)参照。
(57) 黒田註(56)。
(58) 安藤註(6)c。
(59) 芳即正『調所広郷』(吉川弘文館、一九八七年)四四頁。
(60) 黒田註(56)。
(61)(62) 「文政八酉年　唐商とも差出候願書和解」(『通航一覧続輯』巻之二十、唐国総括部十三、三三三～三三四頁)。

(63)「旧記雑録追録」巻一五五、『鹿児島県史料』七、二〇七六号。

(64)(65)『唐物方日記　道光六年』(法政大学沖縄文化研究所蔵)

(66)『唐物方日記　道光七年』(法政大学沖縄文化研究所蔵)。

(67)『唐物方日記　道光六年』。

(68)『唐物方日記　道光七年』。

(69)『唐物方日記　道光六年』。

第五章　薩摩藩の初期天保改革と琉球

緒　言

藩の琉球産物の一六種への品増し一件では、大御隠居重豪の指示を受けて、堀殿衛が顕著の働きをみせたことはすでに指摘した通りであるが、ほかにいま一人この一件で存在感を増した人物がいる。すなわち、こののち藩の天保改革を主導することになる調所笑左衛門広郷である。幕府認可が下る前年の一八二四年（文政七・道光四）十一月一日、側用人格・両御隠居（重豪・斉宣）続料（隠居料）掛に任じられ、「御定式外の株々をもって」御続料を備えたことを理由に翌一八二五年八月、芭蕉布三反の賞賜を受けている。[1] 同年八月二十八日には側用人・側役勤となっているが、おそらくそれも御続料捻出の功をかわれてのことであろう。その後、一八二七年四月にも、太平布（宮古島上布）二疋を拝領している。理由は「去秋初て御商法相済候処、相応之御益有之候付」[2] となっている。調所は品増し後はじめてとなる一八二六年の長崎商法を成功に導いたことになる。

調所は、一八二八年（文政十一・道光八）になると、改革主任に任じられる。側用人高橋甚五兵衛が大坂商人平野甚右衛門と組んで一八二六年から二七年にかけて財政改革に乗り出したが失敗、職を解かれ、同じく側用人の調所が代わりに改革の采配を振ることになったのである。[3] 調所の主導する薩摩藩の天保改革の特質は「道之嶋」（奄美大島・喜界島・徳之島・沖之永良部島・与論島）ならびに琉球を巻き込んで展開されていった点にある。すなわち、砂糖をはじめとして、多くの南西の島々の特産品を専売化することによって改革は成功をみた例として、これまで注目を集めてきたところである。したがって改革の実像にせまるためには、南西の島々における政策の具現過程をこまかに検証することが重要であることはいうまでもない。ただ、これらの島々に関する史料はさほど豊富ではなく、研究の閉塞状況を容易に打開できないまま、今日にいたっているというのが現状である。しかし幸いにも最近、那覇市に移管された尚家文書の中に『大清道光九年　日本文政十二年　御国元御使者孫左衛門殿御内用日記　一冊』(4)、『大清道光十年庚寅　日本文政十三年　出物米を以砂糖御買入被仰付候付日記　評定所　一冊』(5)という貴重な関連史料を見出すことができたので、以下それらによって、初期改革政策(6)の新たな一面を明らかにしたい。

第一節　「江戸立」延期嘆願書の提出と砂糖作増し要求

1　文政末期の琉球国の状況

一八二九年（文政十二・道光九）九月半ば過ぎ、藩は四本孫左衛門と石原伝兵衛の両人に特別の使命を負わせて琉球に送り込んでいる。両人はおそらく十月の十日前後に那覇に到着したとみられ、十二日には、琉球三司官の与那原親方と盛嶋親方が挨拶に訪れているが、この時は使者の趣についてなにも聞かされなかったため、その足で琉球在番奉行のもとに赴き、次のようなことを述べている。(7)

今度御使者御渡海被成候儀、何様之御用与者不相知、□□（兎角カ）者砂糖作増之御用ニ而可有御座哉、心配仕居候、去年御奉行江茂委曲申上置候通、砂糖作増付而者疲□之百姓共別而痛ニ罷成申事□、押々難申付成［　　］御用捨願為申上事［　　］御許容無御座、御使者を以強而被仰付候ハヽ、当時柄百姓□行□□心痛仕居□□□当地一体之成行、百姓告難之所者御賢察可御座有候間、何与そ被添御心、万事程能御賢慮被成下度旨、（後略）

すなわち与那原らは、使者の用向きは、もしかすると昨年断った砂糖の作増しの一件ではないか、と疑って、在番奉行所に駆け込んだのである。ここに記されていることから、前年の一八二八年（文政十一・道光八）に砂糖の作増しが琉球に打診され、これに対して琉球は百姓の痛みになることを理由に断っていたことが判明する。これについて、『大和江御使者記　全』に関連すると思われる記事が存在する。すなわち、一八二九年の条に「御所帯方極々御難渋被為成　公辺御勤向茂難被為整候時節付、売砂糖御買入被仰付候処、不相調趣被聞届、金七千両御貸上被仰渡候付、当年より先三ヶ年府上納御願之御使者　翁氏安谷屋親方豊綱」とあって、安谷屋親方を使者として派遣し、金七〇〇〇両の貸上げを三年賦で行うことを条件に、藩の砂糖買入れを断っている。さらに同記録の翌年の条によれば、貸上げ高は半額の三五〇〇両に減じられ、安里親方が御礼言上に赴いており、代償なしではなかったが、この時は藩による砂糖の買入れは何とか回避できたのである。

奄美・喜界・徳之島三島への砂糖の惣買入れ制の実施がこの年、つまり一八二九年（文政十二・道光九）に実施されるが、琉球についても砂糖の作増しの一件であれば、即時に撤回をと考え、在番所の口添えを願い出た与那原らは、在番奉行の求めに応じて詳細な理由書を差し出している。それはこの段階における琉球の社会的・経済的状況を知るうえで有効だと思われるので、以下に内容を要約しておこう。次の如くである。(8)

①先年の作増しの頃までは一統の潤いもあったが、両度の江戸立ちに引き続いて、冠船渡来方のために、国力不相応の物入りで、その折々に国中の課役、ならびに砂糖の作増しなどを多年にわたって「押々申付置」いた。しかし、砂糖黍は上位の地を選んで差し付け、初め・中・後の手入れに人手がかかり、焼出しの時分は、田地の耕作

にも差し支えて諸郷は疲れ入り、村々の人居も減少する状態となった。作付けも行き届かなくなったため、やむなく黍作の敷地も縮小せざるをえなかった。

②右のように、百姓取救いのために砂糖の減少を申し付けたが、海国ゆえに風旱災殃をしのぐことができず、とりわけ去る酉年(一八二五・文政八・道光五)は無類の飢饉がうち続き、時々鹿児島琉球館内の才覚をもって救い方を行ってきたが、行き届かず、年貢も滞り、それゆえに蔵方の続料もままならない状況にある。

③御国元においても、続き方御難渋により、一一年以前の子年(一八一六・文化十三・嘉慶二十一)、川々御普請御手伝いにつき、金一万五〇〇〇両、去る酉年(一八二五・文政八・道光五)御手伝い金として五〇〇〇両を上納、そのほか重出米・重出銀などかれこれ取り合わせてこの一三、四か年中に過分の出金となり、小国不相応の上納分となったために蔵方必至と困窮し、諸郷へ年々相渡すべき砂糖、雑物代の渡し方も滞り、百姓はいよいよ難儀におよんでいる。

①では、冠船(冊封使船)渡来の入費を賄うために砂糖の作増しが行われたことが述べられている。この時の冠船渡来とは、一八〇〇年(寛政十二・嘉慶五)の尚温王の冊封使趙文楷(正使)・李鼎元(副使)一行の来航のことを指している。ここでの砂糖の作増しが農耕時間のうえで、また作付けのうえで百姓の農業経営を圧迫し、村の疲弊につながったという指摘は、農業のモノカルチュア化の要求にともなって進行する農村社会の矛盾を示すものとして注目しておきたい。

そうした矛盾は風旱という南島特有の自然災害と結びついた時にはげしく露呈されるのであるが、②で指摘されるように、一八二五年(文政八・道光五)前後、大きな飢饉にみまわれている。「白川氏家譜」によれば、宮古島では前年の一八二四年の秋より翌年春まで飢饉におそわれ、一六世恵福は飢民のために穀物の借上げに応じたかどで褒賞をうけている(9)。

いっぽう琉球王府の記録『球陽』は、尚灝王二十三年（一八二六）の条に霖雨暴風の記事を載せ(10)、また同年秋より翌年春まで飢饉で、飢民の救助に応じた四人の士の母たちを褒賞して、譜代籍にしたり、新たに家譜を与えたことを記している(11)。琉球がわの記録ではこの程度であるが、一八二七年（文政十・道光七）九月十九日付で島津斉興家臣小野仙兵衛の名で幕府に差し出された届け書にはもう少し詳細に述べられているから、左に掲げておこう(12)。

一　文政十年丁亥九月十九日御届

琉球国并支配嶋々去年六月中旬頃より霖雨打続候上、同七月十九日、同九月八日より翌九日迄両度之大風ニ而全躰相鋪居候諸作毛悉吹損、一統及飢饉候ニ付、琉球国囲米者勿論、薩州江収納之囲米迄も配当申付候得共、近年度々之凶災ニ而、支配之嶋々迄も一統難儀仕、下々ニ至候而者木之実類迄をも相食、老若身弱之者ハ追々餓死ニも可及哉と、薩州江救米之義飛船を以て中山王より申越候処、難海之義ニ而、破船ニ而も仕候哉、最初之壱艘今ニ着船不仕、其後追々飛船着岸仕、右之通左右相知申候ニ付、非常之災難故、琉球国者遠海、殊ニ難所も数多有之候ニ付、時節之外通船難計事ニ候得共、右之通危急之義ニ付、早速救米申渡、押而出帆為仕候処、風不順ニ而諸所江滞船、漸彼地江着岸仕候ニ付、其後之当難者相凌候得共、夫迄之内、男女弐千弐百六拾壱人、内男千弐百九拾五人・女九百六拾六人餓死仕候段、中山王より申越候間、則御用番様江御届ニ及候、以上、

九月十九日

松平豊後守内
小野仙兵衛

これによると、琉球本島をはじめ離島では、一八二六年（文政九・道光六）六月中旬頃より霖雨が打ち続いたうえ、七月十九日、それに九月八日から翌九日にかけての両度の台風によって諸作毛は悉く吹き損じられ、飢饉にみまわれ

た。このため、国用の囲米はもちろん、藩庫へ納める囲米をも救米に振り向けられたが、近年の度々の凶災もあって凌ぐことができなかったようである。下々の者にいたっては木の実の類で飢えを凌ぎ、老若身弱の者は餓死寸前であるとの中山王(琉球国王)よりの訴えを受け、藩では救米を送ったが、琉球よりの飛船の到着遅れや、救米を積んだ船の中途における滞船などで、男女二二六一人が餓死におよんだという。

与那原差出しの理由書の③では、そうした飢饉に対する対応ができない事情として、相次ぐ藩による負担転嫁を挙げている。その中の一一年前の子年(一八一六・文化十三・嘉慶二十一)の川々御普請のお手伝いというのは、美濃・伊勢・尾張の東海道の河川普請に際してのお手伝い金負担を指している。このとき藩は、高割り用金七万七六六四両を課せられていて、その一部の金一万五〇〇〇両が琉球に割り振られたことをいうのであろう。去る酉年(一八二五・文政八・道光五)の五〇〇〇両のお手伝いとは、詳細は不明であるが、『大和江御使者記　全』は、一八二四年、鹿児島派遣の使者として、御物奉行沢岻《たくし》親方の名を挙げ、その使者の趣きについて「御国元近年中御金納等之被為蒙　仰筈ニ而、御手当当申年より先三ヶ砂糖金銀之間上納可仕旨被仰渡候ニ付、金子を以て上納、員数御減少被仰付度御訴之御使者[13]」と説明している。また翌一八二五年には年頭の使者として派遣した大山親方の使者役目について、「当年より弐ヶ年ニ金五千両上納被仰付候、左候而弥御手伝被為蒙　仰候上者、亦々相応之出銀可仰付旨被仰渡候御礼[14]」とあって、願い通りお手伝いが金子五〇〇〇両の二ヶ年賦上納となったことが認められ、御礼言上となったことがわかる。

こうしたことによると、指摘される通り、重出銀《かさみしゅつぎん》・重出米も含めて、過分の負担がこれまでに琉球におよんでいたことは間違いなかろう。そこへもってきての四本孫左衛門・石原伝兵衛らの来島であったから、琉球が機先を制するかたちをとって島津がわの要求を封じこめようとしていたのは理解できることである。

2 「江戸立」延期嘆願書の確定過程

(1) 二つの案件をめぐる薩琉間の応酬

十月二十五日になると、「極秘之御内用」を理由にまず摂政の羽地王子のみが四本らの宿所に呼び出された。羽地が宿所を訪れると、「障子被相閉、床之前江差寄候様」にいわれ、用向きは王に直接対面のうえ申し上げる、その回答も文書で申し請けたい、と告げられた。そしてそれが済むと、今度は三司官の座喜味親方・与那原親方・盛嶋親方らが呼び出された。座喜味らがうかがうと、羽地王子の時と同様に障子戸を立てたうえで申し渡されたことは、やはり砂糖の「作広」めであった。すなわち、「砂糖之儀第一之御国益」につき、「琉球之儀茂少々作増、為繰登候様被仰付候、摂政・三司官ニ茂御趣意之程奉汲受、精々吟味仕、御請之程合何分可申上旨」[15]言い渡されたのである。予測が的中するかたちとなった三司官らは、この一件については「随分」吟味を遂げたうえで返事をしたい、とその場は引き下がり、ひとまずは国王にその主旨を言上するにおよんだ[16]。

この後、国王と四本・石原両人との会見の日は来たる二十九日と決められ、同日それは予定通り首里城内南風の御殿において、摂政羽地王子伺候のもとでとり行われた。「御使者御両人少上江御寄、上様御差寄、羽地王子茂差寄」というかたちで、声が外へ洩れるのが気遣われるなかで、四本の口から語られたのは以下のようなことであった[17]。

江戸立之儀、御国元ニ茂太粧成及　御入価候処、猶又
公辺より御金納被仰出候御模様有之、当御時節右様成儀共被為蒙仰而者、前後御差繰茂難被為整、極御難渋之御事故、右御金納被遊御遁候以　思召、来寅年被召列候様御伺済之上被仰渡置御事候、然処江戸立御入価茂当御時節整兼候□□年延之御伺被仰上候御内定ニ候処、其段江戸表江相響御疑有之、夫付而ハ琉球方差当り変事到来ニ

而、江戸立手当礑与及相違候訳合申□、年延之願立無之候而者、右之御疑相晴不申、江戸表御不都合可成立与御心配被思召候、右付我々渡海之上、直ニ　国王様得御対顔、琉球より年延之御訴訟被仰上候様御頼可申上旨蒙仰候間、とふそ其通御取計有御座度旨被仰上候事、

史料はところどころ虫損があって判読できない箇所があるが、要約すれば以下のようになる。①「江戸立」は御国元たる藩にとって大層の入費であるが、公辺(幕府)よりはなおまた金納を仰せつけられる模様であることを知った。藩では金繰りが苦しいこともあって、金納負担を免れるため、来る寅(一八三〇・天保元・道光十)に琉球の使者を召し連れることを伺い、すでに許可済みとなっている。②しかし、やはり参府入用が調いかねるため、幕府に年延べのお伺いをすることを内定した。ただ、そのことが江戸表に流れ、それは琉球に何か変事があって、江戸立ちの手当てにも異変が生じることになったと疑われることになる。琉球より年延べの願いがなければ、右の疑いが相晴れず、江戸表において不都合のことになる、と心配している。③右につき、四本らが渡海のうえ、直接国王に対顔のうえ、琉球より年延べの訴えを出すよう頼み申し上げることになった。

「江戸立」が幕府にとってその武威を国内に示すうえで大きな意味をもち、そのため薩摩藩には一定の参府費用の拝借を許してこれを維持してきた。また島津氏にとっては異国を従える大名として、その権威を誇示するうえで欠かすことのできない重要な儀礼であったから、その延期にはしかるべき理由をもって幕府を納得せしめる必要があった。しかもそれは幕府への金納負担を回避するための思惑が絡んでいたから、いかなる理由をつけてでも琉球がわの都合としなければならなかったのである。

十一月一日、四本らが、事は機密に属するとして、「口上之扣」を差し出さなかったため、再度三司官盛嶋親方が使者の趣きについて確認のため両人のもとを訪れた。話をいちおう確認したのち、まず「江戸立」延期の理由づけに

ついて、盛嶋がその場でとりあえず示したのは、参府費用調達のための運送船の遭難という筋書きであった。すなわち、参府費用を調達するために御糸船・古米船に砂糖そのほか諸反布などを積み入れたところ、難船し、越年となったために砂糖は位劣りとなり、重ねての積出しもできなくなった。諸反布も黒みを帯び、虫入りなどで、これまた調え替えもできない品が多い、とするものであった(19)。

これに対して、四本らよりは、こうした「謂筋」については「事書」を差し出すようにと指示しながらも、「疫癘」が流行って「江戸立」の人数のうち、多数が患って上国が叶いがたい、としたらどうかという提案が行われた(18)。しかし盛嶋は、那覇には御国元衆が多く存在しているため、虚偽であることが漏洩する危険性があるとしてこれを一蹴、さらに四本より、渡唐船が帰帆中に逆風に遭い、先島(宮古・八重山島)あたりに漂流したとする案が出されると、渡唐船は来夏渡来の予定であること、中途の洋上で小舟でこれを迎え、事情を説明するのに成功するとしても、風並みによってこれらの船が他領、もしくは御国元へ漂着すれば機密の漏洩はまぬかれない、としてまたもやこれを斥けている。

この一件については、引き続いて使者の四本・石原らと三司官の盛嶋との間に論議がくりひろげられた様子が、『御内用日記』の十一月一日の条に次のように記されている(20)。

一、右通江戸立年延謂筋ニ付而者、御使者衆ニ茂色々及御心配候様子相見得、猶又御存寄之趣者、古船一艘取仕立荷物積入、蔵役中乗ニ而、正、二月之頃、那覇致出帆、山原辺潮掛ニ而為致破船、積荷流失ニ而手当相違相成候筋取計候而者何様可有之哉之旨被仰候、伝兵衛殿より茂、此儀久馬殿御内沙汰之事ニ而、右通取計候ハヽ、都合茂宜有之旨、段々被仰聞□　□、吟味之上、何分可申上旨御返答□事、

これによると、四本らよりは協議のなかで、正、二月の頃那覇を出帆した蔵役中乗りの古船が山原(琉球本島北部)

あたりで寄港の折に破船し、積荷も流出ということにしたらどうか、という提案がなされ、石原よりもその案については、家老の川上久馬の御内沙汰に沿うもので、そのようにすれば都合もよかろう、と賛意が表されたが、この件を含めて、なお吟味のうえ琉球がわより返答することで、この日の協議は終わったのである。

いっぽう砂糖作増しの件についても、この日、琉球がわは調査が必要だとし、その役を物奉行[21]の喜舎場親方、御物城御鎖之側[22]の譜久《ふく》村《むら》親雲上《ぺーちん》(親雲上は上級士、黄冠)に申し付けたい旨相談をもちかけ、了承された[23](のち、両人に支障があって日帳主取の羽地里之子親雲上・小禄《おろく》親雲上が御用掛につくことになる)。

十一月一日の協議をうけて、十六日になると、四本より、二つの案件について、琉球がわでは治定・評決にいたったか否か、催促がなされたが[24]、十八日にはいまだそれができる状況にはない旨答え[25]、翌日になって、取り急ぎ摂政羽地らは四本らに対する回答の要旨について、国王尚育の判断をあおぐにいたっている。その内容は、①「江戸立」の手当てのための運送船が当夏、両度にわたって那覇を出帆したが、順風が相続かず乗り戻り、越年し、「至極差支」となった、②御糸船二艘・古米船一艘・運送船の四艘へ琉球館内蔵方届、「江戸立」用の砂糖・諸反布物なども積み込まれていたが、砂糖は難船のため長々と船中に積み置かれ、殊に越年となって古砂糖となり、諸反物類も「しミ入虫入」などのため、これまた調え替えねばならないものが多く、「手当相違」となった、③諸(暑カ)月九日の不時の大風によって砂糖黍・諸作物が吹き損じ、来春の頃には世上の取続きが難儀になることはもちろん、砂糖の出来高も格別相減ずることになろうと心配している、など、以上の三点であった[26]。

国王の裁可をとりつけた盛嶋らは、翌二十日には四本らにこれらの案を示したが、四本は「難船のためにしみ入り・虫入りになった反布類は、産地の先島・久米島へ船を派遣し、調え替えて積み越しにあたったが、洋中で大風に遭い、一艘は山原辺までやってきて水船となった。その他の諸品も調えるのに数ヶ月を要するため、これまた間に合わない」という、内容の追加を申し入れてきた。四本の言い分は「旁以手当及相違候訳筋ニ而無之者、年延之御願不相立、勿論物入沙汰ニ而者謂不相立」、つまりいずれにしても「江戸立」の手当てに狂いが生じたことにしなければ、年延べの理由とはならず、物入りだということだけではもちろんのことである、というものであった(27)。

二十九日になると、四本は盛嶋を宿所へ呼び出し、先に提案して斥けられた疫癘流行によって「江戸立」の正使を含めて多くの者がこれを患ったとする筋書きを再び書き込むよう求めてきた。これについては、盛嶋は、正使に差支えがあれば、添役が上国する決まりとなっているので、使者派遣延期を申し立てる理由にはならない、と反論、しかし、四本はそのことについては江戸表においては知られていないことだ、と述べ、その通りにするようにと執拗に食い下がってきた。盛嶋がこの件は摂政とも相談したいと一応返答したが、しかし、四本は「此段者差図之事候間、申談ニ不及、其通可取計旨(28)」強く主張する有様であった。つまり、四本はこの件は琉球がわが吟味のうえ、採否を決めるべきことではなく、藩の既定の方針であるとしたのである。それは、訴訟書の内容については、ある程度琉球がわの主張を汲み入れる柔軟な態度をみせつつも(29)、その思う方向へ琉球がわを追い込もうとするものであったといってよかろう。ただ、先にかかげた古船の破船という筋立てについては、破船場所などを乗り組みの者たちに徹底しなければならず、御内用がほかに漏洩する危険性があるという盛嶋の主張には四本も納得し、文案から削除されることとなった(30)。

この参府延期願いの一件は機密管理さえ強化すれば、ほかに漏洩することを防ぐ途があったものの、しかしもう一つの砂糖の作増しの件は、忌避出来ない問題であっただけに、王府の懊悩は深かった。盛嶋親方が十一月一日に二人のもとに伺った時、この一件についてのやり取りを『御内用日記』は次のように記している(31)。

(前略)且又連年御所帯御難渋成立、追々出銀米等被仰付候得共詮立候儀無之、和製砂糖精々作広被仰付、去年ニ者、琉球ニ茂作増方被仰渡候処、百姓労入候訳申立、直様御断申出候付、御□之趣□為有之事候、然共為□(過カ)去儀者無御構、此度者御用相調を第一ニ而我々渡海、摂政・三司官江茂直談被仰渡候、尤百姓禿候程ニ作増被仰渡儀ニ而ハ無之候間、其心得ニ而評議可有之、乍此上御趣意汲受無之候而者、違背之筋ニ而、屹与御取扱茂被召替筈候間、少々成共作増御請之方吟味無之候而ハ不相済儀ニ候、勿論於御国元、依時宜諸郷竿糺を茂被仰付御仕向御座候処、琉球者御取分茂候而不及其儀、若彼是之勘弁茂無之御断申立候而者、新開地御糺御竿入等可被仰付哉茂難計候、此段者仰渡ニ而無之、我々気寄之事ニ而為心得兼而被申達候由、段々被仰聞候付、両条之御内用随分吟味可仕旨申上候事、

ここで明らかになるように、四本らは、去年は琉球に作増しの拒否にあったが、このたびの渡海の目的の第一はその御用を調えるため摂政・三司官と直談することにある、作増しは百姓が潰れるほどの要求ではない、このうえ藩の趣意が汲み受けられなければ琉球に対する取扱いが厳しい方向に転換することになろう、と述べ、そして私見ではあるが、と断ったうえで、この一件を拒否すれば琉球の新開地に対する竿入れ(検地)が実施されるかも知れない、などと、恫喝の言辞をも弄していたことがわかる。

こうしたことをうけて、盛嶋をはじめとして琉球がわはこの時点で、今回は藩の要求から逃れることは容易でないことを認識したものと思われる。『御内用日記』の十一月二十九日の条には以下のように記されている。(32)

(前略)乍此上其汲受無之候而者、御趣意違背之筋ニ而屹御取扱も被召替筈候段、訳而被仰渡候付而者、御断申上候而茂御取揚無之、何様之御難題歟可致出来も難計事候間、一往少々作増申付御請仕、以後時節見合御断申上候方可然与評決仕、(後略)

これをみると、先の四本らの恫喝に動揺した琉球王府は、今後ふりかかってくる難題を恐れ、藩の要求を受け容れ

る方針を固めたことがわかる。ただし、それはすべて藩の言うがままではなく、「少々作増」すこと、そして時節を見合わせて撤回してもらうことを予定してのものであったことは注目されてよい。琉球がわではこうした思惑を残しつつ、とりあえず砂糖作増しの一件も、十二月五日、在番奉行の問いに答えて、那覇里主玉城親方より受け容れる旨の返事を行った。また、四本らに対しては、三司官の座喜味親方・与那原親方らより、「地面狭、殊ニ当時柄百姓及難儀居候へとも、御趣意奉汲受、来寅年より少々作増候様申付候」[33]と、早速来年より少し作増しを申し付けたい、と回答におよんだ。これで四本らの要求する二つの案件について基本的に受け容れることとなり、摂政・羽地王子ほか三司官らは、このことを尚育王にも言上におよんだ[34]。

⑵機密文書の成立

十二月八日になると、かねて四本・石原らに差し出していた嘆願書の案文に対して、加筆すべき部分が案文に巻き込むようにして返ってきた。ちなみに藩あてに幕府への参府延期の取次ぎを願う文書の案文は、十二月十二日の日付が付された次のようなものであった[35]。

口上覚

前中山王隠居当王相続願之通被　仰出、来寅年以使者江戸江御礼可申上旨被　仰渡、正使豊見城王子・副使沢岻親方江被仰付候付、①如先規旅粧調達之為、蔵役・書役当夏上国申付候処、当年之儀、登順風相少ク、度々出帆仕候得共、別而不順成年柄ニ而、且風不相続及難船乗戻、大和船茂返上物積船・古米船・新米船等都□(而カ)乗帰、都合六艘及越年、返上物②□(積カ)船并蔵役乗船江者、献上之唐布・琉布其外諸品、且行列ニ相掛候備具等積入有之、及越年候而者、旁不都合故押而出帆申付、順風見合候処、長々之船中、③殊ニ難船懸波等ニ而しミ入虫入、且器具類疵物相成申候、両先嶋・久米嶋出産之端布者早速飛舟差遣調替申渡、精々来年早仕出を以差登候手当仕、昼夜相働積越申候処、逢大風一艘者慶良間嶋沖ニ而乗沈、人命荷物者相失、一艘者読谷山沖迄乗来候処、干瀬江走揚水船相成、人者相助り候得共、荷物流失又者濡廃り、④重而調替之儀、荒端之嶋々冬海路今更往返茂難叶、唐布者勿論間ニ合不申、殊ニ江戸立付而ハ太分成及入価、両三年前方より諸事手当仕、前年館内江繰登、諸都合不仕候而者、江戸立難叶儀ニ御座候処、⑤失却料見当積入、砂糖之儀者右船々越年故旁繰合相調不申、不一方災殃ニ而手当相違仕、誠ニ当惑仕、いつれニ茂明年使者参府仕候儀相調不申、中山王を始、私共必至与十方ニ暮居申候、依之使者参府之儀被召延候様被仰付被下度奉願候

公辺江御伺済之上被　仰付置候年柄、右様申上候儀、恐懼至極奉存候得共、非常之災殃差当不及是非奉訴事御座候、此等之趣可然様御取成可被下儀頼存候、以上、

丑十二月十二日

盛嶋親方
与那原親方
座喜味親方
羽地王子

北條織部殿

すなわち、要点を整理すれば以下のようになる。①先規のように、旅粧(江戸立ち費用)調達のために蔵役・書役などに鹿児島への上国を申し付けたが、当年は順風がなく、大和船・返上物積船・古米船など都合六艘も乗り帰り、越年となった。②返上物積船、ならびに蔵役の乗り船へは献上用の唐布・琉布、そのほかの諸品、また行列に要する備具などを積み入れてあったため、押して出帆を申しつけたが、長々と船中に積み込むことになってしまった。③特に難船、かけ波などのため、反布類はしみ入り・虫入りとなり、かつ器具の類は疵物となった。両先島(宮古島・八重山

島）・久米島出産の反布は早速飛船を差し遣わして調え替えを申し渡し、精々来年早々に差し発せるよう手当てをして積み越せるようにしたところ、大風に遭い、一艘は慶良間島沖にて沈み、人命・荷物とも失ってしまった。一艘は読谷山《よみたんざん》（沖縄本島中部）沖まで乗り切ったが座礁した。人命は助かったが、荷物は流失してしまった。④反布の産地である両先島や久米島は、荒波の島々で、冬の海路を今さら往返もかない難く、唐布はもちろん間に合わない。殊に江戸立ちについては、入費が大分におよぶゆえ、両三年前より諸事の手当てをし、前年には館内へ繰り登せて都合をつけなければ実現し難い。⑤失費に当てるための砂糖も右船々の越年のため、繰り合わせが調わず、ひとかたならざる災殃で、手当ての目論見が狂ってしまった。

　内容そのものは、これまで四本らとのやり取りのなかで出てきたことをより具体的に展開したかたちをとっていたが、しかし、四本らはこれに新たな文言を「砂糖之儀者右船々越年故旁繰合相調不申」⑤との文言の上に、直接続くように挿入するよう指示してきたのである。文言の内容とは次のようなものであった[36]。

　其上疫疾流行仕、江戸立申付置候者之内、段々相煩追々死失多有之、代役申付候而茂、衣服其外唐江注文品而已ニ而、手当相調不申、正使儀茂罹同疫、極難症ニ而、是迄段々尽医術候得共、得快気候儀、別而無覚束体ニ成立、一同之疫疾無余儀仕合、不一方災殃故、諸手当相違仕、誠以当惑仕、いつれニ茂明年使者、

　この疫疾流行の一件については、一度提案して琉球がわによって斥けられたものであったが、これを先の文書へ挿入することが、あらためて要求されたのである。ただし、琉球の在番奉行に提示するのは先の内容のもので、この加筆した文書は直接飛船でもって、藩に届ける方針であることを盛嶋は打ち明けられた。すなわち、二様の文書を作成してきた盛嶋に対し、四本と石原は、十二月九日付の書で「書付二通り被遣致一覧候、引札之所被成御除、疫疾等之書付者飛舟より被差上、右相除候一通者品々在番奉行所内見可然、左候へ者、少々書付之趣及相違候得共、我々承届

置候付、何そ御念遣ニ不及候」(37)と述べている。在番奉行の内見に供されたものと、飛船で藩に届けられたものと文言が相違しても、四本らが承知していることであるから、問題はないというのであった。

四本らは、藩の出先である在番方の役人にも、事の真相が洩れることを極力阻止しようとした。虚偽の内容が膨めば膨らむほどそれが漏洩した時の危険もまた増す。この一件はそれだけ慎重に運ばねばならないことであった。もちろん琉球がわは、右の文言を挿入することには最後まで異を唱えた。「尤此段者差図之事候間、役々吟味ニ不及、屹与書入候様、押々被仰聞候、段々不実成謂筋ニ而、折角御断申上候得共、御聞済無之、訴訟書地案ニ右之意味御添消有之、不及是非其通書入候事」(38)と、それがあまりにも不実な言い分であると主張したにもかかわらず、文言の挿入を強制され、やむえずそれを受け容れざるをえなかったことに不満を述べている。

加筆文書はやがて清書に回され、鹿児島琉球館(39)の在番伊是名親方と聞役川上直之進あて若干の事情について触れた書状とともに、久高島船頭の操る飛船をもって送り届けられることになった。

琉球館在番・聞役あての書状には、難船によって積荷を失ったこと、その他の事情により来年の参府は不可能になったことにつき、飛船が届き次第嘆願書を北條織部殿(藩主取次役カ)の御内見に入れ、家老の川上久馬の内見が済み次第表向きへ差し出すように、嘆願への返事が出次第それを久高島の船頭たちに託してもらいたい、などと認められていた。(40)こうして嘆願書ならびに諸書き付けが竹筒に入れられ、十二月十五日、念のためにと三艘仕立てられた飛船の船頭たちに手渡され、「早々致出帆候様申渡」されたのである。(41)

さて、それではさも実《まこと》しやかな理由付けで仕立てられた嘆願書に対して、幕府はどのような結論を下したのであろうか。『御内用日記』によれば、一八三〇年(天保元・道光十)七月十日、延期願いが認められたことを伝える琉球館在番安里親方・伊是名親方、聞役川上直之進連署の書状と、幕府との交渉結果を知らせる藩家老川上久馬の書状が飛船の久高島船頭西銘らによってもたらされ、それらはただちに琉球国王の上覧に供せられたことになっている。[42]川上の文書は具体的な日付を欠き、ただ「六月」と記すのみであるが、琉球館在番・聞役らの書状が「六月二十一日」となっていることからすると[43]、少なくとも同日か、あるいは前日ぐらいにそれを受け取ったものとみて間違いはなかろう。嘆願書が鹿児島に届いたのは、一八三〇年正月後半のことであったが、では、それが幕府に差し出されたのはいつ頃のことであろうか。

『通航一覧　続輯』の引く「片山氏筆記」には「天保元年四月廿八日松平豊後守より琉球使来聘貢物洋中漂没に依而、寅年延引来々辰年来聘之御届書御用番松平周防守江差出す[44]」とある。すなわち、一八三〇年（天保元・道光十）四月二十八日に薩摩藩主島津斉興は、御用番老中松平康任に琉球よりの参府延期願いを差し出したことになる。当の松平康任は、一八二九（文政十二・道光九）八月二十八日に「来秋琉球人参府御用取扱[45]」を命じられていた人物である。それまで同人のもとで、琉球使節を受け容れる体制が着々と進められていた。『通航一覧　続輯』引載の「天保年録」には、康任が大目付石谷備後守（清澄）と織田信濃守（信節）に対し、また若年寄増山正寧が御目付金森甚四郎と戸塚豊後守に対して、それぞれ「当冬琉球人参府ニ付御用取扱可申候」と、琉球人参府御用取扱いを命じている。その日付が「四月六日」となっていることからすれば[46]、少なくともこの時まで幕府には嘆願書は届いていなかったことになる。藩よりのその上呈はこれより後のことになるが、『通航一覧　続輯』も次のように記す[47]。

文政十二己丑年八月廿二日、来秋琉球人参府により、老中松平周防守康任に御用扱ふへき旨命せられ、翌天保元庚寅年四月六日大目付御目付にも同くこれを命せらる、しかるに今年かの国の使者洋中に於て貢物を漂没せしにより、来る辰年来貢すへきむね此月廿八日松平島津中将斉興より届あり、同二辛卯年七月二日来年参府により金一万両拝借を命せらる、この記事によると、やはり藩による嘆願文書の提出は四月二十八日のこととなる。幕府内部ではそれについて、どのような議論がなされたか明らかではないが、これ以上の記述がないところをみると、嘆願書はさしたる問題もなく幕府の受け容れるところとなったのであろう。翌年の参府に合わせて、一八三二年(天保三・道光十二)に金一万両の拝借金を引き出すことに成功していることからも、(48)そのようにみてよい。なお、琉球使節参府に際しての藩に対する拝借金・拝借米の貸与は一七九四年(寛政六・乾隆五十九)より慣例化しているが、(49)この時の拝借金については、「天保年録」に「来年琉球人召連参府之処、彼地凶年并領分損耗多候ニ付、格別之思召を以」(50)と、その理由が述べられている。藩によって取り次がれた琉球の「江戸立」延期に関する嘆願書は、幕府の目を欺くことに見事に成功したのである。

第二節　薩摩藩による琉球砂糖の買入れ

1　琉球砂糖買入れ要求と間切の動向

江戸立ち延期嘆願書の一件は、右のように成功をみせるのであるが、では砂糖の作増し一件はその後どのように展開していったのであろうか。四本らは、嘆願書の一件に目処がつくと、今度は砂糖の作増しの一件について攻勢をかけるようになる。十二月十八日付の譜久村親方・喜舎場親方あて書状で、(51)「砂糖作増之儀、先達而御受被申、地面等之こしらへ中候哉、大躰之程合者可相分事候、其後右之模様不承候、当時之成行可承候、此段申越候」(52)と述べている。すなわち、先に作増しの件は請け合うということであったが、地拵えは進んでいるのであろうか、おおよその模様を知りたいと、申し入れてきたのである。

四本らに促されて、琉球がわは十二月二十二日には、座喜味親方・与那原親方ら三司官を含めて、王政を吟味するいわゆる表十五人衆が摂政羽地王子宅に参集し、この一件の吟味にとりかかり、作増し高を一五万斤内外ということで、四本らと交渉することに評決した。譜久村らがその結果を伝えると、四本らもとりたてて異議を唱えることなくこれを受け容れた(53)。四本らの了解を得ると、三司官らは、十二月二十三日付をもって御物奉行に砂糖の作増しを受け容れた事情を説明し、田地奉行にも各間切役々へその旨を通達するよう下命するにいたった(54)。

こうして作増しの件は下へおろされ、すんなり執行されるかにみえた。しかし、事はそう簡単にはいかなかった。間切農政を所管する田地方からこれに異議が唱えられた。田地方は、それぞれ国頭・中頭・島尻の三域を所管する奉行より構成され、所帯方物奉行に属して農政をあずかっていた部署である。その田地方が、十二月二十八日付をもって次のような「覚」をあげてきた(55)。

覚

砂糖作増方段々被仰渡□承知仕、三手役々召列、各構間切々々江差越、御国許より被仰渡候　御趣意、役々末々迄具為奉承知候、左候而村々人居并地面之様子等致見分、作増方申付候処、疲百姓共当分之砂糖高さへ過分之引負ニ而、諸作式差□□納物相滞難儀仕事候処、此上作増被仰付候ハヽ、何共難相立段、色々歎訴申出候、然共適訳而被仰渡候事〔　〕々申付、〔　〕三年〔　〕作〔　〕漸々□（二カ）三万斤作□御座候、今四五万斤茂相重、作増候様精々吟味仕候得共、全体地面狭、殊近年災変等ニ而極々疲入、年貢を茂相滞難儀仕候儀者、実ニ前文申出候通之成行候得者、此上押々申付候而茂、決而相調不申吟味ニ而御座候、引帳相添、此段申上候、以上、

十二月廿八日　田地方

すなわち、田地方三手方では、役々を召し連れて各構いの間切々々の役人をはじめ、末々百姓まで御国許よりの御

趣意を汲み取り、作増しを受け容れるよう説得にあたった。しかし、疲弊した百姓共よりは、当分の砂糖高さえ過分に未納し、諸作式(職)にも支障をきたして年貢を滞り、難儀している、これ以上の作増しを申し付けられては立ち行かなくなる、との哀訴がなされてくる有様であった。そうした状況に鑑みて、田地方ではこのうえ押々に申し付けても事はうまくはいくまい、と上申したのである。

その後、この田地方の「覚」をめぐって表十五人衆の間で議論が交わされたと思われるが、詳細は明らかではない。ただ、年が明けて一八三〇年(天保元・道光十)正月には、田地奉行より諸間切役々の砂糖の作増し高とその買上げ価格に関する吟味の結果が申告されているから、琉球がわの議論は藩の要求を受け容れる方向へ傾いていったものとみられる(56)。ただ当の田地方は作増し高の減額と、砂糖一〇〇斤当たりの代米換算高を五斗とするよう、砂糖焼出しに要する雑費など記した文書を添えて訴え出ている(57)。これは奄美三島の砂糖代米高の四斗(58)より一斗多い高である。間切の疲弊に向き合ってきた田地方では、百姓たちの嘆訴をうけて、その声を代弁せざるをえなかったのであろう。

摂政・三司官らもこの訴えを無視することができず、検討を重ね、その「内吟味」の趣旨を四本と石原らに示した。その内容は、①一五万斤内外の砂糖の作増しは百姓に申し付ける、②代価については、諸間切よりの申し出もあるので、一〇〇斤につき米五斗替えとし、年々の藩あての出物米と引き合わせとする、③砂糖は、砂糖座において鹿児島船頭が請け取り、大和において御物(藩庫)へ納入する、④「右運賃者新米[　　]奉存候事」、などというものであった(59)。このうちの①については、すでにみたように、摂政・三司官らが一五万斤内外の線を打ち出していたから、いまさらこの線を後退させることは客観的にみて困難な状況と判断し、そのままの路線を貫徹するつもりであったとみられる。②は諸間切の深刻な状況を受け止めて、田地方の申し出を汲み上げたのである。③は買入れ砂糖の運送・納入は出物年貢と同様、すべて薩摩御用船に委ねようというのである。④の件については、虫損がひどいため正確なことはいえないが、判読可能な文言からするかぎり、運賃は新米をもって支払うとするものではないかと思われる。

　この琉球がわの「内吟味」の内容書を、四本らはとくと検討のうえ返事をしたいと受け取ったが、その後、四本らが問題にしたのは、やはり出物米と砂糖の換算高であった。すなわち、①および③④については取りたてて異を挟んでいるふしはみえないが、②については、一八三〇年（天保元・道光十）正月二十九日に喜舎場親方・譜久村親雲上・小禄親方の三人を宿所に呼び、「砂糖代米之儀、五斗ニ而者高直ニ□(茂カ)相見得候間、今一往致吟味候様」(60)にと、一〇〇斤＝五斗案が高換算率であるとして、その再考を促してきた。

　琉球がわではこれをうけて検討を重ねたようであるが、最終的には四斗案を受け容れることを余儀なくされている。『御内用日記』に「四斗ニ相下げ可然哉、其分ニ［　　］諸間切何そ迷惑不相成段、田地方申出候趣も有之候間、其通致御相談度、御物奉行・申口申出候付、致相談、四斗ニ相下ケ、喜舎場親方を以て為致御内談候処…」(61)と、四斗に引き下げても諸間切の迷惑にならない旨田地方より申し出があったことが触れられているところからみると、田地方は説得をうけ、奄美三島なみの低い代米高を受け容れざるをえなかったものと思われる。

　かくして、摂政・三司官らは、諸間切へこの年砂糖一五万斤内外の作増しを申し付け、以後の作増しについてはあらためて検討する旨の請書と、琉球が疲弊などのため、砂糖の作増しが十分できない旨の理由を記した書付を差し出し、(62)これらを受け取った四本は、病臥の石原伝兵衛を残して、五月十六日には乗船、琉球をあとにしている。(63)

2　出物年貢による砂糖買付け

　四本らより突きつけられた案件に一応の決着をつけ、琉球王府にも久しぶりに平穏がもどった。が、しかし、それも束の間のことで、四本らの交渉案件が決着をみるの待っていたかのように、今度は一八三〇年（天保元・道光十）九月になって、鹿児島琉球館あてに家老川上久馬の名で別に二つの要求がなされてきた。一つは新たな琉球砂糖の買入れであり、いまひとつは渡唐船の造り広めによる昆布貿易の拡大である。鹿児島琉球在番の伊是名親方は、内容が内容だっただけに取り急ぎ帰国、十月五日には文書を国王尚育の上覧にそなえ、琉球ではまたこれらの案件の検討が始まった。後者については節を改めて論じることにして、前者の砂糖の買入れをめぐる藩との交渉経過とその結末からみていこう。まず、藩家老川上久馬によって琉球館聞役・在番あてに示された文書は以下のごときものであった。(64)

琉球館聞役
在番親方江

右者、此節①三都就御改革、当年より砂糖御買入被仰付候処、右斤高連年相円候処不容易、右付而者、大坂表御銀主中江御異約之筋ニも相成、永続御融通之道茂不相立候付、以来左之通被仰付候、

一、②琉球砂糖正弐百五拾万斤御買入付而者、過分ニ斤高不容易事候付、琉球年貢出物米之内、何そ之返代等ニ差引、現米年々石数不同ハ有之候得共、凡壱ヶ年弐千七八百石程茂可有之、右見賦を以、来卯年より一往於琉球砂糖御買入被仰付候、右付而者③、現米引替御買入相当候得共、米売（殻）実熟之依程合者、船々出帆時節可取後茂難計候付、砂糖之儀者前広掛役々より致取納置、代料割渡方付而者、琉米壱石八拾目之価を以、正砂糖百斤三拾目直成取究、前文年貢米不及上納、都而置居（ママ）、直成替を以作人共江者琉役々計を以可致配当候、依年柄者砂糖位相劣候砌者、掛役々手厚遂吟味、相当之直劣を以御買入可取計候、尤御用分不致都合内者、脇商売屹与差留候、

一、④出物新米積船之儀者、夫々支配方申付置候船数相究居候付、琉球方渡方三部運賃之儀者、自ら有来通可相渡、左候而、前文御買入砂糖積船手当付而者、右新米積石之場江砂糖振替積入、差登候様被仰付候、

右之通被仰付候条、三司官江茂申越候様可申渡候、

九月　　　　久馬

すなわち、その内容とするところは以下のようである。①この節三都改革により当一八三〇年（天保元・道光十）より砂糖総買入れ制を申し付けたが、連年大坂表の銀主共との約束高を買い入れることは容易ではなく、違約の筋となり、金融の途も立たない状況にある。②そこで琉球砂糖二五〇万斤を買い入れたいが、過分の斤高で容易ではない。やむをえないので二千七、八百石の琉球年貢の出物米をもって砂糖に換えたい（換糖上納）。③米穀の実りの時期は、船の出帆の時期とずれることもあるので、砂糖は前もって収納し、代料はあとで琉球米一石につき八〇目、砂糖一〇〇斤につき三〇目の代価で決済したい。ただし、年によって砂糖の出来具合が悪い時は相当の低価格で購入する。御用分が都合がつかないうちは脇商売をきびしく差し止める。④出物新米船は船数が決まっているので、琉球方渡し方の三部運賃(65)はこれまで通りとし、買入れ砂糖を振り替えて積み入れ、差し登せるようにしてもらいたい。

よく知られるように、薩摩藩では大御隠居重豪主導のもと、一八二八年（文政十一・道光八）に改革主任に迎えられた調所笑左衛門広郷が、五〇〇万両にもおよんだ江戸・京都・大坂三都との借債の償還法の確立と、新たな銀主の編成に取り組む。それがここでいう三都改革である。調所の尽力の甲斐あって、この年の十一月には浜村孫兵衛のほか、大坂の商人平野屋五兵衛・平野屋彦兵衛・炭屋彦五郎・岩屋安兵衛・近江屋半左衛門らを新銀主に編成することに成功する(66)。

これら大坂商人らの銀主引受けが、砂糖販売権の保証を前提とするものであったことは、すでに原口虎雄氏が『幕末の薩摩』(67)で、また芳即正氏が『調所広郷』(68)で明らかにしている通りであるが、琉球砂糖の買入れ制については、そうした新銀主との交渉のなかで新たに浮上してきたものと思われる。すなわち、砂糖が取扱いを保証した高に達せ

ず、違約を責められ、銀融通の途が閉ざされる恐れがでたために、琉球砂糖の買入れに思いいたった。当初、奄美三島同様に総買入れを目論んだが、資金的に琉球産糖二五〇万斤の買入れまではできず、とりあえず琉球年貢出物米をもって琉球産糖の確保をはかるほかはなかった。右の史料からは、そのような経緯が読める。[69]

ちなみに、ここで買入れにあたって琉球米一石を八〇目としているのは、一八三〇年(天保元・道光十)の頃、肥後米七〇・七匁、加賀米七九・三匁、筑前米七二・〇匁とするといささか高い。[70]いっぽう砂糖の一〇〇斤当たりの価格は、同じ年の大坂で七〇匁を超しているから、[71]その半額以下の代価見積りである。つまり、出物代銀を過分に膨らまし、砂糖代銀は極端に低くして砂糖をより多く確保しようとしていたことが明らかである。この価格設定でいくと、いちおう七四万六〇〇〇斤余(2,800石×80匁＝銀224貫目、224貫目÷0.3匁＝746,666斤)で、琉球砂糖高の三分の一程度の買入れが可能となる。

この一件については、藩士田尻善左衛門が「取扱方掛」に任じられ、「琉球在番奉行附役兼務」として、同人を中心に一八三一年(天保二・道光十一)から着手されることとなった。[72]田尻へは、家老川上久馬よりやはり九月付をもって、①当分琉球詰めとなっている横目平田直次郎と相談のうえ、砂糖の買入れから船による積出し、樽数、斤目に関する送り状の送付、そのほか砂糖に関わることは「綿密行届」くようにし、また諸事について在番奉行と申し談ずること、②琉球の三司官をはじめ、役人のうち人柄を吟味のうえ、掛役人数を決め、早々に飛船をもって申し越すこと、③買入れ砂糖はすべて三島砂糖惣買入れ役々の取扱いとし、買入れの始末、または船々積入れの送り状も右役々へ送り、双方引き合わせとすること、④買入れにかかる費用はもちろん、「砂糖会所」の取立てや、出入勘定のための下働き召使い入用についても申し出ること、などが申し渡されている。[73]

3　藩による「砂糖会所」人事の管理と砂糖の流通統制

琉球においては、こうした田尻への申し渡しの線に沿って、出物米による砂糖の買入れ制が実施されていくことになった。十月十七日、この一件について種々の用向きに関して那覇・首里の役々との交渉にあたる掛役として、御物城御鎖之側譜久村親雲上と那覇里主城間親方が在番所によって任じられ(74)、琉球がわではやはり在番所の指示にしたがって砂糖買入れにあたる掛役々の人選をすすめていった。そして十月十九日には、摂政・三司官らが国王尚育に伺いをたて、翌二十日に人数・名前を在番所に届け出るにいたったのである(75)。

琉球がわの掛役々の人事が固まると、十一月十三日には那覇西村の我那覇《がなは》親雲上宅へ「砂糖会所」が置かれ、「会所番」および蔵々「見締番」など一一人の者が任命され、これらは附役田尻善左衛門・横目平田直次郎の指揮下に入ることになった(76)。

この間の十一月二日、摂政羽地王子・三司官宜野湾親方らは在番奉行所において、鹿児島から新たに出張ってきた唐物方の高田尚五郎・松崎平左衛門らの面前で、例の渡唐船の造り広めと、昆布貿易の推進について指示されたが、そののち、在番奉行町田平より、買入れ砂糖一ヶ年分ずつ全備のあとの余分(余計糖)については「諸人交易心次第」とすることを申し伝えられている(77)。つまり、これまで通り琉球砂糖蔵に対して掛物を納め、砂糖樽を受け取って自由に貿易を行うことを基本的に認めるかたちとなったのである。このことが、いよいよ買入れ実施の段階にいたって申し伝えられたのは、当然のことながら琉球がわの反発を回避する意図からであろう。奄美三島においてもこの原則は貫かれたが、ただ奄美三島においては、代物給付制、羽書《はがき》制(代物と引き換えずに残った砂糖に対して羽書を振り出し、売買貸借に流通させた)による余計糖収奪がシステム化されていることからすると(78)、以後の琉球の余計糖収奪の動きについても注視する必要がある。

余計糖については従来通りと保証された摂政・三司官らは、「前文御買入砂糖取扱位合等微細吟味を詰、万端都合能被取計候様被仰渡趣承知仕、国王江茂申聞候、右付而者、仰渡之趣奉汲得、御用高全相調候様精々尽吟味、向々江茂厳密申渡候」という請書の案文を作成し、十一月十五日、国王への上覧を済ませたのち、十二月二十三日に在番所にこれを届けた(79)。「会所」の「見締番」については、十一月に入って一名の者が断ってきたため、同月二十七日、一人増して二人の者をこれに任じ、さらに十二月十七日に新たに六人の増員をへて決着をみた人事であった(80)。

ここにいたるまでは、藩と王府との間にさして事態が紛糾している様子はなく、事は順調に進んだかにみえるが、しかし必ずしもそうとばかりもいえない。『砂糖御買入被仰付候付日記』の一八三一年（天保二・道光十一）二月一日の条に次のような記事がみえる(81)。

一、今日、御在番所江宜野湾親方御用之段、兼而御物城付而御問合有之候付、参上仕候処、横目平田直次郎殿、重附役田尻善左衛門殿江茂被致出席、砂糖御買入付、御用取扱掛并取納方勤人数之儀、先達而琉球方より人柄見合被申付、御在番所江者御届迄申上置候得共、御在番奉行より被仰付候筋相心得候様御演達、左之通両通之御書付被相渡、引次猶又右人数之内転役、又者御断等申出候節者、御在番奉行被聞召届候上被差免、左候而跡代役之儀茂、人柄取しらへ申出候ハヽ、御在番奉行より被仰付候条、以来首尾方無間違様可相心得旨御演達、左之通御書付被相渡候事、

すなわち、二月一日、兼ねてより御物城（御鎖之側か）を通して要請があって、宜野湾親方が在番所へ参上したところ、横目平田直次郎・重附役田尻善左衛門より、砂糖買入れ方についての「御用取扱掛」ならびに「取納方勤人数」は先だって琉球より人柄を見合わせて在番所に届けてきたが、本来それらの者の転役、または勤方お断りに際しての任免権は在番所にある、以後はその首尾方を間違わないよう心得よ、と申し渡されたのである。

こうした申し達しを受けたのち、同じ席で「御書付」を示されたことがわかるが、右の記述に続けて掲げられているそれは、在番奉行名で十月および十一月に出された「御用取扱掛」（四人）、「砂糖収納検者」（二人）、「砂糖収納加勢筆者」（五人）に対する辞令書となっている。[82] すなわち、それをみるかぎり、在番所がわでは、琉球王府と並行して別の線で人事をすすめ、確定していたことになるのである。在番所としては、王府がわに人選をさせ、これを在番所が任命するという手続きを考えていたのであるが、王府が最終的に任命まで進めていく様をみて、独自の人事を対抗的に確定せしめた、こう解釈することができよう。こうした人事の取計らい方については「久馬殿より北條織部御取次を以被仰渡候付」[83]と、対琉球交渉を取り仕切る藩家老川上久馬の示達にもとづくものであると、宜野湾が在番所より申し伝えられた旨を記していることから知られる通り、砂糖会所による買入れ制は、藩による直接的な人事管理のもとで遂行されることになったといいうる（琉球がわが行った「会所」人事が、その後どのような決着をみたのかは明らかではない）。

それだけではない。すでに三島については知られているように、砂糖抜荷取締令の布達を通じて砂糖の流通統制が徹底されていくこととなった。二月二十四日になって、御物城御鎖之側と那覇里主は在番所から呼び出され、附役の黒田猪兵衛より、「此節到来」したといって、前年十二月に出された抜砂糖取締りに関する文書を手交された。この文書の要旨については「大島代官記」[84]で理解できるが、全文についてはよく知られていないので、左に掲げておきたい。[85]

抜砂糖取締之儀者、先年以来追々申渡、殊更惣御買入之御趣法被召建候付而者、分而厳密申渡之趣有之候得共、兎角利欲迷ひ候哉、不正之手筋不相止、別而不届之至候、依之向後抜砂糖取企候本人者不依誰人死罪、本人任申同意之もの者、依軽重□キ遠嶋へ可被仰付旨、屹御規定被相居（ママ）候条、若此後犯御法候者、御用捨被仰付間敷候

付、御仕置之期ニ至り後悔有之間敷候、人命ニ茂相掛不容易事候得者、自然末々ニ至り汲受薄く御製（ママ）度を破り候而者、乍罪人不便之至候付、前広御製（ママ）法之次第茂申聞置事候間、此旨奉承知、弥以御法令相守、聊取違無之様、頭人主人等より稠敷可被申付候、

右之通与中支配中、其外可承向々江不洩様可至通達候、

但、琉球嶋々江茂可被申渡旨、御勝手方江相達、諸郷江者、地頭・領主・大番頭より可被申渡候、

十二月　久馬

但馬

丹波

信濃

右之通被仰渡候間、不洩様申渡、其届可被申越候、以上、

寅

十二月廿三日　北條織部

琉球在番

町田平殿

いまさら指摘するまでもないが、この法令で定められていることは、砂糖惣買入れの御趣法が召し定められたことにつき、以後抜砂糖を取り企てた者は「死罪」、それに同意したものは罪の軽重に随って遠島に処するというものである。ただここで気づくことは、この法令は末尾に「諸郷江者、地頭・領主・大番頭より可被申渡候」となっていて、領内全体を対象として出されたものであることである。抜砂糖は、領内全体の流通ルートを監視しなければ不可

能であるから、当然であったといえるが、そういう点では、砂糖惣買入制は、薩摩本領の百姓をも南西諸島の百姓と同様、強力な流通統制の枠のなかに押し込むことになっていったということになろう。

この法令にしたがって、琉球砂糖の抜荷の取締りは徹底されることになった。一八三一年（天保二・道光十一）三月八日付をもって、有川藤左衛門・三原藤五郎より「琉球表之儀、間ニ者壺詰砂糖繰登候茂有之由候付、右類入付之砂糖仮令小壺少斤数たり共、惣而津口通手形付を以て可差登」[86]との布達がなされている。すなわち樽ではなく、小壺に入れたいわゆる小口の「壺詰砂糖」に対しても、津口通手形付による繰登せの徹底がはかられたのである。琉球においても、三島同様に藩による砂糖の強力な流通統制と収取システムが作動しはじめたことを知りうる。

結　語

五〇〇万両という莫大な三都の借債高をかかえていた薩摩藩では、一八二八年（文政十一・道光八）、調所笑左衛門を改革主任に任じ、借銀消却のための三都改革に着手する。まず同年十一月には大御隠居重豪の指示をうけて奄美三島への砂糖総買入れの方針を固め、間もなくその販売権を保証することを通じて、出雲屋（浜村）孫兵衛ほか五人の大坂商人をひとまず新銀主団として編成することに成功するにいたった。いっぽう琉球に対しては、一八三〇年（天保元・道光十）に挙行予定の琉球使節（謝恩使）の延期願いを提出させて当面の出費を回避すると同時に、砂糖の作増しを命じた。ただ、琉球使節の参府についてはすでに幕府でもその受容れ体制が整いつつあり、延期となれば、幕府の様々な疑惑を招くことになるものと藩は懸念した。もともと一八三〇年の使節派遣計画は幕府への金納負担を回避するためにたてられたものであり、藩としてはこの一件であれこれと幕府の穿鑿をうけることは避けたかったのである。

史料中には具体的にあらわれないが、琉球人参府の延期問題で藩がまず第一に恐れたのは将軍の岳父たる重豪の官位昇進への影響であろう。島津家の官位昇進がこれまで慣例的に琉球人の参府実現の功を前提として行われてきたからである。そしていまひとつ藩が恐れたのは長崎商法の停止であろう。幕府関係役人に対する工作によってようやく獲得した利得の道は閉ざされ、これまでの努力が水泡に帰すことは必定であった。懸念の核心がこうした点にあったかどうかは別にしても、藩にとって、琉球「押さえの役」の力量を問われることは避けねばならないことであった。

二つの案件を首尾よく成就するために、一八二九年(文政十二・道光九)四本孫兵衛らが琉球に特派された。嘆願書の一件については、薩琉双方の間で慎重に吟味され、琉球の飢餓状況に加えて貢物の漂失という虚偽の事情をつよく前面に出すことで決着、それは見事に幕府を欺くのに成功する。『通航一覧 続輯』にも、使節参府の延期の理由として貢物の漂失、凶作という琉球の国内事情が掲げられ、今日まで我々はそれを何の疑問をもたず受け容れてきた。しかし、そうした嘆願書の提出にあたっては、裏に薩摩藩による綿密な琉球工作が存在していたのであり、藩の自律的な天保改革の一面が明らかになることを指摘しておきたい。

嘆願書の一件も文言の吟味で薩琉双方の間で揉めたが、砂糖の作増しの一件は、直接琉球の利害に関わることだけに、なお簡単には決着がつかなかった。琉球がわは農村の疲弊を理由に、代米換算高の引上げにこだわったが、しかし、四本らの様々な恫喝の前に、一五万斤の作り増しと、砂糖一〇〇斤当たり米四斗とする低換算率の受容れを余儀なくされた。

藩の琉球産糖の確保政策はこれで終わったのではなかった。その後一八三〇年(天保元・道光十)の奄美三島への総買入制の実施とともに、同様に琉球砂糖の確保が画策された。ただ、藩には二五〇万斤におよぶ琉球砂糖を買い付ける財源はなく、やむをえず新銀主との約束を果たすべく打ち出したのが、二千七、八百石内外の出物年貢による砂糖の買入れであった。それは具体的には田尻善左衛門を「取扱方掛」とし、「砂糖会所」を設置して、米一石八〇目、砂糖一〇〇斤当たり三〇目という法外の換算率のもとで進められていくことになり、琉球産糖すべての買入れとなることからは免れたものの、三分の一程度が低価格で藩に供せねばならなくなった。そればかりではない、一八三一年二月には、前年の十二月に藩領内に布達された砂糖抜荷死罪法令が触れられ、琉球砂糖は買入れ糖以外の「壺入」となって流れる小口の「余計糖」にいたるまで、手形付けの徹底がはかられるというように、きびしい流通統制下に置かれることになっていったのである。

これらの改革政策の具現化の過程は、予測されることではあったが、藩の強制力をともなった。藩は「江戸立」延期嘆願書には案文作成の段階から細部にわたって容喙し、砂糖の作増し要求については、開発地への検地、琉球政策の転換をちらつかせるなど、恫喝の態度でせまっていた。また、砂糖の出物年貢による買入れ制の件では、「会所」の人事権を藩の出先である在番所が掌握することによってその実をあげようとしていたことはすでにみた通りである。薩摩藩の場合、藩権力の絶対主義化は南島政策に顕著に現れていたといってよかろう。

しかし、ここで無視できないのは、藩との交渉過程でみられる琉球がわの動きである。「江戸立ち」延期嘆願書の文案の作成過程では、藩の提案に反駁をこころみ、砂糖の作増しの件では間切農民の声を背景に異議を唱え、砂糖と米の換算高を一〇〇斤あたり五斗の比較的高い換算率をかかげて国益を守ろうとし、砂糖の買入れ制の件では独自の「会所」人事をもって事に当たろうとしている。こうした琉球の自律的な動きは、これまで公式文書からはあまり摑めなかったことである。このため、やや煩雑になることを承知のうえで、あえて本章では二つの琉球がわの記録に即して、日付を追いながら、改革政策をめぐる薩琉間の交渉過程を明らかにした。

註

（1）芳即正『調所広郷』（吉川弘文館、一九八七年）五三頁。
（2）海老原雍齋「薩藩天保度以後改革顚末書」（『近世社会経済叢書』第四巻）。
（3）詳細は芳註（1）書、五六～六三頁。
（4）尚家文書（那覇市市民文化部歴史資料室蔵）三八三。以下『御内用日記』と略記する。
（5）尚家文書三八九。
（6）薩摩藩の天保改革に関するまとまった研究としては、一九六六年刊の原口虎雄氏の名著『幕末の薩摩』（中公新書）があるが、その後の研究の到達点は芳即正註（1）書に示されているといってよかろう。研究論文等については同書巻末の「参考文献」を参照されたい。
（7）『御内用日記』文政十二年十月十二日条。
（8）『御内用日記』文政十二年十月十四日条。
（9）『那覇市史　資料編』第1巻5、一六世恵福の条、四九七頁。
（10）『球陽』（球陽研究会編、角川書店、一九七四年）巻二〇、一六四一号。
（11）『球陽』巻二〇、一六五七号。
（12）『文政雑記』第一冊、二一～二三頁、内閣文庫所蔵史籍叢刊。
（13）（14）『大和江御使者記　全』（沖縄県公文書館史料編集室撮影本）。
（15）（16）『御内用日記』文政十二年十月二十五日条。

(17)『御内用日記』文政十二年十月二十九日条。
(18) 進貢貿易で仕入れてきた藩注文の生糸を運ぶ船。
(19)(20)『御内用日記』文政十二年十一月一日条。
(21) 王府の勘定方を扱う奉行。「物奉行所」は「所帯方」「給地方」「用意方」の三局より構成される。
(22) 海外貿易品を収蔵した御物城をあずかる長官であるが、近世は那覇・久米村の行政、外交のことにも関わっていた。
(23)『御内用日記』文政十二年十一月一日条。
(24)『御内用日記』文政十二年十一月十六日条。
(25)『御内用日記』文政十二年十一月十八日条。
(26)『御内用日記』文政十二年十一月十九日条。
(27)『御内用日記』文政十二年十一月二十日条。
(28)〜(30)『御内用日記』文政十二年十一月二十九日条。
(31)『御内用日記』文政十二年十一月一日条。
(32)『御内用日記』文政十二年十一月二十九日条。
(33)(34)『御内用日記』文政十二年十二月五日条。
(35)(36)『御内用日記』文政十二年十二月八日条。
(37)『御内用日記』文政十二年十二月九日条。
(38)『御内用日記』文政十二年十二月十一日条。
(39) 一六〇九年の薩摩藩の支配後、鹿児島に置かれた琉球屋敷「仮屋」は、大名の江戸の藩邸と各地に置かれた蔵屋敷のような機能を合わせもっていた。琉球よりは在番が、薩摩藩よりは琉球仮屋守が詰めたが、仮屋は一七八四年琉球館と改称、仮屋守も「聞役」と改められた。

(40) 文政十二年十二月十二日付川上直之進・伊是名親方あて羽地ほか連署状（『御内用日記』文政十二年十二月八日条）。

(41)『御内用日記』文政十二年十二月十五日条。

(42)(43)『御内用日記』天保元年七月十日条。

(44)〜(48)『通航一覧続輯』巻之一、琉球国部一。

(49) 宮城栄昌『琉球使者の江戸上り』（第一書房、一九八二年）一九八頁。

(50)『通航一覧 続輯』巻之一、琉球国部一。

(51) 四本孫左衛門による誤記で、譜久村親雲上であろう。

(52)『御内用日記』文政十二年十二月十八日条。

(53)『御内用日記』文政十二年十二月二十二日条。

(54)『御内用日記』文政十二年十二月二十三日条。

(55)『御内用日記』文政十二年十二月二十八日条。

(56)(57) 寅正月、田地方「覚」（『御内用日記』天保元年正月七日条）。

(58)『島中申渡』（鹿児島県立図書館蔵）。

(59) 寅正月、田地方「覚」（『御内用日記』天保元年正月七日条）。

(60)『御内用日記』天保元年正月二十九日条。

(61)『御内用日記』天保元年二月八日条。

(62)『御内用日記』天保元年四月二十日条。
(63)『御内用日記』天保元年五月十六日条。
(64)『大清道光十年庚寅　日本文政十三年　出物米を以砂糖御買入被仰付候付日記　評定所　一冊』、尚家文書三八九（以下『砂糖御買入被仰付候付日記』と略記する）。
(65)那覇・鹿児島間の「大和船」の船運賃「三部八運賃」（米一石当たりの運賃三部八合であったことからそのようにいう）のうち、船頭へ渡される分。
(66)芳註(1)書、六七頁、七二頁。『御改革取扱向御届手控』。
(67)原口註(6)書、一二〇～一二二頁。
(68)芳註(1)書、九九頁。
(69)先の四本に託した砂糖の作増しが十分できない旨述べた理由書で、摂政・三司官らは現在の琉球が鹿児島琉球館に送っている砂糖高は、藩に対する重出米分の二四万斤のほか古米船運賃支払い方、そして諸士に認められている諸士免砂糖の申し請け分を合わせて二四〇万斤としている（『御内用日記』天保元年閏四月二十日）。それにこのたび請合いの作り増し分の一四、五万斤とを合わせると、琉球の砂糖生産高は二五〇万斤を超すことになる。
(70)小野武雄編『江戸物価事典』「米相場表」（展望社、一九九二年）。
(71)『御改革取扱向御届手控』。
(72)～(74)『砂糖御買入被仰付候付日記』。
(75)『砂糖御買入被仰付候付日記』十月十九日条。
(76)『砂糖御買入被仰付候付日記』十一月十三日付小禄親雲上・瀬名覇親雲上より御物城御鎖之側あて文書、十一月付那覇里主・御物城御鎖之側あて田尻善左衛門・平田直次郎通達文書。
(77)『砂糖御買入被仰付候付日記』十一月二日条。
(78)原口註(6)書、一一九～一二八頁。芳註(1)書、九九～一一九頁。
(79)(80)『砂糖御買入被仰付候付日記』。
(81)～(83)『砂糖御買入被仰付候付日記』天保二年二月一日条。
(84)文政十三年庚寅条(『道之島代官記集成』、福岡大学研究所、一九六九年)。
(85)『砂糖御買入被仰付候付日記』天保二年二月二十四日条。
(86)『砂糖御買入被仰付候付日記』天保二年四月三日条。

第六章　薩摩藩の渡唐船の拡幅ならびに昆布貿易の拡大要求と琉球

緒　言

すでに述べたように、一八三〇年（天保元・道光十）九月十日、鹿児島琉球館在番伊是名親方は、藩家老川上久馬より、砂糖の買入れとともに渡唐船を造り広め、昆布貿易の推進について申し入れられた。聞役川上直之進も同席する場で、川上久馬より示された内容は、具体的には「渡唐船はいまのようでは調えることができた本手品をも積み渡すことができない状況であり、そのため毎度注文品も揃い兼ね、買欠けとなっている。この際五、六尺ほど船幅を広げ、深さも右に応じて深くして程良く造り替え、来る秋の渡唐に間に合うようにしてもらいたい」（「渡唐船之儀、当分通ニ而者、唐物御本手品御備之分茂難被差渡、夫故毎度唐御注文品揃兼及買欠候付、此節五六尺之間相広、深サ者右江応シ恰好宜方造替、来秋渡唐間ニ逢候様被仰付候条」[1]）、ということであった。これよりすると、琉球がわより船間の都合を理由に、藩の長崎商法品の調達にあてられるべき本手品の積渡しが十分ではなく、そのため、注文品の確保にも支障をきたし、藩にとって不満となっていたことがわかる。

そうした状況を打開すべく、藩が打ち出したのが、渡唐船の船間拡張による昆布貿易拡大政策だったのである。このことを具体的に押し進めるために、川上は来春琉球詰めで渡海する予定であった御裁許掛見習松崎平左衛門に唐物掛書役原田尚助を付し、この年の秋に急遽琉球入りさせることにしている。(2) ここでは松崎ならびに琉球詰唐物方目付高田尚五郎と琉球がわとの交渉過程を通して、薩摩藩の初期天保改革の一環としての薩摩藩の渡唐船拡幅による昆布貿易拡大構想がいかなるものであったかを明らかにする。なお薩摩藩・琉球王府双方の応酬を、煩を厭わずやや詳細に追うことにしたのは、川上久馬案そのものが全くこれまで知られていないこと、そして琉球がわが独自の論理で藩の要求に対抗しようとする動きがきわめて興味深く思われたからである。

第一節　渡唐船の拡幅案

御裁許掛見習松崎平左衛門が琉球に派遣されたのは一八三〇年(天保元・道光十)の秋ことであった、もともと松崎は来春琉球詰めで渡海する予定であったが、特命を帯びて、唐物掛書役原田尚助、それに田尻善左衛門をともなっての急遽の琉球入りとなったのである。松崎平左衛門は十月二十九日に琉球に到着、十一月二日には在番奉行町田平立ち会いのもと、家老川上久馬の書付を摂政羽地王子・三司官宜野湾親方に手交している。これより先の十月十六日付で、鹿児島琉球館在番の安里親方と聞役の川上直之進は、宜野湾ら三司官に家老川上の諭達の内容を知らせているが、その御用状の内容と、松崎のもたらした文書から、具体的には船幅を五、六尺を拡張すれば、昆布を一〇万斤ほど「積重」むことができるので、護送船同様五万斤は唐物方の差荷として、あとの五万斤は琉球蔵方用として積み渡らせる考えであったことがわかる。(3)

これからすると、護送船の本手用積荷は薩琉間で半分ずつとすることで折り合っていたことになる。ちなみに、「東姓家譜」一一世の安仁屋《あにや》里之子親雲上(東順法)の条によれば、安仁屋は護送船脇筆者と唐物方御用係を兼務して一八三一年（天保二・道光十一）、護送船で渡唐、この時、本手昆布を差荷として売り捌き、「相応の御益」をあげた功により、翌一八三二年に藩より晒布二疋を賞賜されている(4)。この護送船派遣にあたって唐物方差荷の五万斤、琉球蔵方用五万斤の昆布が積み込まれていたものとみられる。藩は思惑通り昆布荷を積み込んで護送船を送り込むことに成功すると、こうした臨時の派遣船で採られた昆布の差荷を通常の渡唐船にまで拡大し、それを常態化しようとはかったのである。一八三一年、船幅造り広め分の昆布積荷の半分を琉球分とすることについて、藩がわは「左候ハ、、船作替等之補ニ茂可相成(5)」、「於唐国売払、右代銀渡唐役者共為替を以帰帆之上、唐物御代払用ニ可被相備(6)」などと、琉球がわの有利性を強調して、説得にかかっている。すなわち、琉球は認められた五万斤の昆布荷で船造り費用を捻出でき、かつ渡唐役者の唐物購入の本手をも確保できる、と経済的メリットを説くのであるが、裏を返せば藩がわの収益はそれ以上のものが見込まれていたということになろう。

琉球王府は川上久馬の論達書を受け取ると、久米村、御船手奉行にその検討を下命、これを請け、十一月九日には外交業務を担う久米村の長官である総役、重職の長史《ちゃぐし》らは論議の結果を上申しているが、その要点となるところを示すと次のようになる(7)。

（前略）進貢事寄商売仕候筋を以御免許無御座、諸事厳重御取扱ニ而古来最通来、最早唐国定規ニ相成申候、然処船程相広候歟、又者船形迚茂格別相替作立候而者、唐向都合不仕、屹度御僉議相及可申、琉球進貢之勤者次ニいたし商売専ニ仕候段、時々官人衆より被申掛儀共有之事候付、屹与其疑相晴候様いつれ茂心掛罷在事候処、古来差定候貢船幅広作事仕候而者、売物多積渡候為、態々作広候筋ニ被相察、弥商売専入精候段被取受候儀案中御座候（後略）

すなわち、久米村の総役・長史らは、「本来進貢は貿易のために認められたものではない。にもかかわらず、船幅を広め、船形を変えては唐への釈明ができず、きっと詮議が及ぶことになろう。琉球は進貢の勤めは二の次にして商売を専らにしていると、時々唐の官人らよりの指摘があって、その疑いを晴らすことに務めてきたが、古来より定められた貢船の船幅を作事してはいよいよ商売のためと受け止められることは間違いない」と、貢船の造り広めについて、反対を表明している(8)。

いっぽう御船手では、船幅を拡張しても中国との往還に支障がないかどうか検討を促された接貢船作事・大唐船作事、船頭らが、その見解を上申している。それでは「船幅を拡張しても、船方の者四、五人を増せば海上の航行に問題はないものの、唐湊は河口より船着き場まで距離が長く、洪水ごとに川の流れが変化する。川筋は狭くて潮の引きが強く、所々浅くなっているため、福州あたりの商船は近頃はむしろ小振りに作りたてていると聞いている」、などとしたうえ、「御船五六尺程幅広作事被仰付候ハヽ、右式狭キ川筋ニ而船乗方差支候儀者勿論、兎角船程ニ応シ檣長茂相延、其分者潮入茂深ク相成申積ニ而、決而出入相調不申儀与奉存候(9)」と、特に船幅を増した場合、河口での操船が容易でないことを指摘している。

こうした久米村や御船手の具申もあって、御物奉行・申口方よりも藩の申し出を断るべきだとする意見が出され、三司官らは「御断之書付」に「久米村人吟味書写」「船方吟味書」を添えて、まず在番奉行と高田尚五郎の内見にいれた。その後、両人よりあらためて表向きの文書として差し出すよう促され、三通の書面は十一月十一日国王の上覧に供され、翌十二日、高田尚五郎・松崎平左衛門に正式に差し出されるにいたった。「御断之書付」は、久米村ならびに船手方から出された吟味書の内容を骨子としつつ、船幅を拡張すれば湊の出入りに差し支えるだけでなく、唐の制度にも触れることになり、貢期の延期につながる事態になるかもしれない、「右通貢期被相延候儀茂候而者、往々御国御奉公向ニ茂差支、旁難渋奉存儀御座候付(10)」と、この一件は藩に対する奉公が維持できるか否かにまでかかる問題であることを強調して、再考を願う内容となっている。

この「御断之書付」に接すると、気色ばんだ高田は改めて要求を受け容れるよう書付を示すにいたった（「渡唐船作広不相調趣断申出候儀、不都合相見得候由、段々事々敷御演達、左之御書付被相渡候事」）。それは次のような内容のものであった。(11)

①渡唐船の胴幅を五、六尺拡げても船形が格別に変わることがあろうか。大船のことゆえ、少々の広狭が目立つわけはない。たとえ中国がわより詮議をうけることがあっても船大工の間違いと言い逃れればよい（「一、渡唐船胴幅五六尺相広候迚、船形格別可相替哉、大船之事故、少々之広狭者目立候訳有之間鋪、縦令僉議有之候共、船大工間違ニ申済メ可然事」）。

②これまで進貢船・接貢船ともに昆布そのほか過分の品を持ち渡り商売してきた。このうえ昆布を一〇万斤ほど積み重んだからといって格別差し支えることはあるまい（「一、是迄進貢接貢船共、昆布其外過分之品持渡商売いたし来候付而者、此上昆布拾万斤程積重候迚格別差支之廉有之間鋪事」）。

③渡唐船の乗組員は中国より一〇〇人に限られているが、造り広めによって操船が不自由であれば、渡唐役者の「内証」その他の人数を省いてその分船方の者を増やし、中国着船後、水手の内から役者を弁達すればよい（「一、渡唐船乗組百人ニ相限り居、造広ニ付船働不自由ニ候ハヽ、役者之内証其外人数相省、夫丈船方之者相重、於唐者水手之内より弁達いたし可然事」）。

④福州川筋二〇里余の内には浅瀬もあり、船幅を広くすると出入りも不自由とのことであるが、万一本船が航行なり難き場所に立ちいたった時は、小舟を雇い入れ、積荷を運送する方法もある（「一、福州川筋二十里余之内浅ミ茂有之、船程太ク相成候ハヽ、出入不自由之趣ニ者候得共、万一本船通融難成場ニ至候ハヽ、小舟雇入運送之筋茂可有

之」)。

松崎・高田にすれば、琉球の指摘する問題点などは簡単に克服できるものばかりであった。だがしかし、琉球がわにすれば、積荷の河口運送をうまく乗り切ることができ、渡唐員数を水手の数で調整できたとしても、琉球が進貢を建前としながら現実は貿易利の追求に走っているという印象を清国に与えるのは避けねばならないことであった。事実それから一〇年後の一八四〇年(天保十一・道光二〇)には、清朝に貢期を四年一貢に改めようとする動きが起こり、狼狽した琉球がわでは二年一貢の継続を嘆願してようやく許されるという事態に遭遇する(12)。中国がわの空気を知る琉球としては、事は慎重であらねばならなかったのである。

十一月十三日、王府より再度の吟味を申し渡された久米村の総役・長史らは二十二日、①唐においては公船を作事する場合は構いの官人を置き、厳重な取締りがある。特に琉球の貢船は規模を中国より定められているので、詮議となった場合、大工の間違いという言い逃れはできない。②福州湊へ出入りする船々は官人たちによる厳格な改め方があるため、小船を勝手に雇い入れ、荷物を運送することは不可能である。③占城《チャンパ》・爪哇《ジャワ》の両国は商売を専らに心がけたかどで進貢を差し止められたという記録があり、琉球国でも先年貢期を延ばされた経緯がある。船幅の拡張は売物を多く積むためと、きっと詮議を蒙ることとなる、などと、中国側との関係悪化を示唆して、要求はやはり受け容れ難い旨具申するに及んでいる(13)。

いっぽう船手方は、主として前回同様、福州湊の地形上の問題に触れつつ、いかに操船が容易でないかを強調して、再度反対の立場を表明している(14)。

第二節　藩による新案の提示

久米村と船手方の再吟味の結果については、摂政羽地王子・三司官宜野湾親方らの手で、十一月二十四日に松崎・高田のもとに届けられた。琉球がわに藩の要求を受け容れる意志がないことを知ると、高田らは、翌二十五日に宜野湾親方を呼び出し、新たな提案を行うにいたった。高田が示した書付には次のようにある。(15)

(前略)渡唐船造広之儀被仰渡候処、段々故障被申出、基年々唐物御注文通買渡、且代銭速々御払済相成候様との御趣意ニ候処、御本手用被差下候品々茂不捌ニ有之候故、前文船造之儀御請成兼候ハヽ、毎年渡唐船壱艘ニ昆布五万斤宛、護送船之振合を以差荷被相渡、右代銭唐物代御払用ニ可被相備、無左候ハヽ、年々唐物代御払凡之銭高、琉球蔵方より御貸上可有之候、何れ両様之間、是非御請有之候様被仰付越候事、

すなわち、藩の要求に応じられないならば、毎年渡唐船一艘に昆布五万斤ずつ、護送船同様に差荷のかたちで積み渡るか、さもなくば年々のおおよその唐物代を琉球より貸上げるか、両案のうちいずれかを受け容れるよう求めてきたのである。藩としては何とか琉球を通じて唐物代を捻出し、唐物商法を軌道に乗せたいという強い意図をもっていたことを知りうる。

新たに示された要求は、王府の財政にも関わるため、御物奉行・申口方の間で検討がなされ、その結果、両条の要求事項のうち一条は御請けするしかない旨が上申されるにいたった。しかし、王府要路の間では「先以両条共御断之方可然与申談」、三司官宜野湾親方を通じて要求は、まずは二つとも受け容れられない旨の書付を高田尚五郎・松崎平左衛門に手交した。(16) 琉球がわの薩摩藩に対する意外にも強気の姿勢に注目したいが、書付手交の場が緊張したもの

となったことは、高田・松崎が書付の受取りを拒否、これに対して宜野湾が再考を求めてその受取りを願うというやり取り(「右書付茂被突帰候付押返、再三難申上候得共、精々吟味之上持下居候間、とふぞ御取置、今一度御両所御吟味被下度旨申上、書付差上罷帰申候」[17])にうかがうことができる。

高田・松崎に差し出された書付の内容を見てみると、昆布五万斤の差荷を拒む理由としては、諸士に対する経済的圧迫が挙げられている。琉球では、諸士が扶持米の給付にあずかる役職につくには長い年季を要し、たとえ定役でも扶持米にありつけるのは五、六年に過ぎず、とても家産など調えることはできない。ひとえに渡唐役者を目指し、諸役場に奉公の末、四〇、五〇歳余になって漸く渡唐役者に進み、家産を立てることも可能になる。それゆえ、このたびの差荷の計画は諸士にとって憂慮すべきことであり、わずかばかりの船間がこれ以上少なくなっては、船工の者も渡唐の勤めを厭うようになる(「此節渡唐船江差荷御企之儀者琉球諸士一統之憂患相掛候故、押々申付茂難仕」、「船間茂僅計之割合ニ而、此上船間少ク相成候ハ、渡唐之勤相厭、船工之差支可相成与、是又心配仕儀ニ御座候」[18])と進貢体制そのものが維持できなくなる危険性を指摘している。藩御用唐物の調達にあてられる本手品を積み渡ることは藩に船間を奪われることを意味し、「旅役」という独特の知行制によって王府官僚制度を維持する琉球がわにとって、けっして歓迎すべきことではなかった。

いっぽう、唐物調達代銀の貸上げを拒む理由しては、①百姓が疲弊して年貢を滞り、日常の暮らしさえ事欠く状況であること、②国王をはじめその筋においては諸事緊縮につとめ、諸士については役料の引き方をも申し渡していること、③御国許に対する手伝金上納や飢饉に際しての救米積下りなどで、琉球館の時借銀が増大していること、④そうしたところへ江戸立ちもせまっていること、などが挙げられている[19]。

ここで述べられている琉球国の疲弊も、全く虚偽というわけではなかった。すでに前章でみたように、文化度以来琉球は飢餓状況が続いており、そうしたなかで前年（一八三〇・天保元・道光十）には藩より七〇〇〇両の借上げが求められたものの、琉球の疲弊が汲み取られて半方の三五〇〇両に減額された経緯があった。(20)

しかし、こうした琉球の釈明に高田・松崎らが納得するはずがない。両人は先達て仰せ渡しの唐船の造り広め一件も断り、このうえ両条について難渋の旨を申し立てるにおいては「別而不都合可及候」と恫喝の言辞を弄し、そしてこれらの案件が国許において吟味のうえ押して仰せ付られた事情についてはすでに述べた通りで、右の趣意を汲み受け、是非とも一ヶ条は御請けするように、と強請してきた。摂政・三司官らはやむえずその場を引き取って、これらの案件についていわゆる表一五人衆をはじめ、両主取、掛役々の面々に吟味を促し、その結果をもってあらためて高田・高崎と対峙することになった。(21)

第三節　藩提示案をめぐる交渉過程

『従御国元渡唐船作広昆布差荷之件』に記載される、表十五人衆・両主取・掛役々らによる十二月付けの具申書はやや長く、しかも虫損が甚だしい。が、しかし、きわめて興味深い指摘が随所にみられるので、煩を厭わず引用して以下検討しておこう。(22)

一、拾五人・両主取・其外掛中申出、左之通

一、①差荷之儀一度茂相始り候ハヽ、永続最通御断者相成間敷、然者唐繰合当分者景気能有之候得共、繰合方之儀、依時節段々致変易事ニ而、昆布代等茂乾隆之末、嘉慶之中比抔者拾五枚、拾二三枚、弐十枚、内五六枚迄相下りたる節茂有之、一定当分之直段最通申与者相見得不申候、然ニ差荷被仰付、昆布前方之様相下り候ハヽ、唐役者

差禿候儀者勿論、御用物調方相成間敷奉存候、

一、②両御目附深々御申懸有之候得共、先〔　　〕大御隠居様御家督中ニ茂御船作□（広カ）、且接貢期ニ船相重〔　　〕貢・接貢共御銀者被相渡、外ニ昆布・いりこ・阿わひ・ふかひれ類差荷之御企被為在、屹与仰渡御□□候処、段々御断被仰立、漸相迦〔　　〕事茂御座候、

一、③(ア)御国元前方与者相替極々御難渋故、右様之御断筋容易済兼申筈、左候得者差荷之儀、大頭御請者被申上候而、斤数減少之方江御働被成候筋ニ茂可有之哉、是又吟味仕候処、斤数御侘被成候ハヽ、夫者初発之事故、御相談通壱弐万斤ニ而茂当分者被相済、漸々与被召重候儀者案中御座候、唐物御発商之儀茂、最初者僅八種之軽キ品ニ而候処、漸々被相重、到当分ニ者利益之品都而御取入相成、(イ)尤代銭渡方茂初発者御借入を以茂無滞被相渡候処、漸々遅滞相成、最早御催促茂不相成時勢ニ罷成、(ウ)是等を以相考候而茂、昆布差荷一度茂相始り候ハヽ、則其分之船間者永々大和之船間ニ相成、然時者時々御役人見立次第昆布ニ不限、いりこ・ふかひれ類可被差渡積〔　　〕御〔　　〕漸々交代□□□人相替候得者、己か功を専被相計□□此一巻往々如何程歟難被成□□□可成行哉、甚以恐入奉存候

一、④何歟ニ付出米出銀被仰付候儀者、一統之国役是非可相勤儀候得共、唐繰合近年利益相見得候迚、或船作広、或差荷等御内輪之所江御手入被仰付候儀、何共嘆ヶ敷次第、此儀役者之禿者小事之利害、第一是迄之御取扱相替り候様成行可申、此所甚以驚恐仕居候、

一、⑤御請之上、一往相行ひ、差当迷惑之稜申立候ハヽ、御用捨被仰付儀茂可有御座趣、御目附衆御沙汰有之由候得共、既ト御請之上役者迷惑筋之訳を以、御断者決而相成間敷奉存候、依之我々相談之趣者、両条御断被成候而者、御不都合可相成候間、御借上之方江御取成、一節御金千両丈被差出候而、昆布差荷者御用捨御願被仰上可有

御座哉与奉存候、

一、[6]御金御借上［　　］成候ハ、御銀［　　］御吟味［　　］弐拾五万□□御所帯・給地・御用意方より茂□□□せり出シ砂糖買入被差登候ハヽ、千両□之手当者可相調奉存候、左候而、右弐拾五万之御手当両三年茂差出候ハヽ、御蔵方夫長御不足可相成候間、右補方者出銀税掛抔ニ而追々御差足被成候方可宜哉ニ奉存、此段申上候、

以上、

十二月

まず①で説かれているのは、昆布価格が下落した時に進貢貿易全体に与える影響の大きさについてである。差荷は一度始まれば断ることができず永続することになる。今は中国での昆布の取引も好調であるが、そのうちに値が下がることになれば、渡唐役者は差し禿れてしまうことは勿論、御用物の調え方もできなくなる、というのである。いったん昆布の売捌きを引き受ければ容易に断ることができない、しかも利を上げ続けなければならないとなると、渡唐役者らの負担は計り知れないものとなることは指摘の通りであろう。

②は、大御隠居重豪が家督中も接貢船を二艘にし、煎海鼠・鮑・鱶鰭の差荷の企てがあったが、断り続け、要求を逃れることができたことを述べている。これは重豪致仕の年にあたる一七八七年（天明七・乾隆五十二）に、琉球がわに示された一件をさすものであろう。同年八月、琉球館の藩あての「口上覚」によれば、接貢船を一艘増すか、船幅を三尺ほど拡張するか、いずれかを受け容れるよう迫られたが、やはり琉球が進貢の勤めは二の次にして商売を専らにしているとの中国がわの疑惑をまねく恐れがあること、福州湊での大船の出入りが困難なことなどを挙げて断っている[23]。そうした実績を教訓に、藩の要求を押し返すべきことがここでは主張されているのである。

③は、この具申書のもっとも中核になる部分で、藩の要求に対して琉球がわが懐いていた不安感が端的に語られて

いる箇条といってよい。内容は以下の如くである。(ア)御国許も以前と変わり、財政的に難渋を極めているので、いちおう藩の要求を受け容れ、後で昆布の斤数を減らすよう要請することも検討した。しかし初発は相談通り一、二万斤で済んだとしても、次第に召し重むようになるのは必然である。唐物商売も最初はわずか八種の軽き品々であったが、次第に品数が重み、現在は利益のあがる品はすべてお取り入れとなっている。(イ)しかも代銭は初発は借入れをもって滞りなく支払ってくれたが、次第に遅滞するようになり、最早催促し難い状況となっている。(ウ)これらのことを考えても、昆布の差荷が一度始まればその分の船間は永久に大和(薩摩藩)の船間となり、そうなれば、藩役人の見立て次第に、昆布に限らず煎海鼠・鱶鰭の類も積み渡らなければならなくなる。人は己が功を専らにするものであるから、掛役々の者が変われば、この一件はどうなるかわからない。

これらの内容からうかがうかぎり、琉球がわは、これまでの藩の手口から、いったん昆布の差荷を許せば、斤量の増大へすすみ、その分の船間は藩のものとなって積荷は煎海鼠・鮑・鱶鰭などにまで拡大していくことを何よりも案じていたことがわかる。すなわち、琉球にとっては船間の維持か喪失かというきわめてシリアスな問題として受け止められていたということになる。そしていま一点このケ条からわかることは、唐物代銀を当初は藩は借入れをもって支払ってくれたが、次第に滞るようになり、この段階においては、たとえ差荷を認めても入金は全くあてに出来ない状況に立ち至っていたことである。藩が公銀(一番方渡唐銀)を投じて唐物を誂えるという方法を止め、王府の出資銀(二番方渡唐銀)あるいは渡唐役者出資銀(三番方渡唐銀)で注文品を調達させ、それを買い取るシステムに移行した時期については、いまのところ明確に触れた布達を見出し得てないので断言はできない。ただ、すでに述べたように(第四章第二節)『従琉球一名問合　明治二巳年より同四未春迄』(24)の中の一八六九年(明治二・同治八)五月二十四日付で、宜野湾親方ら三司官が琉球館の小波津親方・浦添親方にあてた示達の中に「道光元巳年より一往一番方渡唐御銀御取止、二番方売上迄御調文被仰付置候処、其節者宰領人共減少并御銀積船・返上物積船迄茂御取止之方ニ於其元奉願候処、都而御取揚無之段書留相見得」とあるから、道光元年、すなわち一八二一年(文政四・道光元)にいったん藩は自前の出資をやめ、買物は二番方・三番方銀で行われたことがわかる。(25) ところが、藩の唐物代銀の支払いが滞っている状況にあるというのであるから、長崎会所における銀詰まりの事態が琉球にもおよんでいたことを示す。貿易資金の回収すらままならない藩の唐物仕法に琉球が乗るメリットは全くなかったことになる。

にもかかわらず執拗に貿易の拡大を求めてくる藩に琉球は辟易していた。④では、何かの事で出米・出銀を仰せ付けられたならば一統の国役として勤めるが、近年唐との貿易に利があるからといって船を造り広め、あるいは差荷のかたちで琉球の貿易に介入してくるとは「何共嘆ヶ敷次第」、とまで言い切っている。

⑤をみると、高田・松崎の御目付衆よりは、いったん藩の要求を受けて事を執行したのち、迷惑を蒙っている旨断ればその時はご用捨もあるだろう、と甘言を弄してきたふしがみえる。しかしそれが困難であることを悟っていた琉球王府要路は、不都合な事態を回避するために、以後金一〇〇〇両を貸し上げることで昆布差荷のご用捨を願う提案をまとめるにいたっている。進貢貿易への介入を金の貸上げで回避する途を選ぶべきことを、吟味にあたった者たちは主張していたことになる。

その財政的な裏付けを砂糖に求めようとしていたことは、⑥に示されている。砂糖二五万斤を二、三年間にわたって搬出して捻出し、それによって生じる蔵方の欠損部分は出銀賦課などで補うというのである。

この昆布差荷要求を押し返すための具申書は、はからずも藩唐物商法の展開が渡唐役者の貿易にもたらした影響を伝えるものとなっていて興味深いが、王府の命を受けて近年渡唐した者たちの差し出した上申書は、さらにそれを具さにしてくれる。その指摘するところをまとめると以下のようになる。(26)

①一番方・二番方・三番方御用物は、この頃は定代で買い調えることができず、六割余の増しとなっている。

②唐品が次第に値上がりして、以前のようには利潤はない。

③唐物方ご注文品が過分なため、借財をして品物を買い入れ、「従之者共」にも御用品の買入れを割りかけているが、御注文品以外に払い用になる品が少ないため、間々注文が過剰になる品もある。

④売上げ代銭が過分におよび、それだけ利潤もあるようにみえるが、渡唐の面々は借財をもって注文品の調達にあたっているので、借金の払いと旅向けの旅費を差し引けば格別の余勢はない。

⑤以前は、渡唐役者それぞれの判断で品物を買い渡り、相応の利益を得ていたが、現在はすべて注文品となり、その品位を見立てて買い入れてくる余地もない。

すなわち、これによると、すくなくとも藩の唐物商法が具体化される以前は、渡唐役者らは、それぞれ市場の需給事情を独自に判断し、唐物購入にあたっていたことがわかる。しかし、藩による唐物商法実施以後は、唐物値段の高騰のところへ、特定の注文品を一定の斤高ずつ買い調えなければならないため、借り入れて帯びていった渡唐銀ほとんどそれに充てられ、借金を払い、唐旅費用を差し引けばほとんど利潤が無い状況となっていた。藩の要求に対する弁駁であるから、誇張もあることを考慮しなければならないが、藩の長崎における唐物商法が品目ならびに斤高が特定されたものであったかぎり、琉球の渡唐役者たちの貿易裁量権は大幅に制約され、利を上げることが出来なくなっていたことは否定できないように思われる。渡唐役経験者たちが「当時唐繰合向□□余勢相見得不申候処、差荷被仰付候而者夫長役者共及迷惑、御用物調達方不相調、且又船方之者共纔之船間減少被仰付候ハ、渡世難成、先様船方相勤候者茂罷在間敷与奉存候」(27)と、昆布差荷が渡唐役者どもの迷惑となり、御用物の調達もできなくなる、かつ船方の者のわずかな船間をさらに圧迫することになる、と訴えているのも、けっして嘘偽りではなかったといってよい。

以上のような渡唐役経験者らの上申もあって、摂政・三司官らは、先の表十五人衆・両主取・掛役々らの、金一〇〇〇両の貸上げ案をもって交渉することを決め、十二月二十一日、御物奉行喜舎場親方・御鎖之側玉城親雲上をして高田・松崎らに書付を手交せしめた。昆布差荷をなんとか断念させようとする琉球がわの嘆願攻勢が執拗に続くのであるが、同日の両者のやり取りが興味深い。『渡唐船作広昆布差荷之件』は次のように記す。

一、右書付今日御物奉行喜舎場親方、御鎖之側玉城親雲上差遣、尚五郎殿、平左衛門殿御内談申上させ候処、於大和之御貸上ニ而者詮立兼可申、且右金高ニ而者、昆布五万斤差荷之半方丈ヶ抔与少シ御口能被仰聞候付、成程金高者半方丈ヶニ而候得共、差荷ニ而候ハヽ、来々年より之御益、御貸上者来年より之御益可相成段申上候処、此儀者其通ニ而、尤御注文過上茂来年より者少ク相成筈候間、彼是御考を以何分可被仰聞候、暫里主所江罷帰扣居候様被仰聞候付罷帰、里主所江扣居候処、追付被召呼罷出候得者、左之通御返事御書付被相渡罷帰候事、（後略）

すなわち、高田らよりは、まず大和（鹿児島）にての貸上げではどうにもならない、提案の金高では昆布差荷五万斤分の半額にしかならない、などとくどくど言い立ててきたことが指摘されている。金一〇〇〇両が昆布二万五〇〇〇斤に相当するものであったならば、藩は五万斤の昆布差荷で二〇〇〇両ほどの確保を意図していたことになる。それをそのまま本手として琉球唐物方に投入すれば唐物商法は円滑に作動する。大和にての貸上げでは意味がないと述べていたのは、それを目論んでのことであった。

高田らの申し立てに対し、喜舎場らは、右のように「差荷にすれば来々年よりの御益であるが、貸上げとなれば、来年よりの御益になる」と説得にあたり、ついに金子の貸上案を呑ませることに成功する。すなわち十二月二十三日には、摂政羽地王子、三司官座喜味親方・与那原親方・宜野湾親方の名で、来卯（一八三一・天保二・道光十一）以後貸上げは、金ではなく丁銭七〇〇〇貫文を年々八月中に行う、とする御請書を差し出すまでにいたったのである。(28) 大枠で両者の合意が成立すると、藩が渡唐船造り広めのために進めていた下り船による木材の運送計画を中止するため、鹿児島向けに飛船が差し立てられた。いっぽう二十五日には、家老川上久馬あてに請書の趣旨を伝える書が認められている。それに対する川上の意向が注目されるところであるが、すでにこの件については早くより高田・松崎らが了解を取り付けていたものとみられ、明けて一八三一年(天保二・道光十一)二月十九日付の同人の摂政・三司官あての書状でも、貸上銀の上納方については滞りなきように、と申し触れられている(29)。

そしてその後四月二十七日には、松崎平左衛門の宿に御鎖之側玉城親雲上が呼び出され、貸上銭の上納、利子、返済などを記した証文が示されるにいたっている。二月二十六日付「山田新介取次」とされる証文によれば、琉球蔵方は丁銭七〇〇〇貫文を八月中に上納、利子は五分利とし、翌年七月に鹿児島において藩は返済する、返銀が済み次第借状を返す、との条件となっている(30)。こうして、琉球がわは返済を条件とした銭の貸上げで船間の減少を回避できたのであった。なお、『大和江御使者記　全』道光元年の条によれば、貸上げ銭について、藩より五分利での返済があり、野村親方が御礼言上に赴いている。

結　語

以上、一八三〇年(天保元・道光十)九月、薩摩藩家老川上久馬によって、琉球砂糖の買入制の実施とほぼ同時に松崎平左衛門と高田尚五郎が琉球に送り込まれ、渡唐船の船幅の拡張による昆布の積増し要求がなされていた事実に着目し、それをめぐる琉球がわとの交渉経過をやや詳細にみてきた。

川上の目論見は、船間の都合で唐物輸入の本手品を思うように清国へ積み渡ることが出来ず、長崎商法品の調達が順調にいかない事態を打開するためであったが、そうした動きは、おそらく一六種の琉球産物（唐物）の売捌きの年限が満ち、前年の一八二九年にあらためてその延長が認められことと無関係ではあるまい。少しこの点について述べると、例の一八二五年に差し出された王氏一二家唐商の申し立て書について、長崎会所の評議に回したのは翌一八二六年で、そしてその結果が長崎奉行所に上げられたのが一八二九年の三月である。評議を申し渡されてから三年間のブランクがあった理由は明らかではないが、この年薩摩藩より年継ぎ要求があったため、あらためて評議書の提出を促したという推察も成り立ちうる。

そして会所吟味役連署の「評議書」、会所調役・町年寄連署の「伺書」の内容はともに、琉球産物の代わり物として煎海鼠・鮑・三石昆布を持ち渡らせていることはない、抜荷取締りが行き届いて密商売などない、との薩摩藩の長崎聞役奥四郎の報告は信用するに足るものとする意見となっているところをみると[31]、こうした長崎会所役人の申し立てが藩の賄賂工作によって導き出されたものであったこともまた想定される。藩は十二月十六日には、前回のごとく幕府老中水野出羽守、勘定奉行村垣淡路守、長崎奉行大草能登守（高好）・本田佐渡守（政収）、ならびにその用人・家老らに金品を送って願いが聞き届けられことに謝意を表している[32]。これよりすると、幕府よりの正式認可はこの頃かと思われるのである。

ただ、こうした琉球産物の長崎商法の年継ぎが幕府から認められたのを契機に、昆布貿易を拡大し、唐物貿易の円滑な展開を図ろうとする薩摩藩の目論見は、すでにみてきたように、けっして簡単に運んだのではない。最終的には、琉球がわは藩注文の唐物代として琉球蔵方より丁銭七〇〇〇貫文を、利子五分利の条件で八月中に貸し上げることで藩の了解をとりつけているが、琉球がわが執拗に抗弁をくりかえし、藩の要求に容易に応じようとしなかった態度に注目しておきたい。可能ならば渡唐船の船間から藩の注文品を排除し、市場の需給に応じて自由に貿易を展開すること、これこそが琉球がわの要求であったことが、これまでの検討からみえてくる。

とするならば、藩の以後の唐物商法の展開は琉球との間に深刻な矛盾を増幅させていくことになるのは想像がつく。そして藩が基本的には船間の拡張、昆布貿易の拡大という要求を遂げることができず、唐物代の貸上げで折り合わなければならなかったのも、琉球がわの意向を無視しては、藩の唐物商法は推進できなかったことを意味する。琉球王府にとっては、五歩の利付けによる銭の貸上げというかたちでの事の収拾は、渡唐船の船間を守り得たという点では上首尾であったというべきであろう。一八四〇年（天保十一・道光二十）の藩の砂糖買入れをも貸上げで振り切ろうとした動きと合わせ考えれば、貿易の利権を守り抜こうとする王府の必死の姿が浮かび上がってくる。

註

（1）（2）「内達之覚」（『大清道光十年・日本文政十三年　従御国元渡唐船作広昆布差荷之件』、尚家文書〈那覇市市民文化部歴史資料室蔵〉二七一。以下『渡唐船作広昆布差荷之件』と略記する）。

（3）右同。寅（天保元）九月十三日付川上直之進・伊是名親方・安里親方より羽地王子・座喜味親方・与那原親方・宜野湾親方あて書状には「唐渡船之儀、当分通ニ而者唐物御本手品御備之分茂難被差渡、夫故毎度唐御注文品揃兼及買欠候付、此節五六尺之間相広メ、深サ者右江応シ恰好宜方造替、来秋唐渡間ニ逢候様被仰付候条、早々罷下、摂政・三司官江申出、無遅滞造立候様との趣茂可相達旨、御内達書被相渡」、また同十月十六日付川上・安里より座喜味親方ほか三司官あて書状には「腰幅五尺、惣長弐[　　]相成候ハヽ、大概拾万斤位茂積重可申吟味之趣申出候付、此節松崎平左衛門渡海之上御請申出、作広相成儀候ハヽ、昆布拾万斤相渡、右之内五万斤丈者唐物方より差荷を以被相渡、残り五万斤丈者琉球蔵方より相渡候様被仰付度、左候ハヽ、船作替等之補ニ茂可相成、尤昆布渡方者勿論、於唐売払彼是之儀者、護

送船より昆布差荷を以被差下候仕向通被仰付度申候趣有之、吟味之通被仰付候□、被仰渡候事」とある。

（4）『那覇市史　資料編』第一巻五「家譜資料」、五一六頁。

（5）十月十六日付安里親方・川上直之進より宜野湾親方ら三司官あて書状（『渡唐船作広昆布差荷之件』）。

（6）十一月付川上久馬書状（『渡唐船作広昆布差荷之件』）。

（7）（8）『渡唐船作広昆布差荷之件』。

（9）右同、十一月付「覚」。

（10）右同、十一月十一日付、摂政・三司官上書。

（11）右同、十一月十二日条。

（12）「鄭氏湖城家家譜」（『那覇市史　資料編』第一巻六、九三八頁）。

（13）（14）『渡唐船作広昆布差荷之件』十一月二十二日条。

（15）右同、十一月二十五日条。

（16）〜（19）『渡唐船作広昆布差荷之件』十二月十二日条。

（20）『大和江御使者記　全』道光十年条。

（21）『渡唐船作広昆布差荷之件』十二月十三日条。

（22）『渡唐船作広昆布差荷之件』十二月。

（23）『琉球館文書』（琉球大学附属図書館仲原善忠文庫蔵）。

（24）尚家文書三四八。

（25）ただし同じ文書は冒頭で「一番方渡唐御銀以来御引取相成、琉球方才覚銀迄之高ニ応シ候御調文被仰付候旨被仰渡置」〈『従琉球一名問合　明治二巳年より同四未春迄』〉と、明治二年にも一番方渡唐銀を引き払ったことを述べるので、この間のある時期に再び若干の出資が復活していたのであろう。ちなみに国吉親方・小禄親方・与那原親方ら三司官は、弘化二年(一八四五)四月十五日付で、琉球館在番安室親方・富島親方・聞役川上十郎兵衛に一番方渡唐銀二四貫八〇〇目、二番方渡唐銀一〇〇貫目を受け取った旨書き送っている(「道光弐拾五年　案書」五八号〈『琉球王国評定所文書』第二巻〉)。この年は接貢船の派遣年度であるから、進貢船の派遣に際してはその二倍程度が積まれていたものと思われるが、いずれにしろ、二番方・三番方渡唐銀が主要な買物資金であったことには変わりない。

(26)(27)　十二月付城田親雲上・大湾里子親雲上・佐渡山里子親雲上・嵩原里子親雲上・伊地親雲上上申書(『渡唐船作広昆布差荷之件』)。

(28)~(30)　『渡唐船作広昆布差荷之件』。

(31)　『通航一覧　続輯』巻之二十、唐国総括部十三、三三四頁。

(32)　「薩州産物一件年継御挨拶之見合」(石本家文書〈九州大学附属図書館付設記録資料館蔵〉三五六七)。

第七章　貿易の推進と渡唐役者の動向

緒　言

天保期に入って薩摩藩が財政再建の一環として琉球貿易の振興に積極的な意欲を示していたことは、渡唐船の船幅の拡張による昆布貿易の推進を画策していたことに示されているが、藩はいっぽうでは長崎商法の年限が満期を迎える前年の一八三四年(天保五・道光十四)には、「近年廉々難渋之次第ニ寄、琉球国扶助難行届」(1)という理由をかかげてその年限延長を幕府と交渉し、ついに一八三六年を期して二〇ヶ年という長期わたる商法延長を取り付けるのに成功する。こうして以後藩の長崎商法は安定的に維持展開し、藩利拡大の条件が整うことになったが、それだけに、商法品の買欠け・買過ぎ、貿易本手品の確保、抜荷という琉球貿易が構造的に抱えていた問題への有効な対応を迫られることになったのはいうまでもない。

本章では一八三六年(天保七・道光十六)から翌一八三七年にかけての『産物方日記』(2)を手がかりに、特に進貢船・接貢船・護送船発遣に際しての、唐物方目付より琉球に対して示された様々な指示、渡唐役者による御用品ならびに私貿易品の調達状況などを検討し、この頃の琉球貿易には運営上どのような問題が潜み、藩はこれにどのように対処しようとしていたか、明らかにする。

第一節　一八三六年帰国船の買荷の実態

琉球王府三司官らは一八三一年（天保二・道光十一）二月七日付をもって、渡唐役者らに対し、次のような申し渡しを行っている[3]。

> 唐物御注文品之内、去夏俵物過分之買不足いたし、其上品位別而不宜、且箱荷類者格別致買過、高料之品柄□御本手銀太分之不足相立、御差繰調兼、右付而者、畢竟唐渡役者共自分勝手を心掛候筋相聞得、如何之至候得共、此節迄者不及御沙汰候条、以来屹与御注文通可買渡、尤唐渡前役者共より御注文品何程与銘々受合之証文、掛御役々方江為差出、買過いたし候者者代銀延払被仰付、買欠有之候節者以来渡唐可被召留候、且又唐物抜荷御取締之儀者、先年以来度々被仰渡置候得共、段々抜荷等取企、琉球表取締不行届、甚以不可然事候、就中御免品之内抜荷等有之候付而者、被対　公辺江御難題茂可致到来事候条、琉球役々より厳敷取締可致候、乍此上不束之儀茂候ハヽ、我々御国元江被召呼、御糺方ニ可及儀茂可有之候条、聊緩せ有之間敷旨、久馬殿御書付を以被仰渡候段、琉球館より申越有之候、然者唐御注文品調達方、且抜荷取締向之儀ニ付而者、以前より段々被仰渡置趣有之、毎度申渡事候処、右通之次第甚以不可然候、此節前文通分而稠敷被仰渡候上、万一自分勝手筋を相考、御用品買過買不足いたし、且位不宜、又者抜荷等有之候而者、畢竟御趣意不奉汲受筋相成、面々可及迷惑段者勿論、御難題ニ茂可成立事候条、右之趣厚奉汲受、唐御注文相渡候ハヽ、銘々御請之証文差出、左候而渡唐之上御用品買過買不足無之、位茂能々入念取調部、且抜荷等一切無之様厳重致取締、いつれ此節仰渡之御趣意行届候様、精々勤務可致者也、

卯二月七日　　　三司官

渡唐役者

史料から知られる事実の一点目は、買物の不首尾である、すなわち去夏(一八三〇・天保元・道光十)の買物は、注文品は過分の買不足であったうえ品位は特に良くなかった。にもかかわらず、箱荷の類を買過ぎのうえ、しかも高価に仕入れられたため、本手銀に不足をきたすという状況が生じていたようである。そこで、薩摩藩家老川上久馬は、事態は渡唐役者らの「自分勝手」が招いたものであるが、今回までは沙汰にはおよばないとし、以後は渡唐前に注文品調達に関する請合い証文を掛役々に差し出し、買過ぎ分の代銀については延べ払いとし、また買不足があった場合は渡唐を召し留める旨を通達している。ここには渡唐役者・船方の貿易を、王府そして藩も思うようにコントロールできず、ようやく対策が講じられようとしていたことがうかがわれる。

二点目は抜荷の横行である。抜荷の取締りについては先年以来申し達したにもかかわらず、琉球表における取締りは功を奏していないとし、特にここでは、長崎での販売を許されたいわゆる「御免品」の抜荷は、幕府の譴責を招くものとして、また川上久馬は取締りの厳達を琉球がわに指示していたのである。長崎商法が五ヶ年の延長を認められたばかりであり、年限満期後もさらにその継続を目論んでいた藩としては、抜荷の発生にことのほか神経を尖らせていたことがわかる。

三司官らは、こうした川上通告の厳守を渡唐役者らに申し達しているのであるが、御免品であるか否かにかかわりなく、貿易の首尾が市場における財の需給事情に左右されるものであったかぎり、藩の長崎商法御免品が常時一定額の仕入れが可能とは限らなかったし、また渡唐役者・船方が市場需要の大きい有利な商品を仕入れることや抜荷など、王府や藩の定めから逸脱する行為に走ることは本来避けられないものであった。藩にとっては、貿易利潤にありつこうとする琉球ならびに藩領内の民間の動向をいかに管理・統制するかが大きな課題となっていたのである。

一八三四年(天保五・道光十四)、中年(一八三六)より先二〇ヶ年の長期にわたって御免品の売捌きを許されたことにより、藩は幕府の認可が取消しにならぬように琉球ルートにおいて抜荷や、流通上のトラブルの発生防止に一段と関心をはらわなければならなくなったのは当然であろう。まず「御注文品」の買過ぎ・買不足について新たな対応策を打ち出しているのが注目される。すなわち、これまでの仰せ渡しにもにもかかわらず、徹底される様子がなかったため、藩は一八三五年三月、買欠け・買過ぎいずれについても品物の値段一貫文につき一五文ずつの「御取揚」とする旨、琉球館を通じて通達している。(4) これは買過ぎ分の代銀については延べ払いとする、また買不足があった場合は渡唐を召し留める、とする先の方針があまり有効でなかったため、過銀賦課に切り替えたことを意味する。渡唐役者たちの貿易はそのまま認めつつ、藩自体も損失銀を回収するというきわめて現実的な方策を打ち出したというべきであろう。

二〇ヶ年の長崎商法を認められて以後の貿易の実情ならびにその管理統制強化の状況について、『産物方日記』(5)の記事に即してみてみよう。

それぞれの帰唐船の積荷は、一八三六年(天保七・道光十六)五月発布の抜荷取締りに関する「覚」(6)(後掲)に従って、掛役人らによって厳格な荷改めが行われ、御用物、自物に仕分けられての詳細が掌握されていった。『産物方日記』にはその内容が記載されているので、それによってこの段階における買荷の状況をみてみよう。同年帰国接貢船の御用品注文高と買荷の状況についてはすでに表15(八六頁)に示しておいた通りである。

同表をみると、一六種の注文品のうち、買過ぎもあるが、半数以上は買不足となっている。同船が琉球を出帆するにあたって、注文品は品位のよい物を買い入れ、買不足の分については、斤数の代価一貫文当たり一五文ずつの取上げとなるにつき、聊かの買不足も無きように、と厳しく申し渡されていたにもかかわらず、こうして買物が不首尾に終わった理由について、接貢船の脇筆者上江洲筑登之・大筆者真玉橋《まだんばし》子親雲上・才府上地親雲上らは以下のように述べる。(7)

すなわち、まず注文品の買不足について、「右の御用品は広東・廈門へ琉球館立ち入りの商人を通じて注文したが、近年災変などが打ち続き、商人たちが困窮し、手持ち銀がないため、やむえず前もって貿易品を手渡して御用品を過不足なく調達するよう依頼した。商人らは去年の十一月から十二月中旬頃にかけて広東・廈門に出かけ、翌年四月十八日までには帰ってきたが、彼らがいうには、広東商人が火災に遭い、注文品の買入れ、借入れなどが思うようにできず、前渡しの品物のみを失うこととなった。商人の中には、琉球人に対する首尾の引き結びようもないため、自害する者もあり、注文品を借用のかたちをとるといいながらうやむやにしたり、借状の期限を延ばしつづける者もいた。琉球の渡唐役者たちも末端まで過分の損失を蒙りながらも、大切な御用物を欠くことができず、縁者をたよって現銀または品物の借入れなどをもって穴埋めに尽力したが、思うように調達できず、右の通り買不足になった」と釈明している。

また、買過ぎについては、「商人どもが広東、廈門へ持ち渡る品々は、安価であるため代価を古借の返済にあててもそれを消却するまでにはいたらず、多分に注文品は借入れで取り償うかたちとなるので、こちら側の思うようにはならず、荷主の意のままに、都合のいい品々の斤数を増やされたり、あるいは別品をとり混ぜて押し押しに渡されて持ち帰ることになった。買過ぎの品は一切受け取らず、返品することも検討したが、商売物を琉球館内へ取り入れるのには日限があることを知っての行為で、特にこちらがわより前もって品物を渡し置いていることでもあり、渡唐役者の面々は借財をもって御用物の調達にあたっているので、やむをえず商人どもの申し出通りにするほかなかった」(8)

と述べている。

すなわち、ここでは「客商」とよばれる中国商人を仲介とする貿易の実情が述べられている。「客商」は明代には「牙行」とよばれていた。「牙行」たちは前もって琉球がわから商品や銀を預かり、売主との間に交渉をすすめ、商談が成立すると、売買の双方から二〜三%の手数料を得るしくみであった。官設と私設とがあってその数は一定ではなかったが、明代末には福州には琉中貿易の仲介をなす「十家牙行」が成立していた。清代になると、「牙行」に代わって名称も「客商」という呼び方が一般的となり、「十家牙行」も「十家球商」とよばれるようになったという(9)。右の渡唐役者らの陳弁するところによれば、この「十家球商」を仲介とする進貢貿易のシステムが、彼らの経済的窮迫、資本力の脆弱姓からうまく作動せず、商品の買過ぎ・買不足を引き起こしていたことがわかる。

ちなみに、この時の接貢船のもたらした御用品の唐物方の買取り値段を示すと表27のようになっている。御用品は表15では一六種となっているが、実際に買い上げた品目は、「碗製」が加わって一七種になっている。「碗製」についてはどのような品か今のところ断定はできないが、御用品の枠外で時折輸入されている茶碗薬の可能性が高い。それはさておき、注文品は買過ぎ分を含めて、品位を査定し、位劣分についても唐物方はすべて引き受けていることが明らかである。ただし、大半が一斤当たりの代価が記されているものの、①玳瑁・②爪・③虫糸・④象牙・⑤犀角・⑦沈香について、その記載がない理由が理解できない。斤高で代価総額を割ってみると［ ］のようになり、他の品目より斤当たり代価が比較的高価となっていることだけは指摘できる。

これらの品目についてもう一つわかることは、表28に示すように、僅かな斤数ではあるが、秘かに渡唐役者やその従人たちによってもたらされていることである。御物城《おものぐすく》大屋子《うふやく》(御鎖之側配下の役人)瀬名波親雲上・那覇里主識名親雲上の御鎖之側天願親雲上あての報告には、「右者於唐出□□□商人共□被相渡候所より不行届取計ニ而持帰候旨申

表27　唐物方による接貢船積載の御用品買取り価格

	品　名	斤高（斤.合夕才）	1斤当り代価（丁銭）（貫.文）	代価総額（丁銭）（貫.文）
①	玳瑁	835.311	［41.407］	34,587.630
②	爪	2,318.664	［36.439］	84,488.873
③	虫糸	1,516.18	［5.565］	8,438.201
④	象牙	40.25	［2.218］	89.275
⑤	犀角	197.37	［15.580］	3,074.975
⑥	木香	718.8	0.430	309.84
	位劣木香	111.	0.380	42.180
⑦	沈香	278.92	［2.502］	697.772
⑧	龍脳	292.45	5.200	1,520.740
	同（位劣カ）	169.8	3.426	588.526
⑨	阿膠	551.975	0.380	209.750
	位劣阿膠	27.83	0.300	8.349
⑩	硼砂	4,223.35	0.650	2,745.177
⑪	大黄	12,909.	0.390	5,034.510
⑫	桂皮	3,943.	0.250	985.750
	位劣桂皮	426.	0.200	85.200
⑬	山帰来	12,589.	0.220	2,769.580
	位劣山帰来	154.	0.170	26.180
⑭	甘草	14,860.	0.310	4,606.600
⑮	蒼朮	6,121.	0.310 ［0.260］	1,591.460
	位劣蒼朮	315.	0.200	63.
⑯	甘松	369.	0.350	129.50
⑰	碗製	216.	0.118	25.488
計				152,117貫450文 琉目にして 7605,874貫175文

註1：『産物方日記　道光拾六年申より翌酉年迄』より作成。
　2：［　　］内の数値は筆者が算出。

表28　接貢船役者および従人が私的に入手した御用品

荷主名	品名	荷　番	斤　数（斤.合夕才）
古波蔵にや（官舎之内）	玳瑁	56印（１堤）	2.5
	玳瑁	59印（１堤）	2.625
	爪	176印	6.79
	爪	177印	5.59
	虫糸	72印	10.8
	龍脳	記載なし	169.8
伊差川にや（官舎之内）	爪	158印	9.
備瀬筑登之（勢頭之内）	爪	159印	5.1
渡嘉敷筑登之（大夫儀者）	爪	160印	10.12
	爪	161印	13.6
比嘉筑登之（大通事之内）	爪	162印	7.3
宮城にや（大通事之内）	爪	184印	12.25
許田筑登之（存留之内）	爪	164印	32.38
	虫糸	73印	22.2
宮平筑親雲上（北京才領）	虫糸	71印	30.
比嘉にや（水主）	茶碗薬	記載なし	246.

『産物方日記　道光拾六申年より翌酉年迄』より作成。

出[10]」とあって、虫損部分に続く文言からは、牙行らより押し押しに渡されたものとの解釈もできるが、一斤当たりの代価が高価であることから、積極的に輸入を心掛けたとも考えられる。

これらの品目の存在は荷改めの過程で明らかになったのではなく、荷主たちが役人に「自訴」におよんだからであった。荷番に注目すると五六～五九印玳瑁、七一～七三印虫糸、一五八～一八四印爪となっていて、これらの個人貨物は本荷に別包みのかたちで入れ込まれていたことを想定せしめる。ただし、荷主たちは御用品であるこれらの品目を買い入れる際、渡唐役者らに断りをいれず、帰帆後自己申告しているところからすると、やはり抜売りが目的であったとみるほかはあるまい。周到な抜荷取締りが「自訴」に及ばせたということになろう。[11]ただ注目されるのは、唐物方御目付では帰帆のうえで申し出たのは「不届」としながらも、今後の取締り方のため、「自訴之御取訳を以、相当より直成引を以て銘々御買入被仰付候事」と、「自訴」が汲み取られ、値引きで買い上げられていることである。[12]御用物については、抜荷のかたちで闇に流れるよりはむしろ正規のルートに乗せる道を選んだものと解される。

接貢船の乗員が帯びていた品物はそれだけではなかった。第二章の表16(八七頁)に示すような茶・反物・器財類など二七品目が才府上地親雲上らの報告で挙がっている。これらの品がどのように取り扱われたかが問題であるが、一八三六年(天保七・道光十六)発布の抜荷取締りに関する「覚」[13]では、土産用・進物用ともどもそれらの品々は荷主へ渡され、販売用は高奉行が切封し、蔵々へ保管されることになっているから、そのように処理されたのであろう。貢船の乗員が利を得るとすれば、これらの自物品の販売によるところが大であったと思われる。

またほかに荷主に手渡されずに蔵囲いの対象となった品目も存在した。接貢船単独の対象品の品目・数量は明らかではないが、高所の記録によると、二艘の漂着船を含めてそれらは表29のような三九品目におよんでいる。長崎商法品を除く薬種類・荒物類が中心をなしており、表28の自物品として輸入されている品目をも視野にいれると、実に多種多様な唐物が正規の貢船のみならず、漂着船などによってもたらされていたことを知りうる。

漂着船の内、一艘は知念間切外間村の西銘所有の五反帆船の馬艦船で、前年の閏六月、八重山桃林寺の古住持かと思われる桃蔭長老を乗せ、積荷の米を積んで同島の川平港を出帆したものの、逆風をうけて中国浙江省台州臨海県に漂着、一八三六年(天保七・道光十六)五月八日、五虎門を出帆、五月十三日、中城間切和仁屋港に帰帆している。そしてもう一艘は大里間切与那原村の新垣所有の春楷船で、鹿児島より一八三四年帰国の予定であったが、やはり遭難して中国に漂着、接貢船・西銘船ともども帰国していたのである。これら帰国船の積荷の内、長崎商法品以外の品目

表29　接貢船・唐漂着船乗員の自物のうち、蔵々への囲い方申付け品

	薬　種	斤　数	荷　　数
1	白朮	3,998	大小 37
2	砂仁	1,320	大小 18
3	丁子	8,978	大小143
4	梹榔子	6,526	大小 50
5	麻黄	11,784	109
6	洋参	50,229	大小118
7	大茴香	6,181	大小 61
8	正延紫	1,817	大小 21
9	明はん	349	大小　4
10	兎《と》絲《し》子	377	大小　6
11	当帰	517	6
12	巴豆	674	16
13	藿香	2,996	31
14	土黄	1,577	29
15	紫花硬	298	5
16	色々薬種	130	大小　5
17	遠志	180	2
18	黄芪	122	1
19	花紺青	379	7
20	山朱萸	1,300	大小 16
21	木瓜	2,376	19
22	小割肉桂	532	9
23	雄黄	123	2
24	蓮翹	829	10
25	酸棗仁	929	大小 11
26	藍浪	53	1
27	水銀	200	4
28	黄芩	112	2
29	呉茱萸	634	大小　8
30	紫杭米(？)	249	3
31	丹朱	40	1
32	蘇木	35,363	荷数421、並びに本の品562本
33	鴈薬	257	6
34	角切	2,247	大小 37
35	戸丹	1,090	大小 20
36	山査子	323	2
37	朱砂	10	2
38	水角	80	2
39	大楓子	132	1

申六月「覚」(『産物方日記　道光拾六年より翌酉年迄』)より作成。

はすぐに販路が確保できなかったため、一時蔵囲いとされたのであろう。しかし、時がたつにつれ、「虫入」「朽廃」が心配され、管理上の問題が生じたため、十月には荷主に持ち囲わせて虫干しなどを行わせ、高奉行に買手・売手の証文を差し出させるかたちで、流通させるようにしている。「大和人」への売渡しは厳禁となっているが、虫付き・腐食が懸念される薬種類が市場の狭隘な琉球だけで処理できずに鹿児島市場に流れることになったことは当然であろう。

第二節　一八三七年派遣船ならびに囲荷処理にみる貿易上の諸問題

以上、一八三六年(天保七・道光十六)帰国の接貢船と漂着船二艘の買荷の状況をみてきたが、やはり『産物方日記』によって、今度は同年派遣の進貢船ならびに漂着唐人の護送船の派遣をめぐって示された諸布達を検討して、貿易をめぐる薩琉間に横たわる問題をさらに明らかにし、あわせて翌年帰国したそれらの船々の買荷の状況とその特徴について触れてみたい。

1　一八三七年の進貢船の派遣と薩摩藩の動向

一八三七年(天保八・道光十七)派遣予定の進貢船の乗員編成が同年二月ごろに終わったことは、二月二日、唐物掛武村親雲上が小唐船の才府に任じられ、その跡役に宇良筑親雲上が据えられていることから知られる。(14)「中山世譜」によれば、秋に正義大夫鄭良弼を派遣したとあるが、(15)両使者の人選もこの頃までには決まっていたのであろう。

乗員すべての人選が確定後の六月朔日、唐物方目付近藤彦左衛門の旅宿へ三司官東風平親方が呼ばれて二通の注文書が示されている。それはただちに首里城内南風の御殿において、御鎖之側天願親雲上を通じて渡唐役者らに示され、請書ならびに個々の証文(誓詞)を差し出すよう命じられている。二通の注文書は、一通は中将様御方、もう一通は小将様御方のもので、注文品はそれぞれ表30および表31に示すように、端物類を中心として、若干の嗜好品などを内容とするものであったことがわかる。ただし、「中将様御方」分については表32のような内容の「重ミ御注文」(追加注文)書が付せられていた。中将様御方、少将様御方とは字句通りだとすると、藩主斉興、世子島津斉彬の奥方を

表30　1837年6月
中将様御方御注文品

	品　　名	数　量
1	緋大綸子	1本
2	緋小綸子	1本
3	大床緋縮緬	3反
4	大床白縮緬	3反
5	中床紕(緋)縮緬	3反
6	中床白縮緬	3反
7	紕(緋)紗綾	2反
8	満扣白縮緬	1疋
9	満扣紕(緋)縮緬	2疋
10	白小檜垣紗綾	2反
11	無紋紗綾	3反
12	天門冬砂糖漬	10斤
13	九年母砂糖漬	10斤
14	生姜砂糖漬	5斤
15	冬瓜砂糖漬	10斤

『産物方日記　道光十六申年より翌酉年迄』より作成。

表31　1837年6月
小将様御方御注文品

	品　　名	数　量
1	白大綸子	2本
2	紕(緋)大綸子	2本
3	白小綸子	1本
4	紕小綸子	1本
5	大床白縮緬	10反
6	大床紕縮緬	10反
7	中床紕縮緬	10反
8	満扣白縮緬	10疋
9	紕(緋)紗綾	3反
10	白小檜垣紗綾	3反
11	無紋紗綾	7反

出典は表30に同じ。

指すものと思われるが、史料によっては、「御方」を欠いているものがあって、斉興・斉彬自身の注文品の可能性もある。いずれにしても買荷の内ではおよそ買欠けなどがあってはならない御用品であり、特に端物類については、唐物方役々衆より物奉行・御鎖之側らには次のように申し渡されている[16]。

右者
中将様
少将様唐御注文御端物等右之通被仰渡候条、代銀之儀者返上物同様之直成ニ而、唐物方御本手銭之内より直成替を以て、当秋渡唐之役者江出帆前可相渡候付、於唐国精々遂吟味、上品迄を買渡候様、勿論御注文通全買調、来夏爰元詰唐物方掛江品立書差出、御品之儀者返上物才領人受持ニ而、御国許唐物

方江差出、取納方等是迄之通取計候様渡唐役者江申渡、御受之成行、両日中書付を以可被申出事、

酉　六月

すなわち、注文端物類については、代銀は藩に納入される返上物同様に、唐物方本手銭の内から相応の値段立てをもって代価が出帆前に渡され、上品を買い渡ること、品物は返上物宰領人の受持ちで国許の唐物方へ届けること、が義務づけられた。つまり、藩主・世子・奥方らの注文品については、一番方銀として前渡しされ、その調達には特段の配慮が指示されたのである。代銀についても、去年通り古銀一匁につき丁銭一七二匁引き合いとすることで、小唐船脇筆者翁長里子親雲上、大唐船脇筆者我那覇里子親雲上、小唐船大筆者具志川里子親雲上、大唐船大筆者松堂筑親雲上、小唐船官舎高安筑親雲上、大唐船官舎喜久川里子親雲上、大唐船才府垣花親雲上、小唐船才府武村親雲上らが連名で請書を差し出している(17)。

表32　1837年6月
中将様御方追加御注文品

	品名	数量
①	色々緞子 但し黄色相染め、外に色々差交ぜ	2本
②	紕(緋)緞子	1本
③	白大綸子	1本
④	白小綸子	1本
⑤	紕(緋)大綸子	1本
⑥	紕(緋)小綸子	1本
⑦	大床白縮紖	4反
⑧	大床緋縮紖	3反
⑨	中床緋縮紖	5反
⑩	中床白縮緬	5反
⑪	満扣白縮紖	8疋
⑫	緋紗綾	2反
⑬	白小檜垣紗綾	5反
⑭	無紋紗綾	5反
⑮	天門冬砂糖漬	10斤
⑯	九年母砂糖漬	10斤
⑰	生姜砂糖漬	5斤
⑱	冬瓜砂糖漬	10斤

『産物方日記　道光十六申年より翌酉年迄』より作成。

表33　1836-37年の唐物方御注文品

（斤）

	品　名	1836年	1837年
1	玳瑁	700	800
2	爪	600	300
3	犀角	500	100
4	沈香	1,000	1,500
5	象牙	500	500
6	硼砂	1,000	2,000
7	木香	15,000	7,000
8	阿膠	2,000	1,500
9	虫糸	100	200
10	龍脳	2,000	1,000
11	甘松	500	2,000
12	甘草	35,000	20,000
13	桂皮	30,000	28,000
14	蒼朮	25,000	12,000
15	大黄	30,000	20,000
16	山帰来	記載無し	26,000

『産物方日記　道光拾六申年より翌酉年迄』より作成。

なお、右の者たちこそ一八三六年（天保七・道光十六）秋走り進貢船の上級渡唐役者たちで、このうちから、小唐船才府武村親雲上、同官舎高安筑親雲上、同大筆者具志川里子親雲上、同脇筆者翁長里子親雲上ら四人が「唐物方御用掛」に任じられており[18]、小唐船の役者に唐物方御用の首尾を統轄する役割が委ねられる慣例であったことがうかがえる。

これら上級渡唐役者たちには、藩主ならびに世子・奥方らの別注品についで唐物方御注文品書が示されている。その品目と数量を示すと、表33の通り一六種の薬種類で、品目は一八二五年（文政八・道光五）三月認可の長崎商法品とだいたい一致する。しかし、表中には同年の免許品の沙参・茶碗薬・猩燕脂・辰砂が見えず、替わって玳瑁（1）・犀角（3）・象牙（5）・甘松（11）が加わっている。この後一八四六年（弘化三・道光二十六）の長崎商法継続の申請にあたって、犀角・象牙・甘松が取扱い品目の中に付け加えられているのをみると、藩は幕府より内々に品替えの認可を得ていた可能性もある。

唐物方御注文品書の交付とほぼ同時に、一番方の「御銀渡」がなされたものと思われるが、『産物方日記』にはこのことは見えない。いっぽう、最大の本手品である御用昆布について、八月一日には若狭町の阿波連《あはれん》筑親雲上ほか五人の者が「昆布番」を命じられていて、七月にはすでに荷が調えられていたことをうかがわせる。そうしたなかで、平等之側《ひらのそば》兼濱親雲上（平等之側は治安裁判を司どる平等所の長官）、泊地頭山川親雲上、鎖之側天願親雲上、御物奉行安村親方の名で、中国で昆布の出所を問われた場合の応答のあり方について、渡唐役者・船頭に対して次のような注目すべき指示がなされている(19)。

年々渡唐船より唐江持渡候松前産俵物、御国産之段唐江相知候而者御難題相成事ニ而、去ル辰年唐物方より被仰渡趣有之、於唐逢尋候節、答振之趣意毎年渡唐人数定式誓詞之外別段誓詞被仰付候処、此節御在番所より御相談之趣有之、松前産俵物ニ不限、倭出産之品々者都而琉産之段相答候筋、定式渡唐誓文之内ニ書加、誓詞被仰付置候、然者是迄別段被仰付候を、右通一紙ニ相済候付而者、末々之者共ニ者御趣意承知届兼、弛ニ為相成筋致心得違候者茂可有之哉、右品々唐江出所相知、御国許交通之段又露顕、唐通融之故障成立候ハヽ、御□□（当国カ）之御難題無此上事ニ而、甚御心配□之候条、此旨得与致領掌、於唐官人・商人ニ不依出所被相尋候節、答振之趣意兼而証文差出置候通相嗜罷在、御国元之取沙汰迄茂一切不仕様、頭役・拘主より精々可被申添旨御差図ニ而候、以上、

申七月

兼濱親雲上
山川親雲上
天願親雲上
安村親方

申秋走渡唐
役者中

船頭

右之通被仰渡候間、奉得其意、厳重取締可被致旨御差図ニ而候、以上、

申七月

勢頭

大夫

この諭達によれば、中国へ持ち渡りの松前産の俵物が日本国産であることが知られては難題を招くことになるとして、「去ル辰年」以降、唐物方より、定式誓詞のほか特に産地を尋ねられた時の応答向きについて毎年別段に誓詞を申し付けることになっていたようである。「去ル辰年」とは、一八三二年(天保三・道光十二)にあたり、前年の二月には幕府より唐・紅毛物の正銘品の流通促進とともに、煎海鼠・干鮑・鱶鰭等の俵物の密売禁止が触れられているから、(20)おそらくそれをうけて、松前産俵物の輸出のことが琉球―中国を迂回して長崎来航唐商、そして長崎奉行(幕府)の耳に達することを警戒したものと思われる。別に徴された誓詞の内容によれば、松前産の俵物に限らず倭産の品々はすべて「琉産」と答えるようになっていたが、このたび在番所よりの相談があって、そうした応答向きが定式渡唐誓文一紙の内にまとめられるにいたったものの、末端の者たちの中には趣意が行き届かないのでは、という懸念から、あらためてこの論達となったことがわかる。

進貢船の開船を前に、こうした細部にわたる指示がさらに続くが、右の諭達についで、買過ぎ・買不足分についての処置がさらに新たに修正されているのも見逃せない点である。すでにみたように、一八三五年(天保六・道光十五)三月に、唐物方注文品の一六種の買過ぎ・買不足分についてはともに売上げ代銭一貫文につき一五文ずつの引き方とされたが、以後買不足のみについて当分通りとし、買過ぎ分については本斤(注文斤数)の代金の払いを済ましたう

え、追々都合がつき次第代金を支払う、また、渡唐役者・船方らが自分の利益を考えて過分の買過ぎとなった品については、検討のうえ格別に低価格で買い取る、ただし、だからといって買い過ぎても済むと心得違いをされても困るので、くれぐれも買過ぎ・買不足なく注文通りすべて買い調えるように骨折りのこと、と勢頭・大夫・役者中・船頭あてに触れられている。(21)この買過ぎ分の処置についての修正は、おそらく一八三六年の帰唐船の買荷の実績、家商(球商)との貿易事情、そして代銭一貫文につき一五文の召し上げというペナルティを避けるために、過剰分が抜荷ルートに流れることへの危険性などが勘案されてのことであったと考えられる。

このほか、帰国に際しての荷作りについても指示が出されている。「唐物方御注文品之儀、是迄銘々自物荷作内江入交持帰候品茂有之、通堂荷役之節及混雑候付」(22)と述べるところからすると、従来あらかじめ唐物方注文品と自物品とを区別して荷作りすることは徹底されておらず、そのため通堂《とんどう》(那覇港北岸)における荷役は混雑を極めたようである。そこで「以来御用之儀者都而取分、何品入付之訳銘書相記候様可取計、自然御用品之内江外品入交候歟、亦者自物品之内江御用物入加候類者、御取揚可被仰付候付、其節苦情申出間敷候」(23)と、唐物方御用品はまとめて荷作りのうえ品名を記した荷札を付し、御用品の中に別の品が入り混じること、あるいは自物品に御用物を入れ加えることがあれば品物の取上げをもって対処する旨が、通告されたのである。

こうして一八三六年(天保七・道光十六)の進貢船の派遣を前に、御物奉行・御鎖之側ら関係諸役の名で重要な指示がなされたことがわかるが、ちなみにそれらは、先の俵物の産地に関する応答向き一件史料でも明らかなように、すべて唐物方目付衆の「御差図」によるものであった。すなわち、貿易運営の主導権は唐物目付衆・在番、つまり島津家が掌握していたことになる。それゆえに、時折これに対する琉球がわの不満が表面化することは避けられない。明けて一八三七年派遣されることになった護送船への昆布差荷一件をめぐる双方のやり取りの中にもそれをみることができる。

2 護送船の派遣と昆布差荷をめぐる問題

一八三六年（天保七・道光十六）は進貢船が派遣されたから、翌一八三七年は接貢船の派遣年であった。ところが、一八三六年の冬、広東省潮州府澄海県の商船一隻が五〇人を乗せて、金武《きん》郡安富祖《あふそ》村に漂着、泊村に送られていた(24)。年が明けると、琉球がわでは早速送還の準備が進められるにいたったが、その際に焦点になったのが、昆布の差荷一件である。護送船を派遣するにあたって、慣例通り唐物方より琉球がわに貿易本手用として昆布を積み渡るよう打診があったが、これに対して、琉球がわでは、一月八日、御物奉行安村親方・小禄親方の名で次のような「口上控」の趣旨を、唐物方御目付近藤彦左衛門あてに願い出ている(25)。

口上控

今般漂着唐人護送船江、先例通唐物方御物方御物昆布御差荷之方可申上本意御座候処、当地蔵方之儀、去辰年江戸立ニ付太分物入仕、極難渋之折柄、猶又冠船莫太之物入価差掛、折角手当仕事候得共、近年登船之難船・水船等之災殃不相絶、就□□十年□運送船・夏楷船破船、去々年夏運送船於那覇川水船相成、夏楷船者致越年、去年帰帆之夏楷船茂於大嶋破船、冠船用之武具并諸品過半及流失、且先嶋運送之船々茂近来諸所漂着、又者災殃ケ間敷、去午年者拾艘余致破船、旁ニ付而者損失及過分、冠船手当向夫長相違仕居候処、諸士・百姓江茂重畳之課役掛置候付、此上出納相重候而茂相調不申、於館内茂借銀及重高、至極難渋成立、立入共江相渡筈之砂糖涯々渡方無之候故、不廻相成、当分才覚申付置候冠船手当銀茂漸来々春迄年府を以相調躰候得者、猶又出銀重申付候而も所詮不相調積ニ而、進退必至与行迫、極々胸痛仕罷在仕合御座候間、差掛候冠船手当向調兼、難渋仕ル次第御憐察被下、今般護送船江御物昆布御差荷之儀者、何卒御用捨之方御取計被下度、［　　］御座候ハヽ、余計間之□者当地□□□用致差荷、御陰を以冠船手当向相補候様仕度奉希候、護送船御差荷昆布之儀、御国元一綾之御繰合相成候段、奉承知居候付、当節御物ニ茂御難渋之砌、右様申上候儀、御都合之程も如何敷御座候得共、前件之成行被聞召分、何卒被成御賢慮被下候様御相談可申上旨摂政・三司官申付候、以上、

正月八日

安村親方
小禄親方

この「口上控」は、琉球館蔵方の窮状を挙げて、在番親方らが三司官に唐物方目付との交渉を進めるよう求めたものである。それが上国中の安村・小禄の両物奉行に託され、やがて唐物方目付との交渉で示されたことは、『産物方日記』の正月の条に「此節漂着唐人護送船より唐物方御物昆布差荷之儀、当地蔵方難渋ニ付、此節者御用捨之方御取計被下度、左之通書面相調、安村親方・小禄親方持下、唐物方御目附近藤彦左衛門殿江差上候処[26]」とあるところから明らかである。

琉球館在番の挙げるところの蔵方難渋の理由を整理すると、①去辰（一八三二・天保三・道光十二）江戸立ちの際の物入り、②来年の冠船受入れ費用の調達[27]、③相次ぐ難船・破船などであるが、とくに、冠船費用の調達に困難を来していることが強調されて、昆布の積間をその手当てに当てたい旨が願われている。渡唐船の積間配分に主導権を取り返したい、という本音がここにも現れていよう。しかし『産物方日記』によれば、唐物方御目付の近藤は、国元よりの差図を得たうえで回答しなければならないが、としつつも、「護送船有之候節々此迄御差荷被仰付、既ニ御模（範例──引用註）ニ相成候付而者御差図も難被成候間、是迄之通御差荷被仰付候段被仰聞候事[28]」とあるように、護送船に昆布

表34　1837年帰国護送船の御用品注文高と買渡り高

	薬種	注文高 （斤）	買渡り高 （斤.合勺才）	買過ぎ・買不足の別 （斤.合勺才）
①	玳瑁	500	257.376	−242.624
②	爪	400	359.848	−40.152
③	犀角	200	41.2□□	−158.□□□
④	桂皮	5,000	3,947	−1,053
⑤	大黄	10,000	19,756	+9,756
⑥	甘草	10,000	17,679	+7,679
⑦	蒼朮	5,000	13,529	+8,529
⑧	山帰来	5.000	9,031	+4,031

『産物方日記　道光拾六申年より翌酉年迄』（尚家文書390）より作成。

を積み込むことは先例となっているとして、琉球がわの要求を拒否していたことがわかる。

かくして、琉球がわの要求は門前払いのかたちとなり、二月には若狭町の阿波連筑親雲上ほか六人の者に御用昆布番が命じられていて、その後、積荷の準備が押し進められたことを知り得る。二月十四日には近藤彦左衛門より三司官兼城親方に唐物方御注文品のリストが示され、それは同日中に護送船脇筆者前川里子親雲上、同官舎名嘉地親雲上に手渡された。ちなみに、注文品は、①桂皮（五〇〇〇斤）・②甘草（一万斤）・③大黄（一万斤）・④蒼朮（五〇〇〇斤）・⑤山帰来（五〇〇〇斤）・⑥玳瑁（五〇〇斤）・⑦爪（四〇〇斤）・⑧犀角（二〇〇斤）・⑨象牙（二〇〇斤）の九品目で、[29] 貢船と違い現地での滞船期間が短いこともあって、護送船への注文品は品目・数量ともに少なかったことがわかる。そして、護送船の実際の買物の首尾はというと、表34の如くで、玳瑁・爪・犀角・桂皮が買不足、大黄・甘草・蒼朮・山帰来が買過ぎ、象牙にいたっては全く調達できなかったようである。昆布差荷による護送船貿易に力を入れたものの、藩にとっては、買過ぎ荷の処理が悩ましい問題であったといえよう。

3　一八三六年買荷の処理

結局予定通りいけば、一八三七年(天保八・道光十七)の夏は大小の帰唐船とこの護送船の積荷を得ることになったが、その前に唐物方では、前年の渡唐船乗員らの囲荷の処理を済ませておく必要に迫られた。近藤は四月十六日、御鎖之側国吉親雲上をよび、去年荷主に預け置いた薬種類の「取入」を令達した。高所より囲荷と荷主について報告がなされると、それぞれの品目の取入れ高を示している。それが表35である。[30]

表をみると、一八三六年(天保七・道光十六)接貢船で帰国した渡唐役者ならびに従人のうち、囲荷を申し付けられた荷主は四一人である。囲荷の対象となったのは檳榔・白朮・洋参・蓮翹・正延紫・遠志・酸棗仁・黄芩・水銀・黄芪・鳫薬の一一種であるが、これらはすべて長崎商法御免品ではなく、いわゆる領内消費、地禿用として買い込まれた品々である。このうち、件数の多い品目を順に挙げると、檳榔(一五件)・洋参(一一件)・正延紫(一〇件)・白朮(九件)などで、多くの者がこれらの品目を買い込んできたために、供給過剰となり、囲荷となった事情が判明する。特に買荷件数の多い上位四品目のうち、檳榔・白朮について、渡唐役者トップの勢頭の買入れ高が群を抜いているのが注目される。そこにはやはり、上位の者が有力商品の貿易により多くの資本を投下していた様相がうかがえる。

これらの地禿用の品目は、すでに述べたように、需要があれば、然るべき手続きのもとに放出されていた。高所が近藤に差し出した先の報告によれば、檳榔・白朮・洋参・正延紫・酸棗仁などが、求めに応じて売られている。しかし、洋参を除いて売却は進まず、琉球での地禿しに要する分を除いて、唐物方がその一定部分を引き取ることにしたのである。その引取率をみてみると表36のようになる。[31]

このように、渡唐役者、その従人、そして船方らの囲荷は、檳榔・白朮・蓮翹・黄芪・酸棗仁・遠志・水銀・黄芩・鳫薬などの確保が琉球の医者の願いによって医療用として、また水銀の一部が「座用」(役所用)、正延紫が紺屋

21	糸数筑登之	船頭内證聞	洋参	27	20
22	金城にや	四方目	桹榔	104	53
23	花城筑登之	脇五主	酸棗仁	224	91
			白朮	95	41
24	宮平筑登之	南風文子	白朮	108	45
25	宮城にや	四方目	桹榔	90	42
26	宮平筑登之	脇五主	桹榔	140	69
27	知念□	脇五主	正延紫	10	
28	高良筑親雲上	大五主	桹榔	540	300
29	西銘筑登之	佐事	洋参	14	13
			正延紫	569	344
30	小嶺筑親雲上	佐事	正延紫	98	60
			桹榔	113	54
31	仲村渠筑親雲上	佐事	桹榔	460	253
32	島袋筑親雲上	佐事	正延紫	101	60
33	大嶺にや	水主	桹榔	260	134
34	宮平	水主	正延紫	107	65
			洋参	5	4
			酸棗仁	176	69
35	真栄田通事	勤学	桹榔	3□9	182
36	宮平筑登之	案内者之内	桹榔	433	207
			白朮	191	90
37	東恩納秀才	勤学	鴈薬	255	144
38	具志堅里子親雲上	馬らん通事	蓮翹	625	536
39	仲嶺筑親雲上	午秋走大唐船大筆者	洋参	5	3
40	糸数筑登之	案内者之内	白朮	226	114
41	喜友名里之子	勤学	正延紫	102	60

註１：1837年（道光17・天保8） 4月および5月の高所「覚」（『産物方日記　道光拾六申年より翌酉年迄』）より作成。
　２：荷主名、渡唐時の役職名等は4月の高所「覚」を基本とした。
　３：「斤高」の合以下は切り捨てた。
　４：＊17の国吉親雲上について5月の高所「覚」は「国吉筑登之」「存留之内」と記載する。
　５：＊18の嶋袋筑親雲上の渡唐時の役職について、5月の高所「覚」は「存留内証聞」とする。

表35　1836年の渡唐役者・従者らの買荷のうち、唐物方の引取高

	荷　　主	渡唐時の役職等	持ち来り唐物の品名・斤高と唐物方引取高		
			品　名	持ち来たり斤高	唐物方引取斤高
1	宮城筑登之	勢頭棚原親雲上名代	梹榔	1,513	772
			白朮	1,462	642
2	新崎親雲上	大夫	白朮	242	119
			洋参	44	42
3	阿波連筑親雲上	大夫之内	蓮翹	95	66
4	崎山筑登之	才府之内	梹榔	172	85
5	前原子	才府之内	梹榔	166	84
6	金城里子親雲上	北京大通事	白朮	575	258
			正延紫	135	80
7	我謝筑登之	北京大通事之内	白朮	78	32
8	宮城筑登之	大通事之内	遠志	180	97
9	国吉筑登之	大通事之内	洋参	55	53
10	伊差川にや	官舎之内	洋参	34	31
11	比嘉にや	官舎之内	酸棗仁	207	82
12	古波蔵にや	官舎之内	黄芩	111	69
			酸棗仁	233	90
13	具志堅筑登之	大筆者之内	正延紫	229	140
14	名嘉山筑親雲上	大筆者之内	白朮	375	158
			梹榔	511	268
			正延紫	246	150
15	翁長にや	北京大筆者之内	梹榔	339	181
16	宮城筑登之	脇筆者之内	水銀	200	150
			梹榔	1,027	546
			正延紫	80	50
＊17	国吉親雲上	古存留	洋参	9	8
＊18	嶋袋筑親雲上	古存留之内	洋参	12	12
19	宇良里子親雲上	存留	洋参	87	86
20	知念筑親雲上	船頭	洋参	210	196
			黄芪	117	57

表36　1836年帰帆渡唐役者・従者等の囲荷のうち唐物方引取り高

	品　名	囲い荷の斤高	唐物方引き取り斤高
1	檳榔	6,273［6,345］	3,231（51%）
2	白朮	3,352［3,725］	1,509（47）
3	洋参	503［4,382］	473（94）
4	正延紫	1,677［1,817］	1,009（60）
5	蓮翹	820	602（70）
6	黄芪	117	57（49）
7	酸棗仁	848［878］	332（39）
8	遠志	180	92（51）
9	水銀	200	150（75）
10	黄芩	111	69（62）
11	鷓薬	255	144（56）

註１：『産物方日記　道光拾六申年より翌酉年迄』より作成。
２：「白朮」と「洋参」の囲荷高については、虫損のため数値が確定出来ない箇所があり、表35とかならずしも整合しないが、大要を知るうえでは差し支えはないと考える。
３：［　　］は当初の囲荷高。

の入用として一定量確保され、それ以外は大部分が唐物方に引き取られ、藩領内の地禿用に回されていくことになった。この事実を素直に受け止めれば、処理に困ったストック分を唐物方が引き取ったかたちに解されるが、事はそう単純ではない。琉球の地禿高の申請を行った書付には次のような経緯が記されている[32]。

一、此節御取入相成候唐物之内、地禿高前条向々取〆書表高奉行より唐物方江差出候処、御取入高格別相減候方ニ者不相成候間、左之通御取入被仰付候段、品員数書被相渡候由高奉行申出有之、其通ニ而者向々取〆高より斤数相増候も有之候得共、多分者斤高余り少相見得候付、猶又御医者中江吟味申渡、賦書差出させ、是非此分者地禿被仰付候様、重而高奉行ニ付而御相談申上させ候処、御聞済相成候段、首尾承候事、

すなわち、唐物方による取入れ品のうち、琉球がわの地禿分について高奉行より申請が出されたのに対し、唐物方よりは取入れ高を特別に減ずるわけにはいかないとしつつも、取入れ品の員数書が示され、これをうけて琉球の医師たちよりは薬種類の地禿高が高奉行を通じて提出されるにいたったことがわかる。しかし、医師たちの申請書には本

来の要求高が反映されていなかったことは、医師と思われる真境名《まじきな》親雲上ほか八人の者が六月に差し出した「口上覚」(33)にうかがうことができる。それでは、「御医者ならびにお付きの者、そのほか脇医者どもは用分の薬種類を御免銀で誂え、または必要に応じて王府より申し請けてきたものの、それでは足りず、渡唐の者が持ち渡ってきた物を「脇買入」することで、ようやく用を足してきた。ところが、去年夏の帰唐船積載の脇方薬種についても唐物方より御蔵入とし、また渡唐の者にも脇方薬種類の持ち渡りを禁じた。そのため、以前に勝手次第に持ち渡ることを許されていた時でさえ薬種は不足し、療治がたに差し支える有様であったのに、いまのままでは薬種は絶えてなくなる」と、深刻な状況を指摘し、王府御物銀によるお誂えと、また渡唐の者たちにこれまで通り販売を認めることが訴えられている。これによると、囲荷の引取りは半ば強制的に行われ、長崎商法品以外の薬種類にも唐物方の流通統制の手がおよんでいたことが理解できる。

真境名らに対し、訴えを取り次いだ御双紙吟味嘉味田《かみた》親雲上・平等之側兼濱親雲上らは、「薬種について国用の買入れは認められ、この年派遣の者にその旨申し渡したので、御物誂えは必要がない、また去年持ち囲いを申し付けた地禿分の薬種類は確保できているのに、それを知らないのか、買い取る者がいない。入用次第買い取るよう、医師らに申し渡すように(34)」と通達している。王府が地禿分を確保していたことが医師らに徹底されていなかったということになるが、医師の間には唐薬種入手のシステムが存在していたことを思えば、この王府の通達をそのまま受け容れるわけにはいかない。ともあれ、薬種類に対する流通統制が強化されるなかで、琉球医師の間でもその調達は容易ではなくなるという事情が現出していたことに注目しておきたい。

第三節　一八三七年帰帆進貢船の貿易の実態

こうして、前年もたらされた渡唐役者らの囲荷は、琉球の地禿分を残して大半は唐物方に引き取られ、琉球は間もなく新たに荷を積んで入港する前年派遣の進貢船を迎えるにいたる。以下ではその貿易の実態と、渡唐役者の価格改善を求める動きについて触れておきたい。

進貢船は大小ともに五月十九日に無事帰国し、通堂崎に曳き入れられた。早速翌日から荷役が始まり、二十二日までには大唐船が、二十三日には小唐船のそれが終了した。二番方・三番方荷物の改めかたも二十四日には済み、この段階において帰唐船の買物の首尾は判明したものと思われる。結果は去年同様、買過ぎ・買不足があり、そのことが六月二十六日に正式に三司官兼城親方・東風平親方・与那原親方、摂政浦添王子の名で(唐物方目付あてに)報告がなされている(35)。

大小渡唐船の才府・官舎・大筆者・脇筆者らによる買荷に関する状況についてはすでに表18(八八頁)に示す通りである。同表と前年の買荷を示した表15と比較してみると、玳瑁・爪・虫糸・硼砂・山帰来・甘松の六品は前年同様買過ぎ、象牙・犀角・木香・沈香・阿膠・桂皮などについてはやはり買不足であり、いっぽう前年買不足となった品目で、龍脳・大黄・甘草・蒼朮などは今度は買過ぎとなっていることがわかる。こうした商品の調達に凹凸が生じた事情について、先の上級渡唐役者らは、「専商人共を頼、遠方之省々江相掛為致調達事ニ而、存之儘行届不申、右通買過買不足段々有之、御注文全筈合不申、何共可申上様無御座(36)」と、前年同様の釈明をしており、客商を仲介とする進貢貿易のシステム上の問題は容易に克服できなかったことを示している。

とするならば、買不足分について売上げ代銭一貫文につき一五文ずつの引き方とされ、買過ぎ分については本斤（注文斤数）の代金の払いを済ましたうえ、追々都合がつき次第代金を支払う、また、自分の利益を考えて過分の買過ぎとなった品については格別に低価格で買い取られるというペナルティは、やはり琉球の渡唐役者・船方には厳しいものがあったといわなければならない。そのためであろう、渡唐役者たちは唐物の買取値段の引き上げを王府を通じて唐物方に要求している。

七月十日付で王府唐物方掛真栄平親雲上、喜舎場筑親雲上が物奉行安村親方、御鎖之側国吉親雲上あてに差し出した報告書には、次のように述べられている。[37]

此節唐物代之儀、進貢船役者共渡唐前都而之品々直上之願書差出、猶又帰帆之上書面を以願立、私共よりも唐交易品不景気之次第等、御都合ニ応、段々申上置候処、及御吟味、別閉張紙之通直増被仰付候段、御目附より被仰渡候、右ニ付直増之分成を以取立候得者、凡分六万千貫文余利得ニ相成、尤買過之品々茂□□壱わり値引被仰付、其余者直引之沙汰不及段承知仕、先以難有次第御座候、為御心得此段御問合申上候、以上、

七月十日　真栄平親雲上
喜舎場筑親雲上

安村親方様
国吉親雲上様

報告書によると、前年（一八三六・天保七・道光十六）、進貢船の派遣を前に渡唐役者らより唐物代の値上げが求められ、そしてまた帰帆の後あらためて同趣旨の願書が唐物方掛あてに差し出された。いっぽう、これを請けて、唐物方

【小唐船積荷】

	品　　名	斤　　　高 （斤.合夕才）	1斤当り代価（丁銭） （貫.文）	代価総額（丁銭） （貫.文）
1	玳瑁	338.□	［52.957］	17,716.152
2	爪	487.767	［44.220］	21,569.195
3	虫糸	187.547	［ 6.266］	1,175.212
4	象牙	36.3	［ 2.324］	84.348
5	犀角	158.42	［18.470］	2,925.993
6	木香	150.5	0.450	67.725
7	沈香	369.86	［ 2.797］	1,034.451
8	龍脳	1,073.5	5.200	5,579.860
9	阿膠	466.22	0.380	177.164
10	硼砂	500.	0.715	357.500
	同	670.3	0.591	396.522
11	大黄	15,000.	0.390	5,850.
	同	12,418.	0.365	4,532.570
	位劣大黄	109.	0.360	39.240
	虫付大黄	117.	0.320	37.440
12	桂皮	6,521.	0.260	1,695.460
	位劣桂皮	558.	0.210	117.180
13	山帰来	15,000.	0.220	3,300.
	同	16,786.	0.195	3,273.270
	位劣山帰来	123.	0.200	24.600
14	甘草	18,847.	0.310	5,842.640
	位劣甘草	223.	0.280	62.440
	虫付甘草	635.	0.210	133.350
15	蒼朮	12,891.	0.280	3,609.480
	位劣蒼朮	918.	0.220	201.960
16	甘松	738.	0.350	258.300
計（大唐船・小唐船）				18万3242貫487文 （琉目9,162,124貫350文）

酉六月「覚」（『産物方日記　道光十六年申年より翌酉年迄』より作成。［　　］内は筆者が算出。

表37　1837年帰唐船の御用物取入れ値段

【大唐船積荷】

	品　　名	斤　　高 (斤.合夕才)	1斤当り代価(丁銭) (貫.文)	代価総額(丁銭) (貫.文)
1	玳瑁	475.375	[52.957]	25,174.466
2	爪	867.353	[42.378]	36,756.660
3	虫糸	198.8	[7.124]	1,416.391
4	象牙	75.7	[2.483]	187.990
5	犀角	218.77	[18.193]	3,980.123
6	木香	771.25	[0.450]	347.32
7	沈香	447.39	[2.847]	1,273.708
8	龍脳	1,354.875	5.200	7,045.350
9	阿膠	592.57	0.380	225.176
	位劣阿膠	26.6	0.330	8.778
10	硼砂	500.	0.715	357.500
	同	480.	0.590	283.200
11	大黄	15,000.	0.380	5,700.□□□
	同	7,563.	0.365[0.361]	2,730.495
	虫付大黄	309.	0.320	98.880
12	桂皮	8,649.	0.260	2,248.740
	位劣桂皮	338.	0.210	70.980
13	山帰来	15,000.	0.220	3,300.
	同	10,797.	0.195	2,105.415
	位劣山帰来	1,735.	0.200	347.
	虫付山帰来	107.	0.170	18.190
14	甘草	16,821.	0.310	5,214.510
	位劣甘草	381.	0.280	106.680
	虫付甘草	682.	0.210	143.220
15	蒼朮	12,591.	0.280	3,525.480
	位劣蒼朮	337.	0.220	74.140
16	甘松	718.	0.350	251.300

表38　唐物方による値増し品目

	品目	1836年帰国接貢船積載の御用品買取価格（貫.文）	1837年帰国大唐船積載の御用品買取価格（貫.文）	1837年帰国小唐船積載の御用品買取価格（貫.文）
1	玳瑁	[41.407]	[52.957]	[52.957]
2	爪	[36.439]	[42.378]	[44.220]
3	虫糸	[5.565]	[7.124]	[6.266]
4	象牙	[2.218]	[2.483]	[2.324]
5	犀角	[15.580]	[18.193]	[18.470]
6	木香	0.430	0.450	0.450
7	沈香	[2.502]	[2.847]	[2.797]
8	硼砂	0.650	0.715	0.715
9	桂皮	0.250	0.260	0.260
10	蒼朮	310[260]	0.280	0.280

註１：『産物方日記　道光拾六申年より翌酉年迄』より作成。
　２：接貢船の御用品買取価格は表27による。
　３：[　　] 内は筆者が算出。

掛真栄平親雲上らも「唐交易品不景気之次第等」を唐物方に訴え、同日付より「直増」しを認める、ただしその買過ぎの分は一割の値引きを行い、そのほかは値引きを適用しない旨の回答を得たことがわかる。真栄平らによれば、これによって、銭六万一〇〇〇貫文余の「利得」になるというのであるが、唐物方より示された大唐船・小唐船積載の御用物の取入れ値段を示すと、表37の通りである。これを前年帰国の接貢船がもたらした御用品の取入れ値段を示した表27と比較して、具体的に「直増」しの実態をみてみると、その対象となっているのは、表38に示すように、一六品目中、玳瑁・爪・虫糸・象牙・犀角・木香・沈香・硼砂・桂皮・蒼朮の一〇品目で、他の龍脳・阿膠・大黄・山帰来・甘草・甘松の六品目については同価格のままであることがわかる。

ちなみに、この年の七月十六日には、春に派遣された護送船が帰国しているが、その積み来たった御用品は玳瑁・爪・犀角・桂皮・大黄・甘草・蒼朮・

表39　1837年護送船の調達御用品の唐物方引取代銭

	薬種名	斤高 (斤.合勺才)	1斤当たり代銭 (文)	代銭(丁分) (貫.文)
1	玳瑁	257.376	［42,785］	11,011.170
2	爪	359.848	［44,510］	16,016.960
3	犀角	41.214	［18,869］	777. 66
4	桂皮	3,235.	270	873.450
	位劣同	712.	220	156.640
5	大黄	10,000.	390	3,900.
	同	9,756.	370	3,609.720
6	甘草	10,000.	330	3,300.
	同	5,095.	295	1,503. 25
	位劣同	2,156.	270	582.120
	虫付同	428.	210	89.880
7	蒼朮	5,000.	280	1,400.
	同	8,221.	250	2,055.250
	位劣同	308.	220	67.760
8	山帰来	5,000.	220	1,100.
	同	2,594.	205	531.770
	位劣同	1,067.	190	202.730
	洗ニ付同	370.	200	74.
計				4万7250貫950文 琉目236万2547貫500文

註1：『産物方日記　道光拾六申年より翌酉年迄』より作成。
　2：［　　］内は筆者が算出。

山帰来の八品目で、それらの唐物方引取代価を示すと表39の通りである。玳瑁については史料の虫損のため言及できないが、爪・犀角・桂皮・甘草の四品目については大小唐船積載御用品の取入れ価格より引き上げられていることがわかる。御用品全品の「直増」しではないが、中国における客商を仲介とする商品の調達が円滑でないなかで、こうして渡唐役者らが藩の御用品引取価格の改善を勝ち取った点は注目してよいであろう。

結　語

一八三四年(天保五年・道光十四)、薩摩藩は長崎商法の二〇ヶ年の継続を幕府より取り付けるのに成功したが、ここでは『産物方日記』を中心に、その前後における琉球貿易が内に抱えていた様々な問題をとりあげてみた。まず藩唐物方目付を悩ませていたのは渡唐役者らによる商法品の買過ぎ・買不足という事態であった。それは、本来中国客商に荷の調達を依頼するかたちで成り立っていた琉球貿易にとって避けられないもので、とりわけこの頃の客商の経済的窮迫は、もろに商品調達事情に影響を与えていた。しかし、長崎商法品に過不足が生じることを避けたかった薩摩藩は、試行錯誤的に対応策を打ち出した。藩はすでに買過ぎ分の代銀は延べ払いとし、買不足があった場合は、以後当該渡唐役者の渡唐召し止めとする厳しい方針を打ち出していたが、長崎商法延長の認可をうけたのを契機に、買過ぎ・買不足ともに品物値段一貫文につき一五文ずつの取上げとしている。買過ぎ・買不足によって生じる損失を科銀で補おうとしたのである。

しかし、それは一八三六年(天保七・道光十六)、進貢船と漂着中国人の護送船の派遣を前に、再び改められた。すなわち、買不足についてはこれまで通り一貫文当たり一五文ずつの引き方とし、買過ぎ分については、注文分の代金の払いを済ました後、延べ払いを条件に唐物方の引取とした。買過ぎ分について、そのような処置に出たのは、だぶついた商品が脇へ抜荷として流れるのを防ぐためであったと思われる。

長期にわたって長崎商法を維持するためには、抜荷の根絶は大きな課題であった。唐物方目付が、買荷の荷作りについて、唐物方注文品と自物との区別を促していたのも、単に荷役の便のためだけではなく、抜荷防止のためでもあったとみられる。

薩摩藩は、長崎商法品の安定的確保、抜荷防止にことのほか力を入れるいっぽう、輸出の面では昆布の取引き拡大をはかった。一八三七年(天保八・道光十七)派遣の漂着唐人護送船に、琉球がわの抵抗を押し切って差荷として昆布を積み渡らせている。これも長期にわたる長崎商法維持のため、唐物調達本手の増強に道筋をつけるためであったと思われるが、この問題は、船間の宰領権を守ろうとする琉球がわの反発を招くことになったことはみた通りである。なお、昆布が日本産(松前産)であることは、中国客商らに対しては極秘にするよう渡唐役者らに徹底され、藩の昆布入手ルートが強く伏せられた点は注目してよい。

また藩は薬種類の流通統制につとめており、それは琉球における医療事情に影響を与えていたふしがみえる。琉球の医師たちが薬種類の確保を王府に願い出ているのは、藩のその流通管理の厳しさを反映する事実として捉えられる。

こうした一連の藩の政策をみてみると、渡唐役者らが確保できる貿易利潤はおのずと限られたものとならざるをえなかったことが想定され、彼らをして唐物の買入れ価格の改善要求へと突き動かしていった事情が理解できる。すなわち、一八三六年(天保七・道光十六)進貢船の出帆を前にして渡唐役者らから買荷の値増しが求められ、その要求はさらに帰帆後も堅持されてついに注文品の値増しを行うこと、買過ぎ分については一割の値引きとし、その他の分については値引きを適用しない旨を取り付けた意味は無視できない。

註

（1）「琉球産物年継に付評議仕申候書付」（石本家文書〈九州大学附属図書館付設記録資料館蔵〉五七〇九）。
（2）『産物方日記　道光拾六申年より翌酉年迄』（尚家文書〈那覇市市民文化部歴史資料室蔵〉三九〇）。
（3）（4）『渡唐人江申渡条目』（尚家文書二九五）。
（5）（6）『産物方日記　道光拾六申年より翌酉年迄』。
（7）（8）　申六月「口上覚」（『産物方日記　道光拾六申年より翌酉年迄』）。
（9）　西里喜行「中琉交渉史における土通事と牙行〈球商〉」（『琉球大学教育学部紀要』五〇集、一九七七年）。松浦章氏が光緒二十九年の『閩県郷土志』によって示すところによれば、柔遠駅のあった太保境後街付近に李姓四戸のほか、鄭・宋・丁・卞・呉・趙の一〇戸が存在していたという（『清代中国琉球貿易史の研究』〈榕樹書林、二〇〇三年〉五七頁）。
（10）『産物方日記　道光拾六申年より翌酉年迄』。
（11）　勤学人の国場里之子が、接貢船の乗員に自宅に届けるよう依頼した「半山茶」と記した小壺三つの中に、蒼朮が入れ加えられてあるのが厳しい荷改めによって暴かれ、薬種は焼き捨てられるという事件も起こっている（道光十六年〈一八三六〉九月、物奉行安村親方ほか鎖之側・平等之側より勢頭・大夫あて論達〈『産物方日記　道光拾六申年より翌酉年迄』〉）。「勤学人」は久米村より選出された私費留学生。王府からの心付はなかったものの、上位役人の分配された船間の一部を使用することは認められていた（深沢秋人「近世琉球における渡唐使節の編成―一九世紀の事例を中心に―」『法政大学沖縄文化研究所紀要　沖縄文化研究』二六号、法政大学沖縄文化研究所、二〇〇〇年。のち同『近世琉球中国交流史の研究』〈榕樹書林、二〇一一年〉所収）。
（12）　六月十五日付瀬名波親雲上・識名親雲上より御鎖之側あて「問合」（『産物方日記　道光拾六申年より翌酉年迄』）。

(13)(14)『産物方日記　道光拾六申年より翌酉年迄』。

(15)「中山世譜」巻十二、尚育王・道光十七年条（『琉球史料叢書』第四〈伊波普猷・東恩納寛惇・横山重編、井上書房、一九六二年〉）。

(16)〜(19)『産物方日記　道光拾六申年より翌酉年迄』。

(20)『御触書天保集成』下、巻百五、六五二二・六五二三号。

(21)『産物方日記　道光拾六申年より翌酉年迄』。

(22)(23)右同、申八月兼濱親雲上他より両艘役者中・船頭あて通達。

(24)「中山世譜」巻十二、尚育王・道光十六年の条。

(25)(26)『産物方日記　道光拾六申年より翌酉年迄』道光十七年（一八三七・天保八）正月条。

(27)道光十八年〈一八三八・天保九〉夏、冊封使として正使林鴻年・副使高人鑑が来航、尚灝王を諭祭し、尚育王を冊封している（「中山世譜」巻十二、尚育王・道光十八年の条）。

(28)『産物方日記　道光拾六申年より翌酉年迄』道光十七年（一八三七・天保八）正月条。

(29)右同、道光十七年（一八三七・天保八）二月十四日条。

(30)酉四月の「覚」（『産物方日記　道光拾六申年より翌酉年迄』）。

(31)酉四月の「覚」（『産物方日記　道光拾六申年より翌酉年迄』）では、白朮の場合、

三千七百弐拾五斤より成ル
合白朮　三千三百五拾弐斤

外

申十一月より同十二月迄地禿とシテ渡ル
百五斤
酉正月より同四月迄右同
百四拾三斤半
へり欠け
百弐拾四斤半

と記載されていて、当初の囲荷高三七二五斤の内、一〇五斤が申(道光十六)十一月から十二月までの間に、また一四三斤半が酉(道光十七)正月より四月までに「地禿」用として売り渡され、一二四斤半が減り欠けとされている。洋参にいたっては当初の囲荷は四三八二斤であったが、やはり道光十六年十一月より同十二月の間に一一斤半、翌十七年正月より同四月までの間に二七斤が売られ、四一三六斤七合五勺が売渡しの記載はないが、処分がなされ、五〇〇斤余が在庫となっていたことが判明する。しかし、この洋参以外は、捌けていないのが現状で、虫付きなどが進み、荷主にとっても困り果てているのが実情であった。

(32)(33)『産物方日記　道光拾六申年より翌酉年迄』。

(34)「口上覚」付紙(右同)。

(35)~(37)『産物方日記　道光拾六申年より翌酉年迄』。

第八章　薩摩船による北国筋における抜荷

緒　言

一八三四年（天保五年・道光十四）薩摩藩より長崎商法の年継ぎが申請されたのに対し、長崎奉行所より意見を徴された高島四郎兵衛ほか六人の長崎町年寄、それに佐藤忠八郎ほか一一人の長崎会所役人らは、それぞれ以下のような趣旨を同じくする評議結果を上申している。(1) ①近来薩摩藩の長崎商法高は御免銀高より過上になっており、特に大黄・甘草について斤高を増すことになっては、会所商売の障害にもなるので、容易に認め難い、②しかし一ヶ年の目当て銀一七二〇貫目を超えないようにし、過斤の時はその分を翌年の御免高の内に差し加えるようにすれば、二〇ヶ年間の商法を認めてもよい、③もちろん、年限中でも支障が生じた場合はその旨会所より上訴するものとする、④ただし、薩州方より琉球国へ渡す代物は兼て仰せ渡しの通り、煎海鼠・干鮑・昆布などは禁じてもらいたい。高島ら長崎町年寄と佐藤ら長崎会所役人が、こうしたほぼ同じ内容をもって、条件付きで薩摩藩の申請を容認する意思を示しているのはいささか奇異に思われるのであるが、それについて松浦静山が「保辰琉聘録　三」(2)で次のような興味深いことを記している。

又近来は、薩侯より官辺へ願有りて、琉渡の中華産《からもの》長崎へ廻し商売する事に成り、薩州より出役も有て、長崎地役へも多分の合力等も行ひ、町年寄の高島氏へは五百石かを与へし抔、彼地にての評説はかゝる体なれば、定めし薩州の損益を計りたる上ならんと訝る者も半ばせり、

すでに一八二五年（文政八・道光五）の品増し願いを申請した折、薩摩藩が幕閣や長崎奉行所関係役人に対して金品を送って工作を展開していた様子はみた通りで、年継ぎの認可は、こうした長崎地役人を抱き込むことで勝ち取ったものであることは疑いあるまい。長崎地役人らの検討の結果を得て、この後、幕府勘定所の評議に付され、認可の方向でまとまると、一八三四年（天保五・道光十四）六月二十六日、勝手掛老中松平周防守康任より薩摩藩江戸留守居半田嘉藤次にその旨が伝えられている。二十八日には半田は殿中において「請書」を提出しているが、(3)それはおそらく右の長崎町年寄・長崎会所役人の申し出の遵守を内容とするものであったであろう。

こうして薩摩藩の長崎商法は継続の運びとなったが、しかし幕閣の間では藩の抜荷に関する情報収集はその後も続けられ、その結果さまざまな疑惑が藩に向けられるようになる。それらはすべてが十分に根拠があるものとは思えないものもあるが、それはそれとして藩に対する疑惑の深さを示すものであった。かくて幕府も座視することができず、一八三六年（天保七・道光十六）には薩摩藩と松前藩あてに抜荷取締り令を布達することになる。松前藩が薩摩藩とともに取締りの対象とされたのは、昆布が秘かに領内から抜け、薩摩船との貿易がなされているとの疑いからであった。かつて筆者は、松前の三石昆布を薩摩藩に媒介したのが越前・越中・越後の廻船で、いっぽう薩摩船も越後の新潟その他の港に唐物をもたらしていたことを指摘したことがあるが、(4)実証の面で十分ではなかった。しかしその後の徳永和喜氏(5)・深井甚三氏(6)の研究によって、薩摩船による北国筋との貿易は動かし難いものとなった。この章ではそうした新たな研究に依拠して旧説を補うとともに、一八三六年の抜荷取締り令発布の意義について触れておきたい。

第一節　薩摩船の越後村松浜遭難事件

まず、薩摩藩にまつわる抜荷疑惑がどのようなものであったか、みておこう。一八三五年(天保六・道光十五)三月二十八日、老中大久保加賀守忠真より勘定奉行土方出雲守勝政(元長崎奉行)に、薩摩藩領の鹿児島における抜荷の風聞書が示されている。(7) それは、ほぼ以下のような内容をなすものであった。①鹿児島表で抜荷が行われているとの風聞は以前よりあるが、近年は取締りが弛み、鹿児島は勿論、そのほか松平大隅守領分の島々に唐船が寄港、唐物商売を営む者たちも同所に仕入れるためにやってきているという。②抜荷物所持の者は、少量ずつの取引は好まず、多くを北国筋・越後辺りへ送り、売り捌いているよしである。③また琉球産物(唐物)の内へ抜荷物を取り混ぜ、長崎へ廻して売り捌いているとのことである。④銅銭の輸出は御制禁のところ、抜荷物として持ち出され、西国筋は一体に鉄銭のみになっているとの噂である。⑤一説には薩州においては唐方とのみではなく、琉球国の海路の島々の内で異国船とも諸品を貿易している旨の沙汰あり。⑥抜荷取締りの強化で、朝鮮国と対馬の貿易が不調になったため、鹿児島が朝鮮国に時々貿易船を派遣している。朝鮮国では対馬との貿易よりも利得が多いためこれを歓迎し、御禁制の刃物類(武具)まで輸出されているとのことである。

この風聞書を受け取った土方は、以下のように上申している。(8) ⅰ右のような風聞があることをもって、このたび、大隅守家来に抜荷取締りをあらためて通達したほうがよいと考えている。ⅱ松前より主に買い入れている上品の煎海鼠が抜け散り、越後国で売買され、薩摩へ廻っているとのことは越後の俵物請負人どもよりも長崎会所への申し立てがあり、去々巳年(一八三三・天保四・道光十三)越後国への御用ついでに御普請役らに同国の海岸通りの浦々を見回らせたところ、新潟海老江あたりに松前産の煎海鼠が多分に廻り、直に薩州船へ密売しているのは相違ない旨の報告であった。先両三年も御普請方両人に引き続き御料・私領の海岸・浦々の取締りを申し付けたい。また近来薩摩の船を外国商船に仕立て、松前へ廻し、俵物類を密買いしているとの風聞もあり、松前隆之助への密売買取締りの沙汰が必要と考える。ⅲ長崎において唐人どもが日本の銅銭を選り集めて持ち帰るのは、猥りに徘徊するのを許しているためで、密売を増長させることにもなっているやに思われる。去秋、牧野長門守の長崎赴任前に老中松平周防守の申渡しもあるので、長崎ならびに近郷までも取締りを相違するつもりである。ⅳ薩州において抜唐物の密売買などの風聞は以前よりうかがっているが、同国への御手入れは容易なことではない。先達て大草能登守の長崎在勤中、不正の品を積んだ船一艘を取締りの役々が取り押さえてみると、薩摩船と思われること、品物は「多分之金高」におよぶとの申し立てであったこと。このことからも松前表へ薩州船を外国船に仕立て、密買いに出かけている、あるいは朝鮮国に薩州船が往来しているとの風聞は偽りではないだろう。

老中大久保忠真が土方勝政に示した「風聞書」のうち、①の薩摩藩領内の島々での唐船との密貿易、⑤の琉球国にいたる海路の島々での異国船との貿易、⑥朝鮮との貿易、などの件については薩摩藩にもその痕跡を示す史料は見当たらず、事実とは認め難い。だとしても、藩に対する疑惑に尾ひれが付いて幕閣の間に広がっていたことを示すものとして注目されてよい(9)。いっぽう他の風聞についていうと、決して根拠のないものとはいえない。②の抜荷物の北国筋・越後辺りでの売捌きについては後に触れるとして、③についていえば、商人が抜荷物の琉球産物へ取り混ぜて長崎で販売しているというのも、厳密にいうとそうした事実はいまのところ確認できない。ただし藩がわが御免品以外の品目を入札対象品として本方商人と取引きしていたことが考えられ、抜荷品を長崎商法品に取り混ぜて売り捌いているという風聞の根拠にはなる。④の銅銭の輸出については、琉球が唐物仕入れのために寛永通宝の輸出を行っていたことが確認できるから、それが藩の主導によるものと解されたと思われる。

こうして、虚実がない交ぜになりながら、薩摩藩に対する疑惑が膨張の一途をたどりつつあったということが指摘できる。しかし土方が「同国江御手入之儀等者不容易筋ニも候処」と述べるように、将軍家と縁戚関係にあり、しかも大藩である薩摩藩の貿易活動の糾明に幕府でも手をつけることが容易ではなく、長崎での琉球産物（唐物）の売捌きが公認されているかぎり、薩摩船の諸湊での抜荷活動の摘発、封じ込めで藩自体の貿易活動に箍をはめるほかなかったのである。特に幕府がねらったのは、北国の俵物・諸色の供給ルートと薩摩藩とのつながりを断つことであった。

北国筋・越後あたりと薩摩藩とのつながりについては、やはり松浦静山が興味深い事実を指摘している(10)。

先頃朝鼎が話には、中華産は多く薩船にて越後の新潟其外へも廻し、夫より専ら奥地へ送り、或は江都へも内々は売出すか、然るゆゑ都下にても中産存外に下価なる有り、某当用朱又は朱錠などは、越後の門生へ云遣せば都下より却て上品なるも入手す、かゝる融通なければ、第一薬種抔浪華江都を経て奥羽へ達する体にては、奥辺の人は漢渡の薬物を用ゆることは自由ならずと云き、

すなわち、静山は絵師かと思われる朝鼎なる者の話として、薩摩船は唐物を越後新潟そのほかの地にもたらし、それらは専ら奥地へ送られ、あるいは江戸へも内々売り出されるため、値段は思いのほか安価であること、同人が使用している朱また朱錠などは、越後のその門人に頼めば江戸より却って上品なものが入手できること、奥羽では大坂・江戸を経ずに唐薬種が入手できていることなどを紹介している。特に唐薬種についてはさらにこの後の「頭注」で、掛かり付けの医師の下僕で、越後生まれの者の話として、越後ではそれをいたって安価で買うことができるため、薩摩船を持てはやしていることなどを書き記している。これらの話は、老中大久保加賀守忠真が土方出雲守に示した「風聞書」のうちの②と符合するもので、すでに薩摩船の越後新潟湊への入津、貿易は、この頃公然の事実となって

いたふしがある。幕府が同地に抜荷取締りを強化していったのは当然だったのである。

筆者は二十数年前に、薩摩船が唐薬種類を新潟湊で松前産の俵物・諸色の類と換えていたことなどを指摘したが[11]、典拠は松浦の著書やその他の断片的な史料にとどまった。しかし、その後、徳永和喜氏によって、一八三五年(天保六・道光十五)十月、長岡藩領村松浜遭難薩摩船をめぐる抜荷事件の全容が、初代新潟奉行川村修就の「北越秘説」[12]や「天保十亥年三月七日　村松浜難船并唐物一件裁許書写」[13]等で明らかにされ、日本海域における薩摩船の交易活動の実態はより鮮明なものになっていった。徳永氏の研究ならびに『新潟市史』(上巻)によって遭難船をめぐる抜荷事件の概要を述べると、次のようになる。

村松浜遭難薩摩船は、薩摩湊浦の八太郎の持ち船で、一八三五年(天保六・道光十五)十月、村松浜に漂着。八太郎が直船頭として乗り、沖船頭は源太郎が勤め、水主四人が操船にあたっていた。しかし実際には船中には、久太郎という唐物抜荷仲買人と、もう一人が乗り込んでいた。積荷物として唐薬種・毛織物・犀角等の御禁制品を多く積み込んでいたため、船主八太郎と便船人の久太郎らは佐藤屋嘉左衛門の船宿に隠れ、通常の遭難を装った。積荷も秘匿場所を次々と変え、代官青山九八郎の追及の目を逃れることができた。ところがその翌一八三六年、どういうきっかけからか判然としないが、この一件が江戸で発覚、江戸町奉行筒井伊賀守のもとで僉議がはじまることとなった。その結果、新潟十七軒町廻船問屋若狭屋市兵衛・同人召使仙蔵、十七軒町廻船問屋北国屋敬次郎下男松蔵、室屋巳之助、山田屋六右衛門、十四軒町廻船問屋田中屋源左衛門ら六人が首謀格とされたが、取調べを受けた者は五十余人におよび、うち三人が牢死したとされる。そして首謀格の者らの罪状は、市兵衛が鼈甲の類を湊内廻船問屋敬次郎下男長之助より購入、仙蔵・松蔵らは薩州船頭水主より唐物を買い受けたこと、また巳之助は仙蔵より、六右衛門は久太郎らより薬種・反布類を買い受けたこと、源左衛門は薩摩船の入津のたびに不正の唐物売買にたずさわったこと、などというものであった。僉議は四ヶ年の歳月を要し、一八三九年（天保十・道光十九）三月をもってようやく終結したが、それは、摘発を逃れた唐物類が仲買久太郎らの手によって販売され、それが広く多くの人の手に渡り、連累者を大量に出したためであったと思われる。亥年（一八三九・天保十・道光十九）三月七日付で差し出した過料銭納入の請書の署名人五七名の内訳をみると、越後国の者が多く、牧野備前守領分蒲原郡新潟湊二三人、水野出羽守領分同郡五泉二人、溝口主膳正領分同郡下奥野新田二人、榊原式部大輔領分頸城郡高田四人、青山九八郎代官支配蒲原郡村松浜四人、平岡文次郎代官支配同郡小荒川村一人、中條町二人となっているが、ほかに信州の御朱印地水内郡善光寺領五人、真田信濃守領分同郡後町村二人、松平丹波守領分筑摩郡松本五人、越中の松平出雲守領分新川郡富山二人、松平加賀守領分新川郡高月村二人、上州の軽岡勘蔵知行所甘楽郡一ノ宮村三人となっていて、越後で仕入れられた薩摩の抜唐物は、隣国の越中から信州に入り、上州あたりにまで抜け散っていたことを示している。(14)

この事件の全容が明らかになった後、老中水野忠邦の命をうけて北越各地の探索に当たった川村修就は、その報告書「北越秘説」のなかで次のように述べている。(15)

一、同所（新潟町―引用者註）ニ而、薩州船琉球廻之唐物抜荷交易之儀密々探索仕候処、六ヶ年程以前迄者薩州船年々六艘位ツヽ入津有之、春者薩摩芋、夏より者白砂糖・氷砂糖之類積参リ、下夕積ミに薬種・光明朱等夥敷積込候而、表向ニ而交易取引致し候由、其頃者領主ニ而茂承知いたし居候ニ付、薩州船之運上別段ニ取建候儀者前書ニ申上候通、右不正荷物奥羽を初、北国筋江相廻候者相違も無之相聞へ、既ニ其頃者光明朱多分に相廻、半斤ツヽ、袋入ニいたし候を、通言ニ而一握又者壱本与も唱ひ、右者極最上之光明朱壱本ニ而代銀拾五匁ニ売買致し、右故北国筋者塗物類膳具炉ぶちニ至迄朱塗を専らにいたし、黒塗よりハ余程下直ニ出来候由、松平肥後守領分会津若松塗師屋共之手江相渡候者莫大之事ニ有之、其外加賀・能登・信州江茂相廻候趣、（後略）

すなわち、川村自身も、新潟町で琉球廻りの唐物抜荷を秘かに探索したところ、事件が発覚する六ヶ年ほど前までは毎年六艘ぐらいずつ薩摩船の入津があり、春は薩摩芋、夏は白砂糖・氷砂糖などをもたらし、船の下積みとして薬種・光明朱などを多量に積み込んできて公然と交易していたこと、領主もそれを了解し、薩州船よりは特別に運上を取り立てていたこと、そして不正の唐物は奥羽をはじめ、北国筋にも出回っていたことをなどを情報として摑んでいたのである。特に光明朱は会津若松・加賀・能登・信州などの塗物の産地にまで安価に供給されていたようであり、先の請書の署名人たちの帰属地などを勘案すると、琉球唐物の流通範囲は広く北信越を覆いつくしていたといっても過言ではなかろう。

第二節　新潟湊における琉球唐物交易

川村修就の薩摩船による交易活動に関する情報は極めて示唆的で、それによった徳永氏の論考は薩摩船による北国筋における抜荷の輪郭をより鮮明にするものとなった。ただ、川村の探索報告は概略的で事実関係では新たに史料的な裏付けが欲しいところであったが、そうした課題に応えてくれたのは深井甚三氏であった。すなわち深井氏は、新潟美濃屋長之助から越後十日町の薬種商加賀屋にあてられた書状(『十日町市史』所収)によって、薩摩船による抜荷の実態をより具体的にしたのである。氏の引用する史料は極めて興味深いものばかりなので、以下重ねて引用することをお許しいただいて、いくつかの事実を指摘しておきたい。まず一八三五年(天保六・道光十五)五月六日付書状の主要部分を引用すると、次のようになる。(16)

(前略)然者当所江㊉船先月中旬迄ニ春建不残入津仕候、品物之儀者先達而申上候外別条も無之候、其

内大・甘（大黄・甘草）沢山ニ入込追々引下ケ、此間大□（符帳）・甘□（符帳）ニ而有増出来、江戸表江相廻り申候、私義も高田客人より注文参り候ニ付、壱人前わけ取候、尤大下ケ故船方も過分之様ニ而、秋船ニハ一切不可参与此程ハ思惑人も相見申候、（後略）

この書状から、深井氏が指摘するように、薩摩船には四月ごろに新潟に入船する春建ての船と秋に入船する秋船が存在し、川村修就の「北越秘説」と符合する。薩摩船がもたらした唐薬種は、高田さらには江戸に廻されるといい、この点はまた、松浦静山の『甲子夜話』の記述がかならずしも誇張でなかったことを裏付ける。書状では大黄・甘草などの唐薬種の入荷量・価格が話題になっているが、『十日町市史』には前年（一八三四・天保五・道光十四）八月二十九日付の美濃屋長之助が加賀屋清助にあてた薬種類の代金請取書があり、それによって両者の間で取引きされた唐薬種類とその量がわかる。

具体的に示すと、大黄（一俵）九貫二五〇匁（正味、以下同じ）ならびに甘草（一俵）九貫三〇〇匁代・三六両一分、白（白朮《びゃくじゅつ》カ、二斤入五包）一貫五五〇匁・代九両三分一朱余、麻黄一貫八〇〇匁・代一両一分余、黒角（一本）一七〇匁・代六両三朱余である。[17] これらの唐薬種類は、「請取書」の日付からいって、秋入港の薩摩船によってもたらされたものであろう。代金合計五三両二分二朱余のうち、大黄・甘草の代金が三六両余にのぼり、薬種類では、やはりそれらが取引きの中心をなしていたことが確認できる。

先の書状より一三日後の一八三五年（天保六・道光十五）五月十九日付で、美濃屋長之助が加賀屋清助にあてた書状には、水・クキ・二刀・白□（符帳）位・麻黄・テツ山出し・黒角・赤木・厚皮・巴豆・宿砂などの品名が挙げられている。[18] 薬種屋ならではの呼称があって、薬種品目の確定が容易でないが、薩摩船が多くの薬種類を運んでいたことは理解できる。

このようにみてくると、新潟町では、これまで川村修就の情報に違わずに公然と唐物類の取引きが行われていた様子がわかる。しかし、やがて状況はこの後大きく変わっていくことになる。すなわち薩摩船の村松浜漂着事件が契機になるのであるが、この一件について触れた十二月十二日付の蕪木八良右衛門・重左衛門あて美濃屋長之助書状がある。深井氏もすでに取り上げるところであるが、領主情報ではなく事件を伝える在地の一級史料ともいえるものなので、行論の都合上、再引しておきたい(19)。

（前略）然者始秋薬種品々并玉砂糖御注文被成下候ニ付、早速取調差送り可申与奉存候処、先便も申上候通り、当秋者如何仕り候哉、其節壱艘も入津不仕、夫故諸品不足廉、右之趣其後幸便有之書状差上候得共、行違ニ相成候哉、又候御文通至来甚タ赤面仕り候、尤其節玉砂糖相庭下落仕候ニ付、先ツ御注文之通り差送り申候、然ル処漸十月十九日ニ至り薩州船壱艘、既当湊へ差向候処、急ニ難風差おこり、無余義任風ニ船ヲ向ヶはせ候処、次第悪風募り、終ニ当所より九里有之候村松浜与申所ニ而破船いたし、人体ニ者無異義候得共、少しも揚り候荷物ハ御上江御取揚ニ相成、其上船頭始メ船中不残欠落仕り、扨々気之毒至極与奉存候、尤内分ニ而少々濡荷売買御座候得共、格別之義も無之候、何れ来春ハ節も早ク御座候間、二月中ニ者入船有之与奉存候、其節早速為御知可申上候、且又兼而差送り置申候玉砂糖代金別紙之通り、何卒此度此ものへ御渡被下度奉願上候、（後略）

これによると、薩摩船の秋船が村松浜に漂着したのは十月十九日であったことがわかる。しかし、いまだに入津がないのを訝っていた美濃屋長之助が事情を知ったのは、十二月のことであったと目される。お上によって取り上げられた以外の濡荷物は「格別之義も無之」売買されていたようであり、翌年二月の入船を期待する書状自体まだ緊迫感を伝えるものとはなっていない。幕府が探索に乗り出したのは、そうした摘発を逃れた唐物類が出回るようになってからのことであろう。

年が明けて一月七日の美濃屋の蕪木八良右衛門あて書状は、年明けに未だ格別の取引きも無いことを伝え、「扨又㊉下り荷物之儀者此節一向無御座候、何れ来月中ニ者入船可有之候間、早速為御知可申上候」[20]と、相変わらず翌月の薩摩船の入津を期待している。しかし、二月になってもその姿は見えず、漸く入津したのは五月二十日のことで、しかも紀州船を装ってのことだった。美濃屋長之助が六月三日付で蕪木八郎(良)右衛門にあてた書状には次のようにある。[21]

(端裏書)「ミの長状六月十二日着」

貴翰忝拝見仕候、如仰向暑之砌ニ御座候処、先以御家内様益御勇健被成御座候由、珍重御儀奉存候、当方無異罷在候、乍憚貴意易思召可被下候、然者先達而より再度御文面被下、早速御返書可奉差上之処、春中ハ㊉船今哉今哉与相待罷在候得共一向入津無之、漸五月廿日紀州船之図りニ而入船有之、大坂下り之由ニ而、中荷者晒らう・生らう・白砂唐(糖)・鰹節等計り之趣ニ候得共、甚タ不審ニ御座候間、段々聞合候処、実者薩州船ニ候得共、当春御公儀様より地頭江何と歟以御書附ヲ被仰渡候義ニ付、一統船留ニ而御厳重ニ被渡仰候由、依之極内分ニ名前を代ひ出帆仕候様子、ベツ甲壱箱代余、外ニ大・甘(大黄・甘草)少々有之、双方共段々相応り直入仕候得共、引続可参船も無之候間中々商ひ不仕、無拠高直ニ者候得共大拾四匁五分、甘拾壱匁五分ニ買極申候、其余之品一切無之、節角被仰越候得共相庭可申上様も無之候、尤跡引続可参様子も無之候間、右大黄五拾斤・甘草五拾斤、都合壱箇ニいたし差送り可申与奉存候、外ニ玉砂唐極上もの、当時四拾斤、次四十五七斤、白砂唐極上十五六斤、中廿弐三斤、下三十三四斤ニ御座候得共、当時船間ニ御座候間不弁利ニ御座候、一両日中日和次第入船有之候ハヽ、少々下直可仕与奉存候、依而玉砂唐極上もの百斤、白砂唐中三拾斤計も差送可申与奉存候、依而此段左様思召可被下候、此分ニ而者㊉船秋も無覚束候得共、若し入津有之候ハヽ、早速為御知可申上候、先者右御報旁様子為御知申上度如斯ニ御座候、乍憚御店中様へ宜敷御声配可被下候、尚後便万々可申延候、恐々謹言、

みのや
長之助

（天保七）六月三日

蕪木八郎右衛門様

御店衆中様

すなわち、長之助が春中薩摩船の入津を今か今かと待っていたにもかかわらず、一向にその入津の気配がなく、漸く入ってきたのは紀州船であった。しかし船は大坂下りで、積荷は晒し蝋・生蝋・白砂糖・鰹節ばかりとのことであったため、不審に思って色々聞き合わせたところ、実は薩摩船であることがわかった。紀州船を騙った理由は、この年（一八三六・天保七・道光十六）御公儀より領主に禁令が出され、船留めが厳しく行われるようになったためと知らされたというのである。ここに明らかに状況の変化があって、薩摩の船主・船頭たちが身構えるにいたっていたことを知りうる。この点については、以下に述べるが、取締り当局は抜荷従事者の審理を進めているなかで、すでに美濃屋長之助自身を標的に据えていたものとみられる。八月二十六日付で、品田松左衛門より蕪木八郎右衛門あてに、次のような書状が送られている(22)。

以手紙啓上仕候、追日冷気弥増候所益御健ニ可被為遊御座珍重之御義ニ奉存候、随而野家無変罷過候、乍憚御安慮思召可被下候、然ハ兼而御聞及茂可有之候、此度唐物薬種之類取扱候者有之候ニ付、江戸表より御勘定御奉行様新潟御出張被遊、御吟味之上御召捕之者八人、山籠ニ而昨夜当所泊りニ参候、右八人之内ニミのや長之助殿名宛相見へ申候、段々風聞承候所、右同人帳面御取上ニ相成候趣、左候得ハ其先々迄茂御たゞしニ相成候哉も難計等の風聞取々御座候、去なから御高家様ニハ御別条茂有之間敷与ハ存候得共、幸便故一寸御しらせ申上候、早々

省々謹言、

（天保七）八月廿六日

燕木八郎右衛門様　品田松左衛門
尊下

すなわち、唐薬種類取扱い者の吟味のため、江戸表より勘定奉行（関東取締出役の誤りであろう）が新潟へ出張り、八人の者を捕縛し、品田松左衛門の居所を宿所としたこと、捕縛された者の中に美濃屋長之助の名があったこと、同人の帳面は取り上げられこと、などが知らされている。

松左衛門は美濃屋の帳簿類が押収されたことによって、追及の手は今後顧客にも及んでいくであろうとの風聞も伝えているが、果たして美濃屋の口から魚沼郡十日町の薬種屋加賀屋清助の名が割れ、九月一日には関東取締出役湯原秀助は管轄の小千谷役所に捕縛を依頼するにいたっている。(23)

第三節　松前藩・薩摩藩あて幕府抜荷禁令の通達

村松浜遭難薩摩船をめぐる抜荷はこうしたかたちで根深いものであることが明らかにされていくのであるが、遭難事件の起こる三ヶ月ほど前の一八三五年（天保六・道光十五）七月二十七日付で、若年寄林忠英が御目付戸川播磨守安清（翌年長崎奉行となり、一八三七年〈天保八・道光十七〉まで在勤、一八四二年辞任、勘定奉行に転ず）に命じて、長崎表の取締り強化に乗り出している。(24)戸川は十月二十五日に長崎到着、十月二十八日には地下役々を呼び出して趣意の次第を達し、ついで長崎警備当番の福岡藩には抜荷の取締りを、また隣接する大村藩には不法唐人の召し捕え、入牢を申し渡すなど、体制固めに急激な動きを示している。(25)そして、十一月十三日には長崎近郷の者二人を、すでに帰唐の唐商と抜荷を行ったかどで唐館前で処刑して、唐商たちの注意を喚起、(26)さらに唐商らの館外への外出を制限し、十二

月十三日、彼らが騒擾におよぶと、福岡藩主黒田斉溥に命じて捕縛せしめ、大村純顕領に拘禁している。(27)

幕府の抜荷取締りは長崎だけに向けられたのではない。薩摩表における抜荷の風聞書について意見を徴された土方勝政は、あらためて取締り方について検討を申し渡され、一八三五年(天保六年・道光十五)七月、久世伊勢守広正とともに、「言上書」を差し出している。そのなかで両人は、唐物抜荷が蔓延るのは俵物抜荷の悪弊が背景にあるとし、「俵物の品々ハ松前并蝦夷地抔より重ニ出産儀故、松前隆之助江も取締方被仰達、就而者先達而御下ケ之風聞書ニも、薩州ニ而唐物抜荷夥敷趣も相見候間、右取締方之儀、松平大隅守江も厳重之御沙汰御座候ハヽ、御取締之一廉ニも罷成可申儀と奉存候」(28)と、俵物出産地を領する松前氏と、唐物抜荷の地を抱える島津氏に、その取締りの徹底を促すべきだとし、それぞれ達書の案文まで差し出している。

この両人の「言上書」(29)を受けて松前・島津の両氏にあてて、抜荷取締り令が発せられた。そのうち松前氏あてのものは次のごとくである。

一、公辺より御達書壱通向々御触達之事

御名

於長崎表唐方代物ニ相渡候煎海鼠・干鮑・昆布等、松前蝦夷地より多く出産品ニ候処、近来出高相減、薩州又者越後辺江抜散之由ニ風聞ニ候、右者年々長崎会所役人問屋共相越買入方取斗候事ニ候間、外々江密売等無之様、領分浦々并蝦夷地江も厳敷被申付、以後取締宜産物出高格別ニ相進候様可致候

三月六日

触れは、松前・蝦夷地より、煎海鼠・干鮑・昆布が薩摩・越後辺りへ抜け散っているとの風聞を指摘して、長崎会所以外への販売を禁じ、以後その増産に努めるよう達する内容で、領内公布の日付は一八三六年(天保七・道光十六)

三月六日となっている。これは、先の土方・久世の案文と一致するから、おそらく島津氏あてのものも、修正されることなくそのまま採用されたのではないかと思われる[30]。その「達書」案文の内容は、近年鹿児島辺りでの抜荷が多く、薩州の島々などへ漂着の唐船とも貿易が行われ、松前産の俵物類も多く出廻っているとの風聞に触れながら、次のように述べる[31]。

此節風聞之趣、若相違も無之ニおゐてハ、長崎会所交易方ニ障り候儀者勿論、御国政ニも拘り、不容易筋ニ付、猶改而取締方等被申付、領分中唐物密売買筋之取締ハ勿論、属嶋抔江唐船異国船等漂着有之候共、交易ヶ間敷儀決而無之様、領分中并琉球国江も厳敷可被申渡候、右之通申達候上ニも、唐物密売買有之趣相聞候ニおゐてハ、前条長崎廻し之唐物十六種捌方年限中ニ候得共、差止メニ可相成条、急度取締方可被申付候、

すなわち、風聞に偽りがなければ、長崎会所の貿易、さらには国政にも関わる問題だとし、領内の抜荷取締りはもちろん、漂着唐船・異国船との貿易無きよう琉球にも厳達するよう促し、違背すれば長崎での一六種の商法差止めもありうることを示唆しながら結んでいる。最後の恫喝ともとれる文言には、さすがに島津氏とても危機感を覚えたにちがいない。「達書」は幕命通りに琉球にも貫徹されていくことになるのである。

『産物方日記』には、次のような一八三六年（天保七・道光十六）正月付け藩家老市田美作・島津但馬・島津安房連署の文書が存在する[32]。

唐物抜荷御制禁之段者毎度被仰渡事候処、此節別紙之通従　公儀被仰渡候、依之右之御趣意ニ基き、唐物并松前産之俵物類密売買無之様取締肝要ニ候、若不締之向ニ　公辺江相聞得候而者、御難題相掛事候間、取締厳重ニ可有之候、若違背之者於有之者、糺方之上、可被処厳科候、左候ハ、掛御役々迄も可為越度候条、聊緩せ之儀有之間敷旨被　仰出候間、御趣意之程、深奉汲受、屹与取違無之様可被□此□旨□　□致通達、奥掛御勝手方

「　　　　　」私領江茂不洩様申渡、琉球并嶋々迄茂申越、琉球館聞役江茂可申渡候、

正月

美作
但馬
安房

すなわち、唐物・松前産俵物類の密売買は公儀に対する難題を招くものであるとし、正月には、琉球に公儀触れを付し、違背の者は厳科に処する旨通達するよう、鹿児島琉球館在番親方あてに諭されたことがわかる。法令が藩領内へ触れられるのが、これより早いか、ほぼ同時だとしても、領内の海商たちは、一八三六年(天保七・道光十六)の初め頃には北国筋との交易が最早従来のようにはいかなくなったことを悟ったにちがいない。海商たちの他国船の偽称は、そうした幕府の抜荷取締り強化を背景としていたといってよいであろう。

第四節　抜荷取締り強化と琉球

一八三六年(天保七・道光十六)正月付の美作・但馬・安房ら藩家老らの通告を受け取った三司官らは、三月二十六日付をもって、これを御物奉行・申口あてに示し、やがて首里城下、那覇・久米村・泊などの町場に触れられていった。そしてもちろん渡唐役者らには、種々の唐物抜荷防止策が講じられていく。四月には琉球駐在の唐物方御目付衆より、唐戻りの者たちのなかで、唐物持ち囲いの者の名、品目、数量などの糺し方が諭され、新たに五月には八ヶ条にわたって唐物管理に関する規定が示されている。長文であるが、この頃の唐物の保管、出し入れがどのようなかた

ちでなされていたかを知るには恰好な史料なので、その全文を示しておこう。(33)

覚

此節縦

公儀唐物密売買御制禁付、御国元より分而稠敷御取締被仰渡、取締向左之通被仰付候、

一、①渡唐人数荷物之儀、御改相済次第、唐物方御取入品之外者直ニ荷主江相渡来候処、向後荷役之砌、於通堂有来通致明改、唐物方御取入品者唐物方御用掛江引渡、人々用物并土産用・進物用之諸品、茶・甘物類・反物・器財等、有来通荷主江相渡、払用之品者高奉行致切封、蔵々江格護仕置、荷役相済次第荷主相合、品員数悉ク取〆、一帳ニ相総、御在番所并唐物方御役々衆江御届申上、表方江茂可書出事、

附　格護之蔵々江勤番人四人宛昼夜可付置候、

一、②唐口江漂着船有之、帰帆之砌、荷役等之仕向前条同断可申付事、

一、③右格護仕置候唐物之内、国用又者御詰御役々衆入用之分者、時々申出次第高奉行構ニ而御在番所江申上、過上ニ不及様ニ相渡、跡切封之儀本之通可致置事、

一、④当分払用之唐物持囲之者茂可有之候付、員数品書細々取調部、申出候様先達而被仰渡置候間、申出次第御詰御役々衆江御届申上、是又高奉行切封ニ而囲置、時々申出次第前条同断可取計事、

一、⑤右唐物不痛様時々荷主相合、高奉行拝見ニ而干方等いたし、本之通致切封格護可仕置事、

一、⑥上国之御使者役々以下薬用等付、品員数相究、持登度申出候節者、御在番所御相談之上、過分ニ不及様相渡、高奉行致切封、琉球館聞役・在番親方江送状相附可差登、且進物用之品茂有来通高奉行致切封、右同断送状相附差登、尤遣残有之候ハヽ、聞役在番親方江相附、御物江奉得御差図、何分ニ茂片付方仕候様可申付事、

一、⑦右之外、帰唐船并唐漂着船那覇入津、又者浦々諸嶋汐掛等之節、取締向之儀者以前より段々被仰渡事候間、都而有来通猶厳重相勤候様可申付事、

一、⑧登船之積荷改方之儀、此中之仕向より厳重ニ取締可致事、

右ヶ条之通、屹与取締被仰渡候条、被得其意、随分御制度厳重行届候様、精々勤務可被致旨、御差図ニ而候、以上、

申　五月

兼濱親雲上
山川親雲上
天願親雲上
安村親方

高奉行

右通御取締被仰渡置候間、旅行家内之者共召寄、承知為致候様可申渡旨、御差図ニ而候、以上、

申　五月

里主　御物城
惣役　長史
五月十三日

この「覚」が定めるところは以下のようである。

①渡唐人衆のもたらした積荷は、従来荷改めが済み次第、唐物方が独占的に取入れとなる品を除いて直ちに荷主へ引き渡されてきたが、以後は荷役の際、通堂で明け改めの後は、唐物方取入れの品は唐物方御用掛へ引き渡し、

人々用物、土産用・進物用の諸品、茶・甘物類・反物類・器財などはこれまで通り荷主へ渡す。そして売却用の品は高奉行が切封をして蔵々へ保管するようにし、荷役が済み次第荷主立会いのもと一帳に取りまとめ、在番所ならびに唐物方役々衆、表方へも届けること。

②中国漂着の帰帆船の荷役もこれと同様とする。

③保管された唐物のうち、国用または琉球詰藩役人衆の入用分は、時々の申し出に応じて高奉行の権限で、在番所に断り、過剰にならないように渡し、その後切封を行う。

④現在売却用として唐物を持ち囲いの者については、品目・員数を詳細に取り調べ、申し出があり次第藩詰役衆へ届け、品物は高奉行が切封のうえ囲い置き、前条同様に処理する。

⑤保管中の唐物は痛まないように、時々荷主立会いのもと、高奉行が見たうえで干し方を行い、元のように切封をしておく。

⑥琉球の上国の使者役々以下の者が薬用などとして持ち登りたい旨申請がある時は、在番所へ相談のうえ、過分にならないようにし、高奉行が切封のうえ、鹿児島琉球館の聞役・在番親方あての送り状を付して差し登せる。進物用の品については従来通り高奉行が切封を行い、送り状を付して差し登せ、遣わし残りがあれば藩御物方へ指図を仰いで処理する。

⑦右のほか、帰唐船ならびに唐漂着帰国船の那覇入津、または浦々・諸島への寄港に際しての取締り向きについては、これまで仰せ渡し通り厳重に行うこと。

⑧登せ荷の積荷改めは、これまで以上に厳重に行うこと。

こうして幕府の抜荷取締り令をうけて以後、輸入唐物の保管、出し入れ、送り荷の基本方針はこれまで以上に厳格なかたちで策定されていった。

ところで、右の方針は、間もなく三艘の中国よりの帰国船が入津するのを目前に控えて打ち固められたものと思われる。先に触れたように、これら三艘の帰国予定船のうち一艘は接貢船で、他の二艘は、中国漂着の知念《ちねん》間切外間《ほかま》村の西銘《にしめ》所有船と大里間切与那原《よなばる》の新垣《あらかき》所有船である。従来漂着船の入津の場合は、在番奉行ならびに三司官が出張ることはなかったが、このたびは違っている。『産物方日記』五月十三日の条の「附」には「一、先例漂着船入津之節者、御奉行并三司官者御出張無之候処、此節者唐物御取締厳重被仰付候付、御奉行沖之寺江御出張有之候付、三司官茂御詰被成候也」(34)とあって、唐物取締りの徹底を期すために、在番奉行が沖之寺(波之上護国寺)に出張り、これにともなって三司官らも詰めるようになっている。

帰国漂着船のうち中城湾和仁屋《わにや》入津の西銘船は、間もなく那覇港へ着津することになるが、和仁屋停泊中は所役々が積荷封印のうえ昼夜詰め、陸四ヶ所口には勤番の者が配され、「諸事御条目之通取締」りがなされている。そればかりではない、「大和役々衆」が「追々差越」して浜辺へ出張り、荷改めが実施されたうえ、茶・焼物・道具類の「小作荷」を除く「大荷」は船より取り下ろして近かくの熱田《あった》村に保管され、人足持ちで陸路を運ばれている。(35)そしてもちろん他の二船と帰路を共にしながら、なぜ航路をはずれて中城和仁屋に入津するにいたったかについても、高奉行を通じて事情聴取がなされている。

船頭らは福州を出帆後風浪が変化し、二船と乗り筋を違えることになったと釈明しているが、在番も琉球王府も、明らかに抜荷のためではないかと疑っていた。すなわち、船頭が知念間切久高《くだか》島の者であったことで(久高島は水主役負担の島であった)、夜中ひそかに同間切あたりに船を寄せ、抜荷物を取り下ろすために、琉球本島の東がわ(太平洋がわ)に航路をとったのではないか、という疑念を懐いたのである。こうした疑惑を明らかにするために、念のため近辺の改め、特に久高島の改めまで検討されている状況から(「右船頭者久高嶋人ニ候得者、夜中ひそかに知念間切辺江汐懸抜荷取卸候而、猶又爰元汐懸為致ニ而者有之間敷哉ニ存申候、右付而者、為念近方も相改候上、第一久高嶋表相改候而者、何様可有之哉」)[36]、いかに唐物抜荷の取締りの徹底が期されたかを知り得る。

結　語

幕府は、薩摩藩の琉球国救助を名目とした薩摩藩の嘆願を受け容れ、一八三四年(天保五・道光十四)六月には、一八三六年を期し、長崎商法の年限を大幅に二〇年とすることを認めるにいたった。将軍家縁辺の大藩が琉球「押さえの役」を前面に押し立てて要求を勝ち取った、とみることができる。しかし、幕府とても、同藩に関するさまざまな抜荷の風聞を無視することはできなかった。直接審問に付すことはさすがにできなかったが、関わりのあると認められた抜荷口の取締り強化に乗り出すことで、薩摩包囲網の形成へ向かったという見方ができる。

一八三五年(天保六・道光十五)十月の長岡藩領村松浜遭難薩摩船をめぐる抜荷事件も、そうした包囲網が強化されるなかで摘発されたものであった。連累者五七人のうち、二三人が新潟湊の者であったことは、同湊が琉球唐物抜荷の北国の拠点であったことを象徴的に示していた。深井甚三氏が明らかにするように、新潟湊に春秋二度にわたって薩摩船が入船し(春船・秋船)、唐薬種・砂糖・鰹節・芋などの類をもたらしていたが、事件は唐薬種の類が新潟から、またさらに越中富山・信州・上州にまで抜け散っていたことを示していた。しかし、一八三六年の抜荷の摘発は薩摩船の警戒心をつのらせ、新潟への航海を激減させ、交易を試みる船も紀州船・石見船の詐称を余儀なくさせる有様となった[37]。

薩摩船が九州へ下るにあたっての積荷は、松前産の俵物・諸色の類が主力をなしたであろうが、北国筋の米も商い荷として積み込まれたものと思われる。天草富岡の町人大坂屋新右衛門が石本にあてた書状に「薩州船々北国米積入爰許迄下り候処、薩州何方も米改方六ヶ敷候而、積込難相成故、米之分ハ爰許蔵払ニ仕、夫故之大豆買ニ御座候」(38)とのくだりがみえる。この部分から、北国米を積み込んだ薩摩船は、藩領内へ運び入れようと天草富岡町に寄港したものの、薩摩での米改めの厳しいことが予測されたため、富岡町で蔵払いとし、大豆に替えたことがわかる。

この書状は年号を欠いているが、安藤保氏の推測通り天保期のものとすれば(39)、藩が幕命を受けて抜荷取締り強化に乗り出した事情を伝えるものとして注目される。一八三六年(天保七・道光十六)になると、松前・島津両氏あてに抜荷取締り令が通告され、さらに薩摩と松前をつなぐ流通ルートの管理統制策が公的なかたちで明確にされる。それは、薩摩藩に緊張をもたらし、琉球に対しても、渡唐船入港に際しての荷改め、保管、薩摩への積荷運送過程で厳しい取締りが実施されたことは、すでにみた通りである。

取締りの強化は領内・琉球だけにとどまらなかった。薩摩船の北国筋・関東の交易にも監視の目が注がれるにいたったことは、いみじくも黒田安雄氏が引用する一八三七年(天保八・道光十七)八月の石本平兵衛(勝之丞の隠居名)の書状が、幕府の抜荷取締り令について触れ、次のように述べていることから知られる。「専調所氏引受、別段当春ハ琉球口江も手当有之候、北国筋江も手当相成居、丸田(泰蔵、薩摩藩産物方掛—引用者註)などもこの度火急東国江被罷越候も、其一条之様子ニ而、薩州ニ而も油断なく手当等御座候へば、未不行届所ハ無之、夫呑家老も心配中」(40)。

こうして幕府の叱責を受けまいとして、調所笑左衛門は万全の注意をはらうにいたった様子がうかがえるが、いうまでもなく調所が懸念するところは、抜荷の発覚が長崎商法の認可取消しを招くことであった。同じ書状は続けて「其訳ハ自然ぬけ有之候へハ、長崎商法ニも相響キ可申心得御座候ゆへ、別而心配罷在候」(41)と述べている。長崎商法の年継ぎが認められたとはいえ、以後のそれは幕府の厳しい眼差しのもとでの運営を迫られていくことになったといえる。

註

（1）「琉球産物年継に付評議仕申候書付」（石本家文書〈九州大学附属図書館付設記録資料館蔵〉五七〇九）。

（2）『甲子夜話』続編巻八十九、三二二頁。読点を適宜付した。以下同じ。

（3）註（1）に同じ。

（4）『鎖国と藩貿易』（八重岳書房、一九八一年）。

（5）徳永和喜『薩摩藩対外交渉史の研究』（九州大学出版会、二〇〇五年）。

（6）深井甚三『近世日本海海運史の研究―北前船と抜荷』（東京堂出版、二〇〇九年）。

（7）「老中加賀守より御勘定奉行土方出雲守に渡風聞書」（『通航一覧　続輯』巻之十、唐国総括部三、一六三～一六四頁）。

（8）「天保六年四月土方出雲守言上書」（『通航一覧　続輯』巻之十、唐国総括部三、一六四～一六九頁）。

（9）黒田安雄氏は浜田藩の密貿易と取り違えたものと解しているが（「天保改革期の薩摩藩の唐物商法」『南島史学』二五・二六号、一九八五年）、それはありえないことではないであろう。様々な抜荷の風聞が幕閣の間には流れていて、探索がすすめられるうちに、浜田藩の廻船問屋会津屋八右衛門の一件が明るみになっていったことは考えられる。

（10）「保辰琉聘録　三」（『甲子夜話』続編巻八十九、三二二頁）。

（11）上原註（4）書。

（12）『川村修就文書Ⅴ』新潟市郷土資料館調査年報第6集（新潟市郷土資料館、一九八二年）。

(13)(14)「指上申一札の事」(『新潟市史』上巻、三五三～三七一頁)。
(15)適宜、読点・並列点を付した。
(16)『十日町市史』資料編五、近世二「第三節　商業と流通」一五七号。
(17)『十日町市史』資料編五、近世二「第三節　商業と流通」一五六号。
(18)『十日町市史』資料編五、近世二「第三節　商業と流通」一五八号。
(19)『十日町市史』資料編五、近世二「第三節　商業と流通」一五九号。
(20)『十日町市史』資料編五、近世二「第三節　商業と流通」一六〇号。
(21)『十日町市史』資料編五、近世二「第三節　商業と流通」一六一号。
(22)『十日町市史』資料編五、近世二「第三節　商業と流通」一六三号。
(23)『十日町市史』資料編五、近世二「第三節　商業と流通」一六四号。しかし清助については、九月五日付で、前年六月二十二日に病死した旨の届けが関東取締出役あてに出されている(右同、一六五号)。
(24)『通航一覧　続輯』巻十二、唐国総括部五、第一巻、二〇二頁。
(25)『通航一覧　続輯』巻十二、唐国総括部五、第一巻、二一五頁、二一八～二一九頁。
(26)『通航一覧　続輯』巻三十二、唐国総括部二十五、第一巻、五一〇～五一一頁。
(27)『通航一覧　続輯』巻二十三、唐国総括部十六、第一巻、三八六頁。
(28)『通航一覧　続輯』巻之十、唐国総括部三、第一巻、一八五頁。
(29)「湯浅此治日記」(『松前町史』史料編第二巻)一九〇頁。
(30)『通航一覧　続輯』巻之十、唐国総括部三、第一巻、一八五頁。

（31）『通航一覧続輯』巻之十、唐国総括部三、第一巻、一八五～一八六頁。
（32）（33）『産物方日記　道光十六申年より翌酉年迄』（尚家文書〈那覇市市民文化部歴史資料室蔵〉三九〇）。
（34）『産物方日記　道光十六申年より翌酉年迄』五月十三日の条。
（35）（36）五月十四日付、嘉味田親雲上・小禄親方より仲田親雲上あて「覚」（『産物方日記　道光十六申年より翌酉年迄』）。
（37）深井註（6）書。
（38）石本家文書一二八四三。
（39）安藤保「文政・天保初期の薩摩藩と石本家（一）」（『史淵』一四〇輯、二〇〇三年）。
（40）（41）石本家文書、黒田安雄「天保改革期の薩摩藩の唐物商法」（『南島史学』二五・二六号、一九八五年）。

第九章　幕府天保改革と藩長崎商法の停止

緒　言

すでにみたように、幕府は一八三五年（天保六・道光十五）より長崎表の取締りに動きだした。同年三月から七月にかけて、若年寄林忠英・勝手掛老中大久保忠真・勘定奉行土方勝政（元長崎奉行）・在府長崎奉行久世広正の間でのやり取りのなかで、本方貿易の不振の背景として、薩摩藩による国内北国筋のみならず朝鮮との密貿易、唐船水夫らによる市中密売、長崎地下諸役人の腐敗などが問題とされた。そして、同年十月、長崎奉行久世広正と目付戸川安清の長崎到着（翌年奉行となり、一八三七年十月まで在勤）とともに、会所調役高島四郎兵衛が「御取締取計方掛」に任じられ、「市中取締」りが強化されていった。いっぽう久世と土方は、命を請けて唐物抜荷に関する風聞書等の検討にはいり、一八三五年七月、松前・島津氏あての抜荷禁令を具申、法令は同年末頃には幕府によって両氏に示されたものとみられる。

そこにいたった背景としては、一八三五年（天保六・道光十五）十月十九日の薩摩船の越後村松浜遭難事件の影響も考えられるが、土方と久世が幕閣の諮問を検討している間に、事件に関する情報はまだ入ってなかったと解される。その理由は、久世・土方の「言上書」の中に事件に全く触れるところがないからである。しかし、一八三六年四月の久世の「言上書」は次のように事件について触れ、島津氏の長崎商法について一段と厳しい対応を迫るものになっている。少し長くなるが、当該箇所を引用する[1]。

（前略）①既去未十月も青山九八郎御代官所越後国村松浜ニおゐて、破船之薩州船唐薬種類積込居候旨、同人より御届差出候儀も有之、旁前書文政度唐商共申立并御下ケ風聞書之趣等、夫々符合いたし候ニ付、彼是打合勘考仕候処、是迄薩州表抜荷筋取締宜与之申立者、難取用哉ニ候間、②琉球国御救助之候《ママ》趣意ニ者可有御座候得とも、右産物売捌候路相開らけ居候而者、外筋抜荷御取締難相立段者勿論、会所之儀も、唐方渡し重ミ之松前煎海鼠、出方相劣り、無拠直増等致候ニ随ひ、元代之償ひ弥相増、唐国ニ而も、多分之俵物外口より相廻り、相場下落いたし、難引合訳ニ而、如当時持渡荷物品合相劣り、③其上上品之琉球産物荷物丈ケ商売相嵩候間、本方荷物被売潰、相場難引立、就而者銀繰之立直り候期も有之間敷哉、④然ル上者、余国御救助之ためニ、長崎之地許者却而困窮ニ陥り候訳ニ相成、当時ニ而者、上納物を始、銅代俵物代諸渡方ニも差支、去ル巳年銀千貫目「金〆壱万六千六百六拾六両程」（朱、傍注）、去々午年去未年両度ニ銀弐千四百貫目「金〆四万両」（朱、傍注）、御下ケ金被成下候得共、其時々差支を補ひ候迄ニ而、多分之御下ケ金被成下候詮も無之、此姿ニ而者、地下御扶助ニも差支可申場合ニ至り可申候間、格別之思召を以、兼而被仰渡置候通願済年限中ニ候とも、琉球産物売捌方之儀者、以来御差止相成候方可然哉ニ奉存候、

（後略）

すなわち、①すでに去る未（一八三五・天保六・道光十五）十月にも、青山九八郎代官所支配の越後国村松浜において破船した薩州船には、唐薬種類が積み込まれていたとの届け書が同人より出されており、前文の文政度の唐商たちの申し立て、ならびにお下げの風聞書とも符合し、抜荷取締りは良好であるとの申し立ては認めがたい、②薩摩藩に対する長崎商法認可の趣意は琉球国を救助するということにあるが、琉球産物（唐物）の売捌きの道を開けていては、抜

荷取締りの手だてが立てがたいことはもちろん、会所においては松前煎海鼠の産出量が少なく、価格が上昇しているため、増枠分の補顚額が上昇している。また唐国においても多分の俵物が外口より出回り相場が下落し、それに応じて唐人持ち渡りの荷物の品位も劣るようになっている、③そのうえ、上質の琉球産物だけの商売が嵩むので、会所の本方商売は売り潰れ、相場は引き立て難い有様で、銀繰りが立ち直る時はないであろう、④余国（琉球）救助のために、長崎の地元は困窮に陥ることになり、現在は上納物をはじめ、銅・俵物代、諸渡し方にも差し支え、去る巳（一八三三・天保四・道光十三）銀一〇〇〇貫目（金一万六六六六両）、去々午（一八三四）・去未（一八三五）の両年に二四〇〇貫目（金四万両）の下げ金を下されたが、その時々の支障を補うことができただけで、多額の下げ金も何の効果をもたなかった、このような状況では地下の扶助も成り難い。以上のことを指摘し、年限中ではあるが、琉球産物の売捌きは差し止めるべきだ、と具申するにいたっているのである。

こうして、薩摩船の越後村松浜遭難船一件は、文政度の唐人たちの申し立てと、幕閣より示された風聞書とも符合するもので、薩摩藩による琉球産物長崎商法は会所の本方商売を圧迫し、会所財政を破綻に追い込んでいる大きな要因として、リアルに認識させるにいたっている。以下本章では、村松浜遭難船一件の摘発後に本格化する幕府の藩長崎商法停止へ向けての動きを追ってみる。

第一節　琉球産物の長崎払い停止の動きと琉球

すでに右の史料でも触れられているように、天保期に入って、長崎会所の財政逼迫は覆うべくもなくなっていた。一八三六年（天保七・道光十六）七月段階の会所の負債銀額は銀三万四五四九貫目（金五七万五八三一両）にのぼっていた。その原因としては直接的には唐船貿易の不調にあったが、ほかに先に述べたように、会所の輸入貿易と競合する和製砂糖の急増、薩摩藩の琉球産物の長崎払い、唐人水夫らの密売、長崎在勤幕吏・地役人の綱紀弛緩などの問題が横たわっていた(2)。こうした諸要因を吟味し、会所貿易の建て直しを図ろうする一八三五年以降の幕府の動きは、天保期後半の水野忠邦主導の幕政改革、いうところの天保改革に連なるものと捉えられる。

まず抜荷取締りの強化は、一八三六年(天保七・道光十六)六月に、今津屋八右衛門の竹島(鬱陵島)渡海事件を炙り出し、やがて藩士から事件の関係者を出した浜田藩主松平周防守康任の老中辞任という事態をもたらす(3)。そして一八三六年六月十九日には、水野忠邦によって、二年後を期して琉球産物の長崎払いを停止する旨が島津斉興あてに通告されるにいたる(4)。

いっぽう、会所に対する取締りもこの後十月になって、大久保加賀守・松平康任のなきあと老中次席に進んでいた水野忠邦の主導の下で進められている。詳細は山脇悌二郎・中村質両氏の研究に譲るが、それは規範的には寛政改革に倣い、会所の銀繰りを元に戻すことを目指すものであった(5)。

ところで、改革の一環をなす琉球産物の長崎払いの停止は、幕府によって即時停止ではなく、一八三九年(天保十・道光十九)を目処とされたが、その理由はいったい何であったのか。それは言上にあたった長崎奉行の久世広正がいみじくも次のように述べている(6)。

①現在二季に分けて売却に付されている琉球産物の代り物は、三ヶ年前に渡されていると聞いている、急に差止めとなっては代り物を過分に捨てることになるので、差止めを一八三九年(天保十・道光十九)とすれば、それが避けられる(「差急ニ御差止被仰付候而者、薩州家ニ而者代リ物渡し過捨リニ相成、彼是繰合ニ付、難渋可仕候間、弥御差止ニ被仰渡候ハヽ、差障之儀有之趣を以、前々年より産物相止候趣被仰渡候ハヽ、同家ニ而も産物売捌相止候迄ニ而、代

リ物償等之難渋も有之間敷哉ニ奉存候」)。

②琉球産物売捌きの掛を申し付けている会所調役はじめ町年寄どもには、薩州家より格別の手当てがなされ、扶持方の支給のうえ、琉球産物惣払い代歩銀のうちから銘々あてに手当銀も給されている、急にそれらの受納がなくなれば、地役人らは難渋し、市中の気受けにも影響が出る(「右琉球国産物売捌方ニ付、掛リ申付置候当地会所調役初町年寄会所役人共江者、追々薩州家より格別ニ手当いたし、扶持方迄も厚仕向も有之、其上産物惣払代歩銀之内より銘々手当銀も為取候儀ニ付、当時ニ至リ候而者双方ニ而多分之受納ニも相成候ニ付、売捌方御差止相成候上者、右之もの共儀も一時ニ受納物茂相止、彼是与当分難渋之余リ、人気ニも拘候儀も可有御座哉ニ奉存候」)。

すなわち、久世は代物の三年前渡しを行っている薩摩藩の損失、かつ薩摩藩より格別の手当てを受けていた長崎地役人らの経済的打撃を考慮して、二年の猶予を認めたことが判明する。しかし、藩がわから異論が出ることは必定で、これを封じるには大儀名分が要る。これについて、久世は次のように述べる。

琉球産物ニ付而者、時之奉行初、会所役人共之内ニ者心付候者も可有御座候得共、薩州家格別之御縁辺柄ニも御座候得者、是迄引続売捌方差免相成居候を廉立申上候儀も恐入、時節見合候儀与奉存候、此度被　仰出候御趣意者　御国威外国江被対、重キ儀ニ付、御為第一ニ奉存、只管　御趣意行届候様仕度、私一己之了簡を以密々取調候儀ニ御座候、

琉球産物の一件については、時の奉行をはじめ会所役人らも差止めの必要性を認めながらも、薩州家と角が立つことを恐れ、時節を見合わせてきたのであろう。しかし今は国威を外国に示すことが第一、と一藩の利益に対して国家の異国に対する国威発揚の論理を対置し、薩摩藩の承認を取り付けようというのである。ちなみに薩摩藩では、将軍家斉の岳父としての立場を利用して、長崎における琉球産物の売捌きを幕府に認めさせてきた島津重豪が、一八三三

年（天保四・道光十三）一月十五日に死去し、また藩の政策に理解を示していた老中水野忠成が翌一八三四年に退役しており、久世をしてこのような発言をさせたのは、やはりそうした状況の変化と関わりがあろう(7)。

久世言上の趣旨は幕閣の間でも承認され、すでに述べたように、間もなく六月十九日に薩摩藩に通告されるところとなったのであるが、これを受けた薩摩藩がわの衝撃は大きかったにちがいない。基本的には長崎商法の継続を嘆願する方針を定めた藩は、幕命もあって十一月に琉球の意見を徴するにいたっている。この場合、藩の思惑は琉球より商法の継続要求を引き出し、それを梃子に、例のごとく琉球国救助の論理を打ち立てて幕府に方針転換を迫ろうというところにあった。しかし、王府が諮問した、ごく最近渡唐役を勤めあげた野里親雲上ほか二一人の者たちより上がってきた回答は、次のようなものであった(8)。

近年長崎表唐物御繰合不宜候付、琉球より被差廻候拾六種之御品も御免年限中之御事候得共、来々亥年より御差止被仰付、抜荷向之儀□□可有之旨従　公儀被仰渡候段、但馬殿より被仰渡候由、聞役在番親方御申越有之候、右ニ付而者渡唐役々末々之者共差支ハ有之間敷哉、吟味を以可申上旨被仰渡趣承知仕候、依之私共相談仕候処、是迄拾六種之御品御注文被仰付候付而者、過分之銀高ニ而候故、役者中迄ニ而調達方不罷成、船方末々之者共迄、積高割を以致調達候振合ニ而、役者を始末々ニ至り、身分不相応之借銭を以仕廻立候処、連々持渡品直段致下落、唐物ハ高直相成候故、渡唐之面々見込及相違候者も有之、就中拾六種之品々者琉人共是非取入候段、唐人共存居候故、以前ニ替、格別直上り相成候処、御注文品御取止相成候ハヽ、渡唐之面々も其考を以仕廻方相細メ、唐より持渡品茂地禿相成候種々見合買渡、先掛而何楚差支ニ相成候儀有之間敷与存当申候、此段申上候、以上、

酉十一月

すなわち、長崎商法の停止にともなう差支えの有無を問われた野里親雲上らの回答は、①一六種注文品の購入代銀は高額であるため、役者中だけでは調達できず、船方末々の者まで積高割をもって調達にあたらせているが、身分不相応の借銭で首尾よく貿易を行っている状況である、②唐への持ち渡り品は値段が下落しているのに対し、いっぽうの唐物は高騰しているため、渡唐の面々の中には見込みを誤る者もいる、③とくに一六種の品目は琉球人が必ず買い入れることを唐人どもはよく知っているので、格別値上がりしている。ご注文品を取り止めになれば、渡唐の面々もその積りをもって取引高を減じ、地禿しが可能な品目を買い渡るようになるので、先々何か支障になるようなことはない、というものだったのである。

ここには、中国での貿易に当てられる代物の値下がりと唐物の高騰という状況のなかで、一六種の長崎会所商法によって分不相応の資金繰りをせまられ、困惑していた琉球渡唐役者・船方らの偽らざる心情が吐露されている。一六種の長崎商法は、薩摩藩にとっては利益があがるシステムではあっても、直接貿易に当たっていた琉球の渡唐役者らにとっては、桎梏以外のなにものでもなかったということになろう。

第二節　老中水野忠邦の改革路線と藩長崎商法

琉球よりこの渡唐役経験者の上申の趣旨に沿った回答書が提出されたとするならば、藩との応酬がしばらく続いたことは想定できる。しかし、『琉球産物会所差止一件文書』をみると、一八三八年(天保九・道光十八)三月に松平大隅守家来半田嘉藤次の名で幕府あてに差し出された文書が二通あって、そのうち「口演覚」と題するものは、琉球が島津支配となって、長崎商法が認められるにいたった経緯などを簡単に述べた後、「来亥年より商法御差止付而者、此節中山王申越候通、琉球者以前ニ倍し候困難罷成候儀者眼前之儀、然時者最早取救之道茂無之、素より遠海を隔候国柄ニ候得者、此末何様之心配出来可致茂難計、実ニ琉球興廃可相拘程之儀ニ而、難捨置御座候間」と、琉球中山王より事は琉球の興廃に関わる旨の訴えがあったことを述べている。(9)

いっぽう「松平大隅守家来勝手より差出候書付」(以下「書付」と略記する)とされるものは、琉球より、長崎商法が停止になってはいっそう琉球が衰微することになり、清国への朝貢の旧式、国許への年貢納入、琉球国民の扶助も行き届き難くなる、また人々の気受けも悪くなり、抜荷に走る者も現れるかも知れない、などの訴えがあったことに触れている。(10)すなわち、むしろ長崎商法の廃止によってもたらされる影響を憂える琉球から、その存続が求められていることが強調されている。こうしてみると、幕府への嘆願書の提出が琉球の意志を反映したものであったとみるわけにはいかないであろう。

幕府あて嘆願書でことさらに琉球からの哀願を必要としたのは、それがより効果的であったことを藩自体が認識していたからにほかならなかったが、いまひとつまた藩が幕府の理解を得るために掲げていたのは、これまで同様琉球使節の参府儀礼と冊封儀礼の維持である。折しも琉球では間もなく尚育王冊封使の来航があり(一八三八年〈天保九・道光十八〉五月来航)、また一八四〇年には徳川家慶の将軍即位慶賀の使節派遣が島津斉興の参府に合わせて予定されていただけに、特にその点を前面に押し出して幕府への嘆願は展開されたのである。

すなわち「書付」では「両条共　御威光ニも相拘候儀ニ付、余事者差置、封王使引受并賀慶使手当向迄茂救遣候而、子年ニ者無相違召連参府仕候積ニ御座候」と、二件とも幕府の御威光にも関わる問題であることを強調し、かつ子年(一八四〇・天保十一・道光二十)には慶賀使参府の実現にあたることを述べて、幕府の翻意が願われている。この後、一八三八年三月十日に江戸城西丸の炎上があって、慶賀使参府は一八四二年秋への延期を申し渡され、藩の嘆願理由はいささか説得力を失ったが、一八三八年四月の藩江戸留守居半田の嘆願書は、慶賀使派遣は年延べになっただけであり、唐物商法再願の趣意には変わりはないので、お聞き届け願いたい、と訴えている(一八三八年四月の「書付」[11])。

ところが、西丸炎上のこともあって幕府よりの回答が滞っていたのであろう、半田は閏四月十日付で、琉球への通船の順季に遅れないように幕府の意向を伝えたい旨述べて回答を催促し[12]、これをうけて老中水野忠邦は、勘定奉行の内藤隼人正(矩佳)・明楽飛騨守(茂村)ほか勘定所の三人の者に藩の嘆願の趣旨について検討を促している。しかし、これに対する内藤らの上申は、長崎表の取締りは久世伊勢之守(広正)の尽力で成果もあがっているので、薩摩藩の嘆願書を再度久世に廻し、その意見を徴したうえで回答したい、と述べるのみで、結論を避けるものとなっている[13]。

いっぽう、半田の嘆願書と内藤ら勘定所の上申書を下げ渡され、十一月十日に水野より意見を求められた在府中の長崎奉行久世は、回答書を差し出しているが、十九日に長崎在勤中の戸川安清にあてた書状で、水野より、右の回答書では薩摩藩の唐物商法が長崎において支障があるか否か判断出来ないといわれ、末尾の箇所を朱書きで書き替え、翌十一日あらためて差し出した旨述べている(「右書面之趣ニ而者其地江差支之有無聢与据リ兼候様ニ与相見候付、右之処相分リ候様可認旨御沙汰御座候付、別紙写ニ朱書入候通ニ末之文言取直し、御下書面相添、翌十一日於新部屋御同人江御直ニ差上申候」[14])。水野の指摘がどのようなものであったか気になるところであるが、久世が戸川と共同で作成したかたちとなっている回答書の写しによると、最初に差し出したものの当該箇所は次のようになっている[15]。

産物御差止被仰出候付而者、琉球国救助者不及申、薩州国許迄難渋之次第、其外無拠申立ニも相聞候間、長崎御取締而已之場合ニも無之、御国政御仁恵之一躰ニ拘候儀ニも可有之哉、右等之処者於私共了簡難申上御座候、猶思召を以御勘定所再評議被仰渡候方ニも可有御座哉奉存、

すなわち、久世は産物商法差止めは琉球国救助の道を断つことになることはいうまでもなく、その国許の薩摩藩の難渋をも招くことになり、それは仁恵を本とする国政に関わる問題ともなる、として、勘定所の再評議にまかせて判断を回避しようとしていたのである。久世がこうして薩摩藩の立場に一定の理解を示しているのは、同人と藩の関係が浅からぬものであったことを暗示している。久世は、一八三五年（天保六・道光十五）の長崎商法の二〇ヶ年継続認可の条件として禁じられた「過斤」を容認し、薩摩藩長崎聞役奥四郎をして「久世公之御懇情偏に難有次第なり」と言わしめているからである。(16) 勘定所自体が具体的に結論を出すことをしなかったのも、問題が重すぎたことが理由であろうが、しかし再びその勘定所に吟味を委ねて意見を留保しようとする長崎奉行久世に、水野忠邦は業を煮やし、言上書の書き替えを命じ、結局久世は先の引用箇所について次のように書き替えた。傍線を施した部分がそれに当たる。(17)

（前略）産物御差止被仰出候付而者、琉球国救助者不及申、薩州国許迄難渋之次第、其外無拠申立ニも相聞候得共、前書之通厚御世話を以追々御取締も付候儀ニ付、旁大隅守家来申立之趣者難被及御沙汰旨被仰渡御座候様仕度奉存候、

すなわち、問題が国政の基本に関わるもので、考えは申し上げ難いとしていた部分を、「これまでの取締りが功を奏していることでもあるので、大隅守家来の申し立ては認め難い」、とすることに文言を改めたのである。この経過からすると、逡巡する勘定所・長崎奉行所を後目に薩摩藩の要求に強硬な姿勢で臨んだのは、水野忠邦自身であったといえよう。

水野は煮え切らない長崎奉行の久世・戸川らを戦列に引き戻し、薩摩藩の要求を押し返そうとはかったのに対し、薩摩藩がわは一八三九年（天保十・道光十九）七月十六日に井上逸作の名で、大奥に対し、長崎商法の差止めは琉球・

清国に損失をもたらし、双方の関係にまで影響をもたらすもので、事は国際問題になりかねない、とする願書を差し出すにいたっている。[18]一一代将軍家斉の正室（御台所）茂姫（広大院）が島津重豪の娘であったことから、大奥にまで工作の手を伸ばしたのである。忠邦は薩摩藩より出された井上嘆願書をやはり長崎奉行の戸川安清と、四月に久世広正に替わって同職に就いていた田口加賀守（喜行）に検討を促しているが、両奉行の十一月九日付の上申書の冒頭部分には「当（一八三九・天保十・道光十九）三月廿七日、被成御渡候松平大隅守家来差上候書面、同様之儀ニ付大奥向へ差上候書面、同七月十七日被成御渡候追願書共一覧勘弁仕候処[19]」と述べているところからすると、久世・田口らは三月二十七日に差し出された嘆願書に加えて、七月十六日付大奥あて嘆願書、そして翌七月十七日で出された追願書の三通の検討を促されたことがわかる。この年を限って琉球産物の長崎商法が差止めとなるにあたって、薩摩藩の継続嘆願運動は激しさを増した感がある。

ではその後一連の嘆願書を検討した田口・戸川ら両長崎奉行の、水野忠邦に対する具申はどのようなものであったか。それは、『琉球産物商法取締一件　坤』の中に二通存在する。一通は、先ほど触れた戸川安清・田口喜行連名で十一月九日に差し出されたもので、もう一通は、やはり十一月に戸川だけの名で認められ、十二月十五日に差し出されたものであるが、奇妙なことにこの二通は全く正反対の具申内容となっている。前者は具体的には、当亥年（一八三九・天保十・道光十九）より琉球産物の長崎売捌きの御差止めとなったことで、長崎表の取締り方がよくなり、松前そのほか諸国産の俵物も追々出増し、夏入津の唐人荷主たちよりも景気が立ち直った旨の報告があるので、薩摩藩の要求は表向きは容認と申し上げるわけにはいかない、としながらも次のように述べる。[20]

（前略）当年より商道相絶候時者、必至之国難品々難渋之次第申立候趣も無余儀願筋に相聞候に付、長崎表差障候儀而已強而申上、却而格別に御世話相増候而者如何に奉存候間、於私共勘弁仕候処、表通り御下ケ評議仕候而

者、前書申上候通り、此節琉球産物聊成とも御免被　仰付候儀可然とハ難申上候へとも、琉球国極難之次第被為聞召、御仁恵之思召を以文化度紗綾・白糸初発品替御免相成候薄紙・五色唐紙・鉛・羊毛織・丹通・純（緞カ）子・猩燕脂・花紺青等、右八品位に限り、抜荷取締筋ハ勿論、長崎表ニ而唐方へ相渡候松前其外諸国出産之俵物等、代り物に差遣候儀決而不致、惣而取締方厳重に仕候ハヽ、先為試三ヶ年程も御免可被　仰付方にも可有御座哉、（後略）

内容は以下のようなものである。「長崎における商道が絶えては難渋この上ないとする薩摩藩の訴えも、止むを得ないように思われる。長崎表の支障のみを強いて申し上げ、かえって琉球国の救助のための手当てが増すようになってはどうかと思うので、熟考のところ、表向きは先にも申し上げた通り、わずかでも琉球産物の売捌きを認めることはできないが、琉球国難渋の事情を汲み、御仁恵の思し召しをもって、文化度に紗綾・白糸の品替えとして認めた薄紙・五色唐紙・鉛・羊毛織・丹通・純（緞カ）子・猩燕脂・花紺青等の八種に限って、試みに三ヶ年ほどの商法を認めたらどうかと思う。もちろん抜荷、松前そのほか諸国産の俵物を代物として持ち渡らないよう取締りを徹底したうえでのことである」。このような具申の要旨で、長崎奉行から、薩摩藩の立場に理解を示す意見が出されていたことは注目されるものである。

これに対し、十二月十五日に水野忠邦あてに差し出されたと朱書されるもう一通の戸川の十一月付書付は、次の如くである[21]。

文化度紗綾・白糸初発品替御免相成候薄紙・五色唐紙・鉛・羊毛織・丹通・純（緞カ）子・猩燕脂・花紺青等、右八種位に限り、御仁恵之思召を以て三ヶ年程も於長崎表売捌方御免可　仰付方にも可有御座哉之趣、別紙御内密申上候へとも、可相成ハ長崎表一体之御取締筋并会所商売筋におゐてハ品々差障候儀御座候間、此節聊成とも御免被仰付候ハヽ、唐紅毛方荷物ハ相場及下落、会所入銀相減、諸事取計方必至と差支、御取締被　仰出候詮も無之様相成候ハ眼前之儀御座候間、委細表通申上候通、唐商共にも専商売方相進、会所銀繰も追々立直り候時節罷成候得ハ、今両三年之所ハ何分にも琉球産物売捌方之儀御差止被有候様仕度奉存候、

すなわち、別紙の通り、八種の唐物を三ヶ年ほどに限って長崎での売捌きを認めるよう内密に申し上げたが、長崎の取締り、会所商売の支障になる。唐商どもの商売も上向き、会所の銀繰りも立ち直ってきているので、いま両三年のところは琉球産物の売捌きはお差し止め願いたい、というのである。

このように、長崎奉行たちは当初の書付を全く否定する書付を新たに差し出したことになるのであるが、これは、先の一八三八年(天保九・道光十)四月の薩摩藩江戸留守居半田嘉藤次の嘆願書に対する長崎奉行久世伊勢守の評議書の書き替えが命じられた例からすれば、水野忠邦の介入以外は考えられないであろう。薩摩藩がこの唐物八種の三年限りの売捌き認可という案を呑むか否かは別にして、琉球国救助の手当てが必要ならば、藩の長崎商法をもってそれに替えればよいのでは、という戸川・田口十一月差出しの書付は一理ある。だが水野が求めるところは、琉球国の救助のあり方の変更ではなく、会所財政を建て直し、「鎖国」制秩序の回復にあったから、戸川・田口らの具申は本筋からはずれていたことになる。水野はそのことに納得がいかず、長崎の行政・財政をあずかる両長崎奉行に意見の軌道修正を求めたというのが真相であろう。水野が、罷免・更迭をもって諸奉行・諸役所を威嚇し、改革路線に忠実に従わせようとしたことはよく知られた話である(22)。

こうして水野は逡巡する長崎奉行らを押さえ込み、薩摩藩の長崎商法の差止めを執行するにいたったが、ただそれにあたって、藩には一定の配慮が示されているのが注目される。水野忠邦の日記には次のようにある(23)。

一、松溜列座、月番左之通被申渡書付被相渡之、

松平大隅守
名代南部伊勢守

長崎表におゐて琉球産物売捌之義御差支之筋有之候ニ付、差止候処、琉球国救助手ニ届兼候趣を以、右売捌方御免有之候様、再三被申立候得共、最前も相達候通於　公儀不容易御差支之筋有之候間、難相成事ニ候条、可被得其意候、乍然無程琉球人召連参府之折柄、彼是可為難義と被　思召候ニ付、別段之訳を以三ヶ年之間、金五千両宛、年々為御手当被下候間、差支無之様可被取計候、御手当請取方之義者、御勘定奉行可被談候、

一八四〇年(天保十一・道光二十)三月十一日、江戸城松の間に島津斉興の名代として南部伊勢守が呼ばれ[24]、公儀差支えをもって藩の要求は認め難いことが伝えられた。そしてそのうえで、間もなくの琉球人を召し連れての参府を考慮し、その手当てとして三年間にわたって金五〇〇〇両を給賜するにつき、手当ての請け取り方については、勘定奉行と相談するよう諭されたのである。

幕府はこののち、一八四〇年(天保十一・道光二十)四月十九日には、会所調役・御取締掛・年若町年寄らに、すでに前年に琉球産物の売捌き方が差止めとなった旨を唐商たちに通達するよう命じている[25]。ここにおいて、幕府は薩摩藩・琉球の窮状に一定の配慮を示し、またいっぽうで唐商たちの要求にも応じたかたちをとって、内外に仁恵を忘れない国家としての体面をつくろったということができよう。

水野は、薩摩藩を長崎の唐物取引市場からの締め出しをはかると同時に、同藩商人と日本海海域商人との抜荷活動の封じ込めにも力をいれている。薩摩藩より大奥に嘆願書が出された四日後の一八三九年(天保十・道光十九)七月二十日には、勘定奉行明楽飛騨守(茂村)に対し、隠密が探索した長文の風聞書を示している[26]。その具体的な内容については徳永和喜氏の検討に譲ることにしたいが[27]、それには日本海がわの諸港における薩州船による琉球唐物・松前産俵

物の抜荷活動や、それに関わっている商人などに関する情報等が詳細に述べられている。たとえばその中には、越後新潟湊の富山屋政吉が、村松浜遭難船一件が落着をみた三月に、薬種類・朱など九種の抜唐物を積んで新潟湊に入港、江戸を経て総州関宿・堺の両宿で売り捌いているとの風聞も存在する。薩摩船村松浜遭難一件の摘発後も状況はあまり変わりなく、むしろ唐物抜荷はいよいよ巧妙に展開されていたふしがみえる。

これと合わせて興味をひくのは、一八三七年（天保八・道光十七）十月晦日付の新潟敦賀屋吉左衛門より十日町の蕪木八郎右衛門にあてられた売り物代金の請求書の中に「一　金弐両也　琉球米二包」の一項が存在することである。(28)琉球は本来米の生産量が少なく、年貢余剰米が商品として市場に出回ることは考え難いので、「琉球朱」の誤りではないかと思われるが、米だとすればおそらく船頭運賃米の類であろう。唐物とともに、こうした類の琉球産の商品が、なお遠く日本海の諸地域に相変わらず薩摩船によって運ばれていたことが推測できる。

水野は、薩摩船村松浜遭難一件の全貌が明らかになると、やがて、お庭番川村修就に抜荷の拠点となった新潟の探索を命じ、川村はその結果を一八四〇年（天保十一・道光二十）九月、「北越秘説」と題して水野に提出するにいたった。それ自体に、先に明楽飛騨守に示された風聞書同様に、新潟湊の廻船問屋と薩摩船との間に唐物・俵物の抜荷交易がなされ、唐物は新潟より奥羽北国筋へ、また信州路をへて関東筋に流れている旨の情報等が詳細に記されている。そして、探索情報が単に風聞でないことを示すかのように、川村帰府後の十一月五日に、新潟の商人たちを中心とした抜荷事件が発覚している。

事件は新潟大川前通六の町の廻船問屋小川屋金右衛門なる者が、石州船が長崎より積んできた無手板の大黄・甘草・桂枝・麻黄・石膏等を売買したことが明るみに出たのが発端で、同日、取引きに従事した小川屋金右衛門ほか一五人が入牢を申し付けられ、そのほか売買に関与したすべての者たちが江戸で勘定奉行梶野土佐守（良材）の審理を受けている。[29] この一件の審理が落着すると、一八四三年（天保十四・道光二十三）三月に新潟へ、[30] 四月には松前へ、[31] あらためて抜荷禁止令が布達されているが、水野が長岡藩領新潟を上知し、初代新潟奉行に川村修就を任じて北海の海防強化と密貿易の取締りに当たらせることになるのは、それから間もない六月のことである。

第三節　長崎商法の停止猶予

日本海海域に対する抜荷取締りが、海防の問題と抱き合わせのかたちをとって粛々と進められていったのに対し、長崎口における薩摩藩琉球産物商法の封じ込めは容易ではなかった。それは将軍家縁辺の大藩、そしてその「附庸国」琉球が絡む問題だったからである。

薩摩藩では、早くも幕令が発効する年からそれに穴をあける工作が始まっている。すなわち、一八四〇年（天保十一・道光二十）十二月、藩は、長崎商法はお差止めとなったが、海上の行き違いで、前年分の商法用品が届き、ならびに戊年（一八三八）秋の商法の残り荷があり、さらには同年五月渡来の封王使一行によってもたらされた薬種類があるとして、それらを二年間にわたって売り捌くことを願い出ている。これについて、水野は、一八四一年五月八日、封王使一行のもたらした薬種類は、かねて認可された品々でないので焼き捨てなどの処分を行い、それ以外の二件の商品については特別に売捌きを認める旨、島津斉興の家臣田代宗右衛門に通達している。[32] さすがに移行期の混乱は止むを得ないものと水野は思い、認可したものと思われる。

こうした結論が出るのに半年ほど時間がかかったのは、年が改まって間もない一八四一年（天保十二・道光二十一）閏一月七日に大御所家斉の死去があり、そしてそれにともなって四月十六日以降の林肥後守忠英（若年寄）・水野美濃守忠篤（御側御用取次）・美濃部筑前守茂育《もちなる》（新番頭格御小納戸頭取）ら西丸勢力の粛清という大きな出来事がつづいたからだと思われる。この間、薩摩藩がわが嘆願の結果が届くのを期待を込めて待ち望んでいた様子は、当時国許にあって、まだ認可の知らせを得ていなかったとみられる御側役勤碇山将曹が、一八四一年六月三日付で江戸の種子島六郎にあてた書状で、次のように述べていることから知られる(33)。

唐物屯荷行違如何、又ハ評価物等ノ一条ニ追々御願立モ有之候処、段々ト御模様宜相聞得申候処、此節ノ公辺退役等ニ付、決テ暫ハ御沙汰止ニ相成候半等ノ儀モ承知仕候、時節到来トハ申ナカラ、困リ入リタル仕合ニ御座候、唐物屯荷等ハ至テ大金ノ御品、長々片付方不被仰渡候テハ、過分ノ御損失相成事ニテ、調所氏ハ勿論其掛御役々、実以心配ニ御座候、

これをみると、嘆願の件については、当初藩にとって有利な状況が伝えられたものの、四月の西丸勢力の粛清が断行され、沙汰止みに付されるとの情報が入っていたようである。大金の唐物のストックが片づかなければ過分の損失となる、と調所笑左衛門やそほかの掛役々も憂慮していた様子がわかる。

しかしこののち、調所・碇山のもとへも嘆願認可の知らせが入り、ついで取扱品目に関する会所の検討結果についても通達がもたらされることになる。会所が示した品書きと斤高は、八月に長崎奉行を通じて薩摩藩聞役あて

表40　1841年長崎売捌き御免品と斤高

	薬種名	斤　数
1	虫糸	6［消去　］
2	硼砂	4,3□□斤8合5夕
3	桂枝	8,700斤
4	沈香	558斤4合
5	鼈甲・爪	1,454斤7合
6	白手龍脳	1,347斤
7	阿膠	833斤7合1夕
8	大黄	34,941斤
9	山帰来	46,171斤8合
10	大鞭甘草	23,692斤
11	蒼朮	18,912斤
12	茶わん薬	1,444斤
13	甘松	1,841斤
14	木香	850斤
15	犀角	476斤

「天保十二年　琉球産物売捌候ニ付御書付」（長崎県立図書館蔵）により作成。

に通達されたのであるが、それを具体的に示すと表40のごとくである。[34] ただし、これらの品目の売捌きを認めるにあたって、幕府は条件を示している。

それはいっぽうの会所役人たちには九月十八日付をもって月番宿老を通じて示されている。[35] 両者を比較してみると、月番会所役人あてのものがやや詳細なので、その内容を示してみる。次のごとくである。

①鼈甲・爪については、会所蔵に囲い置きの唐人持ち渡り分の入札払いが済んだ後、薩摩藩の分については伺いを立てること。(「薩州より当地江産物差廻ル上ハ、一同入札払申付候、尤爪・鼈甲之義者唐方持渡之分会所蔵囲をも申付置候ニ付、右蔵かこひ之品入札払相済候上、薩州より相廻候爪・鼈甲ハ追而入札払申儀取調子可相伺候」)

②去る戊年(一八三八・天保九・道光十八)までは、一ヶ年の琉球産物の元極銀一七二〇貫目の内、一二〇〇貫目の二割を会所に納入してきたが、このたびは二年に限ってのことなので、売払総銀高の二割を会所へ納入のこと。(「去ル戊年迄、琉球産物一ヶ年定高千七百廿貫匁之内、千二百貫目ニ掛り候弐割通薩州方より会所江相納来候得共、此節ニ限一時相払候ニ付、惣銀高之弐割通、会所へ相納候様薩州聞役江申渡候」)

③一八三八年(天保九・道光十八)までは、商品は薩摩藩蔵屋敷に持ち入れ、薩州役人立会いのもと、目利や検使が出役し、品定めが行われていたが、今回は新地の蔵に収納を申し付ける。同蔵に藩役々、検使も出役して荷改めを行い、蔵封は町年寄と薩州役人で合い封すること。(「右産物之儀者去ル戊年迄、薩州蔵屋敷へ持入、於同所目利見分商人見せ等いたし、其時々検使差出、町年寄始懸り役々罷出、薩州役人立合取斗ひ来候得共、此節之義ハ右品々新地へ蔵入申付候、尤当地江産物相廻し候上、薩州方より相届候様申渡置候間、届出次第仕役相伺、夫々手当致シ、役々新地江罷出、検使出役之上丸数・箱数等相改、蔵入致シ、尤薩州役々江も新地へ罷出候様申遣置候間、蔵封之儀ハ掛り町年寄并薩州役人合封可致候」)

④仕役の時、役々が出役するので、場所が混雑しないように取り計らうこと。（「目利見分手本取商人見せ仕役之儀も薩州方役人罷出可申旨申達置候ニ付、仕役之時々役々罷出、場所混雑不致様可取斗候」）

⑤「先納銀」は五割とする。（「先納銀之義ハ当弐、三、四番割とも五割納ニ而納方手堅く相聞候ニ付、五割先納之様可取斗候」）

⑥薩摩藩への代銀の渡し方は、「先納」ならびに「皆納」のかたちの二段階とする。もっとも会所への納入分の二割はそのつど差引きとする。（「薩州方江右代銀渡方之儀ハ先納并皆納之節、両度ニ相渡候、尤弐割通会所江可相納分ハ其度々ニ引取可申候」）

⑦払い立て代銀にかかる三歩掛かり銀も会所が取り立てる。（「右品々払立代銀ニ掛り候三歩掛り銀之儀者、会所へ取立可申候」）

⑧仕役に要する諸雑費は、一八三八年（天保九・道光十八）の例にならって薩摩藩の負担とする。（「右仕役ニ付、諸雑費之儀ハ、去ル戌年之通、薩州より差出候積り同所聞役江申達置候」）

⑨右の産物の捌き方は今回限りのことにつき、産物の斤数に過上がある場合は受け取らないこと。（「右産物之儀者当節限捌方之積ニ付、此間相渡候品書之通、斤高過上無之様、薩州聞役江廻方相達置候間、若斤数余分ニ候ハヽ、請取申間敷候」）

この琉球産物の売捌き要領を検討した中村質氏は、旧来のそれとの違いを次のように指摘している。[36]

(i)従来（一八三八年〈天保九・道光十八〉まで）の取引きでは、薩藩の「琉球産物」はすべて長崎西浜町の藩蔵屋敷に搬入管理され、会所取引終了後、同藩役人主宰のもとに目利・商人見せ・入落札・荷渡し・代銀精算等の業務が行われた。会所と合わせて「二手」の唐物取引きが行われた。奉行所の検使および会所調役以下目利・請払役等の会所役人は呼出しに応じて、蔵屋敷に出向いて目利きし、荷見せ・入札等の諸仕役に立ち合うのみであった。

(ii)また払立代銀の収納も薩摩藩で行い、この中から総売上高の如何にかかわらず、定高の七割弱の銀一二〇〇貫目につき二割(銀二四〇貫目)と若干の「諸雑費」とを長崎会所に納付する仕組みであった(一八三九年〈天保十・道光十九〉の唐蘭貿易においては、唐船一五・七割、蘭船二七・九割の純益をあげているのに対して極めて低い)。

(iii)これに対し、一八四一年(天保十二・道光二十一)の売捌きにあたっては、貨物管理・取引業務・代銀出納にいたる全過程が会所主導型に転換した。すなわち全貨物は唐船貨物と同じく官衙の一つである新地蔵ないし会所蔵に収納し、町年寄と薩藩役人との「相封」印によって共同管理下に置かれ、薩藩がわによる恣意的な荷繰りや品目数量の秘匿は制度的には不可能になった。目利き・荷見せ・入札・荷渡しももちろん同所で行われるが、薩藩役人は奉行所検使同様に出張立会いにすぎず、仕役の日取り、関係者への通告、日雇いの差配、警備等も、唐蘭船と同じく会所の所管事項となった。

(iv)入札翌日、荷渡し前に納入される「先納銀」は従来二割であった(残銀の滞納が多かった)が、会所貿易同様五割とされた。

(v)二割の掛かり物を元代銀のすべてに課すようになった。さらに唐蘭貨物同様、落札価格(総売上高)に対し、会所が別途に課す三歩(三%)の「三歩掛かり銀」(落札商人から別途徴収)が「琉球産物」に初めて適用(これによって会所は大幅な収入増となったことが想定される)。

(vi)結論的にいえば、ここにおいて文字通り、琉球産物は先学が指摘するごとく「長崎会所を通じて」販売されることになった。しかしそれでもなお、会所収益は元代の二割と落札高の三歩程度に過ぎず、薩藩長崎交易の会所財政に落とす影はなお多大であったと考えられる。

一八四一年（天保十二・道光二十一）の琉球産物の売捌きに適用されることになった新たな方式と旧来のそれとの相違点は、ここに整理されつくされていて、別に付け加えるべきものは何もない。確かにこのたびの方式はこれまでの薩摩藩主導から会所主導へと変じていることが指摘できる。ただ、このたびの案件は琉球救助のための特例であり、全国的に抜荷取締りの徹底が期されていたことを受けての措置だったことに留意する必要がある。「且此度之儀ハ去ル戌年ト違ひ、別廉之義ニ付、取斗方手続等別而心付、不取締之義無之様、一同可申合候」[37]と、長崎奉行も先の九月十八日付月番宿老あて通達文書で指示しているように、これまでと違って「別廉」のことと認識していたことが明らかである。こうして二年間の特例措置は長崎会所主導のかたちで執行された。

結語

薩摩船の越後村松浜への漂着船一件を契機として、幕府の抜荷取締りは一段と強化の方向に向かい、薩摩藩の長崎商法停止の議論が幕府内部でも活発化していった。その主導的役割を担ったのは一八三四年（天保五・道光十四）に老中の座に就いた水野忠邦であった。水野をして薩摩藩の長崎商法停止に駆り立てたのは、いうまでもなく会所の貿易不振にともなう財政逼迫であった。水野は一八三六年を期して会所財政の建て直しに着手しており、薩摩藩の長崎商法停止へ向けての動きは、そうした会所改革の一環をなすものであったといえる。薩摩藩へは琉球がわの事情も考慮にいれて二年の猶予をおいて停止することが一八三七年六月十九日に通告がなされるにいたった。

これを受けて、藩では琉球がわの意見聴取に乗り出した。従来通り琉球がわより長崎商法継続の請願哀請を引き出し、それを拠りどころとして幕令の撤回を求めるところにねらいがあったが、しかし、意見を徴された渡唐役経験者らよりは、むしろ一六種の注文品購入の停止を歓迎する旨の見解が示された。中国市場での本手品価格は下落しているにもかかわらず、唐物価格は高騰し、渡唐役者自体、分不相応の銀繰りを強いられているというのがその理由で、藩の長崎商法は渡唐役者らにとってむしろその貿易活動を圧迫する要因となっていたことが注目されるところである。琉球王府よりはおそらく同趣旨の回答書が出され、それをめぐって藩との応酬があったことが予想されるが、残念ながら今のところその経緯については明らかではない。

一八三八年(天保九・道光十八)三月に幕府に差し出された嘆願書は、目前にひかえていた尚育王冊封使の受入れ、そしてさらに一八四〇年に予定されている家慶の将軍即位の慶賀使派遣に多大な出費を要することなどを持ち出し、長崎商法の停止は琉球の興廃に関わる旨を訴えるものになっている。すなわち琉球がわの本来の意向を押し隠し、琉球国の窮状のみが強調されて、仁政を国是とする幕府を追い込む図式がここでも確認できる。水野忠邦はこうした薩摩藩の攻勢に逡巡する長崎奉行らを後目に、一八四〇年(天保十一・道光二十)三月十一日には藩に長崎商法の停止を申し渡しているが、それにあたっては三年間にわたって金五〇〇〇両を給賜することを条件として付しており、琉球国の窮状に配慮がおよぼされた点は見逃せない。

水野は、琉球国切捨ての誹りを回避しつつ、薩摩藩の長崎商法の一件にけりをつけるとともに、六月には北国筋の抜荷の拠点として注視していた長岡藩領新潟の上知に踏みきる。そして、これまで同地の探索にあたっていた川村修就を新潟奉行に任じて北海の海防を強化するとともに、密貿易の取締りに力を入れていった。しかし、藩長崎商法の一件は琉球が絡んでいただけに、その後も簡単にはおさまらなかった。薩摩藩よりは一八四〇年十二月になって、一八三八年秋の長崎商法品の残り荷と、同年五月渡来の冊封使一行によってもたらされた薬種類、一八三九年に海上で行き違いになって届いた商法品等を、二年間にわたって処分したい旨申請が出された。これに対して水野も冊封使のもたらした薬種類については消却処分を命じたものの、他の二件については容認する方向で妥協している。ただし、それらの売捌き方式はこれまでと違い、貨物管理・取引業務・代銀出納などにおいて会所主導で行われることになったのがまた注目される点であった。

このことは、ほぼ同時に動き出した会所粛正の流れに沿うものであったとみられる。すなわち、一八四一年(天保十二・道光二十一)五月十三日、前年長崎奉行から勘定奉行に進んだ田口五左衛門喜行の御役御免を皮切りに、翌年九月に唐大通事神代徳次郎が、ついで十月には高島四郎太夫(秋帆)が捕縛されている。秋帆の捕縛は会所調役頭取への昇進運動に絡む収賄容疑によるもので、田口の処分も同様にそれと関わっていた。また神代の場合は、高島と共謀して、高島が入手した願請物を江戸へ回していたことが罪に問われたのであった。高島に対する中追放の判決が下ったのは一八四六年七月二十五日のことであったが、連累の者は多数にのぼり、八月二十三日に長崎奉行所で有罪とされた者は長崎会所関係者で四九人、長崎奉行所関係者で四二人、その他諸藩の家士らを加えて一五〇人ほどにおよんだ[38]。

この高島秋帆一件に薩摩藩と関わりのある石本家も巻き込まれている。高島の妻の父であった代官高木作右衛門も取調べを受けたが、その過程で代官所納戸金の紛失が表沙汰となり、出入りの御用達石本家にも嫌疑がかけられた。石本平兵衛・勝之丞父子は長崎奉行所へ呼び出されて入牢となり、一八四三年(天保十四・道光二十三)、江戸へ送られてともに獄死している[39]。

こうした状況をみると、薩摩藩がわが元のごとく琉球産物の売捌きを主導的に行い、かつさらにその継続を確保することは困難であったといわなければならない。藩が再び「琉球産物」の売捌き権を確保するには、水野の再度の罷免を待たねばならないのである。

註

（1）『通航一覧 続輯』巻之二十、唐国総括部十三、第一巻、三二五頁。
（2）中村質『近世長崎貿易の研究』（吉川弘文館、一九八八年）五五四〜五五五頁。
（3）村松浜への遭難薩摩船をめぐる抜荷事件の探索が進行中であった思われる天保七年六月、浜田浦の今津屋八右衛門が竹島に渡海し、人参と思われる草のほか、欅・桑・杉・桜など四、五〇本を伐採し、大坂市場に出荷した。銀主として大坂中橋町中国屋庄助の支援をうけ、浜田藩の後押しをうけての行為であった。この事件は密貿易ではなかったが、非公式ルートを用いて入手した品々を大坂市場で販売に付したという点で「抜荷」行為であった（池内敏「「鎖国」下の密貿易と環日本海の港町」『シリーズ港町の世界史』〈青木書店、二〇〇五年〉。
（4）『琉球産物会所差止一件文書』。
（5）山脇悌二郎「天保改革と長崎会所」（『日本歴史』二四八号、一九六九年一月号）、中村註（2）書、五五四〜五五五頁。
（6）久世伊勢之守「琉球産物売捌方御差止之儀ニ付取調候趣御内意奉伺書付」（『琉球産物会所差止一件文書』）。
（7）調所笑左衛門は、天保四年四月十八日付の浜村孫兵衛あての書簡で「長崎表之儀何分少々気請崩候様ニ相聞へ込入申候、何故かと申候へハ是迄屋しきより頼切りの水野公御退役ニも相成候半、夫ニ三位様（重豪—引用者註）御逝去ニ候而ハ、定而何歟相替ニて可有之との掛念より起りたる事と相聞へ申候」（「調所笑左衛門書簡集」〈鹿児島県立図書館蔵。ここでは芳即正氏の「〔史料紹介〕調所笑左衛門書簡とその年代比定」『鹿児島県立短期大学紀要 人文・社会科学編』三一号、一九八〇年〉より引用した）と、すでに当時の長崎における薩摩藩に対する空気の変化を伝えている。
（8）『産物方日記 道光拾六申年より翌酉年迄』（尚家文書〈那覇市市民文化部歴史資料室蔵〉三九〇）。
（9）〜（11）『琉球産物会所差止一件文書』。

(12) 閏四月十日付「松平大隅守家来勝手より差出候書付」(『琉球産物会所差止一件文書』)。
(13) 「前同断越前守殿、松平大隅守家来申立候琉球国為御救助唐物長崎表江相廻売捌願之儀ニ付、勘弁仕候趣申上候書付」(右同)。
(14) 「戌十一月十九日出、十二月十三日着、宿次」(右同)。
(15) 「前同状之添、越前守殿、松平大隅守家来申立候於長崎表琉球産物売捌方再願之義ニ付、勘弁仕候趣申上候書付」(右同)。
(16) 石本家文書(九州大学附属図書館付設記録資料館蔵)「書簡集」(武野要子「薩摩藩の琉球貿易と貿易商人石本家との関係」秀村選三編『薩摩藩の基礎構造』〈御茶の水書房、一九七〇年〉所引)。
(17) 「前同状之添、越前守殿、松平大隅守家来申立候於長崎表琉球産物売捌方再願之儀ニ付、勘弁仕候趣申上候書付」(『琉球産物会所差止一件文書』)。
(18) 「己亥七月十六日、松平大隅守家来勝手より差出候書付　越前守」(『琉球産物商法取締一件　坤』〈外務省外交史料館蔵〉)。
(19)(20) 「己亥十一月九日、松平大隅守家来申立候於長崎琉球産物売捌方再願之儀に付、御内密申上候書付」(『琉球産物商法取締一件　坤』)。
(21) 「琉球産物売捌方之儀御内密申上候儀に付猶申上候書付　戸川播磨守」(『琉球産物商法取締一件　坤』)。
(22) 詳細は藤田覚『天保改革』(吉川弘文館、一九八九年)一〇〇〜一〇三頁。
(23) 大口勇次郎編『水野忠邦天保改革日記』「甲子日簿」(ゆまに書房、一九九一〜二〇〇一年)。なお、『島津斉宣・斉興公史料』は同じ史料(『鹿児島県史料』三四九　唐物商法ニ就テ幕府手当金ヲ下与ス)を天保十年の条に配列するが、誤りであろう。
(24) 第八代陸奥八戸藩主南部信真《のぶまさ》か。ただし伊勢守は兄の七代藩主信房《のぶふさ》の受領名。
(25) 『琉球産物商法取締一件　坤』。
(26) 「亥七月廿日越前守殿御直飛騨守善左衛門江仰渡」川村氏文書四三(新潟郷土資料館)。
(27) 徳永和喜『薩摩藩対外交渉史の研究』(九州大学出版会、二〇〇五年)二〇一～二〇二頁。
(28) 『十日町市史』資料編5、近世二、一五〇号。
(29) 『新潟市史』上巻、三七一～三七八頁。
(30) 『通航一覧　続輯』巻二十二、唐国総括部十六、第一巻、三七六頁。
(31) 『松前町史』史料編第一巻、六三九頁。
(32) 『通航一覧　続輯』巻二十二、唐国総括部十六、第一巻、三七六頁。
(33) 天保十二年六月三日付、斉彬付当番頭御側役種子島六郎時昉あて大番頭御側役勤碇山八郎右衛門将曹書状(「石室秘稿」)。なお、『鹿児島県史料　斉彬公史料第一巻』に日付を「弘化三丙午年六月三日」とする同じ文書が「参考」として掲げられているが(「七六　参考　碇山将曹種子島六郎へ書簡」)、年号は誤りであろう。
(34)(35) 『天保十二年琉球産物売捌候ニ付御書付』(長崎県立図書館蔵)。
(36) 中村註(2)書、第十一章「長崎会所の天保改革と財政」。
(37) 『天保十二年琉球産物売捌候ニ付御書付』。
(38) 山脇悌二郎註(5)。中村註(2)書、第十一章「長崎会所の天保改革と財政」。
(39) 吉田道也「石本家略史」(『九州文化史研究所紀要』三・四合併号、一九五四年)。

第十章　長崎商法の復活と薩摩藩の対フランス貿易構想

緒　言

一八四一年（天保十二・道光二十一）より二年間の特例措置を認められた期間中も、薩摩藩の幕府に対する長崎商法の復活嘆願は続けられた。長崎商法の差止めと会所の改革にともなう金融逼塞によって、藩が大いに打撃を蒙った様子については、石本平兵衛が一八四二年二月二十六日付で島原藩勘定方に差し出した「口上書」の、次の一節からうかがわれる(1)。

（前略）兼而琉球産物長崎ニ而御払立相成候代銀引請来り候処、商人問屋より之取立不足銀高三千九拾貫目余、年々式込相成居候処、右代銀追送り入手候ニ付、薩州御仕送り金も無滞相勤来候処、不計も長崎御取締ニ付、同年七月中、右商売御指止メ被仰出候付、右式銀忽融通指塞リ、旁以一時ニ災事打重り候、（後略）

出後れ銀の支払いを引き受けて以来、琉球産物代銀の追送りに成功し、どうにか薩摩藩への仕送りを順調に済ませてきたが、あいつぐ「災事」に事態はふたたび深刻となったのである。調所笑左衛門の腹心として藩天保改革に関わった海老原清熙は、のちに藩唐物商法について、代金を得るのに長い年月を要し、品目も会所貿易の妨げにならないものだけが許されたため、出願の時に贈遣がかかるわりには利益が少ないものであったと述懐している(2)。しかし、石本家による出後れ銀の引請け以後、藩の長崎商法は順調に利を生みだしていたものとみてよい。黒田安雄氏は、海老原の見解は同人の藩政中枢部への抜擢が、長崎商法の差止めが達せられた一八三七年（天保八・道光十七）であること、また一八四一年、それは再開を認められたものの、会所の強い統制下に置かれたという特殊な事情化にあったことなどから、再検討の余地があるとしている(3)。確かに海老原のいうように唐物商法が魅力のないものであったならば、幕府の差止めを素直に受け容れればよいわけであるが、そうでなく、商法復活へ向けて嘆願が繰り返されていくのには、応分の利潤があったからだといわざるをえない。

藩主斉興は、用をなさなくなった「唐物方」の引払いを調所に命じ、調所も一八四四年（弘化元・道光二十四）一月に同役所を廃した。ただし、それと同時に「琉球産物方」という役所を築地の御茶屋に即座に発足させている(4)。唐物方の看板を下ろし、藩主の内用方を賄う役座を取り繕ったのは幕府対策のためであったと思われる。「琉球産物方」の発足にともなって、琉球王府の組織もそれに見合うかたちで編成替えがなされていった。「琉球産物方」設置以後の文書にうかがう限り、同役所には、藩の琉球方家老のもと、産物方掛御用人・同側役・御裁許掛などが置かれ、琉球現地には御目付・横目（二人）・附役・足軽、それに御用聞町人が派遣されていたようである。こうした藩の掛役人の編成とともに、琉球がわからは鹿児島琉球館の在番親方が琉球産物御用掛を兼務するかたちで組み込まれている。以後この新しく発足した「琉球産物方」を中核として幕府との長崎商法復活交渉は展開され、ようやく再認可をとりつけるのに成功する。

ここにいたって幕府の態度が転換を見せたのには、理由があった。一つは薩摩藩の長崎商法の廃止を決定した水野忠邦が一八四三年（天保十四・道光二十三）老中を罷免され、阿部正弘に替わったこと、そしてもう一つはイギリス・フランスの琉球に対する開港要求がにわかに強まり、幕府にもこれまでにない危機意識が高まったことである。ペリー来航にさきがけて琉球におとずれた危機的状況への対処を迫られた阿部政権は、薩摩藩の長崎商法の復活要求を受け容れ、一八四六年(弘化三・道光二十六)閏五月にこれを認めるにいたる。琉球貿易は従来通り長崎口に直結するかたちで復活する運びとなったが、いっぽうで琉球はいまひとつ、フランスの強い貿易要求にさらされることになった。貧しくて貿易にいたるほどの物産はないとしてこれを拒む琉球に対し、フランスがわは執拗に通商を迫り、交渉が繰り返されていくことになった。

本章では、フランスとの間に緊張が高まるなかで、危機回避のために、薩摩藩が打ち出した琉球貿易とフランスとの貿易をリンクさせようとする新たな動きをとりあげてみたい。構想そのものは着手されるまでにはいたらなかったが、藩の「鎖国」制的規制を打ち崩す動きとして注目してよいであろうし、そしてまた、こうした藩の新たな動きが琉球王府との間に新たな軋轢を生み出す要因になった点からしても、無視するわけにはいかないと考える。

第一節　長崎商法の復活とその背景

琉球産物商法の再開へ向けて幕府との交渉に明確な道筋がみえてこないなかで、唐物方にかわる産物方の設置のほかに、薩摩藩の動きとしていまひとつ注目しておきたい事柄として、製薬事業への着手がある。御製薬掛であった市来四郎の自叙伝(「市来四郎君自叙伝」)(5)によれば、「製薬方」設置のきっかけは藩主斉興が一八三七年(天保八・道光十七)、三八年の頃、上野俊之丞という長崎の者を召し抱えたことに求められるようである。上野は本来時計工人として招かれた人物であったが、医薬精製の技術にも長けていたことで、斉興は伊地知次郎八・高木市介・宇宿彦右衛門らの藩士を上野の門に入らしめたという。製薬方設置の年代は明確ではないが、『鹿児島県史年表』(一九四四年刊)には一八四二年（天保十三・道光二十二）に鹿児島中村騎射場跡に創建、という記事が見える。

市来は一八四五年（弘化二・道光二十五）九月三日に「御製薬掛見習」となって同役所に通うようになり、翌一八四六年八月二十三日には御製薬掛を拝命している。薬種の「製煉所」が高木・宇宿らによって創建されたのがこの年秋とされるから、製薬事業に本格的に取り組みだしたのは一八四五年、四六年頃からではないかと思われる。(6)道光二十六年（一八四六・弘化三）の「進貢船仕出日記」の中に、一八四六年七月十八日付で、御鎖之側伊是名《いぜな》親雲上・島袋《しまぶくろ》親雲上らより御物奉行・進貢船役者中に対し、表41のような品目を挙げて、次のように購入指示がなされている。「右者御製薬方御用候間、唐渡役者江申含買求可差登旨、伊しゅゑん平殿より、浦添王子・与那原親方被仰越趣有之候間、於唐精々致探索二番銀を以買来候様、当秋渡唐役者江可被申渡旨御差図ニ而候」(7)。史料中の「伊しゅゑん平」とは伊集院平のことで、当時、製薬方主附職にあった人物である。その伊集院が渡唐役者に調達を依頼しているのは、薬種の苗木や種子の類である。製薬方では製薬の原材そのものを輸入して製薬に供していたほかに、そうした薬種の栽培にもとりかかっていたものと思われる。

一八五〇年（嘉永三・道光三十）には、南林寺近隣の地に製薬館を建て、売薬事業を展開したことになっているが(8)、越中売薬商薩摩組(9)に日向領以外での売薬を差し止めるのがこの年で(10)、二二人の売薬商を製薬方手先に編成するのが翌年であることからすると(11)、売薬事業が本格化したのは、この一八五〇年のことであろう。ただし、一八五八年（安政五・咸豊八）には再び越中売薬商薩摩組に薬種の領内入れ付けを認めざるをえなかったといわれるから(12)、藩が入れ付事業まで関わったのは、わずか一〇年足らずであったということになる。

ともあれ、長崎商法の行く末が案じられるなか、こうして藩は製薬事業を起こし、薬種の輸入と、その出口である長崎商法との調整を期したことがうかがえるのであるが、そのいっぽうで、長崎商法の復活へ向けての対幕交渉を積極的に展開、一八四六年（弘化三・道光二十六）、閉ざされた売捌き口の門戸を再びこじ開けるのに成功する。これには例のごとく琉球がわをして唐物商法復活の嘆願書を提出せしめ、幕府に琉球救済を訴えるという、お決まりの揺さぶりの手法が大きく功を奏していた。

「中山世譜」の道光二十六年（一八四六・弘化三）の条には「又謝乙本国運売華物。已係二江府禁止一。但蒙三薩州。再密稟二請　江府一。恩下准起レ自二本年一。(13)一連五年。運中売糸紬。及白糸等項上。而又薩州。為二球国一照レ料。務要レ呈二請江府一。依二照旧例一。恩三准運二売華物一。等因甲」とあって、白糸・紗綾の二品のみに限って一八四六年より五年間の売捌き

表41　1846年の製薬方注文品

	薬種名	注　文　高
1	丁香	柎（うてな）又は種子にても、但し柎無き場合は丁子種子の蒸し方をしてないものを
2	広東人参	種子５合くらい
3	甘草	種子５合くらい
4	大黄	種子５合くらい
5	甘草	苗20本ばかり、種子１升ばかり
6	桂	東京産、または漢（広カ）東産
7	肉豆冠	苗20本ばかり、種子５合ばかり
8	蘇木	苗20本ばかり、種子５合ばかり
9	没薬樹	苗20本ばかり、種子１合ばかり
10	麝香獣	２疋、又は4疋
11	丁子樹	苗20本ばかり、種子５合ばかり
12	安息香樹	苗20本ばかり、種子５合ばかり
13	木綿樹	苗20本ばかり、種子１升ばかり
14	青葉□香	苗20本ばかり、種子１升ばかり
15	紅花	種子５升ばかり
16	胡椒	苗20本ばかり、種子１升ばかり
17	大棗	苗20本ばかり、種子１升ばかり
18	益智樹	苗20本ばかり、種子１升ばかり
19	烏頭	苗20本ばかり、種子１升ばかり
20	白述（朮カ）	種子１升
21	黄蓍	苗20本ばかり、種子１升ばかり
22	人参	漢東産　種子２升ばかり
23	紅羅雲	1羽

「進貢船仕出日記」（『琉球王国評定所文書』第２巻102号、395～396頁）より作成。

が認可されたことがみえる。

また、『大和江御使者記　全』によれば、一八四六年(弘化三・道光二十六)には金武親方正猛(章鴻勳)が藩への年頭使として派遣されているが、いまひとつ使者の役目として、「且唐物御商法御差止付、再重御内所被仰立、紗綾・白糸之二品者五ヶ年之間御売捌被仰渡候得共、是非以前之通御免有之候様、猶又御願被仰立可被下旨、被思召上候与被仰渡候御礼」と記されていて、二品の販売権の認可をとりつけたこと、さらに今後も旧状回復への尽力をする旨の仰せ渡しがなされたことに対する御礼言上であったことが知られる。一八四六年より白糸・紗綾二品の売捌きが動きだしていたとすれば、すでに一八四五年には幕府の認可が下りていた可能性もある。

こうして、長崎商法の扉がわずかに開き始めるや、藩はさらに引き続いて商法品拡大を嘆願し、その甲斐あって金武親方正猛上国の一八四六年(弘化三・道光二十六)、元極高一二〇〇貫目の範囲で、一六品目について五ヶ年に限って許されるにいたる。[14]ただし、従来の一六品目のうち大黄・甘草・山帰来・蒼朮・爪鼈甲の五種については変更するよう申し渡されたため、この制限を撤廃させるのが藩にとっては新たに交渉課題として残るかたちとなった。

この長崎商法の復活に向けて幕府工作に積極的に動いたのは、藩の天保改革を主導していた家老の調所笑左衛門であった。当時勘定奉行のもとで情報収集にあたっていた普請役河久保忠八郎が、一八四一年(天保十二・道光二十一)二月に次のような興味深い報告を行っている。[15]

(前略)琉球産物差止無之候ハヽ、此邦の宝貨何程歟琉球口より抜散、長崎而已之衰弊無之、日本国中一躰の衰微と相成可申儀ニ而、不容易事御座候、然る処、薩州家老格之由、調所笑左衛門と申者、盛に江戸・京・大坂・長崎・尾州名古屋・紀州若山《ママ》等、年中一所不定に駆廻り、種々之取組いたし候曲ものニ而、尤権之家向へ立入良《ママ》もいたし候へハ、琉球産物売捌之儀を再興仕へき心掛之ものにて、聊油断難相成ものに御座候間、為御含申上置候、この河久保の報告から、調所が琉球産物売捌きの「再興」のため、江戸・京・大坂・長崎・尾張・紀伊の「権家」をかけずり回って対幕工作を展開し、幕府がわもその動きには警戒していたふしがうかがえる。

五品の品替えを前提としつつも、要求を一定度前進させることができたのは、そうした調所の身を挺した隠密裡の請願行動に負うところが大であったが、いっぽうで対幕交渉をすすめるにあたって、藩にとっては有利な環境がおとずれていた。すでに旧著でも触れたことであるが[16]、その一つは薩摩藩の長崎商法の排除に積極的であった水野忠邦の辞任である。水野は改革政治に失敗して一八四三年（天保十四・道光二十三）免職となり、その後一八四四年六月に再任されるものの、翌一八四五年（弘化二・道光二十五）二月には再び罷免され、替わって阿部正弘（一八四三年閏九月より老中）が老中首座に就いた。阿部は、水戸徳川家・島津家とのつながりが深かったこともあって、藩にとっては極めて有利な状況がおとずれた。

幕府が藩の嘆願に耳を傾けねばならなかったいまひとつの状況の変化は、この頃の頻繁な異国船渡来による琉球国での緊張の高まりである。一八世紀末頃から琉球近海には、イギリス船を中心とする異国船が出没するようになっていた。一七九七年（寛政九・嘉慶二）、プロビデンス号が北太平洋探検航海の途中、琉球南端の宮古島沖で座礁し、島民と接触して以後、一八〇三年（享和三・嘉慶八）フレデリック号、一八一六年（文化十三・嘉慶二十一）アルセスト号、ライラ号、一八二七年（文政十・道光七）ブロッサム号と、やや間隔をおきながら渡来するようになっていたが、一八三〇年代の天保期に入ると、一八三二年（天保三・道光十二）パルトリッジ号、ロードアムハースト号、一八三七年ローリー号と頻度を増した[17]。そして、一八四四年（弘化元・道光二十四）十一月には、福州駐劄英国領事ジョージ・トラデスカント・レイ（George Tradescant Lay　李太郭）は琉球館に貿易を要求するにいたっていた[18]。

この頃になると、イギリスの琉球に対する開港・通商要求は明確になりつつあったことになるが、同じく一八四四年(弘化元年・道光二十四)三月に渡来したフランスインドシナ艦隊アルクメーヌ号の艦長デュプランも、和好・通商の受入れを要求してきた。[19] そしてこれを琉球がわが断ると、デュプランは数ヶ月後に「大総兵都督」が来航することを告げ、そのための通事役として、宣教師フォルカードおよび中国人神学生の粤五思日高(オーギュスタン・コー)を残留せしめて引き上げた。そして、翌一八四五年五月にはイギリスの測量船サマラング号が那覇に寄港、さらに一八四六年四月には、キリスト教の布教を目的としてイギリス人宣教師ベッテルハイムが琉球に上陸した。

こうした、琉球へのフランスおよびイギリス人宣教師の滞留は、アヘン戦争情報で高まっていた幕府の危機意識をさらに高めることになり、その対応策が大きな政治的問題となっていった。先のアルクメーヌ号来航の報に、島津斉興は調所をして状況を老中阿部正弘のもとに報告せしめ、阿部はただちに薩摩藩に警備兵の派兵を命じるなど、一応の対応を示したが、一八四六年五月十三日(陽暦六月六日)にデュプランの予告通り、フランスのインドシナ艦隊セシーユ提督の来航をうけ、和好・通商・布教の三項の要求を突きつけられるにおよんで、幕府はかつてない決断を迫られることになった。琉球産物の長崎売捌きに再び門戸を開く方向へ傾いていったのは、こうした相次ぐ外艦渡来事件を無視できなかったからであった。いっぽう幕府が柔軟な態度をみせると、薩摩藩は琉球国の救助を説きつつ、独自のフランスとの貿易構想を思い描くにいたる。この点については、かつて明らかにしたことがあるが、[20] その後の新たな研究[21]をふまえつつ、以下あらためて論じ直したい。

第二節　フランスの琉球に対する開国・通商要求

まず、琉球国とセシーユ提督との交渉経過についてみていこう。琉球がわでは、提督との正式交渉がはじまるにあたって、五月二十四日に総理官の「大総兵御逢之時心得」を定めているが、そのなかで以前よりの和好・通商の認可要求については次のように返答することを決定している[22]。

一、先達而総兵付而相達置候和好一件、屹与返答有之候様申候歟、又者何様致吟味居候哉与申事候ハヽ、敝（ママ）国之儀、不自由之小国、中国江進交（貢カ）、度佳喇嶋交通を以漸相立罷在候躰ニ而、被仰下候通ニ而者差障候訳合有之、追而願筋申上筈候間、御憐察を以御聞分被成下度旨、申入候事、

こうして、「琉球国は不自由の小国で、中国への進貢、度佳喇島との通交をもって漸く成り立っているので、和好は受け容れがたい」という主張をもって交渉に望む方針が立てられた。セシーユ提督はこの日に、長い「覚書」を示しているが、その内容は、琉球と友好を築くことが来航の目的であることを述べ、ヨーロッパのフランス・イギリス・ロシアという三大王国の情勢、清国がアヘン戦争でわずかのイギリス兵の前に敗北を喫したことに触れながら、日本や中国の鎖国政策が間違いであることを指摘、そのうえで琉球は北山・南山を中山に併合した尚巴志の時代、この島々の産業と貿易の発展に寄与した尚真の時代を思い起こせ、ヨーロッパ人との関係を緊密にすれば、貴国の王は昔日と同じように、中国・台湾・日本・朝鮮との通商の中心地となるであろう、として、中国と結んだ黄埔条約と同様な条約の締結を求めるものであった[23]。

しかし、琉球が言を左右にしてこれを拒絶すると、あらためて閏五月十八日には文書を手交し、要求の受容れを

迫ってきた。それは、琉球側の「度佳喇島」より諸品を購入して日常の便に供しているとの説明を捉え、「貴国外ヨリ買候品物、右通多ク有之候義、必ス物ヲ以テ物ニ替へ、貨ヲ以テ貨ニ替フヘシ」と、物の購入にはそれに見合うだけ物が必要であるとし、布帛・黒糖・焼酎・硝黄その他の品々を貿易品とすれば、琉球は豊かになる、「貴国イカンゾ、強テ右断ヲ被申候哉」と、琉球側の主張の矛盾点を激しく突くものであった。また、セシーユは、「日本国ノ皇帝」もしくは「度佳喇島詰官人」（薩摩藩吏）の恣意によって琉球の生民の饑死が左右されており、それから自由になるためにも是非とも西欧との公平な貿易が必要であることを説き、さらには「モシ或ハ迷ヲ執リ、不醒シテ堅ク欧羅巴人之交易ヲ断候者、彼時亦貪欲之国、此諸島ヲ以己カ居住トシテ、汝カ馬頭ヲ取リ、押々之仕形ニテ汝カ欲スルヤ否ヤヲ不構シテ、汝カ主トナルへシ」と、ヨーロッパのいずれか貪欲な国の侵略をうける危険性のあることも指摘して、琉球の恐怖感を煽り、暗にフランスの麾下に翼することを勧める有様であった(24)。

このヨーロッパのどこかの国が琉球を奪取するかも知れないという警告は、琉球はもちろん、薩摩藩にも大きな衝撃を与えたにちがいない。実は同様の警告は、これ以前に天久寺滞留の唐人からも告げられていたからである。閏五月十九日付の国家老島津壱岐・島津豊後より江戸家老島津石見・調所笑左衛門あての書状には、次のように述べられている(25)。

大総兵、国頭按司ニ面会致シ、和好通商等之儀申掛候次第、平田善太夫より申越、其段ハ去ル十四日急飛脚差立委細申越通ニ候、其後飛脚等到着無之、何モ不相分段ハ昨日申置候処、先達テ富寿丸便ヨリ善太夫差越候届書、飛船取仕立、同案差越、今日相達候、然ニ琉球詰見聞役ヨリ、別紙之通大目附方へ申越、右者天久寺へ滞留之唐人ヨリ、今度和好交易免許無之、屹ト断相成候ハヽ、直ニ打破リ、国王ヲ始諸官ニモ分ヲ失候間、其心得有之候様、官人へ申出ベク、且英吉利・亜米理幹之船ニモ日本ヨリ参候約束ニテ、仏船モ罷渡候段、為申出由、（後略）

五月二十四日のセシーユ・国頭会談の様子についての琉球在番奉行平田善太夫の報告は、閏五月十四日に江戸の島津石見・調所笑左衛門のもとへ急飛脚で送られた。その後は琉球より飛脚等の到着もなく、状況が摑めなかったが、閏五月十九日に富寿丸の便で新たに平田善太夫の書が届いた。それによると、琉球詰めの見聞役より大目付方へ、天久寺滞留の唐人より、このたび和好・交易を断れば琉球は破壊を蒙り、国王はじめ諸官はその地位を失うことになろうからそのように心積りをされたい、仏・英・米艦ともに日本を訪問する約束をしている、ということを告げられたというのである。この話は閏五月七日、通事新崎里之子親雲上が唐人通事から得た情報であった(「今日、通事新崎里之子親雲上ヨリ通事唐人へ返礼物相送候砌、此程互ニ通事相勉候ニ付テハ、心得之為申達候、今度仏国ヨリ和好ノ御相談之処、御許容無御座、屹ト御断リ被成候ハヽ、直チニ打破リ、国王御初諸官ニモ御分ヲ被失候間、其心得御座候様、官人共へ申上ラルヘク候」(26))。

そうした情報はまだ江戸の斉興のもとには届いていなかったと思われるが、閏五月十四日に差し立てられた急飛脚の到着をうけてのことであろう、藩主斉興は閏五月二十五日には、調所笑左衛門を老中阿部のもとに遣わし、事態の収拾策について協議を行わしめている。調所は阿部に「口上書」を示し、「右様難題申掛候ニ付テハ、是迄之通理解而已ニテ申断候テモ、迚モ承引仕候儀ニテハ有之間敷、依テ交易之道ニテモ少々究候様御座候ハヽ、琉球ハ外藩之儀ニモ御座候間、琉球限リノ取リ組ニイタシ、地方へハ右船々渡来不致様為仕度」(27)と、フランスが説得しても聞き入れる可能性がないことに触れ、琉球は外藩なので同地に限って貿易を許し、フランスの艦船が他の地に渡来しないように図りたいとした。つまり琉球の長崎化である。

この時に差し出された「口上書」では琉球が外藩であることを説いて、貿易の容認を求めただけの感があるが、一八四六年(弘化三・道光二十六)六月の「島津家国事鞅掌史料」によれば、調所はこの件についてなお詳細な説明を行っている。すなわち、フランスがわの要求を国禁というかたちで拒否すれば、同国との摩擦は避けられなくなり、事は琉球だけでは済まず、日本国全体に危機がおよぶことになろう、と説いて、貿易だけでも認めるのが得策、と主張していた。そして、「若シ交易於取結テハ、琉球ニテハ迚モ難叶、引受ケ難儀ニモ可有之候ニ付、唐国之内、福建ニモ相逐（遂カ）ケ度旨、無余儀理解致候様ハ、相叶間敷哉之御事ニ候[28]」と、貿易の拠点を福建に定める考えであることまで打ち明けている[29]。

イギリス・フランスの目的が琉球の開港であり、そして琉球を橋頭堡として日本の開国を迫ることにあった点からすれば（横山伊徳氏によれば、セシーユの構想は琉球を日本貿易の保全倉庫にすること、また那覇の商人たちをフランスがわの代人として長崎に送り、彼らをして中継貿易を行わしめることにあったという[30]）、福建での出合い貿易はとうてい両国の受け容れるはずのない提案であったことになる。しかし、この提案が認められれば、薩摩藩としては国外で貿易上のフリーハンドをもつことができるわけで、藩（調所）の本来の企図するところはそこにあったと解すべきであろう。

このように、調所がフランスとの貿易構想案を示して阿部の説得にあたっていた頃、琉球ではひとまず緊迫感から解放されていた。閏五月十四日フランス商船パシフィック号がセシーユ提督にヴェトナムで逮捕された司教の救出を促す皇帝勅書もたらし、二十日、セルヴァン船長よりそれを受け取ったセシーユは、オーギュスタン、フォルカードを伴い閏五月二十四日には運天退去を余儀なくされていた。ただし、後日の来航のため、替わって宣教師ル・チュルジュを滞留せしめたため[31]、琉球側にとっては束の間の交渉猶予を与えられたに過ぎなかった。

第三節　対フランス貿易の認可

セシーユにとっては皮肉にも運天退去数日後、薩摩藩、幕府の間ではやむをえなければその要求を受け容れるほかないとする方針が固まりつつあった。六月一日、幕府では、将軍家慶が藩の外艦一件への対応向きについて重要な下知をするにいたった。薩摩藩では、すでに閏五月二十三日に外艦一件と領内海防の指揮のために、世子斉彬の帰藩を願い出ていたが、これが叶い、六月一日には斉興・斉彬ともども引見となった。その場で、「琉球国へ異国船渡来之処、彼地之儀ハ、素ヨリ其方一手之進退ニ委任之事故、此度之儀モ存意一抔ニ取計、尤国体ヲ不失、寛猛之所置勘弁之上、何レモ後患無之様及熟慮、取計向等機変ニ応シ、取計可申(32)」との上意を受けたのである。対応は意のままに任せる、ただし国体を失わず、かつ後患なきように寛猛の処置を、というこの下知は、藩にとってその後の独自の琉球政策を展開するうえで、きわめて有効な根拠となったことはいうまでもない。

こうした「上意」の表明が調所笑左衛門の阿部・学問所掛筒井紀伊守正憲に対する工作の成果であったことは、調所自身が「前文通拙者御両所へ被差出事情等、細々申上置候儀相貫キ、右通之御事ト奉恐察(33)」と、国家老の島津豊後(久宝)・島津壱岐(久武)らに述べていることから察せられる。阿部は、薩摩藩がわから出された伺いについて林大学守・筒井、それに三奉行(勘定奉行・寺社奉行・町奉行)の評議にゆだね、六月五日に筒井は下曽根金三郎(阿部の養子)をして調所にその結果を伝えしめているが、それは「併シ表立テ　公辺ヨリ、仏国商法御免ト者被仰出間敷候得共、前条之御趣意ヲ以、定テ阿部様ヨリ御内諭モ可有之候間、最早無御掛念、琉球国手限、仏国ト商法御取組被成候而モ宜キ由(34)」となっている。すなわち、フランスとの貿易は表だって認めるわけにはいかないが、琉球国独自の判断においてそれを許す、追って老中の阿部よりも御内諭もあろう、とし、琉仏貿易は黙認するというものであった。

下曽根によれば、三奉行の中には長崎貿易の支障になると、反対を唱える者があったが、万が一、琉球国とフランスが戦争となった時は、現在の国体にも関わることとなる、という理由で、阿部が取り上げなかったという(「併右一条ハ、何分不容易訳柄ニ付、三奉行評議被仰付候方ト申趣ヲ以テ、林家被申談、書面被致進達候処、三奉行之内ニ者、仏国ト此御方様通商取組相成候ハ者、別而御利益之事候、左候時者、長崎表　公辺御商法差障候抔ト申張リ候向モ有之候得共、万一琉球国ト仏国及戦争候時者、現在　御国体ニモ相拘候儀、不心付評議故、右之調者、阿部様ニモ更ニ御取用無之御様子ト被相伺候」(35))。

こうして薩摩藩の琉球をめぐる外交政策が正当性をもつこととなったのには、老中阿部の力が大きかったことがわかる。同じ日に、世子の斉彬は、阿部より「刃ヲ咽ニ当ルト申ス様ノ場ニ差迫リ候ハヽ、是非ニ不及候間、交易ノ儀ハ承知致シテモ不苦ト申事ニ候間、此意味合ハ決シテ取違無之様」(36)にとの達を得、ついで八日にも、貿易はフランスだけに限り、他国には一切認めないこと、その規模も大々的なものではなく、手細く行うこと、など、詳細な指示を受け、いっぽう調所も同じ八日に直接阿部より同様な内達を受けたことで、あとは琉球との折衝が大きな鍵となっていったのである。

六月十一日、調所は御留守居勤大迫源七と御趣法方調掛新納四郎右衛門に種々申し含めて国許へ遣わし、新納は貿易一件に具体的に対処するために、新たに琉球在番奉行に任じられた倉山作太夫とともに琉球渡海を命じられた。九月二十八日に那覇に到着した二人は、十月三日には摂政浦添王子(尚元魯)・三司官国吉親方(向良弼)を招き、フランスより通商の強請を受けた時は藩主斉興は認める考えであり、これは老中阿部も内々に承知していると述べて、通商の具体的方法としては以下のように示すにいたった(37)。

一、右付通商之手筋は、運天辺江出嶋有之由候付、右ニ客殿を仕立、且商売本手は、御国元より小判金壱万両弐万両程茂被成下、此上猶和産之反布類御差下、仏人持渡之品ニ交易可被仰付、弥其通相調候ハヽ、当時唐物十六種之内、御免無御座五種之品々も、右ニ相込御差登相成、第一琉球国益相成、御国元ニも御益筋不少与之由、

すなわち、貿易の方法としては、北部の運天港の出島（屋我地《やがじ》島・古宇利《こうり》島を指すのであろう）に商館を設置し、貿易資金は藩より一、二万両ほど出資し、そのうえで和産の反布類とフランスのもたらす貿易品と交換を行う、そしてそれが順調にいけば、幕府御免品一六種のうち品替えを要求されている五種の品々を貿易品に取り混ぜて差し登せる、というものであった。この、貿易の拠点を福建の地ではなく琉球北部の要港運天とし、フランスとの貿易のみならず、禁制品に指定された唐物五品の輸入をも具体化するという構想は、阿部に示されておらず、まさに調所が秘密裏に立てたものであった。琉仏貿易構想は調所笑左衛門のもとで新たな膨らみを持ち始めたということになる。

この構想が琉球に与えた衝撃は大きかったにちがいない。秋には池城親方安邑（毛増光）を王舅《おうきゅう》（特使）として清国に派遣、開国拒絶の斡旋が請願された[38]。しかし、琉球在番奉行らは摂政・三司官に対し、琉球に配慮した開国通商案を御請けするにあたって、藩主斉興へ御礼の使者を差し立てることを検討させている。これにはやはり琉球がわより逡巡するところがあったのであろう、十月十日、摂政・三司官の参上を促したが、三司官の与那原《よなばる》親方・国吉親方が病気で叶わなかったため、日を違えて十二月十五日に摂政浦添王子・三司官国吉に次のような達書が手交された[39]。

一、昨年来、仏朗西国大総兵船等、追々致来着、三ヶ条之難題申懸候処、時々程能申断、一旦者引取候得共、猶又仏人共残置候付而者、又々致渡来候者、為差知事ニ而、
太守様
少将様、別而被為遊

御厚配候、右付、此上難取抑難題致到来候而者、以之外之事候付、万一難申断時宜合候ハヽ、通商之一筋相宛ケ候様、極内用を以申達候事、

つまり、フランスがわの三ヶ条の要求が断りがたい事態にいたった場合、通商の一条については受け容れても可とする旨、太守様（斉興）・少将様（斉彬）の「御高配」によって幕府より内達をうけることができたとする、この文書をあらためて示したうえ、在番奉行らは内達御請けの御礼言上を促してきたのである（「且右付、御請御礼之儀、いつれ不申上候而不叶段、被仰聞候付」[40]）。だが、これをうけて摂政・三司官らが十二月十八日付で差し出した「口上扣」は、「当地全立行候様、深　思召被為　在候段、国王者勿論、到私共、誠以難有次第奉恐感」としながらも、次のように述べている[41]。

（前略）就而者、仏国、重而和好交易等申来候共、小国実々不相調訳合、混与相歎き、可成長相断、乍此上難取抑、直ニ難題可相及期ニ成立候ハヽ、致方無之、前文通難有御趣意承知仕事候付、当地産物を以通商之一筋相宛ケ置、何分奉得御差図候様可仕候、尤金銀和物取交、広通商有之候而者、最初より断筋ニ違ひ、仏人等ニ者別而仕合ニ存、繁々渡来、英国・亜米理幹なと茂、同様通商之儀申来、小国何角不得応難題成立可申、右通先者琉産迄を以致交易候ハ、利潤少、遠国より渡来之詮無之候付、終ニ通商相止、相退候儀も可有之哉与相考申候、（後略）

すなわち、フランスの要求を断って、難題におよぶ事態となった場合は、有り難き趣意にしたがって通商の一条は認めることにする、ただし貿易品は琉球の産物に限りたい、金銀和物を取り混ぜて手広く通商しては、最初の主張と違って、フランスは幸いと思い、頻繁に渡来するようになる、そうなればイギリス・アメリカなども通商を求めて来るようになる、琉球の産物のみで貿易をすれば、利潤も少なく、遠国より渡来する意味もなくなり、通商をやめて退

去するであろう、というのが摂政浦添王子、国吉親方ほか三司官らの主張である。

　フランスとの貿易が琉球の利にもなるという藩の説得に耳を貸さなかった理由は、一昨年来のフランス・イギリス船の渡来に伴う国家的負担の増大にあった。摂政・三司官の「手扣書」には、乗員たちの糧食のために供した農耕用の牛は二〇〇疋にも及んだこと、野菜・魚類の調達のために夫役負担が増え、農耕をも捨て置かねばならなくなって、百姓の疲弊はさらに増したこと、そのほかに諸向きについても入費が嵩んだこと、などを述べている。ここからは極端に生産力の低い小国が、欧米列強の渡来によっていかに経済的攪乱を蒙っていたかがわかる。

　王子衆の十二月二十三日付琉球在番行あて上申書は、やはり次のように述べる。(42)

一、通商之手筋、運天辺江客殿を仕立、商売元手も金子反布御差下可被仰付、其通相調候ハヽ、当時唐物十六種之内、御免無御座五種も、右ニ相込御差繰相成、第一琉球之国益、御国元へも御益筋不少由被仰下、御国元御益筋、琉球便利を得候段者、兎角其通ニも可有御座候得共、琉球偏少成国土之分力を以、当時さへ諸廉調兼及難儀居候処、此上仏国与致通商候ハヽ、諸難費及太分、仮令利益を得候而も、農民共猶更及極窮、国中難立行段者案中御座候、

　貿易の方法として、運天に商館を仕立て、商売元手も金子・反布を国許より差し下すようにし、うまくいけば唐物一六種のうち禁制品の五種を紛れ込ませるようにすれば、琉球の国益になり、国許も少なからざる利益をあげることができるが、たとえ利益を得ることができても、偏小の琉球はいまでも必要な物を調え兼ねる有様なので、フランスとの貿易となれば、諸雑費が膨大となり、農民はいよいよ困窮を極め、国中が立ち行かなくなることは火を見るより明らかだ、というのである。

　ついで、按司衆も、琉球は金銀・糸・反布の出産がなく不自由の国であるというこれまでの主張が虚偽であること

が明らかとなって、フランスとの関係が気まずくなること、フランス船が頻繁に来航するようになれば、清国とも貿易をしている彼らの口を通じて、今まで極秘にしていた日本と琉球の関係が清国に知られるようになり、進貢に支障をきたすことになりかねないこと（「右者共ハ於唐も致商売由候得は、おのつから随順之段相聞得、進貢之故障ニも成立可申哉与、旁以至極念遣存申候間」）などを指摘して、摂政・三司官の「口上扣」同様、通商を認めざるをえなくなっても、それは琉球の産物のみをもって行い、不自由の体に見えるように取りはからってもらいたい、との上申を行っている。(43) また親方衆からもほぼ同様の上申がなされている。(44)

こうした摂政・三司官、王子衆、按司衆、親方衆という琉球王府要路一同の琉球開市反対の上申を、在番奉行倉山作太夫は調所のもとに届けることになるが、いっぽうで翌一八四七年（弘化四・道光二十七）二月十三日には、倉山は使番の新納久仰らとともに運天港の実地見分のため那覇を発ち、今帰仁間切にいたり、商館設置予定地の屋我地島・古宇利島などの地形や周辺湾海の水深調査を行っている。この倉山らの運天港の検分には御鎖之側伊是名親雲上が付き添うことになったものの、摂政・三司官には知らされず「御内々」に挙行されており（「右付、御鎖之側伊是名親雲上、附添差越候様、尤御内々御差越故、摂政・三司官衆者御承知不被成形ニ而、何歟御在番所江御用筋等有之候ハヽ、附役衆江申上置候様、伊是名江御内々御達有之候事」(45)）、王府とのトラブルを避けようとしていたふしが見える点が注目される。

第四節　対フランス貿易構想の展開と琉球

しかし、琉球現地で、倉山らによって運天の検分が終了してしばらく後の三月十七日、鹿児島では、調所が琉球在番金武親方・与力田幸《たこう》筑登之親雲上・聞役川上十郎兵衛らを屋敷に呼び、あらためて外国との貿易一件について指示を与えている。三月十九日付で金武・川上が摂政浦添王子・国吉ほか三司官あてに送った書状によると、調所は「尤通商相究メ候儀、時宜之見計、肝要之事候、縦令者刀を身ニ打懸候時、中分有之候間、暫扣呉度、頼入候向ニ可相心得、自然之時到来無之内、究メ候而者不相済段、被仰渡候」と、やむをえざる事態にたちいたらないうちに貿易を認めてはならない、とし、次のように述べたといわれる(46)。

一、右通申休メ、左候而琉球ニ而異国人与致通商候而者、事煩敷可差障、其上余之西洋国よ里茂、同様通商之儀申掛難致時宜ニ茂可成立候間、此所者理解を以申諭し、広東辺江琉球之産物持渡、彼所ニ而致交易候方ニ可頼入旨、被仰渡候、

異国人の説得につとめ、やむをえず通商となった場合も、煩わしく、そのうえ他の西洋国よりも同様に通商を申しかけてくる事態にもなるので、広東あたりへ琉球の産物を持ち渡って貿易したい旨、交渉するように諭された、というのである。つまり、貿易拠点を運天から広東へ変更してあらためて琉球側にフランスとの貿易計画が示されたことになる。調所はこうしたことを琉球館与力田幸筑登之親雲上に申し含め、琉球へ帰国せしめるのであるが、調所の新たな思惑を伝えられた当日の三月十七日、鹿児島琉球館在番金武親方は早速摂政・三司官らあてに認めた書状で、「異国一件、笑左衛門殿より田幸筑登之親雲上江仰含之趣、別紙申上越候内、通商之事者、兎角各様より御在番所江差上置候御吟味書、御覧為有御座積、於唐交易之所ニ向を御振替被仰渡候、其通ニ者不相調筈候得共、右式被仰渡候付、爰許ニ而何角申上候而者、至而御不都合可相成御模様故、何分申上不申候間、於其元御吟味之上、仰渡通相調不申事御座候ハヽ、御在番奉行衆新納四郎右衛門ニ付而被仰上、可宜儀与奉存候(47)」と述べている。

この通りだとすると、調所がフランス貿易の拠点を運天から唐の地に変更したのは、王府要路の一斉の反対に押されてのことであったことになる。貿易品についても和産に触れず、琉球の産物のみについて言及しているところをみ

ると、調所が可能なかぎり琉球がわの意向を汲みながら外国貿易を実現していこうとしたものと思われる。金武には、広東に貿易の舞台を移すのも琉球からすれば受け容れ難いことと思われたが、しかし、琉球館在番の立場から直接それに反論するのは不都合と思い、王府で吟味のうえ、在番奉行衆、使番の新納四郎右衛門（久仰）を通じて、あらためて断りをいれるよう上申していたのである。

この金武の書状ならびに調所の諭達は、琉球への帰国を命じられた与力田幸筑登之親雲上に託されたが、田幸の後を追うように別便で側役海老原宗之丞の書状が届き、琉球の摂政・三司官らに調所の内意が伝えられた。その趣旨はどのようなものであったか、摂政浦添王子・座喜味親方ほか三司官らは、四月二十五日付で琉球館の金武親方・天願親方に送った書状で、次のように述べている。(48)

（前略）且又、田幸帰帆後、海老原宗之丞殿江も、笑左衛門殿より被仰渡候通商之事、御益筋を御取計被仰渡歟与、心得違茂可有之哉、右様之御計ニ而者毛頭無御座、国家立行候様、厚　思召被為　在、被仰渡事候条、少茂取違無之様、可相心得旨、分ケ而細々被致承知候段、被申越紙面相達、右被仰渡候趣、田幸よりも委曲申出有之、（後略）

すなわち、調所は海老原に、外国との通商は藩が利益を得るためでは毛頭なく、国家の存立を慮ってのことである、そのことを少しも取り違え無きように、との諭旨を申し伝えるように命じ、摂政・三司官らに書を送らせていた。同様の諭旨は田幸にも達せられていたふしがみえるから（「右被仰渡候趣、田幸よりも委曲申出有之」）、海老原には念を押させたことになる。このことは裏を返せば、長崎商法と外国貿易をリンクさせ、藩益をあげようとしていることに琉球側が反対しているのでは、と強く意識していたことになろう。(49)

ちなみに三月二十四日、調所は琉球館在番親方金武親方と聞役川上十郎兵衛に登城を促し、藩主島津斉興の名で、琉球国の窮状を救う名目で米三〇〇石・昆布一万斤を給している。[50] こうした措置が、琉球がわの態度軟化をねらったものかどうかは明言できないが、昆布が貿易品であったことからすれば、藩の外国貿易構想に対する琉球の理解を得るための手だてとしての意味があったものとみたい。

しかし、琉球がわは藩の救助措置にも態度を軟化させず、頑に藩の提案を拒み続ける。もとより外国との貿易に消極的であった摂政・三司官ら王府要路は、この新案にも難色を示したが、それをひとまず中国との外交関係を掌理する久米村方の吟味に回した。そして久米村方より、中国では進貢国が貢船によって対外貿易を行うことは禁制になっているから、この一件は願い難いとする回答が上がってくると、摂政・三司官らは、この久米村方の意見に加えて、すでにフランス人退去の斡旋を清国に依頼した際に、琉球は物産が少なくフランスとの貿易は不可能である旨述べていて、今さら広東での貿易を願い出るわけにはいかない事情があることを調所に説明し、その新たな提案をも断る方針に決したのであった。この方針は六月十二日付の書をもって琉球館の金武親方・天願親方に示された。[51] しかし、これに対する九月二十六日付の天願の返書には、「是迄右一件何之御沙汰茂無御座候得共、自然此以後御沙汰共御座候ハヽ、被仰越候振合を以、程能申上候様可仕候」[52] とあって、琉球側の主張に対する調所よりの新たな指示はなかったことがわかる。フランスがわよりの働きかけがなかったこともあって、基本的にはこの問題は外交案件から遠のくかたちになったのである。そして、琉球の清国への請願が功を奏して、滞留していたル・チュルジュが翌一八四八年(嘉永元・道光二十八)七月二十九日に迎船パヨネーズ号で去り、薩摩藩が思い描いた外国貿易構想も試みられることなく潰えていった。

結語

一八四四年(弘化元・道光二十四)から一八四六年にかけてのフランスの和好・通商要求は、琉球のこれまで薪水給与をもって穏便に退去させるという異国人対応策が通用しないことを意味するものとなった。異国人の上陸・滞留にこれまでにない明確な来航意図を感じ取った琉球は、和好・通商の拒否をもって国是とする方針を定めた。いわば通交を清国・日本に限る伝統的な国際関係の墨守である。

しかし、これに対し薩摩藩は、やむをえない事態に立ちいたった時はフランスとの貿易に踏み切り、長崎商法品から排除されていた五品の貿易をも行うという、より現実的なプランを立てて危機を回避しようとしていた。しかも当初貿易の拠点を琉球北部の要港運天に据えようとする案が、琉球がわによって拒否されるや、計画の立案者調所は広東の地においてこれを実現しようとする構想まで示していた。こうした構想は、「鎖国」制的規制の及ばない国外に貿易地を定め、自由な貿易を展開しようとしたという点で注目してよいであろう。

薩摩藩では琉球以外の地に貿易の拠点を移すことで、その了解を得ようとしたのであるが、しかし、琉球がわはそれすら受け容れようとはしなかった。琉球の地で貿易のやむなきにいたっても、貿易品を琉球の産物に限定したい旨主張していたことを勘案すると、琉球王府には外国貿易から藩の影響力を排除したいという思惑が働いていたとみたほうがよいであろう。フランスの和好・通商要求は、それへの対応をめぐって琉球と薩摩藩との間に新たな摩擦を生み出していたことを指摘しておきたい。

薩摩藩がフランスとの交渉にフリーハンドを確保するために持ち出したのは、琉球=「外地」の論理であった。調所も島津斉彬も、老中阿部正弘に国家的瑕瑾になる恐れを説いて琉球での通商貿易の容認を引き出すことに成功していった。調所・斉彬にとって、また老中阿部にとっても、琉球＝「外地」とすることが諸大名の不信・批判を回避できる論理であった。幕府は一八五五年（安政二・咸豊五）三月、ロジャーズの率いるアメリカ艦隊の測量要求にさらされ、阿部はこれを拒否する強硬方針を打ち立てながら、そのいっぽうでは通商の採用という鎖国祖法の改編がみられることが指摘されている。(53) これまでみてきたフランスによる琉球に対する通信・通商要求に対する阿部の対応には、すでにそれを読みとることが可能ではあるまいか。

この一件は、とりわけ当事者である島津家の鎖国祖法観を溶解に導いていくことになった。セシーユ提督との間に和好・通商関係を樹立するまでにはいたらなかったが、将軍家慶より認められた「寛猛之所置」権は、その後の対外折衝にあたっての有効な拠りどころとされ、斉彬に、一八五七年（安政四・咸豊七）、①英・米・仏三国への留学生の派遣、②福州琉球館の拡張による商法の拡大、③台湾への渡唐船停泊場の設置、④琉球・大島・山川におけるオランダ・フランスとの貿易、⑤外国よりの蒸気船・武器の買入れなど、(54) 国家的な規制を打ち破る様々な構想を許すことになるのは周知の事実である。

註

（1）「口上覚」（石本家文書）。ここでは黒田安雄「天保改革期の薩摩藩の唐物商法」（『南島史学』第二五・二六号、一九八五年）より引用させていただいた。

（2）『海老原清熙家記抄』。

（3）黒田註（1）。

（4）「続常不止集　三之巻子　仰渡留之部」（『鹿児島県史料　名越時敏史料　五』六五頁）。

（5）「忠義公史料」巻七（『鹿児島県史料』）。

（6）藩の製薬事業については上原兼善「藩貿易の展開と構造―天保・弘化期における薩摩藩唐物商法の動向―」（『日本史研究』二一五号、一九八〇年）、徳永和喜『薩摩藩対外交渉史の研究』（九州大学出版会、二〇〇五年）第二編第二章「第三節　越中売薬『薩摩組』の昆布調達」を参照されたい。

（7）「進貢船仕出日記　道光廿六年丙午」一〇二号（『琉球王国評定所文書』第二巻、三九六頁）。

（8）「市来四郎君自叙伝」（「忠義公史料」巻七）。

（9）越中売薬商薩摩組については、徳永和喜『薩摩藩対外交渉史の研究』第二編第二章「第二節　薩摩組の組織と展開」に詳しい。

（10）上原註（6）。

（11）『富山売薬業史史料集』（高岡高等商業学校編、一九三五年）第一編、第三一〜三四号、三七号、四一号、六〇号。

（12）『鹿児島県史』第二巻（鹿児島県、一九四〇年）五七七頁。

（13）「中山世譜」附巻六、尚育王・二十六年条（『琉球史料叢書』五〈伊波普猷・東恩納寛惇・横山重編、井上書房、一九六二年〉一〇八頁）。

（14）『大和江御使者記　全』（沖縄県公文書館史料編集室蔵）道光二十七年（弘化四）条に、やはり年頭使として派遣された天願親方宗政は、ほかに「唐物御商法追々御願被仰立、公辺御聞済相成、先前御売捌之十六種、銀高千二百貫目限、五ヶ年之間御売捌被為蒙　仰候御礼」を申し述べることを役目としておびていたことが記されている。

（15）「下ヶ札」（『琉球産物商法取締一件　坤』〈外務省外交史料館蔵〉）。

(16) 上原兼善『鎖国と藩貿易』(八重岳書房、一九八一年)二五四〜二六〇頁。
(17) 以上の外国船の琉球渡来の動向についての詳細は、『鹿児島県史』第二巻、第四編「第九章　諸外国船の来航と琉球開国交渉」(七八一〜八一二頁)、大熊良一『異国船琉球来航史の研究』(鹿島研究所出版、一九七一年)を参照。
(18) 『鹿児島県史』第二巻、七九〇頁。
(19) フランスは中国大陸への進出を企図、インドシナ艦隊のセシーユ提督は広東における全権公使ド・ラグルネの対清交渉を助けるため、示威行動をとっていたが、交渉が長引いたため、コルベット艦アルクメーヌ号に琉球の調査を命じていた(海老澤有道「天保十五年琉仏交渉日本史料」『国際基督教大学アジア文化研究論叢』一輯、一九五八年)。
(20) 上原兼善「天保十五〜弘化三年の沖縄への外艦来航と薩摩藩—調所笑左衛門の動きを中心にして—」(『南島史論　富村真演教授還暦記念論文集』、一九七二年)。
(21) フランス艦隊の琉球来航と琉球の応接経過については、赤尾藤市「仏国の琉球開港要求と江戸幕府の対策」(『史林』二五巻三号、一九四〇年)、藤本レイ「幕末の対外政策について—阿部正弘と徳川斉昭との関係を中心として—」(『史叢』二二号、一九七八年)、岩崎正雄「島津斉彬の外交政策に関する一考察—弘化年間の琉球外艦事件を中心として—」(『駒沢史学』二十七号、一九八〇年)、島尻克美「仏船来琉事件と薩摩藩の貿易構想」(『球陽論叢』、一九八六年)、生田澄江「幕末におけるフランス艦隊の琉球来航と薩琉関係」(『沖縄文化研究』一九号、一九九二年)、フォルカード『幕末日仏交流記』(中島昭子・小川早百合訳、中公文庫、一九九三年)、横山伊徳「日本の開国と琉球」(『新しい近世史②国家と対外関係』新人物往来社、一九九六年)等を参照。
(22) 「琉球王庁評定所日記」(『大日本維新史料』第一編ノ一、五三〇頁)。
(23) フォルカード『幕末日仏交流記』一一五〜一二〇頁。

(24)「仏国水師提督書翰」(『大日本維新史料』第一編ノ一、六七一～六七八頁)。
(25)「鹿児島藩家老書翰」(『大日本維新史料』第一編ノ一、五九〇頁)。
(26)「鹿児島藩琉球在番目付上申書」(『大日本維新史料』第一編ノ一、五八九頁)。
(27)「鹿児島藩使者口上書」(『大日本維新史料』第一編ノ一、七五九頁)。
(28)「島津家国事鞅掌史料」(『大日本維新史料』第一編ノ二、四一頁)。
(29)翌二十六日には筒井正憲のもとを訪れて、同様にやむをえない場合はフランスとの交易を認めるよう説いている(「鹿児島藩使者口上書」「鹿児島藩江戸詰家老内用状」『大日本維新史料』第一編ノ一、七五八～七六〇頁)。
(30)横山註(21)。
(31)生田註(21)。
(32)「島津家国事鞅掌史料」(『大日本維新史料』第一編ノ二、五頁)。
(33)「鹿児島藩江戸詰家老書翰」(『大日本維新史料』第一編ノ二、八頁)。
(34)「鹿児島藩士半田嘉藤次書翰」(『大日本維新史料』第一編ノ二、三八頁)。
(35)「鹿児島藩士半田嘉藤次書翰」(『大日本維新史料』第一編ノ二、三七～三八頁)。
(36)「島津家国事鞅掌資料」(『大日本維新史料』第一編ノ二、四四頁)。
(37)「異国一件御内用日記」(『大日本維新史料』第一編ノ三、二一頁)。
(38)「中山世譜」巻十二、尚育王・道光二十六年条(『琉球史料叢書』四、二五〇頁)。
(39)「異国一件御内用日記」(『大日本維新史料』第一編ノ三、四三二～四三三頁)。
(40)「異国一件御内用日記」(『大日本維新史料』第一編ノ三、四三二頁)。

(41)「異国一件御内用日記」『大日本維新史料』第一編ノ三、四三九頁。
(42)「琉球王子衆上申書」(『大日本維新史料』第一編ノ三、四四五～四四六頁)。
(43)「琉球按司衆上申書」(『大日本維新史料』第一編ノ三、四四八頁)。
(44)「琉球親方衆上申書」(『大日本維新史料』第一編ノ三、四四八～四四九頁)。
(45)「異国一件御内用日記」(『大日本維新史料』第一編ノ四、七五頁)。
(46)「琉球館聞役及在番親方書翰」(『大日本維新史料』第一編ノ四、五五一頁)。
(47)「琉球館聞役及在番親方書翰」(『大日本維新史料』第一編ノ四、五五二～五五三頁)。
(48)「琉球中山府摂政三司官等書翰」(『大日本維新史料』第一編ノ四、五六六頁)。
(49)島津斉彬も弘化四年六月二十四日付で、水戸の徳川斉昭あての書翰で「何分不容易御時節、利財之義論計ニ而者難相済時勢と奉存候へ共、扨〳〵理財之方多く恐入奉存候」(『島津斉彬文書』上巻、二五号、七三頁)と述べている。フランスとの貿易は藩益を当て込んのものであるという認識は誰しもが懐いていたものとみてよい。なお、調所の政敵斉彬も、フランスとの間にやむをえざる事態にいたった時は貿易を認めるほかないという点では、調所と同じ立場に立つが、その腹づもりについては、弘化四年六月二十三日付の徳川斉昭あて書状で次のように語られている(『島津斉彬文書』上巻、二五号「六月二十三日　徳川斉昭への書翰」、七二頁)。
一、交易之儀、いまた其儀者少しも色に出し不申当年渡来仕候ハヽ、成丈ケ猶また申断候而、夫ニ而も承引之気色無之候ハヽ、其節唐国之内福省ニ而交易可致、尤中山渡来之義者小国ゆへ不行届之旨断り可申、其上承引不致候ハヽ、中山之差配之宮古島・八重山島辺ニ而、手細ニ交易可致申談シ、夫ニ而もむつかしき節ニ者、中山ニ而交易可致候へ共、商館等取建候義者断り、年々渡来候うへ、商法手細ニいたし、相済候ハヽ、不残帰帆可致旨申談候心得

ニ而、家来之もの差渡置申候、

斉彬の場合、貿易地については福建、琉球の宮古・八重山島などを提示し、それでも聞き入れられない場合に琉球本島に設定する、商館の建設は断り、商法は小規模なものにする、というもので、この段階においては調所の姿勢よりやや消極的なものであった感がある。

(50)「旧琉球王庁評定所書類」(『大日本維新史料』第一編ノ四、六五〇～六五二頁)。
(51)「琉球中山府摂政三司官等書翰」(『大日本維新史料』第一編ノ四、五七三～五七四頁)。
(52)「在番親方書翰」(『大日本維新史料』第一編ノ四、五七五頁)。
(53)後藤敦史「幕末期通商政策への転換とその前提」(『歴史学研究』八九四号、二〇一四年)。
(54)「摂政三司官へ御密用相達シ、或ハ在留ノ仏人共へ談判ノ次第御届等ノ顛末」(『島津斉彬言行録』八七～九七頁)。

第十一章　産物方体制下の唐物商法

緒　言

長崎商法の再願がかなって後、藩が新たな意気込みをもって唐物貿易に取り組むにいたっていたことは、一八四七(弘化四・道光二十七)五月、帰帆後の渡唐役者から王府あてに差し出された願書の次の一節から明らかとなる。(1)

唐物御商法御再願済相成、此節より御注文品員数被相重候間、於唐国品位至極遂吟味、上品勝を買渡候様、且御内用方御注文品之儀買渡候上者、以前拾六種同様之向を以御買入可被仰付候間、右同断品位宜方遂吟味、唐表買入高取占、抜物等一切無之厳重致取締候様、且御再願済相成、初而御注文被仰付御事ニ而、品位不宜候而者御都合向不宜、以後之御故障ニも可成立候条、位宜を買渡候様、且代料之儀、位宜方者直段高料可有之、品位宜候ハ、御取入直段も其御見合可被仰付候条、右之心得を以、上位之品より精々致吟味、買過買不足無之、御注文通全買渡候様、産物御方仰渡之御書付取添、三司官書付を以被申付趣委曲承知仕候、(後略)

すなわち、長崎商法の再願が聞き届けられた後、初めての渡唐となった者たちに対する注文品の数は増え、同時に、商品の品質吟味が強く求められたことがわかる。そしてまた、御内用方注文品についても、以前と同様に一六種に等しい上品を買い入れること、上位の品は相応に高く買い入れるにつき、品物は過不足なく注文通り買い渡ること、などが指示されていたことが判明する。しかしこの藩の強い要望にもかかわらず、中国国内における災害、イギリスとの紛擾、世相の悪化などの事情により、注文品の買入れが不首尾に終わったため、王府に弁明を願ったのがこの文書で、産物方体制下の唐物商法も藩が期待したような滑り出しではなかった様子がうかがえる。

ここではこうした中国市場が不安定な状況をかかえるなかで再開することになった長崎商法の動勢を、『琉球産物於長崎払立并本手品利潤総帖　全（自弘化四年至嘉永二年）』（以下『利潤総帖』と略記する）と『琉球産物本手品御下高於琉球御払立差引御余勢銀総　全（自弘化四年至嘉永二年）』（以下『御余勢銀総』と略記する）という二つの史料を中軸に据えて、追ってみる。これらの史料についてはすでに旧著[2]でもとりあげたところであるが、十分読み込めていない箇所や、誤って解釈した部分があることに気づいたので、あらためて史料を見直すとともに、若干の史料を加え、補足と訂正を行いたい。

第一節　長崎商法の利潤

まず、再認可後の琉球産物の着荷高とそれらの販売実態についてみることにしよう。それにあたっては『利潤総帖』その他の史料によって作成した『鹿児島県史』の表がもっとも適当と思われるので、ここではそれを表42として掲げることにする。

帳簿の数値は『鹿児島県史』がいうように、各年秋の決算額で、それぞれ前年の後半からその年前半にかけての長崎商法の実績を示すものと理解したい。長崎商法品についていえば、一八四六年（弘化三・道光二十六）閏五月に、一六種が、銀高一二〇〇貫目の範囲内で販売が認められたことになっているから、同年秋から入札に付されたものと思われる。ただし、実際に一八四七年度から一八四八年度の決算に上がっている品目をみると、大黄・桂皮・甘草・阿膠・木香・硼砂・龍脳・茶碗薬・山帰来・甘松・蒼朮・沈香・虫糸・犀角・象牙の一五種となっている。また免許品一六種のうち、大黄・甘草・山帰来・蒼朮・爪鼈甲の五種については品替えを求められ、一八四七年八月にこの件は撤回されたものの、爪鼈甲は当分取扱いの自粛を促されたとされる(3)。表中にもその名が見えないところからすると、一八四八年(嘉永元・道光二十八)度まで幕府の指示を守ったものと思われる。

表の商法品の取扱い数量に着目すると、斤高は一定しないものの、各品目の大まかな入荷量(積届高)と払いの傾向は把握できる。品目によっては大黄・茶碗薬・沈香のように、積届高よりも払い高・残高の合計のほうが多いものがある。これはしばしば注記がみられるように、ほかに位劣品が存在していたものと解釈しておきたい。もっとも注目されるのは、大黄・茶碗薬・沈香・甘草・虫糸・犀角などにいたっては、ほとんどが領内払い、もしくは領内払いが長崎払い高を超していることである。すべての年度でこうした傾向であったとみるわけにはいかないが、長崎市場での供給過剰となった品は領内市場に回され、需給の調節がなされていたものと解される。

次に『利潤総帖』から各商品の仕入れと販売価格を抽出して、販売益をみてみると、表43ようになる。販売益という点では、木香・蒼朮・桂皮・象牙などは比較的利が少なく、沈香・茶碗薬などにいたっては赤字となっている点が注目されるが、これを補うかたちで利をあげているのは、犀角・虫糸・硼砂・阿膠・龍脳・甘松・甘草・大黄・山帰来など九種である。わけても阿膠・虫糸などは取扱い数量は少ないが、利益率はきわめて高かったことを示している。

同じ帳簿から各年度長崎商法の利益総高を抽出してみると、表44のようになる。

商法品の長崎払い高は、一八四七年(弘化四・道光二十七)度は銀高にして九四七貫八〇三匁余、一八四八(嘉永元・

表42　1846～53年の琉球産物の積届高・長崎払い高・領内払い高・払い残高（斤）

			1846	1847	1848	1849	1850	1851	1852	1853
1	大黄	積届高	—	—	—	—	—	—	4,108.000	7,055.000
		長崎払	7,000.000	4120,000	7,000.000	—	—	—	—	—
		領内払	—	—	—	—	—	4,224.000	4,888.548	—
		払残							322.000	1,150.000
2	桂皮	積届高	—	—	—	—	—	—	7,760.000	8,915.000
		長崎払	1,922.000	7,337.200	12,665.200	—	—	—	—	—
		領内払	—	—	—	—	—	2,155.000	1,946.000	—
		払残	—	—	—	—	—	—	1,054.000	3,318.000
3	甘草	積届高	—	—	—	—	—	—	2,832.000（外位劣773.000）	5,304.000
		長崎払	4,926.100	1,434.500	5,971.800	—	—	—	—	—
		領内払	—	—	—	—	—	2,755.750	2,199.500	—
		払残	—	—	—	—	—	—	108.000	1,959.000
4	阿膠	積届高	—	—	—	—	—	1,334.620	1,474.780（外位劣93.700）	1,006.750
		長崎払	589.875	436.000	447.200	—	—	—	—	—
		領内払	—	—	—	—	—	314.850	469.193	—
		払残	—	—	—	—	—	2.070	522.200（外位劣24.700）	553.500
5	木香	積届高	—	—	—	—	—	—	2,188.100	4,612.230（外位劣360.200）
		長崎払	7,173.000	5,000.000	5,000.000	—	—	—	—	—
		領内払	—	—	—	—	—	343.000	303.250	—
		払残	—	—	—	—	—	—	17.000	2,005.750
6	硼砂	積届高	—	—	—	—	—	—	—	2,517.010
		長崎払	1,700.000	2,500.000	1,623.600	—	—	—	—	—
		領内払	—	—	—	—	—	394.600	268.250	—
		払残	—	—	—	—	—	—	—	524.480
7	龍脳	積届高	—	—	—	—	—	919.900	1,216.000	1,362.000
		長崎払	1,114.240	700.000	683.600	—	—	—	—	—
		領内払	—	—	—	—	—	340.781	495.416	—
		払残	—	—	—	—	—	75.661（外位劣40.000）	163.200	1,362.000
8	茶碗薬	積届高	—	—	—	—	—	—	61.390	154.500
		長崎払	81.400	—	56.150	—	—	—	—	—
		領内払	—	—	—	—	—	91,600	109.400	—
		払残							61.390	154.500
9	山帰来	積届高	—	—	—	—	—	—	—	28,138.000
		長崎払	13,617.600	11,750.000	19,998.000	—	—	—	—	—
		領内払	—	—	—	—	—	1,874.500	3,048.800	—
		払残	—	—	—	—	—	—	—	15,163.000

10	甘松	積届高	—	—	—	—	—	—	3,936.000	8,094.000
		長崎払	2,931.500	3,150.000	5,522.000	—	—	—	—	—
		領内払	—	—	—	—	—	808.937	612.500	—
		払残	—	—	—	—	—	—	148.000	1,175.000
11	蒼朮	積届高	—	—	—	—	—	—	—	1,882.500
		長崎払	1,081.300	1,197.000	2,403.000	—	—	—	—	—
		領内払	—	—	—	—	—	483.800	464.750	—
		払残	—	—	—	—	—	—	—	1,808.000
12	沈香	積届高	—	—	—	—	—	392.510	102.320	350.410 （外31.500）
		長崎払	332.900	500.000	500.000	—	—	—	—	—
		領内払						61.310	141.550	
		払残						41.250	42.100	50.410 （外31.500）
13	辰砂	積届高	—	—	—	—	—	—	662.560	524.900
		長崎払	—	—	—	—	—	—	—	—
		領内払	—	—	—	—	—	4.875	168.180	—
		払残	—	—	—	—	—	—	4.400	122.647
14	虫糸	積届高	—	—	—	1,792.450	1,071.250	277.600	196.050	539.250
		長崎払	371.382	691.600	100.360	—	—	—	—	—
		領内払	—	—	—	—	—	28.398	196.554	—
		払残	—	—	—	391.400	242.090	189.480	196.050	135.545
15	犀角	積届高	—	—	—	—	—	291.090	690.100	742.120
		長崎払	41.850	187.400	161.800	—	—	—	—	—
		領内払	—	—	—	—	—	17.815	64.255	—
		払残	—	—	—	—	—	71.392	85.500	280.166
16	象牙	積届高	—	—	—	—	—	—	2,662.000	468.600
		長崎払	288.500	1,186.000	501.800	—	—	—	—	—
		領内払	—	—	—	—	—	13.500	55.987	—
		払残	—	—	—	—	—	—	27.750	78.850
17	玳瑁	積届高	—	—	—	198.455	—	—	—	—
		長崎払								
		領内払								
		払残								
18	爪	積届高				254.800 （外51.668）				
		長崎払								
		領内払								
		払残								

註１：『鹿児島県史』第二巻、751〜754頁より引用。
２：『鹿児島県史』は「積届高」の蘭を単に「届」とするが、「積届高」を意味していると述べているので、そのように表記を改めた。

表43　1847～49年の長崎商法品の販売益

	品目	年　代	数量 (斤.合勺才)	仕入銭高(a) (貫.文)	払銭高(b) (貫)	利益高(c) (b－a)	利益率 c/a×100
1	犀角	1847(弘化４)	41.850	706.799	3,488	2,781.201	393
		1848(嘉永元)	187.400	3,550.855	19,308	18,757.145	528
		1849(嘉永２)	161.800	4,384.618	11,804	7,419.382	169
2	虫糸	1847(弘化４)	371.382	2,454.412	22,503	20,048.588	817
		1848(嘉永元)	691.600	10,700.435	46,420	35,719.565	334
		1849(嘉永２)	100.360	1,394.402	5,836	4,441.598	319
3	龍脳	1847(弘化４)	1,114.240	7,242.560	27,610	20,367.44	281
		1848(嘉永元)	700.000	4,550.000	22,232	17,682	389
		1849(嘉永２)	683.600	4,443.400	22,803	18,359.6	413
4	沈香	1847(弘化４)	332.900	147.651	1,469	1,321.349	895
		1848(嘉永元)	500.000	1,910.250	1,889	－21.25	
		1849(嘉永２)	500.000	1,758.500	1,515	－243.5	
5	茶碗薬	1847(弘化４)	81.400	24.420	19	－5.42	
		1848(嘉永元)	―――	―――	―――	―――	―――
		1849(嘉永２)	56.150	16.845	8	－8.845	
6	象牙	1847(弘化４)	288.500	909.346	1716	806.654	89
		1848(嘉永元)	1,186.000	3,212.874	6,426	3,213.126	100
		1849(嘉永２)	501.800	1,409.154	2,848	1,438.846	102
7	硼砂	1847(弘化４)	1,700.000	1,275.000	5,708	4,433	348
		1848(嘉永元)	2,500.000	2,250.000	9,726	7,476	332
		1849(嘉永２)	1,623.600	1,461.240	4,920	3,458.76	237
8	木香	1847(弘化４)	7,173.000	5,021.100	5,560	538.9	11
		1848(嘉永元)	5,000.000	3,000.000	5,121	2,121	71
		1849(嘉永２)	5,000.000	3,000.000	4,547	1,547	52
9	阿膠	1847(弘化４)	589.875	234.181	2,005	1,770.819	756
		1848(嘉永元)	436.000	174.400	1,064	889.6	510
		1849(嘉永２)	447.200	178.880	1,817	1,638.12	916
10	蒼朮	1847(弘化４)	1,081.300	270.325	345	74.675	28
		1848(嘉永元)	1,197.000	290.250	435	144.75	50
		1849(嘉永２)	2,403.000	600.750	755	154.25	26
11	桂皮	1847(弘化４)	1,922.000	749.580	1,273	523.42	70
		1848(嘉永元)	7,337.200	3,154.996	5,236	2,081.004	66
		1849(嘉永２)	12,665.200	5,446.036	6,972	1,525.964	28
12	甘松	1847(弘化４)	2,931.500	1,319.115	3,277	1,957.885	1.48
		1848(嘉永元)	3,150.000	1,417.500	4,811	3,393.5	2.39
		1849(嘉永２)	5,522.000	2,484.900	9,126	6,641.1	2.67
13	甘草	1847(弘化４)	4,926.100	1,921.179	4,890	2,968.821	1.55
		1848(嘉永元)	1,434.500	616.835	2,111	1,494.165	2.42
		1849(嘉永２)	5,971.800	2,567.874	6,305	3,737.126	1.46
14	大黄	1847(弘化４)	7,000.000	2,730.000	9,026	6,296	2.31
		1848(嘉永元)	4,120.000	1,854.000	5,899	4,045	2.18
		1849(嘉永２)	7,000.000	3,150.000	9,115	5,965	1.89
15	山帰来	1847(弘化４)	13,617.600	3,540.576	10,880	7,339.424	2.07
		1848(嘉永元)	11,750.000	2,585.000	10,133	7,548	2.92
		1849(嘉永２)	19,998.000	5,199.480	11,767	6,567.52	1.26

註１：『琉球産物於長崎払立並本手品利潤総帖 全(自弘化四年至嘉永二年)』より作成。
　２：「払銭高(b)」は史料上は銀高記載になっているが、史料中の銭１貫文銀９匁替えの記載にしたがって銭高に換算した。

道光二十八）度が一三三七貫七三〇匁余、一八四九年度が九五一貫三三三匁余で、三年度を平均しても一〇七八貫九五五匁余に過ぎない。これより推して払い高が御免限度額の一二〇〇貫目まで達した年度はまれだったのではないかと思われる。利益高は、諸経費を差し引いて、金高でそれぞれの年度で五四六三両三歩（一二五％）、八一六三両一歩（一三六％）、三三四八両二歩（五八％）であり、単純な計算に基づけば一二〇〇貫目の限度額ならば、七〇〇〇両程度の利を得ることができたということになる。しかし利益高を左右する因子として無視できないのは、「長崎奉行・地役人への挨拶、その他諸雑費」の類であったことが、一八四七年度と一八四九年度を比較して明らかになる。

同項目についてもう少し詳細にいえば、その他の諸雑費の中には琉球・国許における荷役費用、琉球諸役の心付け

表44　1847～49年の長崎商法品利潤

		1847（弘化４）九六銭（貫．文）	1848（嘉永元）九六銭（貫．文）	1849（嘉永２）九六銭（貫．文）
琉球産物御商法品払代銀合計(ア)		99,768,768 （銀947貫803匁３分７厘６毛５弗）	140,813,730 （銀1337貫730匁５分４厘９毛５弗）	100,140,340 （銀951貫333匁２分６厘）
諸経費	琉球産物仕入れ代	29,735,732	40,912,911	39,058,415
	２割通長崎会所へ納分	19,953,747 （銀189貫560目６分７厘５毛３弗）	25,263,157 （銀240貫目）	20,028,068 （銀190貫266匁６分５厘２毛）
	長崎奉行・地役人等への挨拶その他諸雑費	12,925,567 （商法品払代銀中13％）	19,127,483 （商法品払代銀中14％）	18,283,744 （商法品払代銀中18％）
	合　計(イ)	62,615,046	85,303,551	77,370,227
利潤(ア)－(イ)		37,153,722（125％） （金5,463両３歩、銭217文）	5,5510,179（136％） （金8,163両１歩、銭83文）	22,770,113（58％） （金3,348両２歩、銭313文）

『琉球産物於長崎払立并本手品利潤総帖　全（自弘化四年至嘉永二年）』より作成。

等が含まれる、しかしそれらは領内の規制が働いていたからそれほど膨張するものではなかったと思われるから、売上げ収入を圧迫する要因となったのはやはり「長崎奉行・地役人への挨拶」費用であったとみてよい。諸経費中この項目の商法品払い高(ア)に占める割合は、一八四七年(弘化四・道光二十七)度＝一三％、一八四八年(嘉永元・道光二十八)度＝一四％、一八四九年度＝一八％で、一八四七年度に比し、一八四九年度は五％の増加をみている。払い高では一八四九年度が九五一貫三三三匁余と、一八四七年の九四七貫八〇三匁余をしのいでいるにもかかわらず、利益高では二一一五両も少ないのはそのためであろう。

なお、この経費のほかに、払い高の二割を会所に納入しているから、それを加えると、長崎に対して支払った経費は、実にそれぞれの年度の商法品売払い高の三三％、三四％、三八％にものぼったことになる。こうしてみると、藩の長崎商法は大きな負担のうえになりたっていたことになる。つまり利幅をひろげるためには、琉球における商法品の仕入れ代の抑制、そして「長崎奉行・地役人への挨拶、その他諸雑費」の切り詰めなどに力をいれる必要があったことがわかるが、それとともに、本手品の販売益をあげることも、常に求められていたことはいうまでもない。

第二節　本手品の販売益

表45は、琉球で販売された本手品について、一八四七年(弘化四・道光二十七)〜一八四九年(嘉永二・道光二十九)度の決算を示した『御余勢銀総』によって作成したものである。それによると、本手品は昆布・筋干藻・種子油・繰綿・指宿煙草・茶・桐油・荏子油・本手用琉球米等の九品目である。藩はこれらの品目を琉球に売り、その代銭を本手として琉球より薬種その他の唐物を仕入れ、長崎に回したのである。本手品の利益率は決して大きくはないが、間

違いなく利益が出るように価格設定がなされていたことがわかる。利益率に着目すると、購入品でない琉球米を除く主要本手品ともいえるものは、昆布・茶・指宿煙草・繰綿・筋干藻等の五品目である。

1 昆布

昆布は大坂・下関での調達分のほかに、富山の売薬商人からの御礼昆布一万斤が加わって四〇万～五〇万斤程度が琉球にもたらされ、藩は六〇％以上の利益をあげている。この昆布こそが、琉球にとっても銀に代わる中国への主要輸出品であった。昆布については、別の箇所でも触れることがあるので、ここでは他の本手品について述べておこう。

2 茶

本手品のうち、昆布に次ぐ有力な商品は茶である。それは人吉の球磨地方で生産される球磨茶が中心であった。球磨茶がいつごろ琉球に入り込んだのかいまのところ明らかにしえないが、近世の後期にはかなりの消費量にいたっていたものと思われる。「琉球館文書」の中に、次のような一八〇六年(文化三・嘉慶十一)九月十四日付で琉球館より藩あてに差し出された嘆願文の控がある。(4)

口上覚

御当地ニ而、求磨茶製法方願之者有之、御免被仰付、地下製法之茶高相知申迄之内、求磨茶御差留ニ相成候段承知仕候、依之乍恐奉願候、琉球之儀、諸士を始末々ニ至迄、求磨茶を日用ニ仕候故、此節茂右茶買下候様取分ケ注文を以段々申越有之候処、右通御差留付而者買入方不相成儀ニ付、御当地製之茶取寄致風味候処、求磨茶より

表45　1847～49年の本手品払い立利潤

	品目	年	数　量	買入銭高　九六銭（貫．文）(a)	払立銭高　丁銭（貫．文）(b)	利潤　九六銭（貫.文）(c)	利益率（c/a×100）%
1	昆布	1847（弘化4）	397,270斤2合 10,000斤＊	16,334.839	25,723.186	10,461.003	64
		1848（嘉永元）	495,329斤 10,000斤＊	22,129.821	34,665.569	13,981.302	63
		1849（嘉永2）	435,470斤4合 10,000斤＊	17,222.594	27,053.417	10,958.950	64
2	筋干藻	1847（弘化4）	23,152斤	11,515.116	12,443.682	1,447.467	13
		1848（嘉永元）	36,700斤	18,704.268	20,158.100	2,294.424	12
		1849（嘉永2）	62,718斤5合	33,250.412	35,683.506	3,921.096	12
3	種子油	1847（弘化4）	57,350斤	11,264.740	11,089.423	287.111	3
		1848（嘉永元）	31,970斤	6,521.880	6,261.008	0.212	0
		1849（嘉永2）	—	—	—	—	—
4	繰綿	1847（弘化4）	1,500本	27,950.000	33,312.000	6,751.111	24
		1848（嘉永元）	2,000本	35,698.766	38,110.818	4,001.273	11
		1849（嘉永2）	1,000本	20,450.000	21,552.000	2,000.718	10
5	指宿煙草	1847（弘化4）	87,247斤	13,604.308	16,550.017	3,636.152	27
		1848（嘉永元）	30,015斤	5,290.548	5,655.216	600.490	11
		1849（嘉永2）	50,082斤	7,824.425	8,473.023	1,001.912	13
6	茶	1847（弘化4）	4,980俵	33,720.195	43,776.504	11,881.789	35
		1848（嘉永元）	5,408俵	34,161.618	44,325.418	12,012.169	35
		1849（嘉永2）	3,282俵	19,653.243	24,033.715	5,382.677	27

7	桐油	1847(弘化4)	1,500斤	360.000	353.100	7.824	2
		1848(嘉永元)	2,500斤	700.000	672.000	0.22	0
		1849(嘉永2)	—	—	—	—	—
8	荏子油	1847(弘化4)	—	—	—	—	—
		1848(嘉永元)	450斤	163.800	157.248	0.5	0
		1849(嘉永2)	—	—	—	—	—
9	本手用琉球米	1847(弘化4)	1,927石67295才	—	14,745.059	15,359.927	
		1848(嘉永元)	1,927石67295才	—	14,745.059	15,359.927	
		1849(嘉永2)	1,927石67295才	—	14,745.059	15,359.927	

註1：『琉球産物本手品御下高於琉球御払立差引御余勢銀総　全(自弘化四年至嘉永二年)』より作成
　2：＊は富山売薬商人御礼昆布

余程気搦有之、遠海之儀付而者、船中江積入置候儀茂難計候得者、猶以気相搦可申与必至与込り入居申仕合御座候間、琉球江差下申筈之内、無拠望之方江者求磨茶差下、余者御当地製之茶差下申度御座候間、何卒求磨茶六百俵買入差下候儀、御免被仰付被下度奉願候、左様御座候ハヽ、館内立入之者共江買入方申付度奉存候、此等之趣被仰上可被下儀奉頼候、以上、

(文化三)寅九月十四日

嘆願の趣旨は、鹿児島において球磨茶の製法を願い出た者があって、それが確立するまで球磨茶の琉球への出荷が禁止されることとなったのに対し、球磨茶を琉球館立入りの者に対して買入れを認めてもらいたい、とするものである。すなわち、琉球では諸士をはじめ庶民にいたるまで球磨茶を常用してきた、このたび出荷禁止となったため、薩摩産の茶を取り寄せたが、風味が悪しく船中で気が抜けたと思われる、そこで、琉球が買い入れている茶のうち、特

に望む者のために六〇〇俵を球磨茶とし、ほかを薩摩産としたい、というのである。これよりみると、この頃琉球は球磨茶の大きな消費市場であったことがうかがえる。

薩摩藩がこの時期に球磨茶の製法に着手したのには理由があった。実は人吉藩では一八〇三年（享和三・嘉慶八）の苧の専売制についで、一八〇四年（文化元・嘉慶九）に球磨茶にも専売制の網をかけ、産物会所による買上げ制を布くにいたっていた。(5) これをうけて、薩摩藩では球磨茶製法に取りかからせ、その技術確立まで琉球への薩摩茶の売込みを目論んだのである。しかし、球磨茶にこだわる琉球では、薩摩商人を介さずに人吉藩よりその直仕入れの途を模索する。三司官佐渡山親方の指示を受けて琉球館は一八一一年（文化八・嘉慶十六）三月十四日付で、次のような願いを差し出している。(6)

口上覚

求麻茶之儀、於琉球□而日用之品ニ御座候間、往古より年々千五百俵内外館内江買入、差下候儀ニ御座候、然処先年者求麻表之商人共銘々勝手ニ手広売捌候故、夫長ケ品合宜敷、直段茂下料ニ而、既ニ壱俵ニ付、分七貫文位ニ買入来候得共、近年於求麻会所被相立、諸産物都而御買入ニ相成、請人四人被究置、壱割増を以右之者共江一手限之売支配御申付有之候故、如此以前銘々勝手ニ手広商売仕候儀、決而不相成、夫故右請人共自儘ニ占売仕、近年ハ法外之高価ニ相成、茶一俵ニ付、分八貫五文より八貫八百文位迄ニ無是非買入差下候付、於琉球も国中及迷惑候儀ニ御座候、依之何卒物産会所より受人共江被相渡候直成を以、直買入の筋、去々巳年奉願候処、館内より求麻江可頼遣旨承知仕、聞役名前を以、物産掛役人中江及掛合候処、彼之方差支之趣ニ而断之返書到来仕候、其砌之模様内々承諾候処、其節聞役より書状為持遣候使、館内之者ニ御座候間、向方ニて相疑、内実者町家茶商売いたし候者共より琉球の名目を借請候筋ニ汲取、此方掛合通ニ難任旨断申越候趣ニ薄々相聞得候、然ル上は、全右様偽事ニ無之、実以館内直買入之訳明白ニ顕然仕候ハヽ、於彼方強而故障申立候形ニ茂不相見へ候付、此上者迚之儀ニ御物御計を以御掛合被成下候ハヽ、猶更作意ニて無之段、於向方ニも不審相晴、御掛合ニ可応儀も有之候半与申所より、先達而奉訴候趣御座候へ共、御取揚無之、願書被相下候上者、是限絶念仕外無御座候、向後求麻茶買入之儀取止、御国茶又ハ肥前其外より取入候儀吟味仕候得共、於琉球往古より給馴候事故、余国之茶ニ而者一切不致納得、いつれの筋求麻茶ニ而無之候得者、諸人合点不仕、誠ニ固癖与者乍申不及是非次第御座候、左候へ者、毎年他国之為ニ銀弐拾貫目以上之損失を不相厭、是迄之仕向ニ而買入申外無御座、甚以歎ケ敷儀ニ奉存候、尤求麻表之振合、巨細ニ承合候処、諸人取得候茶を夫々上中下之位を定メ、右会所江相納候節、品合之勝劣撰分ケ取入ニ相成、夫を一割増ニ而請人江被相渡候上、右支配人共悪意を以品位高下之無差別、都而打込交合せ売出候故、直段高直而已ならず、品合別而麁末ニ有之候間、館内直買入ニ許容有之候得者、第一直段下料者勿論、品位宜相成候儀、於琉球一統之潤ニ罷成候事不軽儀ニ奉存候、右様直買入ニ相成候迚も彼地於会所ハ損益無御座、請人共少々可及迷惑候得共、年々請人共江被相渡候茶、凡三千五六百俵ニ相及、右員数都而売支配いたし候由故、右之内千五百俵、館内直買入ニ相成候而も、其余之俵数ニて、相応之利徳有之候付、格別請人共及難儀程之儀ニ而者有御座間敷、且於会所も右受人共より茶代銀者、翌年三月ニ掛ケ相納候由御座候処、直買入ニ相成候へ者、向方任望ニ、直ニ代銀引替之筋ニ取組候ハヽ、於物産方ニも至而幸之儀歟与奉存候、右一件、三司官佐渡山親方、旧冬乗船前頻ニ奉願候様呉々申聞置候趣も御座候へ者、此儘ニ茂難捨置候付、不得止事、求麻表内実之意味合打明ケ奉再願候筋、役々申談候間、再重奉恐入候得共、格別之御憐愍を以、先達而奉願候通、年々千五百俵宛直買入之儀、御物御計ニ而御掛合ニ相成候儀、今一往御吟味被成下度重畳奉願候、左様御座候へ者、御仁慈を以、拾ケ年ニ者銀弐百貫目余之国益ニ相成、多年ニ及候而者莫太之奉蒙御救候道理ニ相当、誠以不軽儀幾重ニ茂難有仕合奉存候、右之趣、御繁多之御時節、御面働不奉掛様、折角尽吟味候へ共、いつれの筋、只今通ニ而難打過儀ニ御座候間、不顧恐、此段奉再願候、此等之趣、宜被仰上可被下儀奉頼候、以上、
未(文化八)三月十四日

これによると、「往古」より琉球が琉球館を通じて輸入していた球磨茶の量は年間一五〇〇俵内外にもおよんでいたことがわかる。専売制が布かれるまでは球磨表の商人たちが「勝手」に「手広」く売り捌いていたため、それだけ品質もよくそのうえ値段も安く、一俵当たり銭七貫文ぐらいで買い入れることができた。しかし、球磨会所が設置され、諸産物が買入れ制となり、四人の請人たちに一割増での独占販売(「一手限の売支配」)が認められて以来、諸産物の価格は法外に高値となった。琉球でもやむなく一俵につき八貫五文くらいで買い入れざるをえなかった。このため去々巳年(一八〇九・文化六・嘉慶十四)には、琉球館聞役を通じ、請人たちの買値で直買いしたいと申し入れるにいたったが、人吉藩よりはそれには応じ難い旨の返答であった。申し入れが薩摩藩士の聞役の使いの者によってなされたため、内実は薩摩の茶商売を営む町家の者が琉球の名目を騙ったものかも知れず、琉球との交渉には乗れないとの情報が薄々琉球にも聞こえてきた。そこで嘘偽りなく琉球館による直買いであることを明白にし、薩摩藩が表に出れば疑いが氷解するものと思い、藩に交渉方を願った。しかし薩摩藩はこれを受け容れず、願書は下げ渡しとなった。これに対し、毎年二〇貫目の損失を厭わず他国茶を買い入れるほかないのは嘆かわしいことなので、やはりこれまで通り球磨茶を輸入したい、と、あらためて藩に人吉藩との交渉を願い出たのである。

琉球がわでは、この交渉の成立に以下のような見通しをもっていた。すなわち、まず琉球の直買入れによって、人吉の請人たちが上・中・下の位別に茶を購入しながら、売り出す時はすべてそれを打ち込んで高値をつけるという悪しき商法が改善され、品質は向上し、いっぽう価格は安く抑えることができる。また請人たちが引き受けている茶の

量およそ三千五、六百俵のうち、一五〇〇俵が琉球館の直買入れとなっても、その残りで相応の利得を得ることができ、格別に難儀を蒙ることにはならない、請人たちの茶代銀は翌年三月までに納入すればよいことになっているが、琉球が直払いとすれば人吉藩の物産会所にとっても好都合のはずである。事が首尾よくいけば、琉球にとって一〇ヶ年間に銀二〇〇貫目余の国益となり、多年におよべば莫大のお救いを蒙ることになる、と。

しかし、訴えをうけた薩摩藩よりは、人吉藩と交渉が成立しても、後になって茶の出来が悪いといって価格が引き上げられたり、あるいは茶の品位を落とされても商人との相対買いのようにはいかない、と再検討を促してきた。これに対して琉球館では、球磨産物会所納めの三五〇〇俵のうち、琉球館が一五〇〇俵を直買いしても残り二〇〇〇俵は請け人の手に渡り、鹿児島で売り捌かれるので、館内の購入分だけが高く設定されるということはありえない、茶の出来が悪く、価格が引き上げられるようなことがあっても直買いの方が得になる、球磨会所の販売価格は鹿児島への送荷のための諸雑費を込めても六貫七、八百文ぐらいであるが、それが去年の一八一〇年(文化七・嘉慶十五)は八貫五〇〇文から八貫八〇〇文で売り出しており、直買いよりも二貫文余高い、しかし、右の通りで、会所値段が引き上げられてもそれほど高値にはならないなどとして、直買いが琉球にとって都合がよいことを強調して、屈することなく人吉藩との交渉を強く訴えている(7)。

こうした琉球がわが球磨会所よりの球磨茶の直仕入れを強く望んでいた事実は早くから知られていたが、琉球がわの訴えが薩摩藩によってどのように処理されたか長く不明であった。しかし、筆者は宮崎克則氏の研究(8)によって、その後藩が球磨会所と交渉におよんで直買いに成功していた事実を知った。宮崎氏は、そのことを人吉藩家老田代政典(善右衛門)がまとめた『備忘録』の、一八一八年(文政元・嘉慶二十三)の条にみえる次の記録によって明らかにしている(9)。

一、新町万平より、当直買取次之義願出置候、当年御買上之義、今朝御議定ニ付、召呼相達ス、左之通、
薩州琉球館内直買茶取次、願之通御免被成候条、彼方江掛合、七、八月迄ニ代銀持参候ハヽ、千俵丈ハ御買上ニ相成、相渡候間、以其趣薩州へ掛合之上、追而否可申出候、
一、同五月初、薩州町人後藤某と申人、万平処へ来り、当丑（寅カ）年より五ヶ年之間、直買入之義及相談、尤彼方御用人より東九郎次殿・丸目八左衛門殿迄御書状来、是迄掛役福島清右衛門別勤ニ相成り、（空行）書状来ル、当年より此仁へ相係候由、依而先三ヶ年之間、約束致遣候事、

これらの記録を総合すると、一八一八年（文政元・嘉慶二十三）五月初め頃、薩摩町人の後藤某が球磨会所請人の一人である新町の万平のところに、この年（丑とするが寅の誤りか）より五ヶ年間の茶の直買いの件で相談にやってきた。これをうけて人吉藩では七、八月までに代銀を持参すれば三年に限って一〇〇〇俵を球磨会所が領内より買い上げて渡すこととしている。球磨会所との交渉にあたったのは薩摩商人であるが、薩摩藩では御用人が掛役の交替を書状をもって人吉藩の役人に知らせているところからして、この一件は藩の正式の申し入れによって成立したことは間違いあるまい。こうして藩の理解もあって、量も希望する一五〇〇俵には届かなかったが、三年間の限定つきで、琉球はひとまず球磨茶については直買いの途を切り開くことに成功したのであった。ただしそれを超える量の販売については、薩摩藩の独占するところであったとみられる。

契約通りであれば、球磨会所よりの琉球がわの直仕入れが認められたのは一八二〇年（文政三・嘉慶二十五）までである。その後契約更新がなされたかどうかは明らかではない。ただ、人吉藩では一八二二年（文政五・道光二）、苧・茶ともに産物の穢れにならないように物産方で買い上げてきたが、末端の百姓たちは産物の穢れになるような製しかたで売り出し、そのうえ利を上が独占し、貧窮の者を難渋に追いやっている、との理由で、買上げ制の廃止にふみ

きっている(「先年産物之穢ニ不相成ため、於物産方、苧・茶之両品御買揚ニ相成候処、末々ニ至而ハ令心得違、産物之穢ニ相成候製法せしめ、売出候向も有之哉ニ相聞、甚上利を上ニしめ候姿ニ成行、末々渡世身薄き者共之難渋ニ相成、都而御仁恵之筋ニも不相叶振合共ニ而、御損益之不及沙汰、向後両品御買揚止方ニ相成候」)[10]。これによって、基本的に琉球館の球磨会所よりの茶の直仕入れは途絶えたのではと推測する。

その後、人吉藩の物産を薩摩藩に仲立ちするようになるのは例の石本家である[11]。当主石本勝之丞は一八二三年(文政六・道光三)九月、人吉藩との間に米一万表(三〇〇〇石)の引受け、苧六万斤の一手買い、茶については相対買いとすることなどについて契約を成立させ、そして薩摩藩に対して三万斤の苧と五〇〇〇俵の茶の売込みを打診している[12]。結局、薩摩藩は一〇〇〇俵のみ買入れを認めているが、一八二四年(文政七・道光四)十月に、球磨表で茶の買入れにあたっていた球磨問屋瀬戸山市兵衛を通じて薩摩藩唐物方に差し出した願書で、琉球仕入れ分の一手販売を求めているから[13]、石本の調達分がそのまま琉球館に売却されたものとみてよい。ちなみに石本に対して藩が容認できる茶の一俵当たりの価格は五貫五〇〇文としており[14]、球磨会所よりの直買い値段が六貫七、八百文程度とすれば、石本は一貫文程度の利を得たことになろう。

しかし一八四二年(天保十三・道光二十二)を期して薩摩藩と石本家との関係に変化がおとずれる。すなわちこの年、長崎代官所納戸金の紛失が表沙汰となり、出入りの御用達石本家も疑いがかけられ、平兵衛(五代勝之丞の隠居名)・勝之丞(六代)は入牢となった。そして翌一八四三年には父子は江戸に送られて獄死、同家の家運は大きく傾くことになっていったのである[15]。おそらくこののち茶は薩摩商人の手で買い入れられ、藩によって琉球に送り込まれることになったものと思われる。表45によれば、三〇〇〇俵を超えて五〇〇〇俵にも達する年があったことがわかるが、これまでの経緯からすると、すべてが球磨茶ではなく薩摩茶も多く含まれていた可能性が高い。

3　指宿煙草・繰綿・筋干藻・琉球米

本手品として琉球に売り込まれた商品で、茶に次いで利の大きかったのは指宿煙草・繰綿・筋干藻である。煙草は、耕地の狭隘性から嗜好品の栽培が十分に展開できなかった琉球では、薩摩藩からの移入に多くは依存しなければならなかったであろう。繰綿は大坂・瀬戸内・九州で調達され、琉球に送られていた。

筋干藻（筋寒天）は一八三六年（天保七・道光十六）に唐物方計らいで琉球に出荷されることになった商品である。この年十二月には、藩家老島津但馬より琉球館あてに次のように諭達されている。(16)

引札ニ而筋寒天之事ニ而候
筋干藻之儀、此節より唐物方計ニ而　琉球江被差下□□付、諸人積下候儀者勿論、付届之□□共自儘差□候儀、屹与差留候、若違背之者も候ハヽ、可及沙汰候条、此旨可承向江申渡、琉球館聞役江茂可申渡候、

十二月　　但馬

右之通唐物掛御側御用人高城六右衛門殿御取次被仰渡候段、琉球館聞役・在番親方申越有之候間、仰渡通堅可相守候、万一違背之者も候而者如何御取扱可被仰付も難計事候条、従之者迄、船中末々迄、厳重致取締、左候而右筋寒天一切不買渡通之証文可被差出候、此旨御差図ニ而候、以上、

酉三月　　国吉親雲上
　　　　　安村親方

上国之御使者役々

すなわち、以後諸人が商売用はもちろん、たとえ付け届け用としてでも自由に積み下ることを禁じられ、その旨が翌年三月に鎖之側国吉親雲上・御物奉行安村親方らによって、上国の使者・船頭らに通告されている。

こうして、薩摩藩は琉球産物を買い入れるための本手品を琉球で専売に付し、利益の独占をはかった。ただし、本手用米だけは少し違っていたようで、「右米筋者全体出米之株ニ而、先年唐物方御発起之時分迄者御当地江積登、御払米相成来候米筋ニ而、初発者御本手品々茂捌口宜候得共」[17]と琉球産物方掛役々が述べており、それは本来藩に対する出米で、唐物方発起以来御用聞商人の手によって鹿児島市場で販売に付されていたことがわかる。これよりすると、第45表中の一九二七石余の米は鹿児島に持ち登られ、丁銭で一万四七四五貫文、九六銭《くろくせん》(銭九六文をもって一〇〇文とする銭勘定)で一万五三五九貫文余に替えられていたことになる[18]。

本手用米が琉球請け込みになるのは暫く後の一八五三年(嘉永六・咸豊三)以降のことである。すなわちこの年、琉球は連年の異国船渡来によって蔵方用米に差支えが出ていることを理由に、本手用米二八〇〇石の申し請けを願って一年に限って許されている[19]。それは川米・国頭米という琉球北部を産地とする出物御米三六〇〇石の一部であったが、一八五五年(安政二・咸豊五)には引き続きすべての申し請けを願って、川新米二八〇〇石の内一〇〇〇石だけが三ヶ年にわたって買い入れることが認められている[20]。

琉球側よりこの本手用米の買入れ継続の要求が出された時、藩は一度これを断っている。理由は御用船の船主・船頭たちの経済的打撃である[21]。彼らに琉球薩摩間の応分の運賃を保証することで貨物輸送体制を維持してきた藩としては、琉球側の要求を認めることはきわめて不都合なことであった。いっぽう琉球にとっては、自国米となれば運賃を要しない分だけ安価になるから有益である。いわば形をかえた代銭納が求められたのはこの点にあったとみてよいであろう。琉球を市場として「本手」が確保され、それが貿易の原資とされる仕組みに琉球がわは決して納得していたわけではないのである。

4 本手品専売制への琉球の対抗

一八四七(弘化四・道光二十七)〜一八四九年(嘉永二・道光二十九)度の琉球産物本手品の売上げ利潤は表45でみた通りで、一目してそれが相当な額にのぼっていたことがわかる。琉球の薩摩産品あるいは移入品の転売市場としての重要性がみえてくるが、一八四五年にも新たな商品の一手売りが企図された事実を示しておこう。

この年四月一日、側役で趣法方主任の三原藤五郎、小納戸役の伊集院平は、浦添王子に対し、藩主斉興が鬢付け油の製法師下村氏の手先の者を雇って造らせたという白鬢付け・松金鬢付け・すき(梳)油・朱貝入すき油の四種の試供品を送ってきて、次のように琉球での買入れを打診している。

国王様御初御用被為成、其外貴賤相望候様成立候ハヽ、御趣意之廉茂相顕、別而御都合之事候付、年々御用分丈ケ差廻候様可致候、右付而者本行之内何れ之方何程位宛差廻候而御用弁可相成哉、尤も御沙汰之儀者代料応し候、琉国産之御品不依何れ砂糖類ニ而も不苦、御品御差登可然哉[22]

鬢付け・髪すき油が、国王はじめ貴賤の者が愛用するようになれば、藩主斉興の趣意にもかなう、代料は砂糖の類の琉球国産品でも構わないという文言は琉球にとっては大きな負荷になったことはいうまでもなかろう。しかし、浦添王子は、品物は上品に思われるが、琉球での販売はうまくいかない、琉球館の蔵役または帰帆琉球人が時々代銀を支払って申し請けるようにしたい、との物奉行よりの答申を受け、一八四五年五月十五日付の書をもって、藩の要求を丁重に断っている[23]。

浦添王子の書は琉球での売捌きは「相調不申」とするのみで、その理由について触れるところはないが、同じ五月十五日付の金武親方・島袋親雲上の琉球館在番の安室親方・富島親方あての書状では、「然処右通御物品御差廻相成候得者、往々是迄之様脇々より下方可被召留茂難計、且彼御方御問合之向ニ而者代料等別而六ケ敷相見得候付、当地ニ而之御払方者不相調」(24)と本音が述べられている。すなわち、商品を引き受けることになれば、藩の専売となり、薩摩商人との自由な取引ルートが塞がることになる。また代料として琉球産品、特に砂糖となれば、王府財政に負担とならざるをえないことは目に見えている。そうした思惑から琉球は藩の要求を拒んだのである。

藩の一手売り市場から開放され、自由な流通ルートのもと安価な商品を確保したいという要求は、琉球につよく存在していたものとみてよい。一八三八年(天保九・道光十八)九月四日付で、御鎖之側国吉親雲上は渡唐を前にした両唐船御役者中に、次のような三司官通達と思われるものを示している。少し長くなるが興味深い事実が述べられているので、全文を示しておこう。(25)

去夏とうもつ方御本手品之内、茶・繰綿之二種別而不捌ニ成立候付、何様之訳ニ而右様有之候哉、御用聞共江吟味申渡候処、進貢船両艘より清明茶并繰綿同かせ為売用斤数夥敷持渡、其上護送船より右之三種同断太□之斤数相見得、外□蔵方入用清明茶三万斤、繰綿千弐百斤茂持渡、右進貢船より積来之品者其涯より売出、夫故御本手之二品格別不捌成立候段、去七月申出候付、護送船より蔵方用之二品最初より調文□□候哉、□□成行物奉行野村親方江問尋候処、書付を以申出有之、右株々共□□□売用ニ持渡候綿并木綿かせ吟味之訳有之候間、売方屹与差留置候様、高奉行方江申渡置、野村親方申出之書付取添、成行御くにもと江申上越候処、去酉十一月十一日たしまとのより三はらとう五らう取次を以被仰渡候、□茶・綿之儀、たうもつ方御本手第一之品柄ニ候得者、蔵方用其外売用等持渡儀付而者、前以在番奉行并とうもつ方掛御目附□得差図候儀、当然之事候処無其儀、殊ニ国用

茶之儀者、先年依願千俵相下儀御免被仰付、其上冠船入用銭茂同断依願去々申秋御免許も有之、不顧其儀旁琉球方別□不行届取計候、然者右売方差留候品柄之儀者御取揚茂可被仰付事候得共、此節迄者別段之御吟味を以不及御沙汰、無御構荷主江引渡、売方致勝手候様、就而者以来唐渡之者共、とうもつ方御本手ニ差障り候□売物《用》等自儘ニ持渡候儀、屹与□□蔵方用其外地禿等ニ不致調文□□不叶節々者、さいはん奉行并とうもつ方掛御め付《ミ》方江斤数等書届《取》を以申出、双方故障之有無承届候上、注文可申渡申来候事、

右之通《ミ》、此節御くにもとより被仰渡候間、右ニ基以来御取扱有之□、此段申達候事、

戌二月四日

すなわち、去年(一八三七・天保八・道光十七)の夏、本手品のうち茶・繰綿二種が不捌きであったため御用聞どもに調査させたところ、両艘の帰帆進貢船によって夥しい斤数の清明茶・繰綿、ならびに綛がもたらされ、また護送船積荷にもそれらの品目が大量に見え、特別に王府蔵方入用分として茶三万斤、繰綿一二〇〇斤が積み越されていた。進貢船積載の清明茶・繰綿の二品目にいたって早くも売却されていて、藩の本手品にいたっては売却の余地などないという状況であることがわかった。七月にこの報告をうけると、藩は、護送船積載の二品は当初から売却を意図して調達してきたものなのかどうかを、物奉行野村親方に問い糺すにいたった。野村の調べに対し、乗り組みの者たちより品物は売却のために持ち渡ってきたものである旨の書付があがってきた。このため王府ではとりあえず繰綿・木綿綛の販売を差し止めるよう高奉行に命じ、野村親方の書付を添えて事の次第を藩あてに報告した。これに接した薩摩藩家老島津但馬は、十一月十一日付をもって次のような諭達を王府あてに行っているのである。「茶や繰綿は唐物方『御本手第一之品柄』である。蔵方用あるいは売却用としてもたらす場合は、在番奉行ならびに唐物方目付の許しを得るのが当然であるが、それがなかった。特に琉球国用の茶については、琉球がわの願いによって先年一〇〇〇俵の

買入れを許し、冠船の渡来(一八三八年〈天保九・道光十八〉五月)に際しては、去々申年(一八三六・天保七・道光十六)その入用銭の持ち下りを認めた。そのことも顧みず不行き届きの計らいである。したがって販売差止めとなっている品は、本来ならば取り上げとすべきであるが、このたびは特別の配慮をもって不問に付す。品物は荷主に返し、勝手に売却させるように。ついては今後は唐物方本手品の支障になるような品を買い来ることは厳禁する。蔵方御用そのほか地禿し用として買い入れてくる場合は、在番奉行ならびに唐物方目付に品名・斤数を届け出、支障の有無を聞いたうえで注文させるように」。

この島津但馬の通達をみると、藩の本手品指定の品が中国から大規模に輸入されたことが公けになったのは、この時が初めてのようであるが、注目されるのは、中国からの輸入品が価格的に藩の本手品を排除しうるという、薩摩藩にとってはきわめて危機的状況が存在していたということであろう。茶や繰綿にいたっては民間用ではなく、王府蔵方用として買い入れられていることからすると、藩産品への対抗的な輸入という側面もみえてくるのではあるまいか。

第三節　御内用薬種類の領内払い

『利潤総帖』の中には「御内用薬種払立利潤」の記載がみられ、それは表46のような額にのぼっている。「御内用」の名で輸入され、領内で売り払われた薬種類の利潤である。「御内用薬種」の輸入がいつの段階ではじまったのかは明確ではない。藩主・奥向きの注文品は古くから多々存在していたが、薬種類が領内地禿し用として一定料の買入れが琉球がわに命じられたのは、長崎商法が開始されて以後のことかと思われる。先(三四五頁)に掲げた一八四七年(弘

表46　1847～49年の御内用薬種領内払立利潤

年	買入代　丁銭（貫．文）	払立代　九六銭（貫．文）	利潤　九六銭（貫．文）
1847（弘化４）	18,431.731（九六銭 19,199貫719文）	30,719.550	11,519.831（金1,535両３歩２朱 銭76文）（但し１両７貫500文替）
1848（嘉永元）	19,380.383（九六銭 20,187.895）	32,300.636（但し６割増込ル）	12,112.737（金1,615両 銭7237文）（但し１両７貫500文替）
1849（嘉永２）	66,386.232（九六銭 69,152.324）	13,9184.577（但し６割増込ル）	70,032.253（金9,337両２歩２朱 銭65文）（但し１両６貫800文替）

『琉球産物於長崎払立並本手品利潤総帖　全(自弘化四年至嘉永二年)』より作成。

化四・道光二十七)五月の渡唐役人らによる願書に、「且御内用方御注文品之儀買渡候上者、以前拾六種同様之向を以御買入可被仰付候間」とあるのも、そのことを暗示する。御内用の名目での薬種の買入れとその領内販売の正確な開始時期については今後詰めていかねばならないが、ちなみに一八五三年(嘉永六・咸豊三)十二月段階のストック品のリストを掲げると表47のようになる。

品目は四五種にのぼり、実に多くの薬種類が御内用品の名目で輸入されていたことがわかる。これをみると、むしろ長崎商法よりも御内用品商法のほうが、取扱品を需給に応じて調節でき、商利確保のうえでは可能性を秘めていたことさえうかがわれる。ともあれここで確認しておきたい事実は、唐物商法の再認可後、藩は薬種の処理ルートとして、製薬方における合薬の製造、長崎での売捌き、そして領内での売却という三つを維持していたことである。輸入量が一定せず、しかも長時間ストックすれば商品の価値が損なわれる唐薬種だけに、藩が新たな対応もって臨んだということになろう。表46中で、一八四七年(弘化四・道光二十七)度、一八四八年(嘉永元・道光二十八)度の利潤はそれぞれ九六銭で一万一五一九貫文(金一五三五両)余、一万二一一二貫文(金一六一五両)余で、両年にそれほど開きはないが、一八四九年度は七万貫文(金九三三七両)余に増大をみているのが注目を引く。

こうして、御内用注文品が単に自家消費に供されるのではなく、れっきとした商品であったかぎり、藩が長崎商法品同様その調達にも、また輸送にも万全を期すよう琉球に求めたのは当然であった。しかし次の一八四七年(弘化四・道光二十七)九月の、垣花《かきのはな》親方・御鎖之側伊是名《いぜな》親雲上より接貢船大通事・存留通事・総官あてに示された諭達は、興味深い内容となっている[26]。

さん物方并御内用方御注文品調達方之儀、役者以下末々迄渡唐荷物積間ニ割合買調積渡方之儀、帰帆之役者以下右同断荷物間ニ割合積入候仕向之処、去卯秋走接貢船帰帆之砌、北京方役々并船方共右御注文品積入方致難渋、

表47　1853年12月11日現在御内用品御蔵在合高

	品　目	斤高		品　目	斤高
1	巴豆	423	24	大服皮	297
2	水角	635	25	蓮翹	27
3	肉桂	114	26	肉豆蔲	60
4	肉蓯蓉	99	27	遠志	56
5	木鼈子	196	28	丁子	2,945
6	没薬	71	29	鳫薬	22
7	血竭	218	30	猩円紙(ママ)	2,787
8	乳香	624	31	酸棗仁	40
9	雌黄	512	32	使君子	109
10	水銀	1,589	33	猪苓	53
11	胡椒	660	34	呉茱萸	187
12	砂仁	137	35	白姜蚕	52
13	鈆丹	1,081	36	本掛人参	1,107
14	羚羊角	18	37	山出人参	847
15	大楓子	18	38	益智仁	52
16	角先	1,546	39	草菓	10
17	杜仲	60	40	蘇木	1,642
18	山奈	331	41	雄黄	3,450
19	檳榔子	712	42	石膏	1,508
20	穿山甲	225	43	唐藍	199
21	花紺青	66	44	良姜	161
22	木爪	174	45	麻黄	557
23	延胡索	179			

〔産物方在合之薬種書付〕
(東大史料編纂所　島津家文書82-3-22)より作成。

去々巳秋走接貢船役者より以前之仕向通、北京方役々并久米村役々船方末々迄、各荷物間ニ割合積入候様被仰付度之旨申出、其砌被仰渡置趣茂有之候処、右接貢船いまた唐着無之、去秋走進貢船北京役者其外在唐面々右之仰渡承知不致由ニ而、当夏帰帆之進貢船茂、又々御注文品積入方為及難渋由ニ而、以前之通面々帰帆之荷物間ニ割合積入候儀被仰渡度旨、接貢船大宿役者申出趣有之候、嘉慶廿五辰年被仰渡置候通、勢頭大夫者相除、申出通役者以下船方末々迄荷物間割合積被仰付候条、可被得其意候、昨年右御注文品斤高過分買不足故、此節御くに許より段々訳而稠敷被仰渡趣有之、此段者先達而被仰渡候通ニ而、自然此上積入方等致難渋、昨年之様御注文品斤数引入候而者、至而不都合可成立儀ニ而、御沙汰之程も不軽筈候条、面々割合之荷物少も無違背様積入可有之候、此旨訳而可申渡旨御差図ニ而候、以上、

未九月

伊是名親雲上

垣花親方

接貢船

大通事

存留

総官

これからわかるように、産物方ならびに御内用方注文品は、一八二〇年（文政三・嘉慶二十五）を期して、勢頭・大夫を除く役者以下船方が、認められた渡唐荷物の積間に応じて積み帰るのを決まりとされていた。ところが去卯（一八四三・天保十四・道光二十三）秋走り（秋出帆）接貢船の北京方役々ならびに船頭らは、帰帆に際し、注文品の積入れに難色を示した。積残しの荷が出れば次の船がそれを引き受けざるを得なかったためであろうか、巳年（一八四五・弘

化二・道光二十五）秋走り接貢船役者どもより、以前の申し渡し通り渡唐荷の積間に割り合わせて積入れとするよう申し付けてもらいたいとの申し入れがなされ、それに応じて王府は接貢船の役者らに、一八二〇年（文政三・嘉慶二十五）の申し渡しの遵守を促す諭旨を中国滞留中の渡唐役者らに触れるように言い付けた。ところが当の接貢船は不運にも清国への航行途中行方不明となり、王府の諭達は届かなかった。このため、去（一八四六年）秋、進貢の北京役者そのほか在唐の面々も王府の申し渡しを承知してないといって、当（一八四七・弘化四・道光二十七）夏帰帆の進貢船への注文品の積入れにまたもや難渋を申し立てたのであった。状況が改善されなかったため、再度後続の接貢船大宿役者より諭旨の徹底をはかるべきだとする働きかけがなされ、王府はこれをうけて、それぞれ接貢船渡唐役者・船頭・北京役者・存留与力・宰領あてに周知徹底を促すにいたったのである。

ところで、諭達の末尾によると、前年の一八四六年（弘化三・道光二十六）には注文品の斤高に「過分買不足」もあり、藩による厳しい訓戒を蒙ったなかでの相次ぐ積荷のトラブルであったことがわかる。いったいなぜこのようなことが生じていたのであろうか。単純にいえば、渡唐役者・船方らはおそらく自分の買荷が膨らんで注文品を積み入れる余裕がなくなったのであろう。長崎商法品のほかに御内用注文品が増え、割当ての積間では応じ切れなくなっていた状況を考えることができる。そしていまひとつ、買荷が安く買いたたかれていた事情も考慮にいれる必要があろう。この点については後で明らかにしたい。

結　語

本章では一八四六年（弘化三・道光二十六）に復活を認められた後の長崎商法の動態を、二つの関連帳簿を中心に

表48　1847～49年の唐物商法利潤

	長崎商法品利潤（両.歩朱）	御内用薬種払立利潤（両.歩朱）	琉球産物本手品払立利潤（両.歩朱）	合計（両.歩朱）
1847（弘化４）	5,463.3	1,535.32	6,643.2	13,643.2
1848（嘉永１）	8,163.1	1,615	6,432.2	16,210.3
1849（嘉永２）	3,348.2	9,337.22	5,149.12	17,835.2

『琉球産物於長崎払立並本手品利潤総帖　全（自弘化四年至嘉永二年）』より作成。

追ってみた。これらの帳簿によれば、当時藩は、①長崎商法、②御内用薬種払い立て、③琉球産物本手品払い立てという三つの収益口をもっていたことが明らかとなった。一八四七年（弘化四・道光二十七）～一八四九年（嘉永二・道光二十九）度のそれぞれの収益額を示すと表48のようになる。

これをみてもわかるように、①の長崎商法利潤はすでに述べたように安定しているわけではなかった。その要因をなしていたのは「長崎奉行・地役人への挨拶」、長崎会所への二割負担など、売上げ代の三割を超える長崎現地での必要経費であった。この七割に満たない利しか上げ得てない長崎商法を補っていたのが②と③ということになる。

②の御内用薬種払い立てについては実態がよくわかっていないのが現状である。一八四九年（嘉永二・道光二十九）にいたっては①及び③を大きく凌いでいる事実は無視できない。長崎商法が出後れ銀が生じて代銀回収が容易でなかった状況で、御内用という商品の性格もあり、しかも領内払いということもあって代銀の回収は比較的容易だったのではと推察する。

③の琉球産物本手品払い立ては五～六〇〇〇両代で比較的安定し、長期的には長崎商法を凌いでいた可能性がある。昆布・茶・指宿煙草・繰綿・筋干藻などが主要本手品であり、わけても昆布・茶の販売益が高かった。そのほか本手品のなかで特異なのは琉球負担の出米で、かたちとしてはこれを地払いとし、貿易の本手の中に組み込ん

でいたことになる。

こうしてみると、藩は琉球で本手を調達し、それを唐物貿易に還流させる仕組みをつくりあげていたことになるのである。しかもこのシステムは、琉球がわの貿易利を圧迫することによって成り立っていた。こうしたシステムに琉球王府が不条理性を強く感じないはずはなかった。渡唐役者らの間より交易本手品の価格引下げと御用品買入れ価格の引上げを求め、茶・繰綿を中国より輸入して薩摩藩の本手品商法に対抗し、あるいは抜荷に従事するものが増えてくるのはある意味必然であった。以下、次章では産物方体制下での唐物商法をめぐる琉球と薩摩藩との矛盾に焦点を当ててみる。

註

(1) 「産物方日記　道光廿六午年より翌未年」(『琉球王国評定所文書』第二巻、1号、五一九頁。以下『評定所文書』と略記する)。

(2) 『鎖国と藩貿易』(八重岳書房、一九八一年)。

(3) 「中山世譜」附巻七、尚泰王、道光二十八年条(『琉球史料叢書』五〈伊波普猷・東恩納寛惇・横山重編、井上書房、一九六二年〉、一一〇頁)、『鹿児島県史』第二巻、七五〇～七五一頁。

(4) 「琉球館文書」(琉球大学附属図書館仲原善忠文庫蔵)。

(5) 宮崎克則「豪商石本家と人吉藩の取引関係」(『九州文化史研究所紀要』四五号、二〇〇一年)。

(6) 『琉球館文書』。

(7) 文化八年三月二十四日付「口達之覚」(『琉球館文書』)。

（8）宮崎註（5）。

（9）『備忘録』、『田代日記』ともいう（『相良家史料』第十九巻、熊本県立図書館蔵）。

（10）『大萬帳』（広島大学附属図書館蔵相良家文書）。

（11）黒田安雄「文化・文政期長崎商法拡張をめぐる薩摩藩の画策」（『史淵』一一四輯、一九七六年）。

（12）安藤保「近世後期石本家と薩摩藩の関係について」（『九州文化史研究所紀要』四五号、二〇〇一年）。

（13）安藤保「文政・天保初期の薩摩藩と石本家（一）」（『史淵』一四〇輯、二〇〇三年）。

（14）安藤保註（12）。

（15）吉田道也「石本家略史」（『九州文化史研究所紀要』三・四号合併号、一九五四年）。

（16）『産物方日記　道光拾六申年より翌酉年迄』（尚家文書〈那覇市市民文化部歴史資料室蔵〉三九〇）。

（17）「従大和下状　咸豊五年卯秋より」（『評定所文書』第十巻）一二六―三号。

（18）筆者はかつて「本手品」はすべて琉球が請け込み、中国市場で唐物購入にあてられるものと解したが（「藩貿易の展開と構造―天保・弘化期における薩摩藩唐物商法の動向―」（『日本史研究』二一五号、一九八〇年）、それは黒田安雄氏が指摘するように（「天保改革期の薩摩藩の唐物商法」『南島史学』二五・二六号、一九八五年）誤りで、琉球での売却品と解すべきであった。

（19）「従大和下状　咸豊五年卯秋より」（『評定所文書』第十巻）一二六―二号。

（20）「従大和下状　咸豊五年卯秋より」（『評定所文書』第十巻）一二六―三号。

（21）「従大和下状　咸豊五年卯秋より」（『評定所文書』第十巻）一二六―三号では、琉球産物方掛役々がそのことを縷説している。

(22)「案書　道光弐拾五年」(『評定所文書』第二巻)九一一二号。

(23)「案書　道光弐拾五年」(『評定所文書』第二巻)九一一三号。

(24)「案書　道光弐拾五年」(『評定所文書』第二巻)九一一一号。

(25)(26)『渡唐人江申渡条目』(尚家文書二九五)。

第十二章　産物方体制と渡唐役者の動向

緒　言

前章では、薩摩藩が産物方発足とともに長崎商法・御内用薬種商法という輸入唐物の転売と、いっぽうで琉球への本手品の排他的な売込みで利潤を上げる仕組みが構築されるにいたっていたことを指摘したが、とかく藩利を優先させる唐物商法が琉球にさまざまなひずみをもたらさずにはおかなかったはずである。そうした観点から注目されるのは抜荷の盛行である。近世期を通じて琉球貿易においても抜荷の発生は止むことはないが、とりわけ産物方体制が動き出した後に抜荷が頻発しているのは、新たな貿易管理体制への対抗として無視できないように思われる。そこで本章ではまず抜荷の実態を明らかにする(1)。

次に無視できないのは、渡唐役者らが、唐反布と総称されるヨーロッパ産の毛織物類や、唐紅花などの新たな商品の輸入に積極的になりだしている事実である。近世初期に、ポルトガル人によってもたらされたヨーロッパ産の毛織物は、武家社会において、主に合羽や陣羽織などの外衣として、あるいは鉄砲や刀剣・鎧などの蔽布、馬装用として珍重された(2)。しかし、近世中後期になると、ひろく庶民生活に浸透し、冬羽織・鍛冶装束・帯・鼻紙袋・煙草入・鏡嚢などに利用されるようになった(3)。中国と長い貿易の歴史をもつ琉球においてもその流入は早いものとみられるが、明確な記録はない。ただ、すでに述べたように、一八一〇年(文化七・嘉慶十五)九月に長崎御免商法品として認められた八種の中に羊毛織三〇〇反が存在しているところをみると、一九世紀にはそれを超える量が恒常的に輸入されていたものとみられる。

しかし、その後、異国船が貿易を求めて頻繁にやって来るようになると、琉球国が不自由の小国であることを理由にそれを断り続けていた手前、西洋品の輸入を認めるわけにいかず、一八四〇年代に入ると、渡唐役者らにそれらの持ち渡りを禁止していた。(4) にもかかわらず、実際は渡唐役者の重要な仕入れ商品となっていた事実が認められるのであり、それが渡唐役者らにとって、長崎商法品や御内用品とは異なった新たな意味をもつ商品だったことを示している。

唐紅花も一八四〇年(天保十一・道光二十)段階に史料上に姿を現すことからすると、大量に輸入されるようになるのはこの頃からであろう。紅花は小アジア・エジプト原産のキク科の一年草で、染料としてだけでなく、通経薬としても利用された。国内では出羽の最上、山形産が広く知られているが、唐紅花は市場の需要が高かったとみえて、薩摩藩も一目おいていた商品である。

唐反布類(毛織物類)にしても、また唐紅花にしても、琉球口における輸入の実態についてこれまでほとんど触れられることはなかったので、以下では若干の史料によって検討を加えておきたい。

第一節　抜荷の盛行

渡唐船の積間に一定の枠が設けられて、自分の買荷が制限され、かつその薩摩藩との取引きでも大きな利幅が望めなかったとすれば、渡唐船の乗員の間に抜荷が横行するようになっていったのはまた当然のことであった。とりわけその主体となったのは、ごく微量の貿易品の携行しか許されなかった役者の従者や船方の者たちであった。そのあたりの事情については、先の一八五〇年（嘉永三・道光三十）の清国咸豊帝登極慶賀の使船派遣に際して出された、次の五月三日付の触れにうかがうことができる。(5)

近年渡唐五主船方従等之内、色々才覚を以御国並唐商人共より借銀、又者払品等借入、分限不相応ニ仕廻立候者も有之哉ニ相聞へ候、右様交易向広成行候而者、第一追々冠船御渡来之節、評価物御持渡、右ニ応し銀当相嵩ミ、至而御難題筋可成立、夫而已ならす、御当地先年来時々西洋船渡来、交易筋申出、（中略）当時仏暎両国唐五口ニおへて交易御免許被仰付置、既暎国ニ者於福州公館等相建、広致商売、暎人共間々琉球館屋近辺徘徊等有之由、就而者彼者共江琉球口交易向、持渡銀高等差知候而ハ、弥以西洋表御当地江便り、商売望之心深、後来之御難題ニ茂可成立、彼是如何至極之事候、依之自今以後、五主船方従之者共、御国並唐商人等より致借物候儀一切召留、各分際に応し、相仕廻候様被仰付候、

一、唐江交易向広成行候儀、其蔽《ママ》前条両件迄ニ而も無之、帰唐之砌おのつから荷物関合、御船足込相成、海上之難儀、且末々之者共ニ者差限纔計之船間ニ而、致方無之所より間々不正品等取企、逢御咎目、且仕廻高次第相応之利潤も可有之候付、軽キ者共右之類を以て旅祝儀、其外毎物過美ニ取拵、夫故何歟見込違出来候節者、礑与身上差禿候者も段々罷在候由、此節前条通御取締被仰付候付而ハ、御趣意之程深奉汲得、勿論此涯改而節倹を用、旅祝儀其外仕来之式迚も諸事役者中精微致吟味、屹与令省略、聊無益之費用無之、其涯相立候様、是又稠敷取締可有之候、

まずここでは、五主・船方・渡唐役者の従者たちが鹿児島商人より借銀をし、あるいは中国において唐商人らより

払い品などを借り入れて貿易を行っているという事実を指摘し、そうした幅広い貿易活動はフランス・イギリスなどの貿易要求を刺激することになるとして、借銀・借物を禁じている。鹿児島や中国現地で資本を調達しながら広く貿易が展開されていたとなると、琉球王府および藩の抜荷統制が容易でなかったことは想像がつこう。

また史料中、興味深く思われるのは、「唐旅」の役を与えられた者たちによる派手な「旅祝儀」（祝い）を禁止し、その理由として、分不相応の振る舞いが抜荷に通じる事態を生み出している、としている点である。やはり「唐旅」が「仕廻高次第相応之利潤」を保証するものであったがゆえに、それを射止めた者は、商機を得たことを祝ったようである。しかし、わずかばかりの銀高相当の船間では利が薄いため、「祝儀」費用を上回る利をあげようとして不正の取引きに走り、咎目を受ける羽目になっている、というのである。「唐旅」は商利を得るチャンスであったことで、渡唐役者・船方の者たちは借銀・借物によって資本を調え、またとない商機を生かそうとしたことが知られる。

では王府が憂慮した抜荷の実態とはどのようなものであったか、以下にいくつか例示しよう。まず渡唐船乗り組みの者たちによる抜荷の典型的な例を示すのは、一八四四年（弘化元・道光二十四）に発覚した一件である。すなわち、同年秋の出帆をひかえた進貢船に、乗員の身廻りの荷物積み入れ作業を行っている最中の九月、通堂の荷置所より昆布六俵（二六三斤）、昆布入り手籠一〇（四二七斤半）、昆布入り柳こおり二つ（一三〇斤）、昆布二〇斤半・干いか四斤半入りの手籠一つが積み込まれ、また、ほかに伝馬より昆布入り樽四丁（三二〇斤）、銭九九〇貫文入りの板荷が引き揚げられた事件である。[6] この内、伝馬より「抜積」を行った首謀者は、正議大夫の従者である具志堅筑登之と名嘉間にや（「にや」は新参士の子弟、もしくは上層平民の子弟で無位の者をいう）、それに北京大通事上運天里之子親雲上の従者たら当間で、伝馬は正議大夫のものであったことが平等所の糾明によって判明した。この場合、進貢使節の正議大夫や渡唐役の要職にある北京大通事らが、この一件にどの程度深く関わっていたのかは明らかではないが、王府の彼らに対する疑惑をかき立てるには十分な事件であったといえよう。

このほか、十月にも伝間船一艘で昆布五四三斤を渡唐船に抜積みしようとした事件が発覚している。(7) 渡唐船の出帆が間近に迫ると、あらゆる手段を弄して抜積みが試みられた。

再び進貢年となった一八四六年(弘化三・道光二十六)九月、王府は、渡唐船の抜荷取締りについては以前より申し渡したこともあって、那覇川口の取締りは行き届いているようにみえるが、近年は慶良間島の近辺で薄々抜荷が行われているように聞こえる、としてその取締りの実を上げるための方法を渡唐役者たちより徴している。(8) 一八四四年の抜荷一件もあって、那覇川口近辺の取締りは厳重になったようであるが、渡唐船の繋泊地である慶良間島辺りで抜荷が目立ち、その対応に追われていたことがわかる。いっぽう対策を問われた渡唐役者らは、それに応えて、役者・船頭一体となって各五主・船方・従者共の取締りを厳重にするのが肝要につき、乗員の与合ごとに証文を取り置くようにし、かつ慶良間渡しの近辺までは役者・船頭が船上に出張って、小舟が寄り付かないように監視を行い、そのうえで違背があれば、当人はもちろん、与合の面々も「旅留」、または厳科に処したいと述べている。(9)

しかし、こうした抜積み取締りの強化にもかかわらず、この年の進貢船の派遣に際しては、予想外に多くの抜積みが発覚している。出帆をひかえ、大荷改めが行われている時に、昆布入り樽一〇丁(一二〇五斤、内八〇三斤余濡物)が小唐船の艫の方の海中に隠し置かれているのが発見され、引き揚げられた。(10) また、役者・船頭・加子らの身廻りの荷物を積み入れる段になって、昆布入り白木小箱二つ、干いか(一斤)・干たく(蛸)(一斤)・鰹節(五斤四〇目)入り手籠一つが埠頭通堂で発見されている。(11)

これらの抜荷物について、役者方に対する「仕手」(犯人)の糾明が申し渡されたが、ついにそれは判明しなかった。通堂の一件はともかく、大荷改めに際して発見された昆布の斤数は多量にのぼっていることからして、複数犯であることが考えられよう。また単独犯であるとすれば、比較的財力に恵まれた上層の渡唐役者であったことが想定される。

この一件で積荷改めは一層強化されたものと思われるが、しかし抜積みは全く止むことなく、その後五件が発覚している。その一つは「楫間大夫はんかい」(進貢副使正議大夫に割り当てられた船尾の積間の意か)に銭三六五貫文を抜積みしてあるのが発覚したもので、大夫の従者まつ大城が企んだことが明らかとなり、同人は他の者と入れ替えとなっている。(12) 第二は、昆布一一俵、風呂敷包み七つ、焼酎入小壺一つが発見された事件で、この件については「仕手」は明らかになっていない。(13) 第三は、銭二五〇貫文と、そのほか品々の入った柳行李一つが舳の「はんかい」から発見されたもので、糾明が進むなかで、首謀者の水主本抱うし金城なる者の容疑が濃くなったため、同人も下船させられ、他の者に差し替えられている。(14) 第四は、昆布二八俵、しひ小荷二つ、柳行李大小五つ、竹行李箱三つ、手籠二つが見つかった一件で、(15) この件の「仕手」も判明していない。五件目は、海人草一四斤半、昆布一四斤半を白木の小箱に入れ付け、出帆の際に沖之側(沖の寺＝臨海寺付近)より積み込みの機を窺っていたのが摘発された事件である。(16)

注目されるのは、これらの抜積み行為について糾明が進むうちに、大唐船の抜積みに、荷物勤番八人のうち四人が関わったことが明らかになっていることである。すなわち、鳥小堀村の又吉筑登之親雲上、同村の安慶田《あげだ》筑登之親雲上、下儀保村の宜野座筑登之親雲上、泊村の佐久川筑登之親雲上の四人が、銭を受け取って密かに積み込んでいたのである。(17) 依頼人については史料に触れられていないが、こうして、乗り組みの者たちが金銭を受け取って抜積みを行うことも珍しいケースではなかったと思われる。

乗員が抜積みに直接関わっていたこと、あるいは手引きをしていたことが動かし難い事実となると、糾明は進貢船の帰帆後も続くこととなる。一八四八年(嘉永元・道光二十八)には、右のどの件に関わったかははっきりしないが、大唐船定加子座間味間切阿楚村の宮平筑登之親雲上と、接貢船定加子で泉崎村の餅打の金城筑登之が組んで、大唐船への抜荷を行ったかどで、旅行き召留めの処置を被っている[18]。

以上の例によって、渡唐鉛への抜積みの実態が浮かびあがってくるが、もちろん買い渡ってきた唐物が、また産物方の監視の目を逃れて鹿児島市場に直接送り込まれるケースもある。すでに述べたように、琉球の諸士が旅役で鹿児島に上る場合に帯びていく販売用の貨物には、手形を付して不正物でないことを証明することが求められていた。しかし、王府士臣や鹿児島・琉球間を往来する琉球の運送船の船子たちによって、輸入唐物は手形逃れのかたちで運び出されている。たとえば一八四四年（弘化元・道光二十四）と翌一八四五年には、相次いでそうした事件が発覚している。

一八四四年（弘化元・道光二十四）の一件は、鹿児島に急派された飛船の水主金城筑登之が密かに薬用人参を持ち登っていたことが、鹿児島山川港における荷改めに際して露見したもので、水主金城は徳之島へ五年の遠島に処せられている[19]。

一八四五年の一件は、同年春の鹿児島上りの夏運送船の佐事金城筑登之が、朱粉およそ四六斤と爪一斤を塩豚を入れた壺に隠していたのを、荷役の際に発見された事件である。鹿児島上りの船子による唐物抜荷の手口の一端が示されていて興味深い。

これらの二つの事件の発覚にともなって、王府では、それぞれ抜荷取締掛役の処分が検討されているが、一八四四年の件では、一八三一年（天保二・道光十一）、一八三五年の事件に準ずべきか否かが薩摩藩に伺われ、また一八四五年の一件の夏運送船の佐事金城の配所について吟味を促す琉球館あて琉球三司官の書には、「遠島被仰付儀ニ候ハ、、配所之儀、本文天保七申年ニ者道之島々江多人数遠島被仰付置候間、右見合を以、御都合向旁致吟味可被取究候」[20]と述べられており、天保年間の一八三〇年代にも唐物抜荷事件があって、特に一八三五年のそれは大がかりなものであったことが知られる。

一八四四年(弘化元・道光二十四)、四五年の二つの事件は、いずれも船方の者が企んだものであるが、一八五四年(安政元・威豊四)には、旅役を負うた者と思われる具志川親方の従臣照屋筑登之による抜荷事件が起こっている。照屋は、朱墨一五斤、薬用丁子三〇目を無手形のままで春運送船で持ち上り、鹿児島前之浜の荷改めで摘発されたのである。[21]この一件の翌一八五五年、王府は鹿児島琉球館に、「御使者・従之者」ならびに船頭らに向けて、抜荷にたずさわる者は厳科に処すことを通達せしめ、[22]また「近年士并無系之者共仕操之為楷船・馬艦船水主ニ入交致渡海候者有之由候間、船々致上着候ハヽ、早速乗付、那覇役人より差越候人数帳を以相改」として、那覇役人の人数帳をもって鹿児島入港琉球船の乗員改めを厳にするよう促している。[23]このような王府の対応にまた、琉球の抜荷ルートを塞ぐことのできない焦りをうかがうことができる。

薩摩藩は一八四五年(弘化二・道光二十五)に相次いで抜荷が発覚した後、琉球への制裁措置として、琉球館届け砂糖の鹿児島城下三町町人による入札制を召し留めているが、抜荷の抑止につながらないことを悟ったのであろう、一八四九年(嘉永二・道光二十九)には琉球の嘆願を受けて三町入札制に戻している。[24]

第二節　毛織物の輸入

先に一八四七年(弘化四・道光二十七)九月の垣花親方・御鎖之側伊是名親雲上より、接貢船大通事・存留通事・総官あてに示された諭達にみた通り、一八四六年の長崎商法品等の御用品は注文の斤高を割り、明くる一八四七年も渡唐役者らの荷積みのトラブルがあって注文高に達しなかった。この相次ぐ注文品の買不足には、一八四六年に、藩政改革年限を明年以後三年間延長することを打ち出していた調所笑左衛門には、さすがに我慢ならなかったのであろう。一八四七年の注文品を帯びて藩に貿易の首尾を伝えてきた返上物宰領人の帰国を認めず、抑留するという処置に出ている。

与那原親雲上らが、一八四八年（嘉永元・道光二十八）八月二十五日付で、同年秋出船予定の進貢船両艘の渡唐役者中に触れた諭達には、「去年返上物宰領人共於御くに許勤方相済、御暇願申上候処、去年者唐物御商法品段々買不足等ニ而御不都合相成、御暇願茂御取揚無之御模様相見得候付[25]」とある。琉球館ではこの宰領人に対する抑留処置を解くために奔走し、けっきょく宰領人らをして渡唐役者らに唐における「取計之手筋」を「直談」させる、との願書を差し出し、暇を認めさせている。琉球館を通じて厳重な注意が促され、これを受けて琉球がわでは、出帆を前にした進貢船渡唐役者中に「乍此上去年通過分買欠等有之候而者、御沙汰之程茂難計御念遣之御事候条、聊疎意有之間敷候[26]」と注意を喚起せずにはおれなかったのである。

御用品の買欠けがあったとすれば、その分、空いた積間には当然、別の商品が積み込まれていたことになる。この頃、渡唐役者らによって積みもたらされた商品として目立つようになっているのは、羅紗のほか鴈毛緞・嗶岐（サージ）・西洋布など、一括して唐反布とよばれる毛織物の類であった。これらの唐反布類は、琉球館立入り商人を通じて換金化されたことはもちろんであるが、また商人からの借銀の引き当てとして[27]、あるいは進物・付け届用として幅広く利用されていたようであるから、商品価値としては決して低くはなかったものとみてよい。

福州領事オルコック（Rutherford. Alcock）は、一八四五年（弘化二・道光二十五）には琉球のジャンクが、朝貢品とともにイギリスの工業製品を購入するために一万ドルをもたらす、昨年は廈門から運ばれた上質綿布一万反を買い付けたと聞く、などと通商報告で述べている。(28) そしてまた、福州の領事代理シンクレアは、駐華公使ボナム（George.Bonham）あてに、イギリス製品を含む輸出品を球商から購入するために支払う対価として小判が使用されていることを述べている。(29) 琉球ジャンク船がイギリス綿工業製品を購入するために支払った金額、綿布の量については、これを裏付ける琉球がわの史料を持たないが、輸入品の対価に小判が当てられていたことを推察せしめる史料はある。

一八五五年（安政二・咸豊五）夏帰国の渡唐船が、一六種の長崎商法品以外の薬種類を積み来たり、島津斉彬は幕府と交渉してそれらを会所ルートに乗せるのに成功しているが、一八五七年三月二十九日付の琉球館聞役新納太郎左衛門・在番松島親方より琉球摂政・三司官あて書状をみると、その代銀の支払いをめぐって琉球がわと藩の間で興味深いやり取りがなされている。(30) すなわち、琉球側が琉球現地での支払いを求め、それが不可能ならば鹿児島にて金子で受け取れないかどうか問うているのに対し、藩は金子の有り合わせがないことを理由に、渡唐役者らの要求に応じないことにしたものの、琉球館聞役の新納は、藩御用聞の鬼塚荘助・柿本彦左衛門に判金と銀の引き替えを打診、そのうえで琉球には「御当地ニ而御下銀被仰付候上判金ニ繰替ニ而差下候心得茂候ハヽ、増銀何程迄者相付繰替仕可然与之趣等、役者共江吟味被仰渡、何分被仰越置度候」(31) と、いくらの増し銀ならば判金引き替えに応ずるのか聞き合わせている。渡唐役者らの小判確保への強い要求があって、新納はそれに応えようとしていたことがわかる。

渡唐役者らと藩との間の輸入品代銀の決済が、銀ではなく多く金で行われるようになった事情については、次の一八六〇年（万延元・咸豊十）閏三月の王府表十五人衆による僉議の内容から汲み取れる。(32)

渡唐二番銀之儀、此中五貫目吹替之願申上、余者、於館内用聞中江才覚申渡候仕向候得共、用聞共ニ茂、現古銀才覚方容易不相調由ニ而、内々引当金差下致決算来候処、御国許上方表江茂判金有少相成候上、増金茂漸々直上、到当分者三増倍余相及、才覚方至而六ヶ敷、二月末方迄ニ漸五百六拾両丈相調、余者折角相働せ、いつれ之

筋千両丈者差下可申、不足丈者於御当地引受人江相弁させ候段、館内より申来、（後略）

これによると、これまで渡唐二番方銀（王府買物銀）の場合、交易用の現古銀は藩を通じての吹き替えと、琉球館用聞の調達によっていたが、次第に用聞中においても現古銀の才覚ができなくなり、内々に小判を差し下すようになっていた。しかしながら先にみたように、国許の鹿児島、また上方表においても判金が少なくなり、小判確保のためにはこれまでの三倍も増し金をしなければならない有様であった。そこで、琉球館では、琉球へ送るつもりの一〇〇〇両のうち、五六〇両だけは二月末までに調えたので、残りを鹿児島の引受人に調達させるつもりであったことがわかる。

ヨーロッパ毛織物の輸入に対する対価として支払われる小判とても、琉球はその確保に四苦八苦している状況は明らかであるが、それでも琉球の小判による毛織物類の買込みは、オルコックやシンクレアの関心をひくほどになっていたことは確かとみられる。唐反布類の輸入増大を受けて鹿児島への持ち登せ高が増えてきたのであろう、一八五〇年（嘉永三・道光三十）三月、藩は家老碇山将曹の名をもって、次のようにそれらの輸入高の制限に乗り出している。[33]

近年唐反布類過分ニ持登候付、追々取締申渡儀ニ者候得共、御領内ニ而相禿□無之、商人共不正之手筋取企、他こく江致抜売、当時唐反布類分ケ而　公へんより茂御取締厳敷事候付、以来りう人持登候儀、左之通、

一　羅紗五拾本
一　鴈毛緞百本
一　嗶岐弐百五拾本
一　西洋布千弐百五拾本

右之通差登候儀、令免許候条、於琉球さいはん奉行所江申出、免許を受候而可差登候、万一心得違免許を不受差

登候ハ、品物取揚、其身屹与為及迷惑候、且琉人共進覧又者付届用等不足茂候ハヽ、りうきう産之品を以用弁可致候、

右之通申付候条、屹与取違無之様りうきう江申越、渡唐役者共江茂、成丈余計不持渡様厳重可申付旨、摂政・三司官江可申越旨、りうきう館聞役さいはん親方江可申渡候

三月　しやうさう《（将曹）》

量的に輸入が増大した唐反布類は、領内での禿し（消費）に回されることなく、薩摩商人らの手を経て他国へ抜売りされていたのである。(34) 唐反布類は特に幕府の取締り対象品でもあったため、これを放任すれば商法への影響は免れないと悟った藩は、輸入高を羅紗五〇本、鴈毛緞一〇〇本、嗶岐二五〇本、西洋布一二五〇本にそれぞれ限定し、琉球側が進物・付け届け用としてこれらの物を使用することをも禁じたのであった。

その後、藩は一八五二年（嘉永五・咸豊二）閏二月、それぞれの鹿児島登せ高を半減して、羅紗二五本、鴈毛緞五〇本、嗶岐一二五疋、西洋布七五〇疋とし、いっぽうで他国への抜散りを防ぐために幕府に願って長崎商法ルートに乗せることを取り付けている。やはり本文は欠くが、『評定所文書』所収一八五二年の「案書」の中に、「一、羅紗・呉羅服連等之反物、於長崎表御売捌之儀御願立相成、此節ニ限御免被仰出候由、右付抜荷御取締被仰渡申上候儀」とする目録が存在する。(35) 一八五二年に限っての長崎売捌き免除となっているが、実際は年継ぎで延長されていったものとみられる。

長崎商人村上家の一八五三年（嘉永六・咸豊三）の『見帳』(36) には表49のように毛織物類の数量と入札価格が示されている。「幅広上白金巾」の四七〇反を筆頭に、「壱番幅広黒スタメン」六五反、「緋へるへとわん」三九反、「壱番幅広紅スタメン」三七反、「青茶色へるへとわん」三〇反、「黒大羅紗」二〇反、「緋大羅紗」一八反などのほか、色違い

の羅紗・スタメン・婦羅多・呉羅服連・へるへとわんなどが蘇・阿膠・象牙などの御免品とともに入札に付されている。また一八五四年（安政元・咸豊四）の『見帳』では、表50に示すように入札に付された商品のうち、毛織物類は「緋大羅紗」一〇反、「幅広緋寿多綿」一〇反のみで、あとは御免品の薬種類であることからすると、長崎商法品として毛織物類が薬種類にとって替わったということはいえないが、春期・秋期いずれかの期のうち、毛織物類が御免品の薬種類を圧倒することがあったことは認めてよいであろう。これまで、藩の長崎商法品といえば一六種の薬種類にのみを念頭に置きがちであるが、いまひとつ、薬種以外にこうした唐反布類＝毛織物も長崎の販売ルートに乗せられていたことを見落としてはならない。(37)

ただし、琉球王府としては、こうした毛織物類を渡唐役者・船方らが輸入することには反対であった。それは参府使節の乗物の日覆い一件で表明されている。一八五三年（嘉永六・咸豊三）一二代将軍家慶の死去（六月）にともなって家定が一三代将軍職に就き（十月）、薩摩藩では来る辰年（一八五六・安政三・咸豊六）に慶賀使の派遣とすることで琉球がわと調整に入った。その折に藩よりは、前回の例にしたがって正使の王子乗物の日覆いを紕《緋カ》羅紗、副使乗物のそれを鳶色羅紗とするよう命じてきたのに対し、摂政大里王子、三司官池城親方・座喜味親方らは、一八五四年七月十二日付で、琉球館聞役新納太郎左衛門、在番具志川親方・嘉手納親方あてに次のように述べている。(38)

（前略）然処此節之儀、鳶色羅紗蔵方并脇々江茂有合不申、別段唐江誂越可申之処、当地近来西洋船繁々渡来交易等申立有之、不自由之訳を以相断置候付、当時柄人々西洋品相用候而者、兼々不自由之訳相達置候趣意相違相成、将来彼者共持渡品屹与買取候様可申募茂難計、至而故障筋可成立候付、一涯唐より西洋品一切不持渡様、堅取締申渡置候砌ニ候得者、右鳶色羅紗乍僅茂誂越候儀取止度、（後略）

緋羅紗はともかく鳶色羅紗はあいにく有り合わせがなく、別に唐へ注文すべきであるが、琉球は近年頻々と渡来し

16	壱番幅広紫鳶色スタメン	1反	のとや □しや の□や	207.500 180.000 178.900	207.500
17	弐番幅広紫鳶色スタメン	2反	竹のや の田や のとや	166.900 161.000 159.000	333.800
18	壱番幅広花色スタメン	16反	松本屋 松田や 永見	182.200 171.500 162.000	2,915.200
19	弐番幅広花色スタメン	1反	松田や 松本屋 永見	131.000 125.000 110.000	131.000
20	幅広青茶色婦羅多	1反	松本屋 村ト 立見や	124.000 123.100 121.000	124.000
21	緋呉羅服連	27反	トミや 吉田や 松田や	46.820 45.800 45.600	1,264.140
22	黒呉羅服連	8反	トミや の本や 入来や	34.800 33.900 32.900	278.400
23	緋へるへとわん	39反	松本屋 中の 松田や	340.000 336.200 334.800	13,260.000
24	青茶色へるへとわん	30反	両国や 中村 河内や	411.000 405.300 403.900	12,330.000
25	黒へるへとわん	8反	河内や 長田や 松田や	418.500 413.000 410.000	3,348.000
26	藤鼠色へるへとわん	2反	田原や のとや 長田や	315.000 285.000 282.000	630.000
27	幅広上白金巾	470反	松のや 入来や 永見 村ト	181.600 181.600 177.900 177.900	85,352.000
28	蜍	167斤3合	吉文字や 村ト 永見	365.000 360.800 360.800	61,064.500
29	阿膠	661斤4合	村仁 トミや マツや	18.680 18.400 17.600	12,354.952
30	仁記象牙	1,300斤	松本や 三吉や 長田や	79.100 77.900 74.300	102,830.000
31	義記象牙	1,330斤	中の 永見 松本や	81.790 80.900 79.400	108,780.700
		計			431,675.192

『嘉永六年　見帳』(村上家文書〈長崎県立図書館蔵〉)より作成。

表49　1853年の『見帳』にみる毛織物・薬種の数量と入札価格

	品目	数量(a)	入札商人	入札銀高(b)（匁.分厘毛）	総銀高（a×b）（匁.分厘毛）
1	緋大羅紗	18反	永井や 松本 村仁	123.400 123.200 122.920	2,221.200
2	青茶色大羅紗	4反	村仁 竹のや 村ト	139.300 138.300 136.000	557.200
3	黒大羅紗	20反	天王寺や 吉田や 松本や	124.300 123.800 122.900	2,486.000
4	萌黄色大羅紗	4反	のとや 入来や 吉田や	122.200 120.300 116.600	488.800
5	壱番藍海松茶色大羅紗	1反	村ト 永見 入来や	141.000 135.000 133.400	141.000
6	弐番藍海松茶色大羅紗	1反	中村 松田や 松本	109.100 100.000 96.000	109.100
7	白大羅紗	1反	村ト 松本 豊安	208.500 207.000 201.000	208.500
8	桔梗色大羅紗	1反	松本や 竹のや 田原や	138.000 135.600 134.500	138.000
9	幅広青茶色スタメン	1反	竹のや 中村 のとや	222.300 221.300 220.000	222.300
10	壱番幅広紅スタメン	37反	永井や 天王寺や 松田や	188.300 188.300 179.800	6,967.100
11	弐番幅広紅スタメン	1反	松本や 永見 中村	164.000 150.000 148.900	164.000
12	い壱番幅広黒スタメン	65反	長田や 松田や 松本	189.000 183.100 177.900	12,285.000
13	ろ壱番幅広黒スタメン	1反	中の 立見や 松本	170.000 150.300 146.900	170.000
14	弐番幅広黒スタメン	1反	松本 中の 永見	157.800 152.100 140.900	157.800
15	幅広桔梗色スタメン	1反	田原や 松田や 永見	155.000 150.000 145.000	155.000

12	仁記象牙	1,378斤6合 65本	吉原や 松本や 田原や	71.240 63.200 60.800	98,211.464
13	義記象牙	1,349斤2合 74本	中の 豊安 入来や	66.300 61.600 61.300	89,451.960
14	木香	2,250斤 35箱	玉つや トミや マツや	12.690 12.550 12.380	28,552.500
15	大黄	7,000斤 77丸	村ト トミや 松田や	38.700 38.400 36.370	270,900.000
16	甘草	6,900斤 61丸	村ト 長田や 竹のや	7.710 7.630 7.630	53,199.000
17	甘松	6,911斤 55丸	トミや 松田や 長□カ	19.620 17.390 15.600	135,593.820
18	桂枝	3,250斤 26丸	エサキ 松のや の本や	5.160 4.950 4.800	16,770.000
19	蒼朮	2,953斤 32丸	吉原や 竹のや 長田や	5.830 5.640 5.640	17,215.990
20	山帰来	20,000斤 171丸	長田や 竹のや エサキ	6.393 6.393 6.300	127,860.000
21	山帰来(寅臨時割)	10,000斤	村仁 田原や 松本や	7.100 6.730 6.688	71,000.00
計					1,434,073.134

『嘉永七年　見帳』(村上文書　17　83－2－76)より作成。

表50　1854年の「見帳」にみる毛織物・薬種類の数量と入札価格

	品目	数量	入札商人	入札銀高（匁.分厘毛）	総銀高（匁.分厘毛）
1	緋大羅紗	10反	入来や 松田や 竹のや	161.000 157.600 151.900	1,610.000
2	幅広緋寿多綿	10反	金沢や 松田や 豊安	216.900 210.900 194.800	2,169.000
3	壱番犀角	147斤 4 合 100本	竹のや 長田や トミや	682.900 682.900 650.000	100,659.460
4	弐番犀角	117斤 5 合 165本	中の 村仁 長田や	445.800 442.000 439.700	52,381.500
5	天記蜍	321斤 7 合 300把	松田や 豊安 の田や	205.600 200.000 179.300	66,141.520
6	久記蜍	361斤 6 合 331把	松田や の本や の田や	171.600 160.300 160.300	62,050.560
7	寿記蜍	307斤 7 合 320把	の本や エサキ の田や	143.800 143.800 141.000	44,247.260
8	龍脳	671斤 350包	村ト 松田や 松本や	173.000 153.900 142.600	116,083.000
9	辰砂	424斤 97包	両国や トミや マツや	59.300 57.100 53.000	25,143.200
10	阿膠	965斤 1,437包	エサキ の本や マツや	98.900 98.900 90.300	95,438.500
11	硼砂	487斤 8箱	中の エサキ 吉原や	31.200 30.900 29.100	15,194.400

て貿易を申し立てる西洋船に対し、不自由を理由に断ってきた、いまさら西洋品などを使用することになってはこれまでの主張と相違し、将来彼らの持ち渡りの品々の買取りを求められるかも知れない、そのため唐よりの西洋品は一切持ち渡らざるよう禁じている、というのである。

また、三司官池城らは、同年八月三日付の琉球館聞役・在番らあて書状で、「至当夏者来着夷人等猛威を張」り、「故障筋」が生じるおそれがあったため、「人々着物類者勿論、日用僅之品迚茂西洋産相用候儀差留、且渡唐之面々ニ茂帰帆之節、右品一切不持渡様堅取締申渡、右之段者川上式部殿并御在番所・産物方江茂申上置候」(39)と述べている。これよりすると、ペリーの来航を機に西洋反布類の輸入規制を打ち出したものとみられる。毛織物類の輸入をめぐっては、琉球王府と薩摩藩の対応は異なっていたことになる。

第三節　唐紅花の輸入

この頃やはりさかんに輸入されていた紅花は、薩摩商人の手で鹿児島市場に持ち込まれ、さらに京都の紅花問屋に出荷されていたものと思われる(40)。荷の動きが活発になってきたためであろう、調所笑左衛門は一八四七年(弘化四・道光二十七)四月、紅花は唐薬種の一つで「故障之訳有之」として、脇々よりの買入れを一切禁止し、専売の網をかけるにいたった(41)。後に史料で明らかにするように、藩は唐紅花が幕府より御免品以外の品として販売差止めになることを恐れ、先島(宮古・八重山)産と偽り、京都市場に出荷したが(42)、やがてこれを御用商人浜崎太平次の一手支配とした。このため、一八五二年(嘉永五・咸豊二)秋出帆予定の進貢船渡唐役者らは、当人らの窮状に触れて、四月にその取上げを求める嘆願書を差し出している。やや長文であるが、当時における藩の貿易政策の矛盾を知るうえできわめ

て貴重なので、全文を掲げておこう。(43)

御内意口上之覚

恐多奉存候得共、私共事難有当秋渡唐役被仰付置候付、何卒諸仕舞方行届、御用物損銀等無支相弁、御注文通全致調達、身上を茂取続申度、早速より何れ茂寄合、精々吟味仕候処、当時柄唐物至極不便利罷成、御用物調達方諸首尾向等、容易難引結躰差見得、必至与驚入、難黙止願意之趣有之、成行之所等左ニ申上候、

一①、御国許一番方并二番方売上、且御当地御用、夫々御注文品之儀、往年唐買元直成被定置、其以来其通首尾引結来事御座候処、連々唐国繁栄之方成来、夫丈ニ諸物尽ク多、自然与直段茂高直罷成、当分ニ而者都而之御注文品御定直成ニ而者難買取、就中糸端物類ハ六割弐部之増銀相渡、銀子拾貫目之前ニ六貫弐百目役者共より相弁候ニ付、御当国御注文之糸・端物、例年成を以賦立、此節者進貢期故、役者八人ニ付右之損銀壱人前八貫目余相及申事御座候、

一②、右通糸・端物類者過分損銀相懸候上、産物方・御内用方御注文品銀高相及、且渡唐仕舞方付而者、五月朔日より出帆涯迄多月那覇江相詰、其外唐往還其段々諸失脚（ママ）有之、且才府・大筆者返上物宰領ニ而上国仕事候ニ付、是又物入多有之、彼是以役者共ニ茂何連ニ茂他借銭等を以、相応之仕舞立不仕候而不叶、前々者唐江之払品昆布又者ふかのひれ・貝類ニ至、御国船頭・水主共、勝手次第持下候ニ付、夫丈ケ直段心安於唐者直懸有之候而、右之損銀諸失脚等相補為申由御座候、

一③、産物方被召立候以来御払昆布漸々直上リ相成、当分ニ而者其以前より五六割程之直増ニ相及候得共、最前之程者於唐昆布其外之払品値段相付、且御注文品之内玳瑁爪・虫糸類位物見立品、多分之斤数御注文被仰付候ニ付、渡唐之上夫々位之調部行届買渡候得者、利潤茂有之、彼是以損銀旁相補為申由御座候処、近年昆布・干藻等於唐

直段致下落、玳瑁・爪類之御注文も一切御取止相成、其外之位品迚茂纔計之斤数ニ而、多分者大荷勝買渡方被仰付、殊之外船間差迫、外ニ繰合品容易難持渡、旁之所より渡唐面々漸々不繰合罷成為申由御座候、

一④、前条通産物方御注文品大荷勝ニ而、役者共ニ茂為限船間殊外関合申事候付、船間之者共御賦付船間之内をも買取、羅紗・鴈毛緞・嗶岐・西洋布類買渡、其余勢を以彼是与諸首尾引結来由御座候処、右端布類手広買渡、御国許江差登候而者　公辺御都合向相拘、依時宜者御難題ニ茂可相及事候ニ付、従御国許追々稠敷御取締被仰渡置候上、猶又此節御手詰之御取締向御座候段被仰渡趣、具ニ承知仕、且去々年御領国中用分として、毎年登方御免之端数茂羅紗弐拾五本、鴈毛緞五拾本、嗶岐百弐拾五疋、西洋布七百五拾疋ニ被召減置、殊右端布類去々年、去年帰唐面々捌方相滞、御当地江持囲候茂過分相及、面々渡唐之節仕舞料他借返済茂不引結得、至極及迷惑罷在事候ニ付、今程右端布類御免高迚茂唐より買渡候様ニ者不罷成、礑与及胸痛罷在仕合御座候、

一⑤、当分唐買渡品之内、紅花之儀銀目ニ茂相成、格別之払品御座候処、是又浜崎太平次江一手支配被仰付置、就而者太平次方買取方位五六段ニ差分、直段も下直相立候付、欠斤諸雑費致差引候得者唐買元代ニ茂引足不申、時々直上之儀、荷主共より加精談候得共其汲取無之、一手支配ニ付而者何分致方無之、毎度太平次直立通売渡候振合ニ而、至極及迷惑由御座候、

右通之成行御座候ニ付、何連ニ茂此涯繰合之道相立候様無之候而不叶、色々尽吟味候得共、基唐物之儀者　公辺御都合向相拘、段々稠敷御取締被仰渡御事候ニ付、当時柄唐端布類引替、外ニ可持渡品柄迚も無之、前条申上候通、紅花之儀者銀目ニ茂相成、格別之払品御座候処、太平次江一手支配被仰付置候付而者、直段致下落、至極及迷惑候由、依之千万乍恐何卒此涯渡唐面々御救之一筋、御取分を以太平次一手支配御取揚被仰付、御締向之儀者、唐端布同様御在番所御手形ニ相成候者、以来御当地下御国町人・船頭・水主共江相対払、并琉人共御国許江

持登相払候儀茂御免被仰付候様御訴訟被仰立被下度、偏ニ奉内願候、右様御救筋御取計不成下候而者、第一御当国之御用物損銀補、且者身上取続方茂不相調、差禿ニ茂相及可申哉与、何連茂至極驚入罷在事候ニ付、不得止事、此段御内意ヲ以奉歎願候、幾重ニ茂成合申様御取成可被下儀奉頼候、以上、

（嘉永五年）
子四月

大唐船脇筆者
仲地筑登親雲上
小唐船同
真玉橋里子親雲上
同大筆者
山田筑登親雲上
大唐船同
川平里子親雲上
小唐船官舎
屋部親雲上
大唐船同
花城里子親雲上
同才府
与那覇里子親雲上
小唐船同
久場里子親雲上

進貢船渡唐役者らが、御用物の調達方がうまくいかず「必至与驚入」、訴え出るにいたった「成行」を、各条目に

したがって以下にまとめる。まず第一は、唐物の輸入価格の高騰である。これまで御国許御用の一番方、琉球王府出資金による買物の二番方、その他琉球消費名目の買物値段は藩によって定められていた。しかしその後、中国の経済的成長もあって、物価は高騰し、注文品も定められた値段では調達できなくなっていた。特に糸・反物類にいたっては六割二分の増銀を渡唐役者が負担している有様で、このたびの進貢の役者八人の損銀は一人当たり八貫目余にもおよんでいた。（第一条）

第二は、注文品の高騰にともなう損銀負担が増してきたにもかかわらず、そのほか渡唐にあたっての諸失費はかわらず、本手品の仕入れ事情は渡唐役者たちにとっては不利になっていたことである。産物方・御内用注文などのいわゆる一番方御用品高は肥大化の一途をたどっていた。いっぽうで、渡唐役者らは五月一日から秋の渡唐船の出帆までの那覇詰め、そして中国往還に諸費用を要し、才府・大筆者にいたっては、帰国後、返上物宰領として鹿児島にも上国しなければならなかったので、借銭の膨張はとめられなかった。以前は中国への払い品である昆布・鱶鰭・貝類は薩摩船頭・水主らが自由に積み下ることを許され、安価で入手できていたため、その利銀で右の損銀や諸失費を補塡してきたが、もはやそれができる状況にはなかった。（第二条）

第三に、貿易の本手品の中心をなす昆布の仕入れ価格の高騰とともに、注文品に枠をはめられて、利幅の大きい商品輸入の自由が利かなくなっていた。産物方の設置以来、昆布は値上がりし、以前に比して五、六割も高騰していたにもかかわらず、逆に干藻もともに中国市場では下落をきたしていた。いっぽう輸入品のうち利の大きい玳瑁爪・虫糸などは、上品のものを仕入れれば利潤がでるものを、幕府の規制などもあって注文ができなくなっていた。そのほかの品も、品位のよいものの買入れはわずかにとどまり、多くは大荷中心の買方となって、他の利の得られる品物を積み込むことができない状況であった。（第三条）

第四に、産物方の注文品が大荷がちとなり、船間が立て込むなかで、渡唐役者のなかには配りつけの船間を買い取り、羅紗・鴈毛緞・嗶岐・西洋反布を積み帰る者も現れた。それらの毛織物類がおおっぴらに鹿児島に持ち登られるようになって、藩では幕府との間の難題に発展するのを恐れ、輸入量に制限を加えた。前々年の一八五〇年（嘉永三・道光三十）に登せ方が制限されて以来、その年そして翌一八五一年の積載分が捌けなくなり、琉球に過分の囲い置きが生じていた。このため渡唐費用はもちろん、他借の返済もできない事態となっていたのであった。（第四条）

第五に、「格別之払品」である紅花も浜崎太平次の一手支配とされ、その販売益に十分あずかることができない状況にあった。太平次は買取品を五、六段に分け、値段も低く立てて買い入れるため、欠斤や諸雑費を差し引けば元値を割るという有様であった。（第五条）

以上のような厳しい貿易事情を述べて、渡唐役者らは、紅花の太平次による一手支配の停止、薩摩町人・船頭・水主との相対取引きを訴えている。ここに述べるところには渡唐役者らによる誇張も疑われるが、藩の救助が得られなければ、御用物の損銀の補いや身上の維持もできず、禿れるほかないという嘆きは、藩唐物商法のディレンマを偽りなく語っていると思われる。藩でもこの嘆願書に対してごく内々に琉球がわに真偽を問い、これに対して王府でも唐物貿易の厳しい現状を指摘する文書を一八五二年（嘉永五・咸豊二）五月に差し出している。差出し人・名あて人名を欠く案文であるが、摂政・三司官より琉球掛家老の碇山将曹あてのものかと思われるその全文は、次のようになっている。(44)

先頃極密御尋被仰下候一条、此程得与相考申候処、唐物御商法之事第一当地御救助、次ニ抜荷御取締之為　公辺御訴訟相成、既ニ十六種被蒙御免許、不容易儀ニ而、誠ニ以難有御取扱之御事候付、何卒最通候様有御座度儀与奉存候、就而者抜荷御締向之儀、追々厳敷仰渡御座候而、毎度無油断取締申渡事候処、今以不正筋取企候者相止不申、此儀至極奉恐入事御座候、然者唐行之者共者偏ニ繰合之余勢を以身上取続、旅行之奉公出精相勤来、就中役者共ニ者御国許御用物、当地蔵方用物調達方等、過分損銀引負候由、近年唐繰合向甚不便利罷成候上、猶又此節唐端布類、訳而厳敷御取締相成、弥以繰合向差窐候付、唐産紅花浜崎太平次江一手支配被仰付置候茂、別而迷惑相掛由ニ而、右之一手支配御取揚之儀、渡唐役者共無拠願申立趣有之、難押へ置、弥其通内訴申上候様、此節登在番江申含越候、然共当時柄右等之補迄ニ而者、唐行共難渋相止不申段者差見得申事候ニ付、当分産物方御元手昆布御払直成、前々より五六割程茂高直罷成、御注文御取入品直成者差而之利潤無之由、此涯右之昆布代直下、并産物方御取入品茂今少直上被仰付方ニ者御吟味相付申間敷や、左様御吟味御座候而、役者共御用物調達方損銀等相補、末々江茂旅行相応之利潤を得、身上取続候ハヽ、自然与不正筋之取企茂相止、全当地為御救助御商法之法被為召開候詮相立、猶以国中一統難有仕合可奉存候、御払昆布直下、御取入品直上等之儀、以前渡唐役者共より時々歎願筋申立為有之事候得共、是迄者彼是与取押へ来事御座候処、当分ニ而者前々相替、唐行共繰合向必至与進退相究、殊貴公様訳而被仰下趣承知仕事候ニ付、乍恐極内勘考之程申上候、

子五月

文書の述べるところによれば、薩摩がわはこれまでの琉球における抜荷の横行を責めたふしがみえ、これに対し渡唐役者らよりは、①御国許御用物や王府蔵方用物の調達などで過分の損銀を引き負っている、②近年唐における貿易が不調なところに、唐反布類の取締りを厳しく申し渡され、いよいよ遣り繰りつかなくなった、③そのうえに唐産紅花を浜崎太平次に一手支配を仰せ付けられたのは実に迷惑、として浜崎の一手支配権の取上げが願われたことがわかる。王府では渡唐役者らの訴えを押さえ難く、このたび新たに赴任することになった琉球館在番にも種々申し含めた。そしていっぽう、王府は産物方本手の中軸をなす昆布の払い値が以前より五、六割も高くなっているため、唐反

布類や唐紅花の輸入で渡唐役者らの窮状を補うことができない状況にあるとし、昆布価格の引下げ、合わせて産物方取入れ品の価格引上げの検討を願っている。それが叶って初めて抜荷も止み、琉球救助のためという藩唐物商法の名分も立つことになる、という指摘は問題の本質をするどく突いていたといってよかろう。渡唐役者らの昆布の値下げと産物方御取入れ品の値上げ要求については彼是と取り押さえてきたが、現今のその進退窮まった状況は無視できないとする末尾の文言も、先の進貢船渡唐役者らの「御内意口上之覚」の内様が誇張でないことを示していよう。

琉球王府の訴えを受けると、藩の琉球産物方でもさすがにこれを無視することはできず、間もなく九月には、この年より先二ヶ年間にわたって、御商法品一六種ならびに御内用注文薬種を、これまでの買入れ代銀の一割増しで買い入れ、また本手用品については一割下げをもって払い渡す処置を講じ、一八五四年(安政元・咸豊四)にはさらにそれを二年延長することを認めて渡唐役者らの救助に乗り出している。(45)

いっぽう紅花については、①御内用品として五万斤以上の買重みは認めない、(46)②浜崎太平次が品質に等位をつけ、安価で買い入れているため、欠斤・諸雑費を差し引けば仕入れ値にも引き足らず渡唐役者共は迷惑しているとのことであるが、太平次の一手支配は自己の貿易のためではなく、産物方が委ねたものなので、これまで通り召し置くこととする、③ついては、以後は紅花の品位を精緻に吟味し、上・中・下の品等に応じて「相当之値成」で一手買入れとしたい、(47)と浜崎太平次の一手買いは取り下げなかったものの、相応のところまでその買入れ価格を引き上げた。こうして、新たに発足した産物方体制の下で押し進められた管理統制強化、藩利優先の貿易政策は、琉球がわの抵抗に遭い、一部軌道修正を余儀なくされていったのであった。

結語

一八四〇年代の史料に頻出する抜荷、唐反物・唐紅花の輸入の問題について取り上げた。抜荷は渡唐役者・船方が申告の積荷以外の物を秘かに船倉に抜積みし、中国市場で放出するかたちと、薩摩琉球往来運送船の船方・薩摩商人、鹿児島への旅役を担った琉球役人が、無手形で唐物その他藩専売品を鹿児島市場に持ち込むというかたちが存在した。中国市場への抜荷品としてもっとも目立つのは昆布・銅銭である。昆布はやはり重要な貿易品であったと見なしうるが、荷が嵩張るため容易に発覚しやすかったのであろう。それに較べると、銅銭は抜荷にはうってつけであったにちがいない。発覚はしないだけで、実際は渡唐役者・船方らによって秘かになにがしかの銅銭が抜買いのために持ち渡られていたものと思われる。

一八四〇年代になって渡唐役者らによる輸入量が増した唐物のうち、唐反布と総称されたヨーロッパ産の毛織物は、単に珍品として進物用・付け届け用として重宝がられたのみならず、借銭の引き当てにもなり、あるいは琉球館立入り商人との間に換金化される大いに商品価値を有する物であった。それゆえに他国へ抜け散るケースもまた多かった。薩摩藩は、幕府との兼ね合いもあって、一八五〇年(嘉永三・道光三十)三月にはその輸入量に制限を加えるにいたった。しかしすでに村上家の『見帳』によってみたように、唐反布類は正規の商法品とともども会所ルートに乗せられていた可能性が高い。

唐紅花もこの頃、渡唐役者・船方にとっては利をもたらす有力な輸入品であった。しかし調所笑左衛門によって御免品外の薬種と位置づけられ、一八四七年(弘化四・道光二十七)には産物方の一手買入れとなり、一八五二年(嘉永五・咸豊二）九月には輸入額は五万斤に制限された。その間に一手支配権は藩御用商人浜崎太平次に譲り渡され、そのもとで唐紅花は安価な値段で買いたたかれるにいたった。これに対しては琉球がわより同年、浜崎の一手支配権の取上げが願われたが、藩の認めるところとはならなかった。

こうした抜荷の頻発や御用注文品以外の唐物輸入は、御用品貿易の利の薄さに根ざすものであった。一八五二年（嘉永五・咸豊二）四月の渡唐役者らが王府を通じて差し出した「御内意口上之覚」にうかがわれたように、産物方発足後、同役所の発注品および御内用の名目での注文品が増大していた。ところが、藩によるそれらの引取価格は低く抑えられたうえ、いっぽうで本手品は高価に買い取ることを余儀なくされ、さらに注文品の鹿児島運送にかかる諸費用の負担まで強いられるという琉球貿易の構造は、中国市場における商品価格の高騰という事情に直面して、その矛盾を一層顕わにしていた。渡唐役者・船方らが抜荷に手を染め、唐反布・紅花という高利益の商品の輸入に傾いていったのは、ある意味で必然的な成り行きであったといえるであろう。

しかし、藩は新たな商品が輸入されても相対商売を許さず、これを長崎ルートに乗せるか、一手買いによって数量コントロールをはかった。渡唐役者に中国市場から注文品以外の商品の自由な輸入を認めれば、長崎商法はたちまち崩壊の危機に瀕することになる。またそれは抜荷を誘発し、幕府の譴責をうけ、長崎商法の途を閉ざされかねない。琉球貿易は内にそうした矛盾をかかえもつ状況にあった。それを緩和するために、藩は御商法品一六種および御内用注文薬種の一割引上げ、それらの購入に当てられる本手品の一割引下げの容認などの手だてを講じなければならなくなっていた。

註

（1）抜荷について述べた本章の第一節は『第九届中琉歴史関係国際学術会議論文集』（福建師範大学中琉関係研究所編、二〇〇五年）に発表した「中琉貿易と渡唐役人」の「四　渡唐乗員と抜荷」の部分に当たる。小稿については校正の機会がなく、脱字誤字を訂正しえないまま人の目に触れることになったのを残念に思っていたが、このたび脱字・誤字を修正のうえ収録した。

（2）岡田章雄「毛織物の輸入」（『日欧交渉と南蛮貿易』岡田章雄著作集Ⅲ、思文閣出版、一九八三年）。

（3）石田千尋「近世後期における蘭船積荷物とその販売―文政八年（一八二五）の「本方荷物」（古河歴史博物館紀要『泉石』二号、一九九二年）。

（4）一八五四年（安政元・咸豊四）七月十二日付、池城親方・座喜味親方・大里王子より琉球館聞役新納太郎左衛門、在番具志川親方・嘉手納親方あて書状には「当地近来西洋船繁々渡来交易等申立有之、不自由之訳を以相断置候付、当時柄人々西洋品相用候而者、兼々不自由之訳相達置候趣意相違相成、将来彼者共持渡品屹与買取候様可申募茂難計、至而故障筋可成立候付、一涯唐より西洋品一切不持渡様、堅取締申渡置候砌ニ候得者、右鳶色羅紗乍僅茂誂越候儀取止度」と述べられている。（「案書　咸豊四年」『琉球王国評定所文書』第八巻、一七一号。以下『評定所文書』と略記）。

（5）（田里筑登之親雲上渡唐前日記）（那覇市市民文化部歴史資料室撮影本）。

（6）「進貢船仕出日記　道光廿四年甲辰」（辰九月十一日付「覚」、『評定所文書』第一巻）。

（7）右同（辰十月「覚」、『評定書文書』第一巻）。

（8）（9）「進貢船仕出日記　道光廿六年丙午」（『評定所文書』第二巻）六四号。

（10）（11）右同（『評定所文書』第二巻）六六号。

(12)〜(15)　右同(『評定所文書』第二巻)七七号。

(16)(17)　右同(『評定所文書』第二巻)七六号。

(18)　右同(『評定所文書』第二巻)七八号。

(19)　「案書　道光弐拾五年」(『評定所文書』第二巻)一四〇号・一四一号・一四二号・一四三号・一四四号。

(20)　「案書　道光弐拾五年」(『評定所文書』第二巻)一四六号。

(21)　「案書(咸豊五年)」(『評定所文書』第十七巻)八二一―一号。

(22)　「従大和下状　咸豊四年寅」(『評定所文書』第九巻)二五七号。

(23)　「従大和下状　咸豊四年寅」(『評定所文書』第九巻)二五六号。

(24)〜(26)　『渡唐人江申渡条目』(尚家文書〈那覇市市民文化部歴史資料室蔵〉二九五)。

(27)　本文は存在しないが、琉球王府の評定所文書「百四十九」冊目の目録として「一　去戌(一八五二・嘉永五・咸豊二)上国之御使者役々持登唐反布為御引当、用聞中江拝借被仰付置候金子利銀上納被仰付候付、御免願申上相済候段、問合之事」との一項が見える(「下状　咸豊二年子秋より同春迄」〈『評定所文書』第六巻〉)。

(28)(29)　岡本隆司『近代中国と海関』(名古屋大学出版会、一九九九年)二三七頁。

(30)(31)　安政四年三月二十九日付、琉球館聞役新納太郎左衛門在番松島親方より琉球摂政・三司官あて書状(「従大和下状　咸豊六年辰秋」〈『評定所文書』一三巻〉)一八二一―一号。

(32)　『僉議　咸豊八年より同治元戌年』(尚家文書四四七)

(33)　『渡唐人江申渡条目』、「産物方日記」(『那覇市史』資料編第一巻九、二八頁)。

(34)　すでにみたように一八三五年(天保六・道光十五)十月、越後村松浜に漂着した薩摩湊浦八太郎の船には毛織物が積み込まれている。北国が保温力のある毛織物の有力な販売市場であった可能性は高い。

（35）「案書　咸豊二子年」（『評定所文書』第六巻）三二一号。

（36）取引きに先だって行われる荷見せの際に商人が作成した帳簿。商品名と数量、品物の寸法・特色などを記して荷見せを行い、入札後に入札の三番札までの価格と商人の名前を記入し、落札者には印が付けられた（神戸市立博物館特別展図録『コレクションの精華』）。

（37）『嘉永七年　見帳』（村上文書、長崎県立図書館蔵）。

（38）「案書　咸豊四年寅」（『評定所文書』第八巻）一七一号。

（39）「案書　咸豊四年寅」（『評定所文書』第八巻）一七九号。

（40）ちなみに、一八五〇年代末以降についてであるが、京都における越後屋（三井）の琉球紅花の買高は銀高で表51のようになっていて、年々増加の一途をたどっていることがうかがえる。一八四〇年代に京都に出荷されるようになって以降、その商品的価値が高まっていった様子が推測できる。

表51　1858～64年の越後屋（三井）の琉球紅花買い高

年代	貫.匁
1858（安政５）	3,793.50
1859（安政６）	24,840.00
1860（万延元）	20,884.50
1861（文久元）	26,964.00
1862（文久２）	176,619.63
1863（文久３）	420,564.97
1864（元治元）	559,759.00

賀川隆行「近世後期の京都における越後屋の営業組織」（『三井文庫論叢』第11号，1977年）第57表より抽出引用。

(41) 弘化四年四月十七日付、摩文仁親雲上ほかより未秋走接貢船渡唐役者あて通達(『渡唐人江申渡条目』)。

(42) 「従大和下状写　咸豊六年より同九年未迄」(『評定所文書』第十四巻)五七四―二号。

(43) 東京大学史料編纂所蔵、島津家文書八二―五―一一(〈包紙〉「琉人より差出候歎願書向也　子年出ス」)。

(44) 東京大学史料編纂所蔵、島津家文書八二―五―一一。

(45) 『渡唐人江申渡条目』。

(46) 嘉永五年九月十二日付、琉球産物方通達(『渡唐人江申渡条目』)。

(47) 嘉永五年八月の産物方掛友野市介取次申し渡し、同年九月の松堂親雲上外四人より子秋走両艘渡唐役者らあて通達(『渡唐人江申渡条目』)など。

第十三章　島津斉彬藩政と貿易

緒　言

一八二八年(文政十一・道光八)財政改革主任に任じられて以来、二〇余年にわたって薩摩藩の天保改革を主導してきた調所笑左衛門が一八四八年(嘉永元・道光二十八)二月十九日、江戸芝藩邸において不慮の死を遂げた。その後、藩主斉興・調所派と、その改革路線に反発する世子斉彬派との激しい政争(嘉永朋党事件、お由羅騒動)を経て、一八五一年(嘉永四・咸豊元)二月斉興の隠退、斉彬の襲封が実現し、藩政はいちおう落ち着きを取り戻す。

一八五八年(安政五・咸豊八)までの斉彬藩政期は、ペリーの来航をはじめとして琉球・日本がともに激しい外圧の波にさらされ、一八五四年における日本とアメリカ・イギリス・ロシアとの和親条約の締結につらなって、琉球も、一八五四年六月(太陽暦七月)アメリカ、一八五五年十月フランス、一八五九年六月オランダ、と相次いで和親条約の締結に追い込まれていった時期である。

そうした欧米列強の開国要求に対応を迫られた斉彬藩政は、琉球・奄美大島・領内山川を貿易のために開き、領内に殖産興業を広く展開し、洋式武備を充実するという、いわゆる富国強兵策を推進した。それらについてはよく知られた事実なので、ここではいちいち細説することはせず、開国下での藩長崎商法の動態、前章で取り上げた唐反布類のその後の輸入動向、鬱金・唐紅花の専売をめぐる薩摩藩と琉球王府との攻防に焦点を当ててみたい。

なお、琉球産物の長崎商法は一八五二年(嘉永五・咸豊二)に五年間の許可年限が満ちたが、幕府との交渉の結果、さらに五ヶ年間の年限延長が認められた。しかし前年から中国は一〇年ほど内乱の時を迎える。いわゆる洪秀全による太平天国の乱である。広西省で勃発したこの乱は、琉球貿易にたちまち影響を与えた。一八五三年六月二十五日、池城親方・座喜味親方・佐久間親方ら三司官は連署をもって鹿児島琉球館聞役新納真助、在番勝連親方・具志川親方らに、前年秋渡唐の役者らの御手許御用注文品の買欠けが目立ったことに触れ、「当時柄清国広西省表兵乱福州之内ニ茂賊兵差起り、諸省往還差支、商人共夫々探索方茂思様行届兼為申賦」と、兵乱は広西省から福州にひろがり、商人共の消息すらも掌握できない有様であることを述べている(1)。斉彬藩政期は、進貢貿易そのものを取り巻く状況は厳しいものがあり、渡唐役者らも大きなリスクをかかえこんでいたことになる。

第一節　開国と長崎商法

1　下町の火災と島津斉彬の産物方改革案

一八五四年(安政元・咸豊四)三月八日、城下下町で名頭・借家人合わせて四三九六人(家屋数九八七軒)が焼け出される(2)という大火が起きた。この時、公蔵も二八軒が焼け、唐物をはじめ夥しい物産が灰燼に帰し、銭高に換算して被災高は一一万四八五九貫七〇〇文にのぼった(3)。江戸でこの報に接した斉彬は、注目すべき指示を国家老新納久仰あてに出している。それは次のような内容のものである(4)。

(前略)

一①、下町出火ニ付ては、新役之上一人ニて、別て心配之事と存候、万事無手抜可取計候、

一②、産物之義、薬種類多分之焼失、人命ニも相掛り、歎ケしき事ニ存候、少しも早く琉地在合之品取寄、備置候様可致候、産物方焼失、貨物損失之儀、歎ケ敷事は勿論ニ候得とも、反布類余り過分ニて抜荷之憂有之処、此節之処ニて先其憂は無之、以後琉地より渡来候とも、新規ニ相成候姿ゆへ、此節反布等之取扱、万端ニ尽吟味、改正有之度時節到来と存候間、以後罪人不出来様趣法立直候様可致候、

一③、産物方場所之儀も、以町便申遣候とをり築地可然、役所近ニ品物格護相成候へは、第一取締ニ宜敷、火災之憂も少く候間、此度は仕来りニ不泥、後来公私共宜敷様、趣法相立候様可致候、

一④、一体長崎商法之儀は、琉国救助之為ニて候間、利益之分は不残遣候て可然道理之処ニ、旧来之仕来ニて産物方利潤莫大之事ニて、琉球之救は表通り計り之姿ニて、実は公辺江之願立とは相違之事ニて、近年之仕来りとは乍申、自分ニは歎ケ敷存居候処、此節之義到来も全く天災之事と存候、以後之処は追々吟味之上、利潤不残ニも不及候得共、三分一ツヽは琉国江遣候様ニも致候ハヽ、加様之天災も有間敷道理ニ候間、此節吟味為致度候得とも、高輪其外急ニ申談も難調意味も御座候間、時節見合可申出と存候間、極内考之程申入置候条、其方存付も候ハヽ、考之程申遣候様存し申候、

一⑤、此節産物方用向多くと申図ニて、東郷勇助江増掛申付候間、篤と為致吟味、宜敷可取計候、

一⑥、産物方是迄之勘定不宜候間、初発より致候様市助江相達置候、追々出来可申と存候、此度焼失ニ付ては、初発より之勘定は前文通ニて、当年より改正之上、以来年々外向同様、勘定座勘定厳重ニ有之方取締ニ可宜と存候間、今日便申遣候様申付候条、是また吟味之上宜敷可取計候、

一⑦、木綿織屋之義も、此節引取申付候、右は不用之反物押付ケ申請為致、其外末々及迷惑候よし、且鳥目之儀も木

綿織屋上納等ニて、不通融之訳も兼々承趣も有之、引取申付候間、町人共之内江道具類等申請させ、国用不差支様可申付候、且未納之分、表より及掛合候通り、大粧之分は上納との吟味ニ候得共、実は不得心ニ候間、成丈ヶは被下切ニて上納為致、可然分を上納為致候処ニて、趣法方江も可申達候、趣法方は道理より利益を先と致候習風ゆへ、其心得第一ニ存候、尤被下切ニては多分之損失と存候得共、士商之格式相立候様ニとの趣意ニ候間、能々心得取計候様可致候、

右之外申入候義は、野元一郎便より可申越候、以上、

四月四日

①は、焼け地の復興に当たる掛役が新役のうえ一人であることを気遣う条項であるので当面さておき、②以下について内容をみていこう。

まず②では、薬種類が多く焼失したため、人命に関わることとして、琉球に有り合わせの品を取り寄せ、備え置くことが指示されている。ちなみに焼失した産物の目録を見ると、唐反布類は羅紗五九八本余、嶂岐三八八疋余、烏毛緞一四五本、西洋布一一七六疋余、烏毛紗一〇本、烏毛綸七本、烏毛縮一本、八糸緞子一本などとなっており、かなりの物が捌き口を待っていたことになる。それらが灰燼に帰して新規受容れとなったのを機に、抜荷によって罪人が生じないよう、新たに趣法の建て直しを命じている。

③は、それとともに産物方蔵の移設をも構想されていたことを示している。産物方の場所を築地へ、と述べるが、すでにみたように、産物方は築地の御茶屋に発足しているので、ここでは築地の別の場所へ移設するということになる。「役所近ニ品物格護相成候へは、第一取締ニ宜敷、火災之憂も少く候間」という文言からすると、役所と公蔵を一体化させる配置構想を立てていたものと思われる。

④は産物方の基本理念の見直しで、きわめて重要な内容を含んでいる。「本来長崎商法は琉球国救助の為であるので、利益は残らず琉球に遣わすべきであるのに、藩が得る利潤は莫大なものになっていて、幕府へ願い出の趣旨とも相違している。近年の仕来りとはいえ、嘆かわしく思っていた。このたびの火災も天災だと思う。利潤のすべてでなくとも、せめて三分の一でも琉球に遣わしていればこのような天災も起こらなかった道理である」と述べている。長崎商法は時の藩主の目からみても藩の利益壟断は明らかだったことになる。そうした体制を生み出した調所笑左衛門はすでに一八四八年（嘉永元・道光二十八）に死去していたが、江戸高輪藩邸には調所に改革の指示を与えてきた斉興が隠居の身で健在であった。時期をみてその斉興との改善交渉を進める意志が表明されている。

産物方の改革は、⑤によれば、多くなった事務量に対処すべく、掛役の増員のかたちでもすすめられようとしている。すなわち、東郷勇助を新たに張り付け、産物方用向きに支障が生じないようにはかっている。そして⑥では、産物方の初発よりの勘定のし直しと、この年（一八五四・安政元・咸豊四）以降の勘定方の改正、厳格化が諭されている。

産物方の改革案はここまでで、最後の⑦は木綿織屋の引取りの指示である。海老原清熙の『調所広郷履歴』(5)によれば、調所は織屋と木綿織屋を設け、前者を川畑清右衛門に、後者を重久佐次右衛門の差配に委ねたとされている。それぞれの業務内容の違いは明らかではないが、木綿織屋は出来上がった製品を民間に売り込むことを業務としていたことが右の史料からうかがわれる。しかし、どうやらその商法はやや強引であったようで、民衆は不要の反物を押し押しに買わされ、迷惑を蒙っているというのが斉彬の認識であった。そこで代銭の未納分について一定額納入させ、残り分は免除にして畳もうというのである。一八五四年四月四日付の側近三原藤五郎経礼（義礼）あての書翰でも次のよう述べている。(6)

一、木綿上納残之事モ、無拠分上納尤ニ候、シカシ兼テ承候得ハ、無理ニ田舍等へ押付申請為致置候分多キ由御座

候間、夫ヲ上納ハ実ハ不得心ニ存候間、利益ニ不拘、道理ヲ以テ取計専一ニ存申候、

この指示が、激しい趣法方批判に根ざしていたことは、すぐその後につづく文言にうかがうことができる。趣法方は島津重豪が一八一三年（文化十・嘉慶十八）帰国に際して特設した部局で、勝手掛老中のもと側役ならびに副役・書役らで編成され、勝手向きに関する出納を統轄した。調所笑左衛門の改革は、この趣法方経験者を重用して押し進められてきた。しかし斉彬からすれば、これまでの趣法方は道理より利益を優先させ、「士商之格式相立」つことに配慮を欠いた部局で、その下における木綿織屋は、そうした体質をもろに示すものであった（ただし、木綿織屋は廃することができなかったことは後に見る通りである）。

こうして、斉彬は一八五四年（安政元・咸豊四）三月八日の下町の火災を契機に、これまでの調所の天保改革体制下の藩利優先の産物方政策に手を加える決意をした。天保改革路線の修正は一八五一年（嘉永四・咸豊元）に藩主の座に就いて以降、企図していたところであったが、財政政策の転換は容易でなかった。そこへきて下町の公蔵の被災は新たな財政管理政策を一からやり直す機会となったのである。同じく四月四日、側用人三原藤五郎にあてた書状でも次のように述べている(7)。

一、産物方之儀モ追々申遣候通リ、此節ヨキ改正之時節到来ト存候、利益之習風ヲ捨、道理ニ相叶候評議専一ニ存申候、下町海岸通リ土手等之考モ御座候、（野元）一郎罷下リ委細可申遣候、町方地所余程減シ候得共、無用之人物少ク相成、却テ可宜ト存候間、代地不遣候テ不相成分ハ其通リニテ、其外ハ代金ニテ遣候ハヽ、城下之人少ク相成、田舎人少之処ニモ宜敷意味モ有之候間、宜敷勘考可致候、城下繁昌ニテ無用之人物多候得ハ、田舎人少ニ相成ハ古今例モ有之候間、能々心得可申候、

すなわち、斉彬は三原に、かねてより申し遣わした通り、下町の被災を産物方改正の好機とし、利益第一主義の考

え方を捨てて道理にかなった評議を専らにすべきだと述べ、新たに産物方の公蔵を下町の海岸通りに土手でも築いて設置する考えを披瀝している。これによって町方の地所は減ずることになるが、保障を与えれば肥大化した不要な住人の帰農をも促すことができると、斉彬は構想していたのであった。そして被災箇所の新たな町割りが具体化の方向へ進んだことは、六月、家老新納駿河（久仰）が関係役々へ朱引きの絵図面をもって申し触れられているところから知られる。(8)

下町の復興はこうして財政改革と絡めて手がけられていくことになったが、藩は当面の問題として、焼失した薬種類の補充に迫られた。それらは一覧表にして一八五四年（安政元・咸豊四）家老新納駿河より琉球に示されている。注目されるのは、それにあたって、代価はこれまで以上に高く買い入れるので、多く仕入れてくるようにとの文言が添えられていることで（「猶又別紙之品々多斤買来候様、左候ハ、琉人共不及迷惑様買来候上、代銀之代品物取下度望之者、其通ニ而夫々応薬品等、是迄より茂別段之増銀を以、御買入可被仰付候間、其通申越候様、御内沙汰被為在」(9)）、斉彬より渡唐役者への配慮を促す指示が新納あてに出されていた可能性が高い。新納の通達を受けて、喜屋武親雲上と伊是名親方両名は一八五四年八月七日、連署で秋出帆予定の進貢船渡唐役者・船頭共に対し、「御趣意之程厚汲受」、土産用の品はせり詰めてでも、その積間に御用の薬品を買い来ること、利潤が少ない品だからといって買い欠けることがないように、と通達している。(10)

2　薬種類の輸入拡大と琉球開市構想

この年、特に新納が唐薬種の多量輸入を指示したのには、下町の火災による焼失という以外に、この頃の唐船の長崎入港数の減少にともなう薬種類の品薄という事情があった。それについて新納は「今度下まち出火ニ付而者、さん物方御蔵囲之唐御薬種類都而焼失、唐船も昨年よりなかさき表渡来無之、若哉当年迄茂致渡絶候ハヽ、第一人命御取救格別成薬種、尚更世上可及払底」[11]と、前年の一八五三年（嘉永六・咸豊三）は長崎への唐船の来航は一艘もなく、唐薬種は払底の状況にあったことを指摘している。中村質氏によれば、長崎来航唐船はすでに文政（一八一八〜三〇年）から天保（一八三〇〜四四年）期においても定数一〇艘に満つ年は少なかった（平均七・四六艘）。その後の一八四四年（弘化元・道光二十四）から一八五八年（安政五・咸豊八）の一四年間にはさらに減り（平均四・六六艘）、殊に一八五三年（嘉永六・咸豊三）は、史料が語るように唐船は欠年となった。[12]新納はこれを利を上げる好機とみて、薬種類の大量輸入を琉球側に指示したのである。

年が明けると、翌一八五六年（安政三・咸豊六）長崎商法の期限が満ちるため、斉彬は早速老中阿部正弘との間に交渉を展開、一八五五年六月二十日には五年間の延長を勝ち取っている。勘定奉行よりは、唐物の斤数は元極高を上回らないこと、払い立て銀目当て高の内、一二〇〇貫目にかかる二歩掛かり分はこれまで通り長崎会所へ納入すること、唐物の代物は一八四六年（弘化三・道光二十六）の申し渡し通り、煎海鼠・干鮑など長崎貿易に支障をきたす品は持ち渡ってはならない旨の通告がなされ、七月には家老新納はこれらのことが琉球館聞役・在番を通じて中山王に届くよう側用人三原藤五郎に促している。[13]

つまり、長崎商法の付帯条件には何の手も加えられることなく対幕交渉は進められたとみてよいが、そうなると、藩が一八五四年（安政元・咸豊四）に薬種類の大量輸入を琉球に命じていたのは、それらを処理できる算段があったことを示している。果たして一八五五年夏帰国の渡唐役者らより、表52のごとき丁子ほか一四種の「別段買渡候薬種」の売捌きが願い出られると、早速藩は幕府と交渉、[14]天保度の臨時売捌きの例に準じて会所入札で処理する約束を取り付けている（「琉球産物御免品之外唐薬種売捌之儀難相成筋ニ候得共、出格之訳を以此節限、別紙丁子其外十四種、於長崎表

売捌方御免被成、尤天保度臨時売捌御免之節之振合を以、払立銀之内諸雑費之分、長崎会所江相納候積御心得可被成旨、被仰出候条」）。[15]

長崎商法の継続について、臨時的処置とはいえ、御免品以外の薬種類の売捌きの認可を取り付けるのに成功した点は、藩にとっては大きな成果であったといえるが、ただし、この特別に仕入れられてきた唐薬種類の一件については、琉球王府と藩との間で何かと問題の種になっていた点が見逃せない。

まず藩家老新納駿河は、仕入れ品では重要な注文品である大黄が買欠けとなっていて、さほど緊急を要しない薬種類が多量に買い込まれていたこと、大黄は買欠けを装いながら実際は密売に回されているとの噂があったことを指摘して、藩はこれらの点について、琉球がわの釈明を求めている。[16]次に品物が需要が低いためであったせいか、これまでの産物方買入れ価格より一割下げとし、代銀を代物振り替えとすることが提案されている。明らかに品物の買叩きと代物の売込みが企図されていたわけで、渡唐役者の間からは当然、反対の声があがり、琉球館を通じて撤回交渉が展開されている。[17]さらに、長崎表に売り出された薬種類のうち、血竭が品質不良で用をなさないとの理由で、産物方より返品をみている。[18]

これら産物方の動向をみると、長崎への来航唐船の減少を機に薬種類の輸入を拡大し、琉球がわには注文に違わない量と高品質の商品確保、抜荷の排除を徹底させよう

表52　1855年帰唐船の別段買物

	品　名	斤　数
1	丁　子	36,897
2	山　奈	28,283
3	水　銀	11,908
4	砂　仁	10,246
5	梹榔子	37,313
6	滑　石	1,561
7	益智仁	2,846
8	大服皮	6,025
9	白　朮	2,225
10	血　竭	1,713
11	烏　薬	337
12	大楓子	999
13	水　角	403
14	使君子	56
15	呉茱萸	100

「従大和下状　咸豊六年辰秋」（『評定所文書』13巻）46-3号より作成。

という意図のみが先行していて、斉彬の説く琉球国救助の理念が貫かれたふしは感じ取れない。遠く江戸からの指示のみではその思いも行き届かなかったのであろう。

斉彬の国許下向の願いがかなうのは一八五七年(安政四・咸豊七)四月のことで、道中改革に関する具体的な指示を与えつつ鹿児島へ向かっている。すなわち、中途大坂では一〇万両の調達をなし遂げ、同表における収支の不明を指摘して明朗化を促し、国許へは紅花代五〇〇〇両、秋借り入れ金二万両の国元財政への投入を、早川兼彜と三原経礼に表明しながら帰国の途についている。(19)

鹿児島に到着すると、斉彬は具体的に琉球開市を前提とした富国強兵構想に取り組む。すなわち同年十月市来広貫を琉球に派遣し、①語学・学術知識の収得を目的とした薩琉双方からの英・米・仏への留学生の派遣、②外国からの汽船・武器の購入、③中国への貢船を四隻に増やし、薩摩の者をも琉装してそれに乗り込ませ、福州琉球館も拡張する、④台湾に渡唐船の碇泊所を設置し、在番吏を置き、拠点の拡張をはかる、⑤琉球・奄美大島・山川などを開港し、貿易を行う、⑥こうした構想を実現するのに障害になると目された琉球三司官座喜味親方盛普(毛恒徳)の更迭、などを示させた。

ちなみに、このうち②の外国からの汽船・武器の購入の件は次節で触れるように、一八五五年(安政二・咸豊五)九月に野元一郎によって琉球館在番・聞役らに伝えられていたが、琉球がこれを拒んだため、再度の要求となったものである。このため琉球がわは頑なに拒絶できず、やむなくこれを受け容れ、ほかに進貢貿易の拡大、台湾への停泊所の設置、福州琉球館の拡張、座喜味親方の三司官更迭等について認めるにいたった。他の薩摩商人の渡唐、留学生の派遣、琉球・大島にての貿易等に関しては、これまでの外国に対して述べてきた貿易拒否の理由と齟齬をきたすことになるとして拒絶したが、十一月三日には市来の強硬な姿勢の前に屈したのであった。(20)年が明けて一八五八年(安政五・咸豊八）一月になると、市来は琉球にフランスよりの軍艦の購入を示達し[21]、オランダとの貿易を具体化させるために相良弥兵衛・井上庄太郎を奄美大島の実地見分に派遣している。

こうして帰国中に欧米諸国よりの学術知識の摂取、軍事技術の導入、そして福州―台湾―琉球―奄美大島―鹿児島山川を結ぶいわば東アジア貿易ルートを強固に構築しようとするこの構想は、早いテンポをもって進められたのであったが、しかし斉彬は七月八日、天保山において砲術繰練を閲した帰途発病し、十六日に急逝する。このため、その富国強兵へ向けてのあらゆる改革構想は中途において頓挫するかたちとなった。

3　渡唐役者・船方に対する統制強化

斉彬の急死によって琉球開市構想は具体化されなかったが、長崎商法はその遺志を継ぐかたちで力が入れられ、実績をあげていた。ちなみに一八五八年（安政五・咸豊八）度の長崎における琉球産物払銀高は二二六五貫四八五匁におよんでいる[22]。元極高が一二〇〇貫目であるから、二倍近くの販売高にのぼったことになる。御免品が定高を超えて許されたか、もしくはそれ以外の商品の持ち込みがあったのであろうが、そうした売捌き商品の確保のために、また琉球へ向けて細部にわたって管理統制の力学が働くことになったのは当然であった。

たとえば斉彬死去後間もない一八五八年九月十五日付で阿波根《あはごん》親雲上ほか三人による秋走進貢船の渡唐役者・船頭らへの申し渡しは、①昨今中国の兵乱にこと寄せ、まま御注文品の買欠けがある、これまではお叱りだけで済んできたが、以後は買欠け、買不足の多少により「旅留」めまたは然るべき咎に処する、②これまで改められることのなかった一番方・二番方・三番方の御用物の箱櫃は今後、荷の大小によらず「一々明改」め、不正荷物の摘発を徹底する、との藩の意向を伝えている[23]。注文商品の買欠け・買不足は相変わらずであり、抜荷も完封できていなかった。薩摩藩はそうした現状を積み荷物の改めを徹底することで克服しようとしていたのである。

また翌一八五九年(安政六・咸豊九)八月には、産物方は以後「(御用荷は)都而取分、何品入付之訳銘書相記候様、自然御用品之内江外品取交候歟、又者自物之内江御用品入加候類者御取揚可被仰付、其節苦情申出間敷」(24)と、御用品の品書き書の作成を義務づけ、御用品への私的輸入品の混入を禁止し、それが発覚した際は商品の取上げとすることを申し触れている。藩はこのことを実施する理由を「荷役之節及混雑候付」と荷役の際の混雑を挙げるが、それもあろうが、私物と公用物との区別が曖昧で輸入の総量が明確に把握できないところに抜荷が生じる余地があったことを思うと、荷の区分けは商品の買欠け・買不足の真偽、隠し荷物の有無を把握することに重点があったと思われる。同じ八月の産物方の申し達は、同年夏帰帆の進貢船に荷改めの過程で疑惑の品が発見されたことについて触れ、「向後屹与入念聊混在之儀共無之様」秋に出航予定の接貢船役者その他へ申し渡すよう、琉球がわに通達するものになっている。(25)

輸入品を私的な物と公用物とに荷作りを別にすることのほかに、藩が強く改善を求めたのは商品の買欠け・買過ぎである。やはり一八五九年(安政六・咸豊九)八月に、森山親雲上ほか三人の名で、秋出航予定の渡唐役者・船頭に示された産物方諭達には、「当夏帰唐之面々品数者大概相揃買来候得共、買渡候而勝手可相成品者過分買来、不勝手之品者致買不足候様相見得、甚御用支相成」(26)という指摘がある。これをみると、藩の貿易拡大策に沿って渡唐役者・船頭たちの間にも、自らの商利を意識して商品の輸入にあたっていた様子がうかがえる。

渡唐役者・船頭らがそうした投機商人的な色相を濃くしていたことが、さらに抜荷を巧妙なものにしていったのであろう。同じ申し渡しは次のように五主・船方・従之者を「与」に編成して相互監視をはたらかせるよう指示している。(27)

且抜荷取締之儀、五主・船方・従之者共江茂具申聞、各始末々迄四五人宛与合、於唐荷作等之節厳密ニ相改、帰帆沖通之砌、猶以気を附厳重取締可致候、此上なから抜荷取企候者於有之者、本人与合之者共者重科被仰付、頭役ニ茂屹与可及御沙汰之条、聊緩疎有間敷候、

すなわち、五主・船方・従之者四、五人をもって「与」を編成して、相互で中国での荷作り、帰帆の際の洋上での取締りを厳にし、抜荷発生の場合は連帯責任を負わせることとしたのである。渡唐役者中を「与」に編成した事実は寛永期にも知られるが、その後いつの間にか立ち消えとなったのを、抜荷が盛行してきたために、ここに復活をみたのであろう。

第二節　新たな輸入品

1　西洋絽の輸入

米琉修好条約締結を契機とする斉彬の新たな琉球貿易への取組みは、具体的に西洋製絽・唐反布類の輸入政策にもあらわれている。西洋絽の輸入母体は意外にも斉彬が廃止の標的にした木綿織屋である。一八五四年（安政元・咸豊四）七月八日、御徒目付で木綿織屋掛の久木田仁衛門が琉球産物方掛御裁許掛あてに次のような願書を差し出している。(28)

此節西洋製絽琉加勢与相唱、琉球より御取寄を以、御召端布織支配人上町田中平次郎江織調方被仰付置、琉球登船商荷之内江西洋布糸為積登哉ニ茂相聞得申候間、右ニ付而者他国抜売等御差留被成置度、就而者商絽之儀者支配人方江応絽位、直段等者御取寄絽ニ準シ一手買円、荷主迷惑不及様相対買入被仰渡置度奉存、此段申上候、以

上、

但、琉球館之儀者聞役方江茂此段被仰渡置度奉存候、

寅七月八日

御徒目付
木棉織屋掛
久木田仁衛門

これによれば、藩ではすでに唐反布類とともに琉球に流れ込んでいた西洋綛を、「琉綛」の名で取り寄せ、御召端布織支配人の城下上町町人田中平次郎に織り調えさせていたことがわかる。史料的に不明の点もあるが、斉彬は殖産興業の一環として西洋綛を取り入れて新たな織物を開発させることで、織屋を存続させることにしたのではないかと思われる。西洋綛が織屋で利用されるようになれば、それは諸人によって琉球から持ち登られるようになり、他国への抜売りも生じてくることは必定である。そこで木棉織屋掛久木田は、平次郎にその一手買いを委ねるよう願っているのである。

願いの趣旨について検討を促された琉球産物方掛裁許掛ほか関係掛役の承認もあって(29)、西洋綛は木綿織屋に独占的に買い込まれることになった。そして、産物方では間もなくそのための本手が膨張し、それを賄う手だてを講じなければならない状況にいたったことが、次の一八五六年(安政三・咸豊六)四月、琉球館聞役・在番を通じて琉球三司官に示された家老新納駿河の申し渡しから知られる(30)。

於琉球表　御手許計を以西洋布綛御買入被仰付候処、昨年者壱万七千貫文余ニ相及候付、以来者いつれ株立候御本手不被備置候而者産物方御払滞可相成候付、当分船持共江被下置候琉球出物米之内三千四百八拾石并弐千八百石之弐株運賃米、并新古部下米取合凡弐千弐百五拾石余ニ相及、右を当年より先三ケ年為御試御本手用ニ被振向

候、左候而琉球産物方掛取扱被仰付候旨　御沙汰被為　在候段申来候条、此旨琉球産物方掛御役々江申渡、可承向々江茂可申渡候、

四月　　　　　　　　駿河

右之通産物方掛御趣法方御用人福崎助七殿御取次を以被仰渡候間、此段御問合申上候、以上、

辰四月二日　　　　　　　　　　新納太郎左衛門

浦崎親方

座喜味親方様

池城親方様

幸地親方様

史料によれば、昨年（一八五五・安政二・咸豊五）の西洋綛の仕入高は銭にして一万七〇〇〇貫文余（九六銭であれば銀にして一六一貫五〇〇目）にもおよび、今後別立ての本手を手当てしなければ、産物方よりの支払いも滞る恐れさえあった。そこで琉球出物米のうち船頭に支払われてきた三四八〇石と二八〇〇石二株に掛かる正規運賃と、新米・古米に掛かる部下げ（割引き）運賃の計二二五〇石余を、試みに本手用に振り向けようというのであった。ちなみに御内用方の本払（収支）を記した『御内用金本払差引総全　自安政元年至同戌年閏五月』（鹿児島県立図書館蔵）の中に、一八五五年および五六年の「本」費目として「木綿織屋有金ニ而差出候本」が見え、それぞれ一四〇〇両、四五〇〇両が木綿織屋より上がっているから、それなりの利を確保していたものと想定される。

2　唐反布類輸入規制の撤廃

唐反布類についても、斉彬は側近の野元一郎を国許に送ってこれまでの輸入制限を撤廃する意志を明らかにし、野元はこのことを一八五五年(安政二・咸豊五)九月十五日、鹿児島上国中の玉川王子ほか琉球館聞役新納太郎左衛門、在番与那原親方・浦崎親方らを家老新納駿河宅に招いて通達している。すなわち、野元は、日本とアメリカ・イギリス・ロシア三国との条約締結に触れながら、以後夷人などが渡来の節は臨機応変に応接すること、しかしながら商館の設置、夷人共の駐留要求はこれを断るように、などの藩主斉彬の趣意を伝えるとともに、次のような内容の「口達之扣」を示している(31)。

口達之扣

一、羅紗・嶂岐・西洋布類

一、西洋器物類

右去年亜米利幹江約定取替不相成以前、唐より持渡候儀取締為有之由候得共、最早其儀ニ及間敷候、

一、鈫付鉄炮類

一、蒸気船

右弐行度佳喇島人誂之筋ニ而調文いたし候ハヽ、何そ差支有間敷との　御内沙汰ニ候、

右者於日本亜米利幹等江御約定之上者、前条之通思召ニ候段　御内沙汰被為　在候付、為心得此段茂無急度申達置候事、

すなわち、斉彬の諭旨は琉球がアメリカと修好条約を約したうえは、もはや以前のように羅紗・嶂岐・西洋布類・西洋器物類の輸入を取り締まるにはおよばない、そのほか鈫付鉄砲類の武器、蒸気船も、度佳喇島人の名で誂えるの

もなんら差支えない、というものであった。

ここにおいて、奇しくも唐反布と総称される毛織物類・西洋反布類の輸入をめぐって、琉球での外国貿易をも目論む薩摩藩と、中国の冊封体制の中に一体的に身を寄せようとする琉球との考え方の相違が浮き彫りになるが、それは斉彬の琉球開市計画の展開で一層鮮明になったことはすでにみた通りである。

唐反布類については、一八五二年(嘉永五年・咸豊二)に輸入高の上限が減じられたため、これまでその定高を守って差し登せるようにしてきたが、そのため琉球においては特に羅紗がだぶつき気味で、来年の定高を放出してもなお過上に残るという状況であった。そこへ規制撤廃の知らせであったから、琉球がわにとっては朗報であった。三司官の幸地親方・池城親方・座喜味親方は十一月二日付をもって、琉球館聞役新納太郎左衛門と在番の浦崎親方に、「就而者来年御定高より過上之本数茂惣様差登候而可相済哉被奉伺、来春便何分可被申越候」(32)と、羅紗については来年定高を超えて差し登せても構わないかどうか、藩に伺って来春知らせてくれるよう依頼している。

羅紗のストックが捌けるのは琉球にとっては歓迎すべきことであったが、しかしこの斉彬の積極的な対外貿易政策そのものは、琉球の方針とは相容れないものであった。中国よりの唐反布類の輸入規制の撤廃、欧米からの鉸付鉄砲類の武器、蒸気船の買入れは明らかに欧米との自由貿易の世界に踏み込むことを意味していたからである。翌一八五六年(安政三・咸豊六)四月二十九日、摂政大里王子、三司官幸地親方・池城親方・座喜味親方らは、琉球在番奉行あてのものかと思われる嘆願書で、以下のように述べる。琉球はアメリカ・フランスとの条約締結においても通商貿易を断固拒否し、それを条項から排除してきた、これ以前のように西洋反布・器物類を輸入することになれば、そのことが仲介の中国商人を通じて中国在留外国人に伝わり、「多欲之者共」が通商を求めて渡来するようになる、また鉸付鉄砲・蒸気船が度佳喇島人の注文ということでは外国人の納得が得られるはずもなく、「おのつから御国許御用与差知」、琉球が薩摩藩の支配下にあることが明らかになる、そうなればこれまでの主張と相違することになって、外国との関係を損なうだけでなく、中国への進貢の支障にもなる。(33)

このように、相変わらず欧米諸国との通商を誘発する恐れのある西洋反布・器物類を公式に輸入することに反対する態度を表明したのである。ちなみに、琉球がわの述べるところは単なる杞憂ではなかった。福州の領事代理シンクレアは、イギリスの毛織物製品と綿製品を琉球が輸入している事実に着目し、琉球の貿易を利用することで、日本にイギリスの市場を開拓しようという構想を懐いていた。(34)琉球王府でも中国牙行を通じてそのことを知っていた可能性は高く、できることならば西洋反布・器物類の輸入は禁じたかったであろう。しかし、渡唐役者らによるその輸入を封じ込める手だてはなかったのが現実であったとみてよい。

このあと間もなく、王府は一八五五年(安政二・咸豊五)、秋走り接貢船の積荷の問題で苦境に立たされている。同船は一八五六年五月二十一日に福州五虎門を琉球に向けて出発したものの、途中逆風に遭い、六月四日薩摩に漂着した。(35)乗船していた勢頭で進貢兼謝恩使の久手堅《くでけん》親方は、すでに帰国後薩摩藩に対して貿易の首尾を報告する使者に決定していたので、直接その役を果たすいっぽう、積み来たった唐反布類の買上げを藩と交渉するにいたっている。表53は、接貢船脇筆者上江洲筑登之親雲上らが、嘆願書とともに藩に差し出した渡唐役者・船方ごとの唐反布所持リストである。

上江洲ら渡唐役者は、唐商人より注文品が調達できず代わりの品として帰帆間際に押々に渡されたと釈明しているのであるが(「右者唐商人共江注文品買調方相頼代銀兼而相渡候処、注文通ニ者不相調帰帆涯本行之品々押々被相渡、不請取候而者可及損亡与無是非請取為申事ニ而」(36))、それにしては量が多いところからして、素直に信じるわけにはいかない。

ちょうど折も折、六月十二日に琉球が鉄付鉄砲・蒸気船の買入れを断りに出たことを伝える琉球在番奉行書状が届

表53　1856年薩摩漂着接貢船渡唐役者・船方の唐反布所持リスト　（表53-1）

役者名	役職	反布	疋数
島袋筑登之親雲上	大五主	白西洋布	19
		紕西洋布	40
		烏毛緞	2
		黒羅紗	1
		羓子織西洋布	33
宮城筑登之	五主	紕西洋布	75
		白西洋布	50
		嗶岐	1
		花織西洋布	6
		玉色花織西洋布	2
		花織西洋布	2反
与那城筑登之	五主	羓子織西洋布	100
		花織西洋布	50
		白西洋布	8
友寄筑登之	大夫与儀親雲上儀者	紕西洋布	3
外間筑登之	大筆者真境名里之子親雲上役人	白西洋布	29
		紕西洋布	7
		形付西洋布	5
		蘇州色々木綿緞子	53
金城筑登之	水主	紕西洋布	135
		白花織木綿布	25
		花織色々木綿布	33
		蘇州木綿緞子	58
古波蔵筑登之	船頭内証聞	嗶岐	20
		紕西洋布	20
		白花織西洋布	1
		形付西洋布	1切
		蘇州緞子織西洋布	50
		色々花西洋布	20
新垣筑登之	五主	羓子織木綿布	27
		西洋布	1
		蘇州色々木綿緞子	27

（表53-2）

川上筑登之	勢頭久手堅親方内	花織色々西洋布	6
		白花織西洋布	10
		形付西洋布	1
		羓子織西洋布	15
		紕西洋布	55
		白西洋布	59
		烏毛紗	6
		紕烏毛綸	4
糸数筑登之	大通事田里親雲上内	西洋布	30
		紕西洋布	2
新里筑登之親雲上	五主	羓子織西洋布	83
糸嶺筑登之	五主	白西洋布	3
		紕西洋布	22
		紕哈喇呢	1
		形付西洋布	1
		青哈喇呢	2
		黒羅紗	5
		黄嗶岐	20
佐久本筑登之	官舎伊志嶺里之子親雲上役人	赤豆色羅紗	40
		水色羅紗	1
		蘇州白木綿緞子	60
		白西洋布	44
		青色花織西洋布	2
		黒嗶岐	26
		水色嗶岐	10
		紕西洋布	48
島袋筑登之親雲上	官舎伊志嶺里之子親雲上内	黒嗶岐	35
		紕西洋布	53
		蘇州白木綿緞子	17
		青色哈喇呢	5
		葡萄色烏毛緞	6
		黒烏毛緞	5
		赤豆色羅紗	11
		白西洋布	99
		色々西洋布	5
松村にや	官舎伊志嶺里之子親雲上内	西洋布	17
		紕西洋布	4
		白西洋布	12
		赤豆色羅紗	5

（表53-3）

大城筑登之親雲上	才府諸見里親雲上役人	蘇州紕木綿緞子	15
		蘇州色々木綿緞子	17
		蘇州白木綿緞子	10
		羓子織木綿布	5
		白西洋布	2
多和田筑登之親雲上	才府諸見里親雲上内	蘇州色々木綿緞子	10
知念にや	才府諸見里親雲上内	紕西洋布	15
		白西洋布	29
		羓子織布	8
		蘇州色々木綿緞子	10
上原筑登之親雲上	脇筆者上江洲筑登之親雲上役人	色々羅紗	5
		蘇州色々木綿緞子	9
		色々呢毛緞	5
		玉色嗶岐	10
		花織木綿布	20
		羓子織木綿布	73
		紕烏毛綸	35
金城筑登之	脇筆者上江洲筑登之親雲上内	羓子織木綿布	100
		蘇州色々木綿緞子	20
		嗶岐	10
漢那子	大通事田里親雲上役人	青羅紗	6
		紕西洋布	43
		嗶岐	22
		黒烏毛緞	5
		青烏毛緞	1
		形付西洋布	20
		色々西洋布	28
島袋にや	北京大筆者玉那覇筑登之親雲上内	羓子織西洋布	78
		小花織西洋布	7
		西洋布	29
		紕西洋布	50
		玉色嗶岐	8
		色々羅紗	7
国吉筑登之	北京宰領	形付西洋布	5
鉢嶺筑登之	北京大通事当山里之子親雲上役人	西洋布	47
		紕西洋布	100
		蘇州色々木綿緞子	43

（表53-4）

饒平名筑登之	大通事田里親雲上内	西洋布 嶂岐	60 36
赤嶺筑登之	存留名城親雲上内	西洋布	2
小嶺筑登之	存留名城親雲上内	西洋布 西洋布 羓子織西洋布	3 6反 6反
運天筑登之	大筆者真境名里之子親雲上内	紕西洋布 棕呂色羅紗 西洋布 形付西洋布	49 18 49 89
当間筑登之	大夫与儀親雲上役人	西洋布 羓子織西洋布 烏毛紗	45 50 1
仲村渠筑登之親雲上	佐事	蘇州木綿緞子 桃紅木綿緞子 紕西洋布 花木綿布 白西洋布	41 5 5 40 50
知念筑登之親雲上	佐事	蘇州色々木綿緞子 嶂岐 花木綿布 白西洋布	9 22 20 50
内間筑登之親雲上	佐事	蘇州色々木綿緞子	20
金城筑登之	定加子	嶂岐 紕西洋布 蘇州色々木綿緞子	5 1 50
西銘にや	定加子	蘇州木綿緞子 嶂岐 羓子織西洋布	201 42 30
宜部筑登之	定加子	紕西洋布	10
内間にや	水主	紕西洋布	10
当銘筑登之親雲上	船大工	蘇州木綿緞子	21
西銘筑登之	水主	蘇州木綿緞子	7
金城筑登之	水主	玉色嶂岐	1
宮里子	総官富山通事親雲上役人	紕西洋布 蘇州木綿緞子	5 10

（表53-5）

宮城筑登之	大五主知念筑登之親雲上名代	紺西洋布	104
		紺花西洋布	2
		黒嗶岐	17
		白西洋布	73
新垣筑登之親雲上	北京大筆者玉那覇筑登之親雲上役人	色々花織西洋布	21
		蘇州玉色木綿緞子	10
		西洋布	30
		羅紗	8
		烏毛緞	3
山口筑登之	勢頭久手堅親方内	羓子織西洋布	45
		青嗶岐	1
徳村筑登之	勢頭久手堅親方内	葡萄色烏毛緞	6
		黒嗶岐	2
		玉色嗶岐	3
		形付西洋布	60
		烏毛緞	2
吉田にや	勢頭久手堅親方内	羓子織西洋布	26
		花織西洋布	2
川上筑登之	存留楚南親雲上内賀根村筑登之名代	嗶岐	10
		烏毛緞	2
		形付西洋布	11
		白羓子織西洋布	15
		色々羓子織西洋布	5
宮城筑登之	五主	白西洋布	7
川上筑登之	存留楚南親雲上内与座筑登之名代	嗶岐	10
		白羓子織西洋布	10
		白花織	10
		烏毛緞	8

「端布類取〆帳　卯秋走接貢船役者」（「従大和下状」〈『琉球王国評定所文書』第13巻〉9-2号、285～291頁）より作成。

き、これに対し新納は、六月二十八日付で琉球館在番浦崎親方に、羅紗・嗶岐・西洋布類・西洋器物類は一八五五年（安政二・咸豊五）九月の令達通り取締りの対象とはしない、唐よりの輸入は以前通りと心得よ（「唐より持渡候儀者以前之通可相心得候」）、なおもしアメリカ船が渡来し、所望品の代銀が不足してこれらの品を代物として差し出した場合はこれを受け取り、ことの次第を届け出るとともに、品物をも差し登せること、との藩主斉彬の「御内沙汰」を伝えている。(37) すなわち、藩は中国よりの唐反布・西洋器物類の輸入は一八五五年の通告通りこれを容認し、アメリカなど外国よりもこれらの品々の受取りを認めたのであった。

この「口達之覚」をうけて、琉球館在番の浦崎親方は七月一日付をもって、新納駿河の取次衆あてに次のような「口上」を差し出している。(38)

口上

羅紗・嗶岐・西洋布類并同器物等唐より持渡候一件付、一昨日被仰渡候御書付之趣委細承知仕候、然者当時柄西洋端布・器物等買渡候而者琉球表段々故障罷成候付、去年玉川王子等江仰渡之　御趣意茂、乍恐摂政・三司官吟味之趣を以御断申上候処、殊之外此節接貢船より西洋端布類唐商人共より押々為被相渡由ニ而、過分之員数持渡有之、至極奉恐入罷在申仕合御座候間、何卒御都合向之所万端宜様御取計被成被下度、偏ニ御憐恤奉仰候、此節被仰渡置候御趣意之儀者、便宜次第摂政・三司官江早々申越、猶亦私帰帆之上直ニ茂委曲承知為仕、向後猶一稜締向厳重行届候様取計可仕候、此等之御請旁為可申上参上仕候、此旨宜御取成頼存候、以上、

七月朔日　　　　浦崎親方

駿河様
御取次衆

在番の浦崎は、去年玉川王子への仰せ渡しの西洋反布・器物類の買渡りの件は、時節柄、琉球表の故障になるとして、摂政・三司官の吟味をもって断ったにもかかわらず、接貢船より過分の西洋反布類を持ち渡ることになったことを詫び、それらの処理について特段の配慮を願うとともに、申し出と齟齬をきたしたことに対する仰せ渡しの趣意については、摂政・三司官にも申し伝え、今後締まり向きを厳重にしたい、と述べているのである。王府の基本方針が容易に渡唐役者・船頭の間に貫徹されなかった事実が注目される。

浦崎の嘆願をうけてのことであろう、翌七月二日、新納は江戸詰の家老島津豊後あてに書を送り、琉球在番奉行の取次ぎで差し出された琉球がわの嘆願書の趣旨、それに対する琉球館在番への申し渡しの内容について知らせているが、ほかに次のように接貢船積載唐反布の江戸送りについて諮っている(39)。

一、琉球人持登唐反布一条ニ付、在番親方等より得差図候書付之儀者、御定員数之分差登候様申渡候、尤右唐反布之儀者　篤姫様御一条ニ付、御用被為在候間、都而産物方江御買入之上、其許江差廻候様被仰付候旨承知仕候、就而者此節帰唐船直様爰許江漂着いたし候処、過分之唐反布持渡、夫形召置候而者抜荷等之懸念茂有之、当分取しらへ中ニ付、夫々御買入之上、其許江差上候儀共、宜取計候様可仕候、

結局、漂着接貢船によってもたらされた唐反布類は、抜荷に流れることを防ぐためにすべて産物方に買い取られ、折しも十二月十八日に一三代将軍家定に嫁することになっていた篤姫(天璋院)の婚礼仕度に供されることになったようである。この一件から見えてくるのは、藩が貿易の拡大に向けて動いていた限り、王府による渡唐役者・船方の貿易活動のコントロールも容易でなかったという事実であろう。王府が西洋反布・器物類の輸入拡大を抑えようとしても、実際に商務に携わる渡唐役者・船方は市場の原理で動いていたことになる(40)。渡唐役者らは、まさに琉球王府と藩のベクトルの異なる方針の狭間にあって苦境に置かれたが、基本的には藩の貿易拡大政策に乗らざるを得なかったと

いえよう。

第三節　鬱金・唐紅花販売をめぐる攻防

1　鬱金・唐紅花販売権の回復

唐紅花については、琉球の嘆願にもかかわらず、一八五三年（嘉永六年・咸豊三）に示された藩の方針は変わらず、浜崎太平次に一手支配が委ねられたままであった。しかし、琉球側ではその販売権の奪還を諦めたわけではなかった。一八五四年（安政元・咸豊四）四月十五日、三司官座喜味親方・池城親方らは、折しも来琉中の斉彬の側近田中源五左衛門の宿を訪ね、琉球は近年非常の入費が打ち続き、借銀高は時借銀・古借銀・拝借銀取り合わせて六七六九貫八〇〇目余にもおよんでいるにもかかわらず、追々江戸立ち・冠船の渡来も見込まれている、と縷々財政の窮迫状況を訴え、紅花の支配権委譲に「心添」えを願っている(41)。そして、やはり同じ日付で座喜味はまた琉球館聞役新納太郎左衛門に書をあて、これまでの訴訟への尽力を謝するとともに、このたび上国することになっている嘉手納親方にその件を申し含めるにつき、「いつれ願詮相立候様被御働度」、と協力がたを要請している(42)。ただし、その一件は少し先へ延ばされることになった。まず当面解決しなければならない問題に砂糖の手形銀の一件が存在したからである。これまで琉球には貢糖・買上糖の残余を焼過《たきか》糖《とう》として五〇万斤を手形銀免除のうえで鹿児島に積み登せ、売り出すことが認められていたが、ちょうどその年限が満ち、あらためてその延長を願わねばならない時期にきていた。嘉手納親方は、多くの訴訟を一時に差し出されては藩にとっても都合が悪いからと、急を要する砂糖手形銀一件の嘆願を優先させたのである(43)。幸いにもそれは二ヶ年の延長を認められ、嘉手納はいよいよ紅花一件の交渉に取りかかるべく、新納太郎左衛門・田中源五左衛門らとも相談したが、両人よりは「不容易願立ニ而」、内々に藩主側近を通じて琉球館の窮状を理解してもらわねばならず、もしもこのたび取り上げられなければ後々願い立ての道が塞がることになる、当夏藩主斉彬の下向に合わせて鹿児島上国予定の王子使者に託するのがよい、との進言をうけ、もっともなこととして、嘆願をひかえている[44]。

ところで、財政難に直面していた琉球がこの頃いまひとつ強く回復を望んでいた案件があった。それは鬱金の販売権である。すでにみたように、琉球鬱金は一八一五年（文化十二・嘉慶二十）に島津重豪によって惣買入れ制が実施され、一八三四年（天保五・道光十四）になると、唐物方御用聞・琉球館内用聞兼務山田彦左衛門とほか一人に支配が委ねられていた。長期にわたる専売制を覆すのは容易でないと思われたが、唐船の来航数は減少し、長崎の輸入鬱金が品薄になって京都染屋の間で高値で取引きされていたこともあって、鬱金の販売権の回復があらためてここに浮上してきたのであった。

以前より内々に琉球館用聞の矢野十兵衛や柿本彦左衛門に、上方における品物の需要や価格の動きを調べさせていたのに対し、一八五三年（嘉永六・咸豊三）夏には矢野よりは、大坂表は二年分のストックをかかえているが、当分唐産の鬱金が入ってこないため、両三年以内には高騰して売り捌けるようになるであろう、との情報がもたらされていた[45]。いっぽう柿本よりは、一八五四年（安政元・咸豊四）一月に、産物方一手支配のもとでの具体的な商況報告とともに、館内支配になった時の利益「算当書」が提出された。それらは当時の京都染屋の琉球鬱金の需要の実態や取引状況を知るうえで貴重と思われるので、煩を厭わず示しておこう。柿本より提出された鬱金の取引状況に関する報告は次のようなものである[46]。

御内分より申上候口上覚

琉球鬱金之儀、直段其外聞合候様兼而承知仕、去夏私用ニ付上方表江罷登候付、極内分より承合申候処、鬱金之儀者専京都染屋共買入方仕候由及承、幸イ私儀呉服屋職分ニ而京都染屋共者知人数多有之、彼之地江差越委細承合候処、先年直段下落之砌者時節ニ寄直段高下者可有之筈候得共、大坂表支配人共琉球鬱金ニ和鬱金交「取」へ候哉之風聞為有之由ニ而、京都染屋共相用不申候付下落ニ相成候由、夫より御物御計ニ相成御調へ方行届、斤高御減少ニ而御直払相成申候処、追々直段相進ミ拾ケ年以「前」来壱斤ニ付拾五・六匁迄之高料ニ相成、右直段ニ而者染屋共引合兼候処より、無拠長崎表江唐鬱金致注文候処、過分持渡品位宜候故年々致注文様ニ相成、琉鬱金両三年者一円買人無之、其儘御囲ニ相成居候処、近年開立、当時琉鬱金六拾斤入壱箱ニ而銀六百目ツヽ、御定直相成候処、少々者京地染屋共申受候得共、右直成ニ而者唐鬱金之方勝手ニ相成候付、矢張長崎表江致注文候由ニ而年々琉球より登高者相捌兼、未相応ニ相屯御囲ニ相成候由承及申候、右壱箱ニ而正味六拾斤入名書有之候得共、三四斤者過斤有之候由、直段壱箱ニ銀四百五拾目位相成候ハヽ、唐注文取止専琉産相用候様、染屋共より委細承申候、右ニ付先年者琉球御方御直登せニ而、山田彦左衛門江支配方被仰付候御時節茂有之、当節御蔵方御難渋之御砌、追々江戸立・御冠船等茂差見得候付、先年通御直登御願済被遊候ハヽ、別紙之通御得分相成可申与奉存候ニ付、兼而御為筋之儀共有之候節者、不差置可申上旨分而承知仕居申候間、此段乍恐愚考を以極内分より奉申上候、以上、

柿本彦左衛門

卯
正月

琉球館
御役所

右の報告から判明することを整理すると、次のようになる。

①まず大坂に送られた琉球鬱金は、大坂支配人の手を経て京都の染屋へ売られていた。藩専売制が執行される以前

には、その大坂支配人共が琉球鬱金に和鬱金を取り混ぜているとの風聞が立ち、京都染屋が使用しなくなって価格が下落した。

②しかし、藩が専売に乗り出し、斤高を少なくして直払いとしたことで、価格は一〇ヶ年以前より一斤当たり一五、六匁くらいまで上昇している。

③その値段では染屋共が引き合わないため、やむなく長崎表へ唐鬱金を注文するようになり、琉球鬱金は二、三年ほどは全く買う者がなく、囲い置きの状況となっていたが、近年六〇斤入り一箱を銀六〇〇目で売り出したところ、少しは京染屋共でも申し請けるようになった。しかしやはり長崎表への注文がほとんどのよしで、琉球よりの登せ高は捌きかね、いまだに相応の量が囲い置きとなっていると聞いた。

④一箱は三、四斤の過斤とのことなので、値段を銀四五〇目くらいにすれば、染屋共でも唐注文をとりやめ、専ら琉球産を用いたいとのこと。したがって、以前のように直登せが認められれば別紙（「算当書」）のように「得分」となる。

鬱金は、海老原雍齋清熙（宗之丞）の「薩藩天保度以後改革顚末書」(47)によれば、一八二九年（文政十二・道光九）に改革に着手して以来、沖永良部島・三島（奄美・徳之島・喜界島）そのほか島々地方のものをすべて掘り捨てさせ、琉球だけに栽培地を指定して生産させた「各別成御産物」であった。抜荷取締りを厳重にした結果、一八三六年（天保七年・道光十六）には京・大坂での捌き口が開け、以後一斤一五匁の値を押し通したとある。この点は柿本報告の②に述べられている通りである。『海老原清熙履歴概略』(48)は、販売法の改善には上坂した海老原清熙の尽力があったとする。また「薩藩天保度以後改革顚末書」は一八三八年ごろから抜け口は全く塞がり、京・大坂商人の貯え品も底をつく有様だったので、琉球にも作り増しを命じ、年々三万斤ずつ出荷することに決定した、と述べている。(49)

しかし、柿本彦左衛門のごく最近の情報によれば、③に示されるように価格が高いため、相変わらず染屋の間では唐鬱金の長崎表への注文は続いていたということになる。矢野も、先にみたように大坂表では在庫をかかえていると述べるから、近年琉球鬱金の売捌きは鈍っていたとみてよいであろう。そこで柿本は唐船の入港が少ないこの時期、彼ら琉球館御用聞商人による直登せを行い、値段の引下げを断行すれば利を上げるのが可能だとして、以下のような見積り(「算当書」)を提示する。(50)

一　鬱金三万斤
　　壱斤ニ付琉目七貫五百文替
　　代高弐百弐拾五万貫文
　金子ニ〆八百六拾五両余
　　仁保判壱両ニ付弐百六拾貫文賦
上方表ニ而売払高
一　同三万斤
　　但、極上之位
　　但、六拾斤入壱箱ニ而四百五拾目
　　壱斤ニ付銀七匁五分ニ当る
　代銀高弐百弐拾五貫目
　金子ニ〆三千三百八両余
　　但、壱両ニ付銀六拾八匁替
　　　当時大坂表相場

内

一　金八百六拾五両
　　但、前条之通御元手銀
一　同六拾弐両
　　但、右ニ相掛拾弐ケ月分六朱利
一　同弐百五拾両也
　　但、上方表為繰登方ニ付新調入箱五百箱并ニ運賃・諸雑用凡見賦
一　同百五拾両
　　但、三役様江御門通料
一　同三百両也
　　但、上方表売払方ニ付滞在中諸雑用・召遣人給銀見賦
〆千六百弐拾七両
差引残
　御利潤金千六百八拾壱両余

これによれば、鬱金一斤当たりの琉球百姓よりの買上高は、琉目（鳩目銭）とよばれる琉球の貨幣で七貫五〇〇文と見積もって、鬱金三万斤の買い入れに要する費用総額は二二五万貫文、金子にして八六五両余（元手金）が見込まれた。これに対する上方における売値は、品物が極上で、六〇斤入り一箱を四五〇目（一斤当たり七匁五分）とすれば、売上総高は金子三三〇八両となる。それから㋐百姓支払い分の金子八六五両、㋑それに掛かる六朱利一二ヶ月分六二両、㋒上方繰り登せのための箱新調代、運賃、諸雑費合わせて二五〇両、㋓「三役様江御門通料」（琉球館のよりの品物出荷に際して許可料か）一五〇両、㋔上方滞在中の諸雑費、召し使い給銀他三〇〇両等の合計一六二七両を差し引い

て、一六八一両の収益を上げることができるものとしている。

こうした試算を得て、正式に藩庁へ願い出るべく田中源五左衛門と琉球館聞役の新納太郎左衛門に諮ったが、やはり両人より紅花同様斉彬の国許下向を待って直訴するのが得策との進言をうけ、それまで差し控えることとなった(51)。ただ、この年斉彬の下向はかなわず、やむをえず直訴は翌年に延ばされた(52)。翌一八五六年(安政三・咸豊六)は将軍家定に対する慶賀使派遣が決まっており、その召し連れ参府のため斉彬は国許に確実にいるはずであった。だがしかし、一八五五年十月二日、江戸は無類の大地震に見舞われ、斉彬の国許下向はかなわず、慶賀使派遣は一八五八年まで延期となった(53)。

結局、斉彬が国許への帰国が許されたのはすでに述べたように一八五七年(安政四・咸豊七)四月のことであるが、どういうわけか帰国後琉球がわより紅花・鬱金の直売りを願い出た形跡が史料上確認できない。願い出が出されたとしても、折しも斉彬は将軍継嗣問題で時を奪われていたため、結論は先送りされたのであろう。そして不幸にも翌年七月十六日にその急死という事態を迎え、懸案の解決にはいたらなかった。斉彬の亡きあと藩主の位には弟久光の嫡子忠徳(茂久、忠義)が就いたが、願いは藩政を介助することになった隠居斉興(斉彬の父)に差し出され、一八五九年八月に正式に無年限をもって願い通り館(琉球館)内支配とすることが認められた(54)。

2　鬱金・唐紅花販売権の放棄

こうして、琉球館聞役・御用聞きを巻き込んで展開された紅花・鬱金の販売権を琉球館に取り戻す運動は一応成功し、二品について、琉球館は長年にわたって藩がつくりあげてきた専売システムに代わる独自のそれを新たに構築することが必要とされるにいたった。それに関して積極的な提言を行ったのは琉球館聞役の新納太郎左衛門で、同人が一八五九年（安政六・咸豊九）八月に琉球王府に示した「鬱金・紅花吟味之箇条」(55)は、琉球館による一手売りが滑り出すにあたってどのようなことが問題になっていたかがうかがい知れるので、その内容を簡単に整理しておこう。

①鬱金は琉球国の国頭（北部）出産の品なので、琉球館蔵方で買い入れて鹿児島まで仕登せ、館内役々立会いのうえ、支配御用聞きに引き渡すようにする。

②輸入品の紅花も同様の取計らいとする。買入れのための本手銭の手当ては藩の御蔵方では行わず、御用聞き共が手当てして琉球に積み下り、「下タ支配人」が琉球役々の立会いのもとで品位に応じて相対で代銭を渡す。紅花の買占め、それに要する本手代品物等の積み下り、紅花積み登せにかかる諸雑費、ならびに積み船難破の際の補償等は、支配御用聞きが引き受けるものとする。

③(i)支配用聞きは、身上・人体、上方表における売捌き等の事情に精通しているか否かよく見極めたうえで任ずること。(ii)紅花については、当春、館内滞在の「荷付」共に買入れ価格を検討させたところ、浜崎太平次の買入れ価格より「過分」に高い。「荷付」共の申し出値段を用聞共聞き合わせの上方値段を基準に計算すると利潤は見込めないので、利をあげるためには「荷付」の見積り価格を引き下げ、上方における販売価格を検討するしかない。(iii)鬱金・紅花は、これまで琉球諸産物方掛御目付より送り状をもって産物方御蔵屋敷へ届けられ、荷役改めが済んだのち鬱金は蔵へ納められた。紅花は支配人の浜崎太平次へ引き渡され、産物方掛の送り状をもって大坂へ、大坂からは大坂詰見聞役の送り状をもって時々藩京都屋敷の出入り支配人紺屋休兵衛方に差し回していた。休兵衛は京都町人で、幕府向京都表の御用をも引き受けている者なので、これまでの藩一手支配同様に諸事頼まなくては支障をきたすことになる。館内支配の御用聞きが上京のうえ同人への協力かたを依頼することはもちろん、京都詰め御留守居衆・目付役・見聞役へも琉球館聞役より協力を依頼したほうがよい。

④鬱金は大坂表の売捌き品で、これまで御屋敷出入りの大坂町惣年寄薩摩屋仁兵衛という支配人を立ててきたとのよし。やはり館内支配用聞きより同人に交渉し、藩の一手支配同様の取計らいを依頼すること。もっとも大坂御留守居衆・目付役・見聞役へも聞役がそれを依頼をし、藩庁よりも通告あるように申し上げるのがよい。

⑤鬱金・紅花は、これまで産物方御屋敷において荷役改めを仰せつけられたが、琉球館支配となるからには、砂糖その他の品物同様、港において仰せつけられることになる。品位破損・欠斤を防ぐため、支配人共は自費で取納会所を建造する必要がある。

⑥鬱金・紅花の大坂表への仕登せについては、館内取仕立ての収納会所へ産物方見聞役衆が申し請け、大坂の見聞役衆へ送り状付をもって大坂蔵屋敷へ送ることを、前もって藩に願い、許可を受けること。

⑦京・大坂支配人による両品の入札払いは、琉球館支配用聞へ相談のうえで行うこととし、そのことについて藩より許可を取り付けておくこと。

⑧両品とも館内支配を仰せつけられたうえは、抜売り・抜買いは一切これ無きように厳重に取り扱うこと。

⑨紅花はこれまで通り琉球先島の産品という名目で売り捌くことはもちろんである。万一中国からの輸入品であることが他国に伝われば、直ちに幕府より御差止めを受けることになる(「紅花之儀、矢張是迄之通琉球先島出産之名目ニ而、売捌候儀者勿論之事御座候、万一唐花抔者他邦江響キ候而者、公辺より直ニ御差止相成儀差見得候付而者、支配人共能々心得、於館内茂能々可入念儀御座候」)。

⑩両品とも館内支配となれば、上方においては品位に対する懸念も出てくるはずである。万一品位が劣る事態になれば評判も悪しくなり、価格下落につながることになるので、紅花の品位の取り調べ方、鬱金製法には入念のこと。

鬱金・唐紅花が館内支配となれば、新納の指摘をまつまでもなく、それらの取扱いが藩御用商人の手から館内用聞きの手へ移ることになる。用聞きは荷主・大坂の荷受け問屋との価格交渉から運送まで一手に引き受けることになるから、身上・人体、上方での商いに通じているか否かを勘案して厳しく選定される必要があることも、新納が指摘する通りであった。また、新納は両品の取引きが館内用聞きによって行われるにしても、それを円滑に行うためためには、大坂蔵屋敷・京都藩邸の機構、掛役々・商人の人脈を大事にし、それに乗ることを求めるのであるが、これもそうするほかなかったであろう。両品の取納会所も必要であったから、琉球船の着船する山川港あたりには、新納の提言どおりにその整備も思い描かれたにちがいない。あと藩専売でなくなった商品の信用を維持し、そして肝心の仕入れ値・販売価格を調整して利潤をあげ得る仕組みを作り出すこと、紅花については幕府の目をあざむくために、先島産として巧妙にカモフラージュすることが大きな課題であった。

なおここで焦点の一つとなっている鬱金・唐紅花の館内支配人であるが、九月二十九日付の御鎖之側の秋走り接貢船役者・船頭あて通達によれば、紅花については、先に上方における鬱金の市況調査などにあたっている柿本彦左衛門と別府藤太郎両人とすることが知られる。(56) 鬱金についても、おそらく両人の手に委ねられたのではないかと思われる。(57) また同じ通達では渡唐役者らの紅花買渡り量を、進貢年五万斤、接貢年三万斤内外と定めている。(58) こうしておよその輸入上限高が定められたが、御鎖之側森山親雲上らは別に九月二十九日付で次のような産物方の通達を伝えている。(59)

（前略）此節より紅花くわんない支配被仰付候付、若哉紅花江差向候方勝手筋与相考、さん物方御用品買欠買不足等可有之哉、甚御念遣之御事候条、件之趣等与得其意、右体利欲之企曾而無之、御注文品全可買来、此上なから買欠買不足等於有之者、御沙汰之程不軽筈之条、聊緩疎有間敷候、此旨御差図ニ而候、以上、産物方は、紅花の販売が藩の手を離れることになって、渡唐役者らが、紅花の商利に引きずられて産物方御用品の調達におろそかになるのでは、という不安を懐いていたことがわかる。

こうした産物方の懸念は、これまでの渡唐役者らの動向からすれば当然のものであったといえるが、しかしこの琉球館による紅花・鬱金の支配は結局実現せず、再び藩の掌理するところとなる。一八六〇年(万延元・咸豊十)十二月、藩は紅花について、以下のような諭達を琉球へ伝えるよう琉球産物方掛役々に命じている(60)。

紅花之儀、りうきうさん物方御用第一之品柄ニ而、格別之御利潤相成事候処、りうきうこく吉凶大礼打続、其上異国人逗留旁ニ而国王蔵方を始一統及困窮候付、りうきう役々歎願之趣有之、昨年別段之思召を以、こわんない支配被仰付置候処、本手之儀過分之金高ニ而代品取図候儀無覚束、就而ハこわんない支配被仰付候詮茂無之候付、以来さん物方計被仰付、琉きう方江者当分支配人より、紅花壱万斤ニ付金五百両宛差出候由ニ而、今百両被相重、都合壱万斤ニ六百両宛之割被成下候、左候得者、於さん物方代本手品等引受取計、紅花多斤持渡候得者、於りうきう方ニ者利潤茂相重候付、旁別段之思召を以、右之通被仰付候条、此旨りうきう江可申越候、

右申渡、りうきうさん物方掛御役々江申渡可承向江茂可申渡候、

十二月　き□

すなわち、紅花は琉球館支配となったものの、本手が過分に必要なため貿易用の代品の調達ができなかった。そこで浜崎太平次が一万斤につき琉球に五〇〇両供出し、これに藩が一〇〇両くわえて、都合六〇〇両をもって産物方が本手品を引き受けることとなったのである。この史料の文言による限り、浜崎・産物方による本手品の肩代わりだけのように理解されるが、翌一八六一年(文久元・咸豊十一)正月十三日の渡唐役者らあての産物方の指示には、「別紙写之通紅花之儀、当座計ニ而支配人はまさき太へい次江被仰付候、右付御用聞たかさきしゆい門江委細申付、態々其元

江差渡候間、篤く承届、聊無大（ママ）形無之様可取計候[61]」とあるところからすると、実質的な支配権は浜崎のもとに再び戻ったと考えるべきであろう。

鬱金については産物方扱いに戻すことに直接触れた文書は見出し得てないが、一八六二年（文久二・同治元）伊舎堂《いしゃどう》親方盛喜（翁氏）の使者役目の一つとして「且鬱金以前之通産物方御計被仰付、御利潤金之内より弐割通被成下、猶又右代銀御利潤金、都而御当地産物方より御下渡被仰付候御礼[62]」と記されており、その売上げ利潤の二割を受け取ることを条件に、やはり一手支配権を以前の通り産物方に戻したことがわかる。その理由はおそらく紅花同様館内の資本不足であろう。ここには、琉球がたとえ商品の販売権を確保できたとしても、薩摩藩・藩商業資本の資本力に従属を余儀なくされるという構図が典型的に現れているといえる。

結　語

以上、島津斉彬の開明的ともいわれる富国強兵策のなかでも、あまり注目されてこなかった開市構想以外の琉球貿易政策に焦点を当てて、若干の考察を加えてみた。すでにみたように、斉彬をしてその安政改革路線ともいうべきものを明確に打ち出させる契機となったのは、意外にも一八五四年（安政元・咸豊四）の城下下町の公蔵群の類焼であった。一八五一年（嘉永四・咸豊元）に藩主の座に就いたとはいえ、天保改革の司令塔の斉興がなお生存していたから、斉彬が自らの改革の趣意を急速に藩政の隅々に浸透させるまでにはいたらなかった。しかし旧改革体制を象徴する蔵々の焼失は、新たな財政再建策に取り組む機会をもたらすことになったといえよう。

斉彬は、関連史料の文言からするかぎり、調所広郷が推進した趣法方を中核とした藩利優先の財政政策ではなく、琉球の窮状に配慮をくわえ、その合意を得つつ財政再建をすすめようとしたことがうかがえる。斉彬は琉球貿易については、長崎商法の圧倒的利益は藩が収奪するところで、本来の琉球国救助の理念からかけ離れているとし、せめて三分の一は琉球の手に戻すべきだと主張する。長崎商法そのものが時の藩主の目にそのように映じていたとすれば、注文品の買欠け、買過ぎ、抜荷の頻発などは、あらためて薩琉間の矛盾の表徴という感を強くする。少なくとも斉彬は貿易の利を琉球に一定度還元し、そうした矛盾の解消をはかりつつ、琉球を通じた新たな富国強兵策の実現を目指したといえよう。

すでに、藩は一八五二年(嘉永五・咸豊二)九月に、先二ヶ年間にわたって、御商法品一六種ならびに御内用注文薬種をこれまでの買入れ代銀の一割増しでの買入れと、本手用品の一割下げをもって払い渡すことを認め、一八五四年(安政元・咸豊四)にはさらにそれを二年延長したことを指摘したが、これらが斉彬の藩主襲封後の処置であることを思うと、その理念の一端が示されたという捉えかたができよう。翌年、これまで御手許注文品の代銀は買入れ品の品位を見定めたうえ、国許において後払いとする慣例を改め、琉球詰御内用掛の面々ならびに琉球の掛役々の者で代銀を検討のうえ、渡唐船出帆前に渡し、帰国後清算するようにしているのも、(63) 渡唐役者の窮状への配慮とみることができる。

また、斉彬は、一八五五年(安政二・咸豊五)六月には五年間の長崎商法の延長を幕府から引き出したばかりでなく、親密な関係にあった老中阿部正弘と交渉し、同年夏帰国渡唐船の積みきたった丁子ほか一四種の薬種類の臨時払いまで認めさせて、琉球国の「付庸」主としての面目を施している。さらに、すでにみたように、琉球がわに長年藩のもとにあった紅花・鬱金の販売権を取り戻そうという動きが活発になっていったのも、斉彬が藩主の座に就いて以後であることに注目したい。願いは斉彬亡き後、隠居斉興によって取り上げられたが、斉彬への直訴に期待がかけられたことはすでにみた通りである。

しかし、琉球国救助の理念を掲げながら、斉彬の琉球・大島を拠点とした欧米諸国・中国との貿易構想の展開は、基本的に琉球王府との軋轢を深めていくと同時に、王府と渡唐役者らとの矛盾をも際だたせていく過程でもあったことが本章の検討から見えてくる。斉彬は一八五五年(安政二・咸豊五)九月には側近の野元一郎をして、上国中の玉川王子らに羅紗・嶂岐・西洋布などの唐反布類の輸入規制の撤廃とともに、外国よりの西洋器物・鉸付鉄砲・蒸気船の購入を指示するにいたった。これに対して中国との冊封関係の崩壊を危ぶむ琉球はこれを拒否、一八五八年八月の市来広貫を通しての再度の交渉は、座喜味親方の三司官更迭という、王府人事への介入をともなう強硬なものとなり、琉球王府内部に政治的不満を鬱積させることになった。これが後に琉球史上稀にみる激しい政争(牧志・恩河事件)の火種になっていくことになるのである。

いっぽう斉彬の富国強兵策の一環をなす進貢貿易、長崎商法の拡大政策は、巧まず渡唐役者らの投機欲を刺激し、唐反布など貿易品の輸入規制を無視させるというような、琉球王府と渡唐役者間に副次的な矛盾をも生じさせていった。この点はこれまでの研究では全く省みられることがなかったことであり、今後、買欠け・買過ぎ・抜荷の問題も、こうした視点から捉え直すべきではないかと考える。

註

(1)「御状案書　咸豊元亥年より同五卯年迄」(『琉球王国評定所文書』〈以下『評定書文書』と略記〉第十巻)二九一号。

(2) 鹿児島城の南東方にあたる。東は海。近世になって発展、次第に拡大し、城下三町の中心をなすようになった。天保城下絵図には一五町とある。

（3）「嘉永七年甲寅三月八日下町出火ニ付焼失品」（『斉彬公史料』第三巻〈鹿児島県史料〉五五八号、八八〇～八八一頁）。
（4）「新納久仰へ書翰」（『斉彬公史料』第三巻〈鹿児島県史料〉五四〇号、八六二～八六四頁）。
（5）鹿児島県立図書館蔵。
（6）（7）「三原経禮への書翰」（『斉彬公史料』第三巻〈鹿児島県史料〉五三九号、八六二頁）。
（8）「下町出火の件に関して家老達」（『斉彬公史料』第三巻〈鹿児島県史料〉五五八号、八八〇頁）。
（9）～（11）『渡唐人江申渡条目』（尚家文書〈那覇市市民文化部歴史資料室蔵〉二九五）。
（12）中村質『近世長崎貿易史の研究』（吉川弘文館、一九八八年）五八七頁。
（13）「従大和下状　咸豊五年卯秋より」（『評定所文書』第十巻）三二号。
（14）「幕府へ島津斉彬家来上申書」（『斉彬公史料』第三巻〈鹿児島県史料〉五七八号、九〇二―九〇三頁）。
（15）安政三年八月、新納駿河申渡（「従大和下状　咸豊六年辰秋」〈『評定所文書』第十三巻〉四六―二号）。
（16）安政三年三月、新納駿河申渡（『渡唐人江申渡条目』）、琉球館聞役新納太郎左衛門、在番浦崎親方・松島親方より摂政大里王子、三司官座喜味親方・池城親方・幸地親方あて書状（「従大和下状　咸豊六年辰秋」〈『評定所文書』第十三巻〉四七号）。
（17）「御内分より申上候手扣」（「従大和下状　咸豊六年辰秋」〈『評定所文書』第十三巻〉一八二―二号）。
（18）安政四年三月十六日付、琉球館聞役新納太郎左衛門、在番松島親方より、摂政大里王子ほか三司官あて書状（「従大和下状　咸豊六年辰秋」〈『評定所文書』第十三巻〉一九二号）。
（19）「五月八日、早川兼彝・三原経禮へ書翰」（『斉彬公史料』第三巻〈鹿児島県史料〉六七四号、九七七～九七八頁）。
（20）『島津斉彬言行録』、「中山王へ密命、英仏米ノ三国ニ書生ヲ出サレムトノ御趣意　石室秘稿抄出」（『斉彬公史料』第三

巻〈鹿児島県史料〉六八四〜六八九頁)、「斉彬公島津豊後へ与ル書」(『斉彬公史料』第三巻〈鹿児島県史料〉三三号、五一〜五二頁)、『鹿児島県史』第三巻第二編第三章「第三節　琉球開市の計画」、一七九〜一八九頁。
(21)『照国公文書』巻之二、六三頁。
(22)中村註(12)書五九〇頁、第八五表参照。
(23)〜(27)『渡唐人江申渡条目』。
(28)「従大和下状　咸豊四年寅」(『評定所文書』第九巻)六八一二号。
(29)「従大和下状　咸豊四年寅」(『評定所文書』第九巻)六八一三号・六八一四号。
(30)「従大和下状　咸豊五年卯秋より」(『評定所文書』第十巻)二三一号。
(31)「従大和下状　咸豊五年卯秋より」(『評定所文書』第十巻)八三一三号。
(32)「案書(咸豊五年)」(『評定所文書』第十七巻)一六〇号。
(33)『西洋反布類并器物持渡之儀ニ付琉球より申出ル留』(沖縄公文書館史料編集室撮影史料)。
(34)岡本隆司『近代中国と海関』(名古屋大学出版会、一九九九年)二三六〜二三七頁。
(35)冨田千夏「明清時代渡唐人員表および清代接貢船・護送船等派遣日程表について」(赤嶺守・朱徳蘭・謝必震『中国と琉球人の移動を探る』彩流社、二〇一三年)。
(36)「従大和下状　咸豊六年辰秋」(『評定所文書』第十三巻)九一二号。
(37)「口達之覚」(『琉球一条』〈沖縄公文書館史料編集室撮影史料〉)。
(38)「従大和下状　咸豊六年辰秋」(『評定所文書』第十三巻)四八一四号。なお、引用にあたっては並列点・読点を適宜付した。

(39) 『西洋反布類并器物持渡之儀ニ付琉球より申出ル留』。
(40) 九月三日付で、琉球館在番浦崎らは摂政大里王子、座喜味ほか三司官あてに「端布類取〆帳」「甲爪取〆帳」の二冊を送り、「右端布等兼而注文之品々調兼候方商人共より押々為相渡由申出、左程之高者有之間敷与相考為申事候処、右通大高相及何共存外之儀ニ御座候」と述べており、王府の規制にもかかわらず、渡唐役者・船方の西洋反布類の買入れ高は多量におよんでいたことに注目したい(「従大和下状　咸豊六年辰秋」〈『評定所文書』第十三巻〉九―一号)。
(41) 「年中各月日記　咸豊四年甲寅」(『評定所文書』第八巻)二九号。
(42) 「御状案書　咸豊元亥年より同五卯年迄」(『評定所文書』第十巻)四〇八号。
(43) 『大和江御使者記　全』咸豊四年の嘉手納親方盛方派遣に関する記事は延長年限を五ヶ年とする。
(44) 「従大和下状　咸豊四年寅」(『評定所文書』第九巻)二〇〇号。
(45) 「従大和下状　咸豊四年寅」(『評定所文書』第九巻)二〇一―一号。
(46) 「従大和下状　咸豊四年寅」(『評定所文書』第九巻)二〇一―二号。
(47) 『近世社会経済叢書』第四巻。
(48) 鹿児島県立図書館蔵。
(49) 註(47)に同じ。
(50) 「従大和下状　咸豊四年寅」(『評定所文書』第九巻)二〇一―三号。
(51) 「従大和下状　咸豊四年寅」(『評定所文書』第九巻)二〇一―一号。
(52) 「案書　〔咸豊五年〕」(『評定所文書』第十七巻)七七号、一七五号。
(53) 宮城栄昌『琉球使者の江戸上り』(第一書房、一九八二年)一八～二〇頁。

(54)　琉球館聞役新納太郎左衛門より譜久山親方・池城親方あて書状(「従大和下状　咸豊六年辰より同九年未迄」〈『評定所文書』第十四巻〉)五七三号。

(55)　「従大和下状　咸豊六年辰より同九年未迄」(『評定所文書』第十四巻)五七四―二号。

(56)　「従大和下状　咸豊六年辰秋」(『評定所文書』第十三巻、四〇一頁)には三島方御用船富行丸支配人とある。

(57)～(61)　『渡唐人江申渡条目』。

(62)　『大和江御使者記　全』。

(63)　「案書　咸豊三年秋」(『評定所文書』第六巻目録「三十四」)。

終章　王国末期の琉球貿易と渡唐役者

緒　言

これまで、主として物の流れとその管理統制政策についてみてきたが、最後に、貿易の担い手である渡唐役者の存在形態から王国末期の貿易の実態をみて、小著の締めくくりとしたい。

すでに述べたように、渡唐役者・船方はプライベート・トレード（個人貿易）を認められていたから、その拝命は莫大な利にありつけることを意味した。ただし、渡唐役者を当てるには一定度の旅役をこなして星功（奉公の点数）を積み、船頭・佐事・定加子・水主など船方も一定の旅功をあげて、はじめて唐旅を申し付けられるのが慣例であった。(1)「伊江親方朝睦日記」の一八一一年（文化八・嘉慶十六）二月十三日の条に、家計の傾いた仲村親方のことが記されている。(2)

仲村親方は去る卯（一八〇七）、鹿児島上国の時旅料が不足し、薩摩藩士郷田源兵衛からの銭五万貫文をはじめ、ほかに琉球の士臣らよりの借り入れがあって、借銭高は一一万貫文余（鳩目銭）にものぼっていた。仲村親方は返済のあてがなく、ただ一つ望みがあるとすれば、子息が近年中に渡唐役者に選任されることであった。しかし、残念ながらそれに選任されるには、仲村の子息はまだ勲功が足りなかったようである。仲村は「近年中子息仲村渡唐役者共被仰付候ハヽ、兎角返済之手当も可罷成与存候処、当分之功労ニ而者渡唐役者共被仰付勲功無之」と嘆き、家屋敷を売り払ってその返済にあてるべきかどうか、朝睦に相談におよんでいる。この話から渡唐が王府士臣の間で家計建て直しの手段となっていたことがうかがえるのであり、それゆえに、渡唐役者の選任は窮士の最大関心事であったことがわかる。

渡唐役者にありつくと、「従」の者を推薦できるから、場合によっては一族郎党がその恩恵にありつくことができる。たとえ自らの係累・奉公人の類の者を従えなくても、割り振られた船倉空間、船間そのものが利をもたらした。すなわち、それは株化し、しばしば売買の対象にすらなっていたからである。一八三六年(天保七・道光十六)四月に御鎖之側天願親雲上は渡唐役者らに次のような興味深い通達を出している。(3)

今般御国元より密売買稠敷御制禁被仰渡趣有之、御法度之旨趣堅相守候様ニ与之儀者、別段御書付を以て被仰渡通ニ候、右ニ付而者屹与取締行届候様無之候而不叶事ニ而、締向之手筋精々遂吟味申出候様、向々江被仰渡、其上□分御取調部之上、猶又厳重取締被仰渡筈候、然者唐物抜荷之儀、専末々之者共仕□ニ而、此中之抜合等間合候処、渡唐仕廻立分過之ものも有之、又者配当之船間等売払、不仕廻ニ而致渡唐候者茂罷在、夫々引結方差支候所より慾意差発、抜荷取企候者も有之哉ニ相聞へ候間、役者中ニ而、末々之者共仕廻方往還共細密ニ差引承届、身分ニ応し、相仕廻させ、其外ニ茂取締向之手筋遂吟味、可被申出事、

申　四月

抜荷の横行に手を焼いた薩摩藩は、琉球にその取締りの実を上げるよう指示、これを受けて、御鎖之側の天願親方は渡唐役者らに藩の通達を伝えているのであるが、天願は特に末端の渡唐役者、船方の間で分不相応の貿易が行われているほか、渡唐前に船間を売り払ったまま渡唐し、家計の遣り繰りがつかず欲意から抜荷を企てる者がいるものと

みて、渡唐役者中に、末端の者が身分に応じて貿易を首尾よく済ませるように監督かたを申し達しているのである。渡唐船には諸士誂え銀のような投げ銀も認められていたから、出資を募り、船間の買入れが盛んに行われていたのであろう。

こうして初期には身分的規制が働いていた積間は、次第に投資の対象になり、制度的に大きく変質をきたしていた。そのこと自体は、なおこの頃、進貢貿易には一定の利があったことを意味しているが、しかし、終末期においても進貢貿易はなお渡唐役者らに利をもたらしたであろうか。本章では、このことを見届けることを課題としたい。

第一節　渡唐役者・船方らの積荷

長崎商法品や藩主お手元御用品のような公的な買荷は銀子によって行われたのに対し、渡唐役者ならびに船方の買荷は銀によるものは少なく、その帯びていく貿易品を本手としてなされた。そこでこれまで注目されたのは、彼らが帯びていた「私物」である。渡唐役者や船方が帯びていった貨物を書き留めた「私物帳」については、幸いにも一八五六年(安政三・咸豊六)の小渡唐船のものと、一八六四年(元治元・同治三)に、清国よりの借用船の「返船」に際して作成されたものが存在している。

小渡唐船の乗員たちによる主要な「私物」の付帯状況を示すと表54の通りである。付帯貨物の内、貿易の元手として販売に回されたと思われるのは表55の品目で、ほかは数量からいって自家消費に回されたものであろう。「返船」の渡唐役者らが帯びていた主要「私物」は表56の通りで、その内、販売に回されたと思われる品目をまとめたのが表57である。表54および表56をみるかぎり、貨物の量としては決して多いとはいえない。これらはおそらく、三万斤の

国場里子親雲上	真栄田通事親雲上	国吉里子親雲上	安里筑登之親雲上	安座間通事親雲上	西銘筑登之親雲上	大嶺里子親雲上		合計
官舎	脇通事	大筆者	脇筆者	総官	船頭	勤学	水主（50人）五主・佐事・	
1.200	1.200	1.000	0.800	0.500	0.500	0.400	6.00	33.000
7	7	7	7	3	3			104
15	15	15	15	10	10			275
1.25	1.25	1.00	1.00	0.5	0.5	0.25		16.5
0.2	0.2	0.15	0.2	0.1	0.1		3.64	6.99
30	15	15	15	10	10		650	940
5	5	5	5	5	3		50	106
0.1	0.1	0.1	0.08	0.08	0.05	0.08	5.3	6.84
20	10	8	8	5	5		790	914
10	10	8	8	8	5		390	537
10	10		8	5	5			123
10	10	10	10				300	405
10	10						1,600	1,660
150	150	100	100	100	200		1,400	3,550
20	20	10	10	10	10		1,080	1,315
100	100	100	100	50	15	20	4,750	5,805
0.3	0.3	0.3	0.3	0.1	0.1	0.2	1.5	6.6
100	100	100	100	20	30	40	382	1,642
							750	950
							120	140
							1,320	1,420
							200	200
							3	8
							3	3

表54　1856年秋走り小渡唐船乗員らの私物の付帯状況

	役者名	喜屋武親方	有銘親雲上	仲本通事親雲上	本永里子親雲上	嵩原里子親雲上	上里親雲上	外間里子親雲上
	役職	王舅	大夫	王舅大通事	王舅与力	王舅筆者	才府	大通事
1	銀子（貫.目）	10.000	5.000	2.000	0.700	1.000	1.500	1.200
2	炭（俵）	30	10	7	5	4	7	7
3	薪木（束）	100	20	20		15	15	15
4	白米（石.斗升）	3.00	2.50	1.50	0.50	0.75	1.25	1.25
5	白味噌（石.斗升）	0.6	0.6	0.4	0.2	0.2	0.2	0.2
6	醤油（沸）	70	20	20	20	15	20	30
7	酢（沸）	10	3			5	5	5
8	しょく醬物（石.斗升）	0.2	0.2		0.2	0.15	0.1	0.1
9	干したこ（斤）	15	15	10		8	10	10
10	永良部鰍（斤）	15	15	10		8	20	20
11	干いか（斤）	15	15	10			20	10
12	鰹節（連）	30		10		5	10	10
13	角俣（斤）	10						30
14	氷昆若（丁）	300	300	150	100	150	150	150
15	鮑（斤）	35	35	20	10	15	20	20
16	昆布（斤）	100	100	70	50	50	100	100
17	塩（石.斗）	1	1	0.2		0.5	0.5	0.3
18	焼酎（沸）	200	180	80	40	70	100	100
19	鱶ひれ（斤）							
20	とさかのり（斤）							
21	するめ（斤）							
22	いりこ（斤）							
23	それる醬物（石）							
24	白すひ（斗）							

『辰之秋走小唐船大清国江為進貢指渡人数私物帳』（尚家文書274）より作成。

	川上筑登之	知念にや	まつ山城	にわう山城	合計
水主29人 五主・佐事・	時	三方目	南風文子	四方目	
4.400					8.900
9.99					14.24
3.51					4.46
0.86					2.06
507					577
660					700
					50
996					996
3.978					4.728
1560					2260
936					1006
4984					5299
585					585
117					117
1248					1248
234					259
405					405
280					990
39					62
					20
					60

表55　1856年秋走り小唐船乗員積載私物中販売に回されたと思われる貨物

	品名	量
1	銀子	33貫目
2	白米	16石5斗
3	白味噌	6石9斗9升
4	麦味噌入中壺	1本
5	醤油	940沸
6	酢	106沸
7	しょく麕物	6石8斗4升
8	干したく	914斤
9	永良部鰍	537(527)斤
10	干いか	123(108)斤
11	鰹節	405連
12	角俣	1,660斤
13	氷昆若	3,550(3,500)丁
14	鮑	1,315斤
15	昆布	5,805斤
16	塩	6石6斗
17	焼酎	1,642沸
18	鱶ひれ	950(750)斤
19	とさかのり	140(120)斤
20	するめ	1,420(1,320)斤
21	いりこ	200斤
22	それる物	8(3)石
23	白すひ	3斗

註1：出典は表55に同じ。
　2：(　　)内は計算上の数値。

表56　1864年返船に際しての渡唐役者・船方らによる私物の付帯状況

	渡唐役者・船方名	外間筑登之親雲上	大嶺親雲上	湧川里之子親雲上	多嘉良里之子親雲上	大嶺筑登之親雲上	金城筑登之	石川にや
	役職	才府	大通事	脇筆者	総官	船頭	大五主	脇五主
1	銀子(貫.目)	1.500	1.200	0.800	0.500	0.500		
2	白米(石.斗升)	1.25	1.25	0.75	0.50	0.50		
3	白味噌(石.斗升)	0.40	0.20	0.15	0.10	0.10		
4	塩(石.斗升)	0.50	0.30	0.20	0.10	0.10		
5	醤油(沸)	20	15	15	10	10		
6	干たく(斤)	10	10	8	6	6		
7	干いか(斤)	20	10	8	6	6		
8	するめ(斤)							
9	しょく醬物(石.斗升合)	0.200	0.200	0.150	0.100	0.100		
10	氷昆若(丁)	150	150	100	100	200		
11	鮑(斤)	20	20	10	10	10		
12	昆布(斤)	100	100	50	50	15		
13	鱶のひれ(斤)							
14	いりこ(斤)							
15	角俣(斤)							
16	鰹節(連)	10	10	5				
17	永良部鰍(斤)							
18	焼酎(沸)	100	100	70	40			
19	酢(沸)	5	5	5	5	3		
20	炭(表)	7	4	3	3	3		
21	薪木(束)	15	15	10	10	10		

「子秋走大清国為御返船指渡人数私物帳」(『那覇市史』資料編第1巻11)より作成。

範囲で許された「身廻荷物」として把握されたものであろう。

いっぽう表55・表57の販売に回されたと目される品目に着目すると、すでに真栄平氏が指摘するように、①昆布・②鰹節・③しょくなし物(アイゴの幼魚の塩漬け、スクガラス)・④角俣(紅藻類の海藻)・⑤干いかなどの海産物が中心をなしていたといえるが、(4)周益湘の「貿易的統計」で関税の対象となっている品目にうかがうかぎり(第二章を参照)、ほかに白米・醤油・酢・味噌・塩・氷昆若・焼酎・永良部鰍(えらぶうなぎ)なども売物に挙げて差支えないと思う。ただし、それらは総体として、量的には小量で、有力商品の昆布でさえ、一八五六年秋派遣の小唐船で五八〇五斤、一八六四年の「返船」で五二九九斤に過ぎない。

渡唐役者・船方の貿易用の主力商品は、いうまでもなくほかにも積載されていた。それに光を当てることこそが重要であるが、「琉球資料」の中に貿易の中心的役割を果たした才府の、中国向けの「払品」の買入れ代価と、その販売価格の見積りを記した一八六八年(明治元・同治七)の史料が存在しているので、それによって、上層渡唐役者の付

表57 「返船」積載私物のうち、販売に付されたと思われる私物

	品名	量
1	銀子	8貫900目
2	白米	14石2斗4升
3	白味噌	4石4斗6升
4	塩	2石0斗6升
5	醤油	577沸
6	干たく	700斤
7	干いか	50斤
8	するめ	996斤
9	しょく醢物	4石7斗2升8合
10	氷昆若	2,260丁
11	鮑	1,006斤
12	昆布	5,299斤
13	鱶のひれ	585斤
14	いりこ	117斤
15	角俣	1,248斤
16	鰹節	259連
17	永良部鰍	405斤
18	焼酎	990沸
19	酢	62沸

出典は表56に同じ。

帯した貿易用貨物の品目、数量、ならびに売買差益見積りを表58に示しておこう。(5) 才府のみの積荷の状況を他の渡唐役者に敷衍するのは危険ではあるが、一つのモデルとするには差支えないであろう。

同表から読みとれることは以下のような点である。まず第一は、中国での払用の品目は、五〇種近くにおよび、実に多種多様な品目が貿易用本手として持ち渡られている。第二に、その中心をなしていたのは海産物で、わけても「いりこ」「へり」「貝」の類は多種にわたっている。また「昆布」にいたっては「上座」「下座」の記載区分がみられるが、それが船間の上下を意味するものとすれば、積荷にあたっては危機を分散させるための配慮がなされていたものとみることができる。第三は、貨物の量はあらかた一〇〇斤単位となっており、払い品の配分には明らかに王府が介入していた痕跡が認められる。

第四は、貨物の取引きは蕃銭＝ドル貨でなされていることである。清国では一九世紀に入って洋銭が銀両に代わって通貨の中心的位置を占めたが、通貨状況が混迷を深めていた一八五五年から五六年にかけて、カルドスドルに代えてメキシコドルを新通貨として導入しようとする試みが西洋商人と清朝当局によって進められたとされるから、(6) ここでの蕃銭はメキシコドルを指すのであろう。琉球国においては、貿易通貨として、こうした「蕃銭」の確保が重要となっていたことになる。(7)

第五は、各品目とも意外に差益が少ないことである。差益高でみると、帆立貝・干しこふ・豆皮蠟・焼酎・和へりなどは二〇～七四％の利が見込まれているものの、他の多くは一桁以下の差益率にとどまっているにすぎない。すなわち、渡唐役者・船方にとって、貿易利は薄く、この段階においてはもはや貿易は魅力あるものではなくなっていたと判断される。このような状況のもとでは、産物方への資金的依存は益々高まらざるを得なかったということができよう。

23	やけ羽へり（和へりより出る）	100斤	9枚1分6り6毛 （銭2,750貫文）	11枚	1.834	20
24	干こふ	100斤	17枚 （銭5,100貫文）	30枚、35枚、18枚、20枚 4ツならし代25枚7分5り	8.75	51
25	さばあいりこ	100斤	14枚8分3り3毛 （銭4,450貫文）	16枚	1.167	8
26	しょく醬物	4斗	4枚6分6り6毛 （銭1,400貫文）	5枚	0.334	7
27	羽地いりこ	100斤	16枚6分6り6毛 （銭5,000貫文）	17枚	0.334	2
28	色々いりこ	100斤	17枚4分 （銭5,220貫文）	18枚	0.6	3
29	いんたな貝	100斤	38枚6分6り6毛 （銭1,1600貫文）	40枚	1.334	3
30	蚫	100斤	112枚6分6り6毛 （銭33,800貫文）	120枚	7.334	7
31	ふたる貝	100斤	11枚1分6り6毛 （銭3,350貫文）	13枚	1.834	16
32	白高麗	1斤	1枚5分	1枚5分	0	0
33	白高麗	1斤	２枚	2枚	0	0
34	白高麗	1斤	6枚	6枚	0	0
35	百田紙	100束	30枚 （銭9,000貫文）	30枚、40枚 ならし代35枚	5	17
36	鰹節	100斤	18枚3分3り （銭5,800貫文）	20枚	1.67	9
37	ふかふか	1斤	7分6り6毛 （銭230貫文）	8分、1枚5分 2ツならし代1枚1分5り	0.384	50
38	現番銭	1枚	1枚1り （銭303貫文）	1枚8り	0.07	7
39	銀子	1貫目	124枚 （銭370,300貫文）	125枚、127枚、126枚 ならし代126枚	2	2
40	唐豆	4斗	1枚（銭300貫文）	1枚2分	0.2	20
41	海人草	100斤	6枚6分 （銭1,980貫文）	7枚	0.4	6
42	牛筋	100斤	24枚 （銭7,200貫文）	30枚	6	25
43	梅之露ひん附	100斤	23枚3分3り （銭7,000貫文）	25枚2分	1.87	8
44	上昆布	100斤	6枚5分5り （銭1,965貫文）	6枚8分9り2毛	0.342	5
45	下昆布	100斤	3枚7分3り3毛 （銭1,180貫文）	3枚8分3り1毛	0.098	3
46	昆布	100斤	6枚5毛 （銭1,829貫文）	6枚2分8り6毛 6枚1分4り3毛 ならし代6枚2分1り5毛	0.210	3
47	白大豆					
	計（番銭）		1642.453	1873.49	237.378	14

「同治七年戊辰四月　才府方琉球ニ而諸雑費賦」（『那覇市史』資料編第1巻11巻　琉球資料〈下〉）より作成。

表58　1868年の才府方払品の売買差益見積り

	品　　名	量	売払い用品の買入れ代銭(蕃銭)(a)	唐にて売払い代(蕃銭)(b)	差益(c＝b－a)(番銭)枚．分厘毛	差益率(c／a)％
1	焼酎	46沸	10枚5分5り(銭3,165貫文)	13枚8分	3.25	30
2	芋葛	1俵(200斤)	6枚9分2り(銭2,075貫文)	—	—	—
3	しひ小(宝貝)	1石	28枚7分3り(銭8,620貫文)	30枚	1.27	4
4	縮緬いりこ	100斤	156枚1分3り(銭46,840貫文)	160枚	3.87	2
5	豆皮蠟	100斤	312枚7分(銭93,810貫文)	450枚	137.3	44
6	琉へり	100斤	56枚7分3り3毛(銭17,020貫文)	60枚、65枚、50枚 3ツならし代58枚3分3分3毛	1.6	3
7	和へり	100斤	42枚1分3り3毛(銭12,640貫文)	45枚、60枚 2ツならし代52枚5分	10.367	25
8	昆布(此賦りハ下座えも有ル)	100斤	6枚5分7り7毛(銭1,973貫文)	7枚、4枚、6枚5分 3枚4分、3枚8分 3枚5分、4枚8分 6枚7分、2枚8分 ならし4枚9分6り3毛	－1.614	－25
9	筋干藻	100斤	62枚(銭18,605貫文)	48枚、85枚、82枚 3ツならし代71枚6分6り	9.665	16
10	黒砂糖	100斤	2枚8分6り6毛(銭860貫文)	3枚	0.134	5
11	おしていりこ	100斤	42枚4分6り6毛(銭12,740貫文)	40枚、45枚 2ツならし代42枚5分	0.034	0.08
12	椀丸いりこ	100斤	30枚2分3り3毛(銭9,070貫文)	32枚	1.767	6
13	めはていりこ	100斤	21枚6り6毛(銭6,320貫文)	25枚、26枚、15枚 3ツならし代22枚	0.34	2
14	青鰍へり	100斤	27枚6分6り6毛(銭8,300貫文)	30枚、32枚、24枚 3ツならし代28枚6分6り6毛	1	4
15	ひはつ	100斤	4枚6分(銭1,380貫文)	5枚、5枚5銭 2ツならし代5枚2分5り	0.65	14
16	干いか	100斤	18枚6分3り3毛(銭5,590貫文)	20枚	1.377	7
17	赤貝	100斤	16枚(銭4,800貫文)	17枚	1	6
18	帆立貝	100斤	8枚9分3り3毛(銭2,680貫文)	20枚、11枚 ならし代15枚5分	6.567	74
19	かへ又へり	100斤	111枚6分6り6毛(銭33,500貫文)	120枚	8.334	7
20	一丁かへ又	100斤	97枚6分6り6毛(銭29,300貫文)	100枚	2.334	2
21	へししちたあいりこ	100斤	38枚6分6り6毛(銭11,600貫文)	40枚、45枚 ならし代42枚5分	3.834	10
22	こはあいりこ	100斤	42枚4分6り6毛(銭12,740貫文)	45枚	2,534	6

第二節　渡唐役者と生産方

渡唐役者・船方の付帯貨物の中心をなす昆布・干藻などの海産物は、産物方より買い入れ、輸入品で決済される建前であったが、すでに述べたように、薩摩藩では、相次ぐ異国船の渡来にともなう琉球の窮状にかんがみて、一八五二年(嘉永五・咸豊二)より長崎商法品の一割増の買上げ、貿易用本手品の割下げ販売措置を講じていた。(8) しかし、そうした渡唐役者・船方の中国市場での主な「払物」が産物方の独占であったことからすれば、藩のとった優遇措置がどれほど渡唐役人の貿易活動の支えになったか疑問とするほかない。

一八六一年(文久元・咸豊十一)の秋走りの接貢船の例をみると、才府当山親雲上・官舎世那城里之子親雲上・大筆者我如古《がねこ》里之子親雲上・接貢船脇筆者仲吉里之子親雲上らが、また船頭(内間筑登之親雲上)・佐事(八人)・定加子(六人)らが、それぞれ産物方より渡唐用として昆布を買い受けている。(9) ところがこれら渡唐役者・船方らは代銀の支払いに窮し、いずれもその支払い延期を願っている。すなわち、才府以下脇筆者らは二一万斤の昆布、代銭にして二万八九二貫一八〇文を支払うことができず、五月になって、翌月までの支払い延期を願っているが、(10) 六月になっても半額ほどしか支払えなかったとみえて、銭一万貫文については一割の利銭でもって再び延べ上納を願っている。(11) いっぽう、船頭・佐事・定加子ら船方の昆布買入れ代銀丁銭三〇〇〇貫文についても、一割の利付けをもって来夏帰帆までの延べ払いが願われている。(12)

問題は、渡唐役者・船方らのこの産物方からの昆布など本手品購入の支払い方法についてであるが、先の才府らの五月の延納願いの但書に、「本文昆布代銭之内、当夏帰帆之面々売上品物代銭ニ御引合、上納願出候方も可有之候

表59　渡唐役人の「産物方」に対する借銭滞納状況

渡唐役人名	乗り船	役職	滞納額(丁銭)
糸数筑登之	戌(1862)秋走　大唐船	脇筆者之内	990貫　86文
渡久地筑登之親雲上	〃　小唐船	小唐船総官内証	237貫396文
上原親雲上	〃　小唐船	小唐船大通事	1,149貫934文
吉本里之子親雲上	〃　大唐船	大唐船総官	454貫248文
国吉里之子親雲上	〃　小唐船	小唐船総官	588貫289文
大田里之子親雲上	〃　大唐船	大唐船五主	1,306貫277文
吉浜筑登之	〃　大唐船	大唐船大通事内証	331貫316文
金城筑登之親雲上	〃　小唐船	小唐船定加子	1,026貫　43文
森山親雲上	〃　小唐船	勢頭	4,696貫153文
善平里之子親雲上	〃　小唐船	与力	
上江洲筑登之親雲上	〃　小唐船	内証	
我如古親雲上	亥(1863)秋走　接貢船	才府	2,439貫　97文
高良筑登之親雲上	〃　接貢船	内証	
金城筑登之	〃　接貢船	〃	
謝花筑登之	〃　接貢船	〃	
安里筑登之親雲上	〃　接貢船	接貢船定加子	562貫686文
照喜名筑登之	子(1864)秋走　小唐船	大夫之内	4,065貫980文
座波筑登之	〃　大唐船	存留之内	
計			17,847貫550文

「産物方日記」(『琉球王国評定所文書』 第16巻)41－2号より作成。

間、願出次第被仰付被下度是又奉願候」[13]とあるように、昆布代銭は売上げ唐物代銭で決済するのが一般的であった。船頭内間筑登之親雲上以下定加子らも、同様に昆布の代銭三〇〇〇貫文については「尤御返上方之儀者、来夏帰帆之上御用品売上代銭を以御差引被仰付、元利共御返上可仕候」[14]と、御用品販売で行うことを約している。

渡唐役者・船方の者たちは、産物方より貿易用の「払物」を買い入れるばかりでなく、また銭そのものの融通をも受けている。たとえば大五主(二人)・脇五主(三人)・時(一人)・南風文子(一人)・三方目(一人)・四方目(二人)らは六月、「当時世上一統銭絶之砌ニ而借入方思様不罷成」と述べ、やはり一割利をもって丁銭四〇〇〇貫文の借受けを願っている。[15] おそらく、これらの借銭は他の本手品購入にあてられたものと思われる。

この一割という利息については、一八六九年(明治二・同治八)年秋派遣の才府・官舎・脇筆者・船頭・五主らが、三六万八三三貫文を借用するにあたり、「世上借銭等者弐三部之利付ニ而致取遣候付、御法之壱割利付を以拝借仕候ハ、及迷惑申事御座候間、乍恐御憐憫之御吟味被成下、無利ニシテ拝借被仰付」(16)と嘆願しているように、世上の三倍から五倍にものぼる高利であった。薩摩藩はこうした渡唐銀の高利の融資によってまた利をあげていたことになる。藩の「払物」の割下げ販売も実態はこのようなものであった。

こうして渡唐役者・船方らの貿易活動は、産物方よりの「払物」の仕入れ、高利の拝借銀によって成り立っていたのであるが、しかし、難船や渡唐時期の遅れなど不測の事態に遭遇すれば、渡唐役者も産物方も共に資金回収の途を断ち切られることになる。たとえば小唐船船頭西銘筑登之の場合はその典型である。西銘は一八五六年(安政三・咸豊六)、小唐船の船頭として薩摩藩の織屋の役人山田市左衛門より唐綛御用料として丁銭一〇〇〇貫文を拝借、注文品は首尾良く調えたものの難船し、買荷の過半は打ち荷、濡れ廃れとなり、御用物綛代の返上は不可能となった。一八五八年には再び渡唐の機を得て、五〇〇貫文はようやく返済、しかし次期の一八六〇年(万延元・咸豊十)の渡唐は、オランダ船の貿易活動の活発化、中国現地の兵乱、渡唐船の遅着などによって、貿易が不首尾に終わったのである(17)。

西銘はこうした事情を縷々述べて、来年より先々十二月中に丁銭二〇貫文ずつの返済とすることを願っているが、同様な状況は他の渡唐役人にも見られる。同じく一八六〇年に、西銘とともに渡唐している大唐船筆者の松川里之子親雲上が丁銭七三七貫文余、又吉《またよし》里之子親雲上が七一三貫文余の拝借銭を滞っている(18)。また、一八六二年(文久二年・同治元)・六三年・六四年(元治元・同治三)の渡唐役者の産物方拝借の滞納状況は表59のようになっている。こうした事態に、一八六八年(明治元・同治七)産物方から改称となった「生産方」では、附役野間休右衛門が三司官池城親方に対し、琉球館蔵方より立て替えるか、窮士・窮民救済のために免除している部下米をもってその返済にあてるように促している。[19]これに対し王府では、財政窮迫のため蔵方による立て替えは困難であり、また部下米も薩摩藩主の御趣意によって年々渡唐の面々、ならびに首里・那覇・泊・久米村・諸在郷・両先島そのほかの島々に配当しているとして、滞納者に返済を求め、一門・親類にも弁じさせるとしながらも、額は大きくないので附役野間の提案を検討するつもりであることを表明している。[20]いずれにしても、資金回収に生産方が乗り出さざるを得ない状況に立ち至っていたことは明らかである。

第三節　一番方銀の引取り

渡唐役者らへの貿易本手品の販売、本手銀の融通を通じて、間接的に貿易の利に有り付く態勢を鮮明にしつつあった薩摩藩は、その後さらにそうした傾向を強める。一八六五年（慶応元・同治四）、長崎における俵物三品の自由売買が認められ、長崎の俵物独占体制は崩壊した。『大和江御使者記　全』によれば、こののち一八六七年の条に、「是迄唐御注文品勝手商売被仰付、唐江可持渡品々以来御世話可被下旨被　仰出候」とあって、唐注文品の勝手商売を認め、唐への持ち渡り品については世話する旨の通達がなされ、これに対し、琉球より川平親方朝範が御礼言上のために鹿児島に赴いたことがわかる。つまり、この通りだと藩は琉球貿易への関与停止を宣言したことになる。

すでに述べたように、藩ではその後一八六八年（明治元・同治七）に産物方を「生産方」と改称するが、[21]資金的に梃子入れし、貿易にあらためて積極的な取組みをしているふしはみえない。そして同年、藩は琉球より渡唐銀吹替えのための雑用銀を補うために、この年より三ヶ年間、砂糖三〇万斤を差し登せることを願い出たのに対してこれを許し、[22]そのいっぽうで翌一八六九年にはあらためて一番方渡唐銀を引き取り、琉球方才覚銀のみによる注文とすることを申し渡している（「一番方渡唐御銀、以来御引取相成、琉球方才覚銀迄之高ニ応シ候御調文被仰付候旨被仰渡置」）(23)。

すなわち、藩はこの段階で渡唐銀の吹替え銀の立て替えや、渡唐銀の付託からも一切手を引き、貿易の運営を琉球に委ねる方向を打ち出したのである。これをうけて琉球王府では、藩に対する二番方売上げがわずかに六貫七五〇目に過ぎないことを理由に、これまで注文品調達の首尾報告を藩に行うために派遣されていた宰領人・才府の減員を願い、進貢時には大筆者二人、接貢時に同一人とし、売上げ品の積み船も一艘とすることが認められている（「渡唐一番御銀御取止中、返上物宰領人共、才府者減少ニ而、進貢之時大筆者両人、接貢之時一人差登、接貢年売上品者一艘より積船候様被仰付候付」）(24)。これによって琉球の負担が一部軽減されることになったのである。

こうして一八六七年（慶応三・同治六）から六九年（明治二・同治八）にかけて、藩は特別に藩主ならびにその一族の注文を除いて独自に資金を投じることをやめ、ほとんど渡唐役者・船方の仕入れ貨物を収買するかたちをとるようになっていった。それは本来、船間から薩摩藩の商品を排除したかった王府の立場に立てば、ようやく念願がかなったと評価することができる。だがしかし、ことはそう単純ではない。

薩摩藩が全く渡唐銀を付託することをやめ、琉球の才覚銀による調達品を収買するというシステムへの移行が、本質的に琉球がわの自由な貿易権の回復につながるものでなかったことは、折しもこの頃さかんに取り上げられている茶の輸入問題にみることができる。たとえば、一八六八年（明治元・同治七）九月二十八日付新垣親雲上の平等之側あての報告によれば、夏運送船の乗り組みの者十数人が鹿児島よりの帰帆に際して、名も知らない者より煎茶を秘かに買い取り、船積みしたところで摘発をうけている(25)。これは鹿児島よりの茶の抜荷事件であるが、いっぽう一八六七年（慶応三・同治六）と六八年（明治元・同治七）には、相次いで渡唐役者らが御免斤高を超えて中国より清明茶を買い入れてくるという事件が起こっている。このため、六九年九月七日、秋走り接貢船の出帆を前に、生産方より御鎖之側小禄親雲上が呼び出されて叱責をうけ、以後渡唐役者には、これまで通り品目と量について生産方の認可を受けさせるように申し渡されているのであるが、「産物方日記」の記録を具体的に示すと次のようになっている。(26)

巳九月七日

一、生産方より御鎖之側御用有之、小禄親雲上致参上候処、清明茶之儀、跡々者渡唐役者共願出之上御免斤高を買渡来候処、去々年・去年者何分申出無之、兎角唐物勝手商売御免ニ付而者、右茶茂同断御免之筈与相心得、右通申出無之候哉、此儀御仮屋方ニ茂御気附後相成居候間、向後跡々之通役者共蒙御免候上、買渡候様可申渡旨為被仰渡段小禄申出候付、渡唐役者召寄、右之趣申渡させ候事、

ここからは、渡唐役者らが買い込んできた茶の具体的な量については明らかではない。しかし、中国からの清明茶の輸入量は王府より年々申請し、藩が許可するようにしていたから、両年とも認可高を超える量の輸入があったのであろう。注目されるのは、とくにそれについて生産方への断りがなかったのは、一八六七年(慶応三・同治六)の勝手商売御免令が茶にも適用されたものと心得てのことではないかという指摘である。つまり、勝手商売御免とはいいながら、それは文字通り自由貿易を認めるものではなく、従来通り藩取扱商品と競合する商品の輸入を規制・排除し、それらの販売利を独占しようとする方針に変わりはなかったのである。叱責を受けた琉球王府では、接貢船の出航をひかえ、渡唐役者らをしてあらためて中国よりの輸入量を申請させているが、生産方では「願員数相減」じ、蔵方用として一六〇〇斤、音信用として五〇〇〇斤の計六六〇〇斤に限って清明茶の輸入を認めている。(27)しかし、そうした市場統制を不条理とする認識が琉球社会に存在するかぎり、抜荷は止まない。この年秋帰帆の春楷船、運送船二艘の船方共が鹿児島で茶の抜積みに失敗、それらは藩の茶製法所によって取り上げられている(「当秋帰帆之春楷船并運送船、両艘船方共茶致抜積候を、茶製法所より御取揚相成候段、別紙之通館内より申越趣有之候」(28))。

いっぽう、一番方銀の引上げによって渡唐役者・船方らにもたらされた何よりも大きな変化は、自ら貿易資金を調達しなければならなくなっていったことであるが、茶の輸入規制にみられるように、貿易本手品の供給、金融を通じて琉球を市場として経済的に支配していく政策には変わりはなかった。以下さらにこの点を、一八六九年(明治二・同治八)の帰帆進貢船を例に検証してみたい。

第四節　明治二年帰帆進貢船と生産方

「中山世譜」によれば、一八六九年(明治二・同治八)に帰帆した両艘の渡唐船は、向文光を耳目官、林世爵を正議大夫とする前年派遣の進貢船である。[29]「産物御用掛方日記」によれば、五月二十四日、大唐船が七ツ時分(午後四時頃)、小唐船が酉の時分(午後六時頃)に入津、それと同時に平良里之子親雲上が船元にいたって包封された去秋注文の御前御用・臨時御用の「薬種買立帳」、それに買不足の品については「成行書」を受け取り、横折れの形となった「買立帳」は鎖之側役人の取次ぎを経て、生産方附役の野間休衛門に手渡された。[30] いっぽう両船はこの後、通堂の先に繰入れられ、四方には縄が張られて厳重な管理下に置かれている。[31]

翌二十五日、両船の内、まず大唐船の荷役が朝から開始された。それが済んだところで、生産方注文の薬種類に多く買不足がある反面、いっぽうでは渡唐役人が自分荷として買い込んできていることが判明、その理由書が求められている。[32] また朱墨についてもその「買来候成行書」を、一番方ならびに薩摩藩両殿(太守・中将)御用の反布類品の「買立帳」とともに早々に提出するよう、野間休衛門より命じられている。[33] 朱書に用いられる朱墨について仕入れの理由書が求められたのは、朱粉とともにその輸入が藩の強い管理下に置かれていたからだと思われる。

ちなみに、これら進貢船の渡唐役人らが薩摩藩生産方より買入れを依頼されたのは、①太守様御用品（唐・西洋反布類・唐筆）、②中将様御用品（唐・西洋反布類・砂糖漬け類）、③御前御用品（薬種類）、④生産方御用朱墨一五〇〇挺、⑤御前御用蓮蕘・藿香、⑥臨時御用品（薬種類）等であった。[34] これらについては③⑤⑥は帰帆後に相応の価格で買い上げるのに対し、①②④は出帆前に仕入れ代銭の前渡しとなっていて、対応が異なっている点が判明する。[35]

小唐船の荷役は翌二十六日に行われているが、それに際して山帰来・木真・本掛人参・山出人参の荷数と荷主が改め出され、荷主はそれを確保しておくよう命じられているのが注目される。[36] 今回は注文薬種の買不足があったため、買入れがなされることとなったのである。それらは翌二十七日、昆布座蔵方に持ち寄るよう申し渡され、そこで買い上げられている。[37] このように、一番方ならびに藩主御用品に買不足が生じた場合、藩は当該品がほかに流れることを許さず、強制的に買い入れていたのである。注文品の買不足は渡唐役者らの落度であるから、価格評価における主導権は生産方役人のがわにあったことはいうまでもないであろう。そうでなくとも、買荷の代付けをめぐって渡唐役人と藩との間には複雑な駆引きが展開されたとみなければならない。そのことは、たとえば生産方ならびに御前御用の薬種の代付けをめぐる問題にみることができる。

渡唐役人らは、「御前御用」「臨時御用」のそれぞれの名目で買い取られることになった一八種ならびに一六種の薬種類について、「代付帳」を差し出したところ、生産方よりそれが低く付け替えられて戻されてきたことで、困惑した渡唐役人らは買入れ価格の引上げを訴え出ている。

表60は生産方の提示した価格、表61は渡唐役人の要求価格を示したものである。両表の一斤当たりの代価を比較すると、渡唐役人の価格引上げ要求は、御前御用品では犀角・連蕘を除いて、最低で藿香の一・二四倍から、最高は肉桂の五・四五倍におよび、代銭の総計は丁銭一二万一〇四八貫四四〇文（計算上は一一万七七八五貫五二七文）で、生産

18	沈香	5.93	90.	533.700
	同	10.47	50.	523.500
計				〆丁銭70,775.430 （琉目3,538,771.500）

御臨時方御用品

	品名	量 （斤.合勺才）	1斤当り代価 （貫．文）	代丁銭 （貫．文）
1	朱粉	50.	25.	1,250.000
	同	0.87	20.	17.400
2	木香	49.	7.	343.000
3	辰砂	7.375	20.	147.500
4	砂仁	7.6	7.500	57.000
5	龍脳	6.8	60.	408.000
6	甘松	54.5	3.500	190.750
7	本掛人参	8.	190.	1,520.000
	同	5.15	120.	618.000
	同	18.4	220.	4,048.000
	同	15.22	210.	3,196.200
8	犀角	2.06	400.	824.000
	同	2.62	400.	1,048.000
9	山出人参	79.5	35.	2,782.500
	同	27.94	35.	977.900
	同	37.3	42.	1,566.600
10	沈香	9.62	80.	769.600
11	甘草	79.5	3.500	278.250
12	桂皮	83.	2.800	232.400
13	大黄	32.	4.	128.000
14	肉桂	21.5	5.500	118.250
15	山帰来	1,655.	2.600	4,303.000
	同	6,956.	2.600	18,085.600
16	木香	86.	6.	516.000
計				〆丁銭43,425.950 （琉目2,171,297.500）

「産物方日記」（『琉球王国評定所文書』巻16）66－2号より作成。

表60　1869年御前御用・御臨時方御用品に対する生産方の買入れ価格

御前御用品

	品名	量 (斤.合勺才)	1斤当り代価 (貫.文)	代丁銭 (貫.文)
1	朱粉	134.683	25.	3,367.075
	同	28.077	20.	561.540
2	山出人参	15.81	35.	553.350
	同	5.03	33.	165.990
3	連堯	20.31	4.500	91.395
4	呉茱萸	15.9	18.	286.200
5	砂仁	29.71	7.500	147.825
6	阿膠	12.28	6.	73.680
7	虫糸	55.68	250.	13,920.000
	同	2.37	300.	711.000
	同	41.74	250.	10,435.000
	同	4.06	180.	730.800
8	本掛人参	43.59	200.	8,718.000
	同	11.79	220.	2,593.800
	同	0.95	120.	114.000
	同	61.77	190.	11,736.300
	同	9.43	180.	1,697.400
	同	7.9	180.	1,422.000
	同	28.57	190.	5,428.300
9	犀角	7.16	430.	3,078.800
	同	3.41	460.	1,568.600
	同	0.98	380.	372.400
10	大黄	70.25	4.	281.000
11	山帰来	73.25	3.	219.750
12	角先	221.	1.200	265.200
13	肉桂	78.75	5.500	433.125
14	霍香	54.5	4.500	245.250
15	杜仲	17.2	10.	172.000
16	穿山甲	11.7	8.	93.600
17	甘松	67.1	3.500	234.850

18	沈香	5.93	165.	978.450
	同	10.47	125.	1308.750
計				121,048.440[117,785.527]

「産物御用掛方日記」(『琉球王国評定所文書』巻16)35－2号より作成。[　]内は計算上の数値。

御臨時方御用

	品名	量(斤.合勺才)	1斤当り代価(貫・文)	代丁銭(貫・文)
1	朱粉	50.	44.	2,200.000
	同(位劣)	0.87	34.	29.580
2	木香	49.	12.	58.800
3	辰砂	7.375	28.	206.500
4	砂仁	7.6	16.500	125.400
5	龍脳(位劣)	6.8	160.	1,088.000
6	甘松	54.5	7.	381.500
7	本掛人参	8.	346.	2,768.000
	同	5.15	336.	1,730.400
	同	18.4	376.	6,918.400
	同	35.22	366.	5,570.520
8	犀角	2.06	800.	1,648.000
	同	2.62	800.	2,096.600
9	山出人参	79.5	100.	7,950.000
	同	27.94	100.	2,794.000
	同	37.3	110.	4,103.000
10	沈香	9.62	165.	1,587.300
11	甘草	79.5	5.	397.500
12	桂皮	83.	4.800	398.400
13	大黄	32.	9.400	313.600
14	肉桂	21.5	30.	645.000
15	山帰来	1,655.	4.	6,640.000
	同	6,956.	4.	27,844.000
16	木香(位劣)	86.	10.	860.000
計				78,354.500

「産物方日記」(『琉球王国評定所文書』巻16) 35－3号より作成。

表61　1869年御前御用・御臨時方御用品に対する渡唐役者らの買上げ要求価格
御前御用品

	品名	量（斤.合勺才）	1斤当り代価（貫．文）	代丁銭（貫．文）
1	朱粉	134.683	44.	5,926.052
	同（位劣）	28.077	34.	954.618
2	山出人参	15.81	100.	1,581.000
	同	5.03	97.400	489.922
3	連蕘	20.31	4.400	95.457［89.364］
4	呉茱萸	15.9	30.0 00	477.000
5	砂仁	19.71	16.500	325.215
6	阿膠（上位）	12.28	24.700	303.016［303.316］
7	虫糸	2.37	356.	843.720
	同	55.68	351.	19,936.800［19,543.680］
	同	41.74	351.	14,650.740
	同	4.06	245.	994.700
8	本掛ら人参	43.59	356.	15,518.040
	同	11.79	376.	4,433.040
	同	0.95	336.	319.200
	同	61.77	346.	21,372.420
	同	9.43	336.	3,168.480
	同	7.9	336.	2,654.400
	同	28.57	346.	9,885.220
9	犀角	7.16	420.	5,871.200［3,007.200］
	同	3.41	850.	2,898.500
	同	0.98	770.	754.600
10	大黄	70.25	9.800	688.450
11	山帰来	73.25	4.	293.000
12	角先	221	3.	663.000
13	肉桂	78.75	30.	2362.500
14	霍香	54.5	5.6 00	305.200
15	杜仲	17.2	18.	309.600
16	穿山甲	11.7	18.500	216.450
17	甘松	67.1	7.	469.700

方の買入れ提示額七万七七五貫四三〇文の一・七倍となっている。いっぽう臨時御用品の場合は、最低で辰砂・甘草の一・四倍、最高でやはり肉桂の五倍の価格引上げ要求となっている。総体として各品目の代上げ率が高く、代銭の総計は七万八三五四貫五〇〇文、生産方の提示額四万三四二五貫九五〇文の一・八倍におよんでいる。

渡唐役者らは、買物仕入れ値が高いうえに、買欠けが目立ったことについて、「口上覚」を出し、次のように述べている。①唐の商人たちは近年薬種類値段は高騰していると主張して、商談に応じなかったため、言い値で買い取らざるを得なかった。②有り難いことに、去年の渡唐にあたっては昆布・干藻・へり・なからみなどの海産物の申し受けを許されたが、それらの品々は異国人らよりも大分持ち渡ってきたために、低価で売り払わざるを得ず、またそのほかの品々もすべて値下がりとなった。③とりわけ大唐船が逆風に遭い、先の申し受けの品々も過半は打ち捨て、残品とても朽ち廃れ、濡れ欠けが出てきたうえに、着船も遅くなって、払い品も特に値下がりを招くことになった。④私共は総体困窮の者で、渡唐も産物方より拝借、また脇方よりの借銭で可能となっている次第である、と縷々事情を陳弁し、前年注文の薬種類は代上げをもって買い入れるという約束を守って相応の代価で買い上げてもらいたい、と訴えている(38)。

これらの訴えの内容によると、この年の帰唐船の注文品に渡唐役者らが高値を付けたのには、やはり一八六〇年(万延元・咸豊十)派遣船と同様の理由があったようであるが、予想以上の代価になったために、生産方の評価とズレが生じたものと思われる。しかし、中琉貿易は本来そのようなリスクをともなうものであったゆえに、薩摩藩と渡唐役者との間には買上げ価格をめぐるせめぎ合いは避けられなかったというべきであろう。

買上げ価格の抑制があれば、当然のことながら渡唐役者・船方の中には買不足を偽って自分荷として秘匿する者も出てくる。「産物御用掛方日記」の五月二十五日の条には、「御蔵敷より掛御用有之、参上仕候処、生産方御注文御薬種之儀、買不足多有之候処、脇よりハ段々持渡候等有之由候間、訳合書面を以可申出旨、役者江相達候様」と、生産方注文の薬種類は買欠けが生じているのに、脇よりは購入されてきていることについて、理由書を提出するよう、生産方附役野間休右衛門より指示があったことが記されている(39)。

またこの年秋の接貢船の出帆をひかえ、九月二十九日には三司官、御鎖之側らは「近年唐御注文品に買欠けがあって、甚だ不都合のところ、間にはそれを密かに持ち渡り、抜売りをする者もあるやに聞こえるので、来夏の帰唐船は荷役の時より厳重に改め方を申し付ける、もしも御注文の内、買欠けの品を売り用として持ち渡る者があれば、品物を取り上げることは先達て仰せ渡しの通りである」(「生さん方唐注文品之儀、近年致買欠甚御不都合相成候処、間ニ者密ニ持渡致抜売候者茂有之哉ニ被聞召上候付、来夏帰唐船荷役之節より厳重改方被仰付、万一御注文品之内買欠ニ而売用持渡者茂有之候ハヽ、品物御取揚被仰付候段者先達而被仰渡置通ニ而(40)」)と渡唐役者らあてに申し触れている。

結　語

一八四四年(弘化元・道光二十四)に産物方(一八六八年〈明治元・同治七〉生産方と改称)の設置以後、進貢貿易はその主導のもと、渡唐役人に対する本手品の独占的な販売、貿易資金の高金利の貸付けという形で行われていた。そうしたシステムは、基本的に同役所による渡唐役人に対する前貸し支配を生み出さずにはおかなかった。そして、琉球が資金の面でも市場のうえでも主導権が確保できなかった事情が、渡唐役者らに貿易でより大きな利潤を確保することを困難にさせたというべきである。それはすでに述べてきたような、渡唐役人の産物方に対する本手品買入れ代、拝借金の返済滞りの状況から理解できる。

主体的に起死回生の手段を講じ得なかった進貢貿易は、一八四〇年代に入って、アヘン戦争・太平天国の乱などの影響をうけて不調をきたし、それが渡唐役者らの経済的困窮につながっていった。藩が貿易への直接関与の度合いを減らす方向へ舵をきったのも、経済的リスクを回避するためであった。藩は一八六五年(慶応元・同治四)の長崎における貿易自由化を契機に、一八六七年(前年の可能性もある)には、わずかに投じていた一番方銀引取りをも敢行するにいたる。その理由について触れた史料は今のところ見出し得ていないが、長崎の海外貿易独占体制の崩壊が琉球貿易のもつ意義を失わせたといってよいであろう。長崎貿易機構に寄生して展開されてきた中日貿易のサブルートとしての琉球貿易も、メインルートの崩壊と運命をともにしたとみることができる。

ただし、琉球貿易そのものは一八七四年(明治七・同治十三)の最後の進貢船派遣まで続くことになる。この間、生産方を拠点として、琉球に対する商品の流通統制、金融を通じての経済支配の仕組みは変わることなく、渡唐役者らの間では、貿易本手品の値引きと輸入薬種類の価格引上げ、借用金利の引下げ要求は強く求められ続ける。それが容易に遂げられなかったゆえに、渡唐役者・船方の間には、注文品について買欠けと称しながら、当該品を自分荷として秘匿し、売却に主導権を確保しようとしたり、あるいは抜荷によって貿易の利を上げようとする動きも止むことはなかったのである。

藩の流通統制の網の目をかいくぐって利をあげようとしたのは渡唐役者・船方らのみではない。王府自身同じ動きを見せている。たとえば一八七二年(明治五・同治十一)五月、物奉行の具志川親方・国頭親雲上は、表62に示すような貨物を鹿児島琉球館へ送る算段をしている。貨物の内容は両先島・久米島の織物、それに中国製の絹織物・紙類であるが、それらを送るにあたって具志川らが琉球館在番池城親方・豊見城親方にあてた「覚」(41)は、次のように述べている。

表62　1872年琉球館あて送荷予定の時借銀返済用商品

運送船船頭内間《うちま》の積荷

	積　　荷	量
1	白花春綢	5反
2	白花紗綾	39反
3	白羅	4本
4	川紡綢	2反
5	白大綸子	3本
6	白軽紗綾	20反
7	白小綸子	1本
8	弐拾舛紺嶋布	16反
9	白花縮縐	2反
10	白軽紗綾	1反
11	天青色福州緞子	4本
12	青色福州緞子	1本
13	水色福州緞子	1本
14	玉色龍紋緞子	1本
15	水色龍紋緞子	1本
16	白唐紙	8帖
17	拾七舛紺嶋布	16反
18	弐拾舛紺地布	5反
19	拾七舛紺地布	30反
20	嶋紬	33反
21	嶋紬	30反
22	嶋紬	20反
23	藍嶋紬	7反
24	白紬	4反
25	白紬入枕櫃	1ツ
26	中床白縮縐	5反
27	中床白縮縐入枕櫃	1ツ

春楷船船頭金城の積荷

	積　　荷	量
1	白唐紙	20帖
2	白唐紙入枕櫃	1ツ
3	白唐紙	19帖
4	白唐紙入枕櫃	1ツ
5	塩ふた(豚)	50斤
6	塩ふた入中壺	1本

夏楷船船頭仲村渠《なかんだかり》の積荷

	積　荷	量
1	白唐紙	20帖
2	白唐紙入枕櫃	1ツ
3	白唐紙	8帖
4	中床紕縮縐	15反
5	紕花軽紗綾	1反
6	紕花紗綾	5反
7	紕花春綢	20反
8	紕無紋絹	1反
9	嶋紬	20反
10	嶋紬入枕櫃	1ツ

「申(明治5)五月　覚」(『大和江遣状　二』より作成。

右館内時借銀取細用とシテ帳主取封印を以船々より船頭自物成ニ而差登候間、請取候様、尤両先嶋・久米嶋調之反布は、年柄ニ依り出物御用御断茂申上候次第ニ而、一番方蔵役致支配候而者表向相成、差障可申候間、不事立様自物之形を以、二番方蔵役支配ニ而何分直増売払、代銀一番方江相渡候様、蔵役・重書役共江分ヶ而可被申渡候、三司官衆江も申上、此段及御問合候、以上、

すなわち、荷は本来琉球館の時借銀（期限付きの一時的な借銀）の償却に振り向けるためのものであった。しかし、両先島の反布について年柄によってこれまで出物御用を断ってきた手前、王府の御用商品として扱うことは憚られた。そこで表沙汰にならないように船頭荷を装い、その取扱いを藩の御用物担当の一番方蔵役に委ねず、二番方蔵役支配とする、二番方蔵役にはできるだけ商品を高値で売らせ、代銀は時借銀返済のため一番方へ渡すようにする、という計画を三司官・鹿児島琉球館ぐるみで立てているのである。土産の上布は貢納品として、輸入品の絹織物は御用品として自由な流通がなお抑制されていた状況において、王府が考えた抜け道である。

すでにみてきた渡唐役者の動向と合わせて、このささやかともいえる王府の策謀からうかがえることは、琉球国にとって藩（鹿児島県）による流通統制が大きな桎梏として認識されていたということである。琉球王府が明治維新という政治変革へ期待するところがあったとすれば、これまで通りの中琉間の冊封体制の維持、進貢貿易の容認であり、そしてなによりも、そのための日本市場との自由な貿易容認であったといえよう。

註

（1） 中国・日本・先島などへの渡海奉公。「旅役」については真栄平房昭「琉球における家臣団編成と貿易構造――「旅役」知行制の分析――」（藤野保編『九州と藩政2』、九州近世史研究叢書3、国書刊行会、一九八四年）を参照されたい。

（2）『沖縄県史　資料編7　近世1』（一九九九年）二九八頁。
（3）『産物方日記　道光拾六年より翌酉年迄』（尚家文書〈那覇市市民文化部歴史資料室蔵〉三九〇）。
（4）真栄平房昭a「近世琉球における個人貿易の構造」（『球陽論叢』、島尻勝太郎・嘉手納宗徳・渡口眞清三先生古希記念論文集刊行委員会、一九八六年）、同b「琉球貿易の構造と流通ネットワーク」（豊見山和行編『琉球・沖縄史の世界日本の時代史18』、吉川弘文館、二〇〇三年）。
（5）「同治七年戊辰四月　才府方琉球ニ而諸雑費賦」（『琉球資料　下』〈『那覇市史　資料編』第一巻一一〉）。
（6）宮田道昭『中国の開港と沿海市場―中国近代経済史に関する一視点―』（東方書店、二〇〇六年）「第四章　十九世紀中葉、上海における豆規銀本位制の成立について」。
（7）福州での商取引きに蕃銭が使用されていた状況については、真栄平房昭註（4）bを参照されたい。
（8）第十二章第三節、ほかに「案書目録　咸豊三年丑秋」三十三、百九十二（『琉球王国評定所文書』第六巻。以下『評定書文書』と略記する）を参照。
（9）「産物方日記　咸豊十～十一年」（『評定所文書』第十五巻）三四号、四二一―二号。
（10）「産物方日記　咸豊十～十一年」（『評定所文書』第十五巻）三四号。
（11）「産物方日記　咸豊十～十一年」（『評定所文書』第十五巻）四二一―一号。
（12）「産物方日記　咸豊十～十一年」（『評定所文書』第十五巻）四二一―二号。
（13）「産物方日記　咸豊十～十一年」（『評定所文書』第十五巻）三四号。
（14）「産物方日記　咸豊十～十一年」（『評定所文書』第十五巻）四二一―二号。
（15）「産物方日記　咸豊十～十一年」（『評定所文書』第十五巻）四八号。

(16)「産物御用掛方日記　同治八年己巳正月より」(『評定所文書』第十六巻)四三号。
(17)「産物方日記　咸豊十〜十一年」(『評定所文書』第十五巻)八六号。
(18)「産物方日記　咸豊十〜十一年」(『評定所文書』第十五巻)九七号。
(19)「産物方日記　同治七年辰正月より同八年巳十二月迄」(『評定所文書』第十六巻)三九号。
(20)「産物方日記　同治七年辰正月より同八年巳十二月迄」(『評定所文書』第十六巻)四一—一号。
(21)『明治元年渡唐銀向并上方用物料砂糖之件』(尚家文書二七八)、「産物方日記　同治七年辰正月より同八年巳十二月迄」(『評定所文書』第十六巻)五四号、五五—一号ほか。
(22)『大和江御使者記　全』(沖縄県公文書館史料編集室撮影本)。御礼言上の使者として伊舎堂親方が上国している。
(23)明治二年五月二十四日付小波津親方・浦添親方あて宜野湾親方・与那原親方・譜久山親方書状(『従琉球一名問合　明治二巳年より同四未春迄』尚家文書三四八)。
(24)明治二年十月三日付浦添親方あて宜野湾親方・与那原親方・譜久山親方書状(『従琉球一名問合　明治二巳年より同四未春迄』)。
(25)「産物方日記　同治七年辰正月より同八年巳十二月迄」(『評定所文書』第十六巻)三三—一号、三三—二号。
(26)「産物方日記　同治七年辰正月より同八年巳十二月迄」(『評定所文書』巻十六巻)七一—一号。
(27)「産物方日記　同治七年辰正月より同八年巳十二月迄」(『評定書文書』第十六巻)七一—二号。
(28)「産物方日記　同治七年辰正月より同八年巳十二月迄」(『評定所文書』第十六巻)七七号。
(29)「中山世譜」巻十三、咸豊七年戊辰の条(『琉球史料叢書』四、伊波普猷・東恩納寛惇・横山重編、井上書房、一九六二年)。

（30）（31）「産物御用掛方日記　同治八年己巳正月より」（『評定所文書』第十六巻）二六号。
（32）（33）「産物御用掛方日記　同治八年己巳正月より」『評定所文書』第十六巻）二七号。
（34）「産物方日記　同治七年辰正月より同八年巳十二月迄」（『評定所文書』第十六巻）二五―一号、二五―三号、二五―四号、二五―五号、三一―一号、三二―一号。
（35）「産物方日記　同治七年辰正月より同八年巳十二月迄」（『評定所文書』第十六巻）二五―一号、二五―三号、二五―五号。
（36）「産物御用掛方日記　同治八年己巳正月より」（『評定所文書』第十六巻）二八号。
（37）「産物御用掛方日記　同治八年己巳正月より」（『評定所文書』第十六巻）二九号。
（38）「産物御用掛方日記　同治八年己巳正月より」（『評定所文書』第十六巻）三五―一号、三五―二号。
（39）「産物御用掛方日記　同治八年己巳正月より」（『評定所文書』第十六巻）二七号。
（40）「産物方日記　同治七年辰正月より同八年巳十二月迄」（『評定所文書』第十六巻）七四号。
（41）『大和江遣状　二』。

【付論】

初期徳川政権の貿易統制と島津氏の動向

はじめに

徳川家康は、一五九八年（慶長三・万暦二十六）の豊臣秀吉の死後、東南アジア貿易に対する朱印船制度の施行、ポルトガル貿易に対する糸割符制度の導入、唐船を含む長崎来航外国船に対する先買い権の行使、さらに唐船の長崎集中令を発布するなど、貿易統制策を打ち出しつつ、いっぽうでは浦賀を拠点としたヌエバ・イスパニア（メキシコ）貿易構想を推し進め、秀吉の後継者としての立場を明確にしていったことは、すでにこれまで数多くの研究で明らかにされている。(1)

従来のこの期に関する研究は、徳川政権がわから発布された法令分析というかたちですすめられてきた。それはそれとして正当な研究方法といえるが、しかし、貿易統制の実態を浮き上がらせるためには、統制を蒙ることになった諸大名の動向を追跡する必要があろう。ここではそうした視角から島津氏の場合を取り上げて検討してみたい。これまで島津氏の動向に着目した研究として、清水紘一氏や武野要子氏・児玉太刀男氏・木崎弘美氏らのすぐれた研究があり、(2)あらかたの問題点についてはすでに論じ尽くされた感もないではない。しかし、史料的にはこれらの先行研究が見過ごしてきたものも少なくなく、それらに着目するかぎりにおいて、なお若干の問題点を提示できるように思われる。

まず本章では、これまであまり関心が払われてこなかった呂宋（フィリピン）貿易について検討する。幕府による島津氏の呂宋貿易の統制については真栄平房昭氏の指摘するところであるが、(3)その実態について具体的にするまでにいたっていない。幕府が島津氏の呂宋貿易の統制に踏みきった事情については、すでに清水紘一氏が引用するところの、佐久間正訳、一六〇四年（慶長九・万暦三十二）十二月三日付のフィリピン総督あて宣教師フライ・ディエーゴ・ベルメーオの書簡(4)に明らかである。いま、その再引を許していただくと、それは次のようなものである。「彼（家康─引用者註）は関東の彼の領土の船の来る事をずっと以前から要求し、私達は彼に（海上の出来事に依存する事柄に就いて約束出来るような方法に於て）それを約束しましたが、この三、四年彼の領土に全然船が来なかった事であり又、彼の不満を増大したのは彼の反対者の領土に船が入港したのを見た事で、彼の致命的な敵の領土である薩摩に他の船が入ったのを知った時も同じ不満を感じました」。すなわち、家康は関東へのスペイン船の来航を強く望んだにもかかわらず、その来航がなく、むしろその敵対者である大名、特に島津氏の領内への入港があって、大きな不満を感じていたのである。一宣教師の目にそのように映じたということは、浦賀貿易構想の具体化のために、(5)島津氏の貿易活動に統制の手が及んだということが比較的誰の目にも容認される事実であったとみてよい。すなわち、家康の貿易統制策は浦賀貿易構想と分かちがたく結びついていたのである。

こうした観点から見ると、呂宋貿易のみならず、また唐船貿易に統制の手が及んでいったことについても、より理解が深まる。徳川政権成立期の唐船処遇策は、一六〇六年に着岸地の領主より長崎奉行長谷川藤広（左兵衛）へ申告することを要求し、次いで一六一一年には唐船の長崎集中令を発布、一六一四年にはこれを解除、そして一六一六年（元和二・万暦四十四）になって六月に長崎集中令に回帰したかと思うと、再び八月には解除するという経過をたどる。幕府の唐船の扱いは揺れ動いているようにしかとれないが、その背景にキリシタン禁制と生糸そのほか国内必需品の確保という二つの課題がせめぎあっていたことに注目しつつ、そうした唐船貿易の統制についても再検討を試みたい。

第一節　呂宋貿易の統制

1 真壺貿易の統制

呂宋（フィリピン）と日本との関係は、一五九六年（慶長元・万暦二十四）のサンフェリペ号事件と、これに次ぐ翌年の二六人のキリシタンの処刑を契機に、マニラ在住日本人が放逐されるなどで、一時冷え込む気配がみえたが、間もなく日本船の来航が増えはじめ、日本と呂宋の貿易は再び勢いを盛り返していった（6）。日本船のマニラ渡航の活発化は、朝鮮撤退後身の振り方に窮した軍事要員が海外に向かいはじめた結果と目されている（7）。こうして海上の秩序維持が必要となったため、家康は秀吉によるばはん船（海賊船）の取締り、朱印状による海外との通交体制を継承する。そして具体的な貿易統制は真壺（ルソン壺）貿易にあらわれる。たとえば、一五九九年七月二十一日付で惟新（島津義弘）がその子忠恒（島津家久）にあてた書状には、次のようにある（8）。

急度令啓候、ろそんへ為商売罷渡船壱艘、長崎へ着岸候、彼船ニ真壺佰弐拾壱のせ来候を被成御糺明、不残此元へはや被食上候、真壺商買船之儀者、太閤様堅御停止之旨、被仰置候間、従　内府様も一段曲事之由、被仰出候、然者甑嶋へも唐船弐艘着岸之由、其内阿久根之様ニひかせ候船者、ろそん商売船ときこえ候、此船頭則長崎之者にて候、舟をハあく禰へ食置、船頭者長崎之様ニ参候間、高畠新蔵殿ハ彼船頭へ直談之由候、真壺なとも可在之由候間、能々念を入相改候て可然之由、寺志广殿より新蔵殿を以承候、新蔵殿ハ右之真壺共相改、長崎より近日此元へ上着にて候、新蔵殿口柄直承候、甑嶋よりあぐねへひかせ候船者、必定ろそん商買船にて候由、新蔵殿被申候、帖佐よりもいつミよりも、とかくの到来ハ無之候、誠油断共中々可申様無之候、貴所前より被仰付、諸事無緩之様被相糺候て可給候、返々真壺之儀可被入御念候、其外ばハん船之儀、先度示給候、ばハん之者共ハ、少々ハ此方へひきのほせらるゝ儀に候、於様子者、平左衛門尉へ相含指下候き、定可被聞召候、いよ〳〵無御油断被仰付、肝要ニ候、恐々謹言、

「朱カキ」「慶長四年」七月廿一日　　惟新（花押）

少将殿

すなわち、この書状の冒頭のくだりには、長崎着の「ろそん」（呂宋）渡航の商売船が一二一個にものぼる大量の真壺を積載していたことが判明し、糾明の結果、これらを残らず召し上げたことが述べられている。この場合の書状の発信人である惟新のいる「此元」がどこかということになるが、家康はこの年の二月頃には居を伏見に移しているから、この書状は伏見から出されたもので、真壺は同地の家康のもとに集中的に上せられたことになる。

それはさておき、惟新が忠恒あてにこの書状を出したのは、領内出水郡の甑島へ着岸した、やはり呂宋貿易に従事していた唐船に対する対応を迫られたからであったことがわかる。両船はいちおう阿久根に曳航されたが、船頭は長崎の者であったため、長崎に拘束され、積荷改めには当時長崎奉行であった寺沢広高の家老高畠新蔵があたることになった。新蔵は特に真壺の改め出しにあたり、それらは近々のうちに伏見に届くことになっていたのである。この一件について帖佐や出水よりなんの知らせもないという状況に不安をかき立てられた惟新が、くれぐれも真壺のことには念をいれる必要があるとし、領内のばはんの者も少しの人数ではあるが伏見へ引き登せられることを指摘して、緊

張の思いをもって事にあたらねばならないことを、国元の忠恒に説いているのである。

この甑島来航船舶載の真壺の確保に伏見の惟新がいかに神経をとがらせていたかは、七月二十五日付でやはり忠恒にあてた書状の次の一節からうかがわれる。「其元御糺明なされ、真壺於在之者、いそき〳〵可被指上候、さやうに候者、然々の船を被仰付候て、上乗なとも丈夫ニ被仰付尤候、万一まつほひとつも於取散者、船頭長崎之者にて候間、世上其隠有ましく候、畢竟国元之ゆるかせになるへく候条、よく〳〵被入御念候て可給候」[9]。すなわち、真壺を運ぶ船頭が長崎の者ゆえ、ひとつでもそれを取り散らせば明るみに出て、国元の怠慢を問われることになるとして、この一件に念を入れるよう促している。

こうしてみると、真壺の独占は、家康が秀吉の後継者たることを内外に示す重要な事柄の一つであったことは疑いない。家康がこと呂宋貿易に対して特に統制を厳しくしていることも、そのことを物語っている。一五九九年(慶長四・万暦二十七)九月二十八日になって、惟新は忠恒あてにまた次のように書き送っている[10]。

(猶々書略)

追而示預候通具承届候、然者ろそんへ船を被渡ニ付而、寺澤殿へ墨付を取候て可進之由候、雖然我等もろそんへ舟を渡申度由、於爰元寺澤殿へ度々申理候へ共、当年者従寺澤殿　内府様へ被得　御意、使者船を被差渡候間、惣別従余方ろそんへ船を渡候儀者、被成停止之由被仰事ニ候、御法度之儀候条、不及是非候、然間我等船かう地へ可渡之由申候、貴所在京之為与言、彼是以肝要之儀ニ候へ共、右ニ申候様ニ、御法度之儀候間、先余方へ被渡候而可然存候、なを追々可申通候、恐々謹言、

「朱カキ」
「慶長四年歟」

九月廿八日　　惟新(花押)

又八郎殿

この書状の冒頭のくだりには、呂宋への遣船は寺沢広高の墨付きをもって申請するよう家康の周辺より指示があったことが述べられている。おそらく義弘の願い出に対してそのような指示がなされたのであろう。義弘の出願は秀吉以来朱印船の渡海が許されていたことが前提にあってのことと思われる。呂宋渡航の出願に寺沢の墨付きが必要とされたのは、この場合、寺沢が長崎奉行として秀吉以来の対外関係の「取次」としての立場にあったことによる(11)。家康周辺の指示を受けた義弘は、その寺沢にたびたび呂宋への遣船を願ったが、当年は内府様(家康)の使船を派遣するため他の船の渡海は法度につき、かわりに「かう地(河内)」へ遣船するようにいわれて、義弘はやむなく忠恒に他の地への遣船を検討するよう促しているのである。このように他の東南アジアの国には渡海が認められているから、こと呂宋のみについて家康の特別の思いがあったと考えるほかない。

呂宋貿易の統制は、おそらくは家康の関東貿易構想と絡んでいる。家康が秀吉の存命中からメキシコ貿易を構想していたことは岸野久氏が明らかにするところであるが(12)、秀吉が死去するとそれは具体化の方向へ動き出した。一五九九年(慶長四・万暦二十七)春には、マニラのスペイン人の関東招致をフィリピン政府と交渉せしめるために(岸野)五郎右衛門が、そして一六〇〇年には、日本で布教活動を行っていた宣教師フライ・ヘロニモ・デ・ヘススが派遣されている(13)。ヘススは、関東の主要港に修道院と住居を提供すること、日本ではスペイン人を歓迎すること、スペイン船が日本に漂着などした場合、必要な装備を与え、修繕すること、その他いかなる日本人といえども、フィリピナス沿岸に行き、略奪を働き、損害を与えることを許さないことなどについて、約束をうけたことを述べている(14)。家康のスペイン貿易にかける意気込みは、実際に家康がその約束を身をもって示したことにあらわれていた。

同年、商品を積んでマニラに入港しようとしていた二隻の中国船が日本の賊船に襲われるという事件が起こり、フィリピン政府より賊徒の処罰を求められると、家康はただちに関係したと目される薩摩をはじめ九州のばはん人たちの捕縛を命じ、四〇〇人以上を磔刑に処している。[15]またマニラ入港の日本商船を三隻に限りたいとする要求に対し、毎年長崎から小麦粉やその他の商品を積んでマニラに行く帆船に対しても、マニラにとって損害・損耗となることのないよう、今後はあまり多くの船は行かず、マニラ総督の許可と意志に従って、マニラの調達に対して充分な数の船だけが行くよう命令したとされるから、[16]ばはんの禁圧と同時にマニラへの渡航船の制限を打ち出したことがわかる。それは正式に一六〇一年（慶長六・万暦二十九）十月にフィリピン政府あてに通知されているが、[17]この国書では、賊徒の処刑を報じるとともに、朱印状を帯びない日本船の入港を許可しないことも願われている。

いっぽう明けて一六〇二年の六月一日付の寺沢あての書翰で、フィリピン総督のアクーニャは家康のばはん人たちの処分を歓迎し、フィリピンの日本船受容れ数を一期ごとに三隻、年間六隻として、これに対する朱印状の交付を願うにいたった。[18]これをうけるかたちで家康は九月にアクーニャに書を送り、そのなかで、①日本入港の者については何国人たるを問わず積荷の安全を保障すること、②商品の売買に暴力を加えないこと、いずれの港でも自由な売買を許すこと、③外国人の自由な居住を認めること、ただしキリスト教の布教を禁ずること、などを通知し、[19]また同年に土佐清水港に船の修補と食糧確保のために入港してきたエスピリツ・サント号の乗員たちを本船に託して送らしめており、[20]フィリピン政府の歓心を買うことにつとめているのがわかる。

こうした家康の態度はその後も変わらない。一六〇九年（慶長十四・万暦三十七）には、上総国岩和田に漂着した前臨時フィリピン総督のドン・ロドリゴ・ビベーロに貿易開始の斡旋を承諾せしめ、船を与えてメキシコに渡航せしめているし、[21]また翌一六一〇年五月には、将軍秀忠がスペイン国王あてに同国船のあらゆる港への着岸を許す旨の書を送っているのである。[22]

こうして家康がメキシコ貿易の成就を期す状況下においては、島津氏の要求がかなえられる可能性はなかったといってよい。その後の島津氏の呂宋貿易を求める動きを、以下にもう少し追ってみよう。

2 呂宋貿易をめぐる対幕交渉の展開

レオン・バジェスの『日本切支丹宗門史』[23]によると、一六〇二年(慶長七・万暦三十)、薩摩の大名が呂宋にレオ・キザエモン(喜左衛門)を派遣したこと、同人が薩摩の国の屋形の主チンチョンゲンの署名の入った一六〇一年九月二十二日付の書をもたらし、宣教師の派遣を要請したことが記載されている。同書によれば、前年にもキザエモンのほかヨハネ・サンダヤ(三太夫)らが呂宋に来航してきたことが記載されているが、これらのことを裏付ける島津がわの史料は今のところ見出し得ていない。しかし先のばはん事件からしても、島津領内から朱印状を帯びない商船の私的な渡航は頻繁に行われていたと考えてよいであろう。島津氏は、そうした商船の船頭などを通じて宣教師の来航を促し、呂宋貿易の道筋をつけようとしたことがうかがわれるが[24]、いっぽうでは家康に対して、呂宋への渡海朱印状の交付願いも続けられている。

一六〇四年(慶長九・万暦三十二)五月十日付で義弘が忠恒あてに出した書状の「尚々書」は、「尚々右ニ難去用所と申候事ハ、呂宋へ渡海舟之儀ニ付、中性院へ頼存、致祈念御成就候而より、山口殿へ可申入之由、伊兵少へ申渡候」[25]となっていて、呂宋渡航の許可を得ることを重要な案件と位置づけ、それは中性院へ祈禱させたのち、家老の伊勢兵部を通じて山口直友に家康への取次ぎを申し入れさせたことが記されている。島津氏にとって呂宋渡海朱印状の獲得は神仏にもすがりたいほどの強い願望であったことがわかるが、その後の山口直友との交渉の結果については、上洛中の忠恒が六月二十四日付で国許の義弘にあてた書状に次のようにある。「一、内々御心遣被成候呂宗《ママ》へ渡海船之儀、五日以前山口駿河殿へ以伊勢兵□（貞昌）委申達候処、存之外心安御返事にて候、以御□□御前へ可被仰下候、少も気遣入ましきよし候、何より以満足不過之候」[26]。すなわち、このくだりによれば、伊勢の申し入れに山口は、心安く家康への取次ぎを引き受けたようで、上々の首尾に忠恒は満足の意を表している。そして義弘は七月十日付で忠恒にあてた書状で、「一、呂宋へ渡海申候船之事、追付山口殿へ被仰達、御合点を以念比ニ被仰候由承候、珎重ニ存候事」[27]と述べ、追っつけ山口に家康の達しがあって島津家にも懇ろに許可が伝えられるであろう、という情報に喜んでいる。

こうしてみると、島津氏に対して呂宋渡航の朱印状は交付の方向へ動き出したかにみえる。この後、幕府は島津氏の要求を容れて渡海朱印状を給したものとみる見解もあるが[28]、しかし、「旧記雑録」や「島津家文書」をみても、その後島津家がその発給を受けたことを伝える史料は見当たらない。いま「異国御朱印帳」によって、一六〇四年（慶長九・万暦三十二）から一六〇七年までの呂宋渡航朱印状の交付状況を整理してみると表のごとくで、その中にやはり島津忠恒の名は見えない。では、この間に島津氏あてに異国朱印状の交付は全くなかったかといえばそうではなく、呂宋を除く他の地への渡海朱印状の交付は受けている。たとえば、一六〇四年八月二十六日付で柬埔寨（カンボジア）、次いで閏八月十二日付でやはり柬埔寨のほかに暹羅（シャム、アユタヤ朝タイ王国）、一六〇五年には七月一日付と三日付で安南（ベトナム）、同じく一六〇五年七月三日ならびに一六〇六年九月十七日付で西洋、そして一六〇九年（慶長十四・万暦三十七）に暹羅向けの渡海朱印状をそれぞれ交付されている[29]。

いっぽう、この間に朱印状の発給を受けている大名としては忠恒のほかに松浦鎮信・有馬晴信・鍋島勝茂・亀井茲矩・加藤清正・五島玄雅らがいるが[30]、その内で呂宋渡海を許されているのは松浦鎮信一人だけで、あとはほとんど有力商人たちに限られている。松浦氏が呂宋への渡海を認められ理由は明瞭ではないが、少なくともこの事実からも、

1604～1607年の呂宋渡航朱印状の交付状況

受給年	受給者
1604年6月6日	伊丹宗味
〃　7月5日	平野孫左衛門
〃　8月18日	安當仁
〃　8月26日	田那辺屋又左衛門
1605年5月11日	浦井宗普
〃　9月1日	安當仁
〃　9月3日	田那辺屋又左衛門
〃　9月上旬	平野孫左衛門
1606年8月12日	林　三官
〃　8月15日	平野孫左衛門
〃　9月15日	安當仁
1607年6月26日	小西長左衛門
〃　6月26日	平野孫左衛門
〃　6月26日	松浦法印

「異国御朱印帳」、中村質編『影印本異国日記―金地院崇伝外交文書集成―』（東京美術、1989年）より作成。

幕府は諸大名に対し、呂宋渡航については遠慮を強いていたと考えたほうが妥当であろう。

ともあれ島津氏の強い願望であったにもかかわらず、同氏への呂宋渡海朱印状の交付はついになされなかったとみてよい。一六〇六年六月五日付の忠恒あて惟新書状には、小田原平右衛門の御朱印船が一六〇四年秋目より呂宋へ向けて出航し、一六〇六年片浦に帰航した旨の一条がみえる。[31]これは島津氏の遣船とも解されるが、そうではないであろう。島津氏に呂宋渡海朱印状が交付されていないかぎり、それは渡航を許された有力商人の持ち船ないしは島津領内の商人よりの借船かと思われる。「勿論　御朱印船ニて候間、此方よりハかもいなく候」[32]という義弘の述懐が、この船が島津氏となんの関係もなかったことを示していよう。つまり、島津氏は自船の呂宋渡航はかなわなかったが、領内の諸浦は呂宋渡航の基地として位置づけられていたことを知りうる。

一六〇二年（慶長七・万暦三十）三月二日付で惟新が山口直友にあてた書状に、呂宋へ渡海するはずの京衆の宗香なる者がすでに薩摩に下向したか否かを尋ねたうえ、「貴所就御入魂之儀、馳走似合之儀たやすき御事にて候」[33]と、同人が山口と入魂の者ゆえ、相応の馳走をすることを請け合っているくだりがある。宗香は、小田原平右衛門のような朱印船の便を得るために島津領内を目ざした客商の一人であろう。

島津領内の諸浦が呂宋往来船の発着のベースでありながら、徳川政権の強い管理下に置かれていたとするならば、浦々より事態の改善を望む声が生じてくるのもまた当然である。一六〇六年（慶長十一・万暦三十四）四月十六日付で、龍伯（義久）は忠恒に対し、「仍薩州久志より呂宋渡榀之儀、望之由申来候、就其如毎年　御朱印申請度候」(34)と、領内の久志浦の者たちより呂宋渡海を望む声が強いことを伝えて、朱印状の獲得になお尽力するよう指示している。

そうした領内諸浦の呂宋貿易に対する要求が高まるなかで、フィリピン政府に対する商船の派遣を求める交渉も続けられている。たとえば、一六〇六年（慶長十一・万暦三十四）一月には難破した呂宋船の救助を好機と捉え、フィリピン総督のアクーニヤに通商を希望する旨の書を送り(35)、一六〇九年にも遭難呂宋船の船長あてに商船の来航を願う書を送っている(36)。

第二節　唐船貿易の統制

1　慶長十一年令と島津氏

以上、呂宋貿易に対する幕府の統制の実態についてみてきたが、次に唐船貿易に対するそれをみてみよう。清水紘一氏はすでに一六〇四年（慶長九・万暦三十二）の糸割符による外国船統制に次いで、幕府は一六〇六年に、西国沿岸の諸大名に対し、領内来航の中国船については、積荷目録を添えて長崎代官に報告することを義務づけるという、新たな規制を打ち出したことを明らかにしているが(37)、ここではその点をもう少し島津氏に即して具体的に見てみよう。

文禄・慶長の役（壬辰・丁酉の倭乱）後の一六〇〇年（慶長五）、鳥原喜右衛門・通事孫次郎（張昂）らを明に派遣、商船派遣交渉に成功しながら、堺の商人伊丹屋助四郎による明商船襲撃事件で定期的な福州船の招致を果たせなかった島津氏であったが、一六〇三年六月七日、伊勢平左衛門（貞成）の名で、本田助允（助之丞）・五代右京入道に対して次のような「唐船着津ニ着被　仰出条々」を通達している。(38)

一、鹿児島・富隈・帖佐三方より御用物之外、一物もおさへをかるましき事、
一、廻船憲法直成之外、押買させられるましく候、若自然違乱之人於有之者、下々之者ハ被搦置、至于侍ハ能々被届置、可有言上事、
一、対猥唐人、為地下人喧嘩口論於仕懸者、其科ニ可被召曖之事、
右於三ヶ条者、堅被仰出之間、為各無用捨可被仰渡者也、

慶長八年六月七日　　伊勢平左衛門（花押）

本田助允殿
五代右京入道殿
参

この文書の名あて人の本田と五代はいずれも唐船奉行である。唐船奉行については、『職掌起原　全』には「上代には異域の商船御領内え致渡海候儀、自由相調候故、坊津・京伯（泊カ）等の港口え毎々唐船其外諸国船渡来商売仕候、依之唐船奉行被定置、異国船致来着之節、其浦々え差越、諸取締且御用物買入方の差引仕候処、慶長八年、本田助之丞親貞・五右京入道友慶唐船奉行相勤候付、義弘公御家老伊勢平左衛門貞成条書有之」(39)とあって、その設置は古くまでさかのぼり、一六〇三年（慶長八）には本田と五代がその任あったように記している。これに対し、伊地知季安は『唐物来由考』(40)に次のように記している。

> 琉球入以前よりノ島原喜右衛門於明国通事孫次郎と再三申談候上、松齢様御方ニ御約束申上越置候趣ニ茂致符合候事故、官人共ニ茂致納得候歟、追々唐船為商買、薩州迄年々差渡向ニ相成、五代右京入道友慶・本田助之丞親貞ニ唐船奉行と申御役迄一往仰付置御座候事、本田氏文書ニ有之、

すなわち、伊丹屋事件があったのち、領内への唐船の入津が増え、これに対応するために唐船奉行が置かれることになったような書き方をしている。それ以前の文書の中に同職の記載がみられないところからすれば、一六〇三年（慶長八・万暦三十一）に新たに設置をみた可能性は高い。

さてこの「条々」が定めるところの内容は、①鹿児島（家久）・富隈（義久）・帖佐（義弘）の御用物を除いて一物たりとも押さえ置かないこと、②廻船憲法の定める直成にしたがって取引きを行い、押買い行為をしないこと、③唐人に対して地下人が喧嘩口論をしかけることの禁止、などである。

これらの「条々」が領内地下人たちによる乱暴狼藉から唐人を保護しようとしたものであることは明らかであるが、いっぽう唐人たちに対しては九ヶ条の「須知」として、想定される取引き上の紛争の原因になる行為を排除するとともに、銭穀の貸与、通事の偽言の糾明など、貿易が円滑に行われる条件が提示されている[41]。もちろん、この「須知」に島津氏の入用品を除く他商品の自由な売買を保障する条目も存在する。「旧記雑録」には唐船奉行の本田助之丞関連文書として、一六〇三年六月十五日付の家久・義久・義弘の御用物に関わるものと思われる「覚」[42]、七月二十三日付の家久・義弘の御用物「注文」[43]、次いで八月二十四日付の甑島着船に対する鹿児島（家久）の「御物買日記」[44]が存在する。すなわち、一六〇三年にあいついで唐船の来航があったのであり、唐船奉行の設置、唐船貿易に関する諸法度の整備は、まさにそうした状況のなかから出てきたものであったと理解されよう。

いっぽう、こうした島津領内への唐船の寄港増加に対応するかのように、幕府にも注目すべき動きがみられる。一

六〇三年には、一五九二年(文禄元・万暦二十)以来長崎奉行職にあった寺沢広高のあとに小笠原一庵が奉行に据えられて、長崎を拠点とした外国貿易の直接把握がはかられ、(45)一六〇四年には対ポルトガル貿易に糸割符制が施行される。そして一六〇六年三月二十七日には、本多正純の名をもって、以後島津領内へ唐船が着岸した場合は長崎奉行に届け出ることとし、舟(曳舟か)をめぐって唐人との間に出入りが生じても、諸人とも手抜かりなきように領内への徹底を促すにいたる。(46)すなわち、幕府が島津氏の唐船貿易にも介入する端緒がここに開かれることになったのである。一六〇六年のものと思われる五月一日付の忠恒あて惟新書状は、「一、唐船之事、六月ハ定而早々可致着岸事ニ候、然ハ彼曖之様子可得御意候由、於爰元申談候、弥無御失念被聞召合、早々可被仰下候」(47)と、六月早々に着岸するはずであろう唐船の扱いについて、幕府(家康)に聞き合わせ、早々に知らせるように述べていて、来航唐船の申告制は確実に島津氏を拘束するようになっている。

唐船の入港状況が長崎奉行に掌握されることになって、島津氏は貿易そのものにも一層慎重な姿勢で臨まなければならなくなった。たとえばその一端は、間もなく起こった屋久島着岸船の一件にうかがうことができる。この一件の詳細については知り得ないが、国許の島津龍伯(義久)がこの年の四月十六日付で在京中の忠恒にあてた書状には、次のようにある。(48)

追而令申候、屋久嶋へ唐船着岸之刻、家村源左衛門尉積荷改之為検者差遣候、従鹿児嶋者鈴木猪介被相添候、然処荷物之始末念不入、散々ニ罷成候、就其兼日遂糺明候、種子左近太夫も此比当地へ出頭候間、委申渡候、先々右之検者両人手前者不届、段々無所遁候、因茲家村事者永召籠所領等迄可没収覚悟候、鈴木者其地へ召列候間、御分別次第可被仰出候、(後略)

この文面から察すると、屋久島着岸の唐船の積荷改めの検者家村源左衛門と、同人に添えられた鈴木猪介の積荷の管理に不始末があったようである。書状には「然処荷物之始末念不入、散々ニ罷成候」とあるだけであるが、龍伯が「鹿児島者」鈴木は京の忠恒のもとに召し連れるので「御分別次第」にと述べていることからすると、同人は忠恒の家臣であろう。いっぽう家村については龍伯が「永召籠」とし、所領までも「没収覚悟」としているから、龍伯の配下の者であったとみてよい。ここから御用物の獲得のために家久・義弘・龍伯はそれぞれ配下の者を積荷改めに送ったことがわかるが、そうした者たちの不始末が発覚した場合、厳正な処置をもって臨んだことが理解できる。

島津氏が入港唐船の積荷改めに慎重を期さなければならなかったのは、駿府の家康、江戸の将軍秀忠の先買いに応じなければならなかったからであることはいうまでもない。その後領内に唐船三艘の入港があって、忠恒は、小笠原一庵の後をうけて長崎奉行となった長谷川藤広にそれを報告しているが、長谷川はこれを受けて五月二十五日、「御用物於御座候者、従是以使者可申上候(49)」と書き送っており、幕府は島津領内寄港の唐船にも、長崎同様に先買い権を及ぼすことを基本的なねらいとしていたことは明らかである。したがって島津氏としては積荷の改め、その管理の不始末は領主権の範囲で安易に処理できなくなっていったというべきであろう。家久(忠恒)も同年(一六〇六・慶長十一・万暦三十四)六月二十四日の惟新あて書状で次のように述べている(50)。

(前略)就中唐船奉行之儀、よく〳〵入念候ハてハ心遣候間、大かたに候ハぬやうニ紹益・権左衛門尉へ被仰達、よこめをひら松より御付候やうにと存事候、来月中ニハ我等可罷下候間、其間之儀奉憑候、乍重言いつれの舟にても唐船参候ハヽ、急ニ御注進仰上候、あきなひハ早々御させ候て、めつらしき物なと参候ハヽ、其段は被仰上候へとの御事にて候、(後略)

すなわち、家久はまず唐船奉行の職務がおろそかにならぬよう、家老島津紹益(忠長)・樺山権左衛門に申し聞かせること、そのために平松(この年、帖佐郷鍋倉村の宇都御屋地から同郷平松村の平松城に移った義弘のこと)より横目を申し付けることを依頼している。唐船奉行を通じて遺漏なく貿易を展開していこうとする家久の慎重さが理解できるが、気の抜けない対応を余儀なくされた理由は、後に続く部分から明らかであろう。唐船はどの地から来航しようとも、入津次第幕府(長谷川)に注進し、めずらしい品物が積載してあればその申告を義務づけられていたのである。

こうした大御所・将軍による先買い権の行使は、唐船、そしてオランダ船の貿易に多大な影響を与えることになった。「当代記」[51]一六〇九年九月の条には、「唐船糸の売買于㆑今無㆑之、何事も自㆓駿府㆒下知し給、依て商人徒に長崎逗留す、糸の程を被㆓相定㆒、十一月長崎へ重て商人を可㆑被㆑下との儀也」とあり、長崎入港唐船も駿府の家康の下知が下るまで糸の売買が禁止され、糸の価格が決まるまで唐商たちはいたずらに長崎に留められることになった。薩摩領内へ寄港する唐船の積荷目録も長崎奉行を通じて駿府・江戸に回されることになっていたことからすると、基本的には長崎入港船と同様な状態に置かれたことになろう。糸の価格が決定されて後、十一月ごろに商人たちが長崎に下ることが許されるというのであるから、島津の生糸が動きはじめるのもその頃のことと思われる。

先買い権の行使が唐船だけに限定されたものではなく、平戸に来航したオランダ船にも適用されたことは、すでに三宅英利氏・清水紘一氏によって明らかにされているが[52]、唐船・オランダ船が先買い権の行使によって蒙った影響は、幕府の許可が出るまで積荷を動かすことができないということだけではなかった。すでに加藤栄一氏が引用する[53]、一六一一年(慶長十六・万暦三十九)七月入港のオランダ船ブラック号の航海記には、「長崎奉行は、二年前、カスチリヤ人が三十匁を要求せる絲を二十三匁にて買い上げ、去年は、支那人が四五十匁の価を称へたる生絲を、二十四匁にて買い上げたり、何れも皇帝の名義を以てするが故に、何人も之を拒む能はず[54]」とあって、一六〇九年入港のスペイン船、そしてその翌年入港の中国船に対して、長崎奉行長谷川左兵衛が将軍の名義をもって生糸を安価に買い入れたことが指摘されている。唐船・オランダ船は糸割符の枠外には置かれたが、実質的には大きな制約のなかにあったといってよかろう。

こうして唐船貿易に対する規制がおよぶ過程にあって、注目されるのは島津氏の琉球との交渉である。すなわち、一六〇六年（慶長十一・万暦三十四）の夏、琉球国より家久の島津家当主の継嗣を祝賀する使者として崇元寺長老と宜謨里主らが派遣されてくると、家久は琉球国が日本と明国との貿易基地としての役を担うことを要求すると同時に、明商船の島津領内への来航を乞う書を託している。当時琉球には明国冊封使夏子陽が滞留中で、先に伊丹屋事件で被害を蒙った明商船の消息を知るために、渭濱（茅国科）送還の役を果たした鳥原喜右衛門との接見を求めていた。島津氏はこれを好機として崇元寺僧らに「呈大明天使書」を託したのである[55]。島津氏は前年の一六〇五年には琉球出兵の計画をたてているが、この年は冊封使の来航もあって、琉球を通じた対明貿易の基盤の確立と発展に大きな期待がかけられていたことがわかる。ところが、こうした島津氏の期待は具現化せず、一六〇九年（慶長十四・万暦三十七）三月、島津氏は琉球の直接把握に乗り出すことは周知の通りである。

ところで、この一六〇九年という年は、いくつかの点で注目すべき年と考える。すでに述べたように、この年七月にオランダとの国交が開始される。また家康は、上総国岩和田に漂着した前フィリピン臨時総督ドン・ロドリゴ・ビベーロに駿府においてメキシコとの貿易の斡旋を承諾せしめ、船を与えてメキシコに渡航せしめている。こうして浦賀貿易が具体化の方向へ向かったことを契機とするかのように、幕府は糸割符制のもとにあったポルトガル貿易に対し、長谷川配下の役人の船内立入りによる積荷目録の作成と商品凍結の執行を許可するにいたる。こうした新しい措置に対してはカピタン・モールの強い反対があって、積荷改めの役人は下船を余儀なくされたが、結局ポルトガル商人の意に反して積荷の一部を安価で強制的に買い上げるにいたった。すなわち、買上げ権の執行である[56]。

五野井隆史氏の、日本司教のスペイン国王あて一六〇九年十月十日付書簡による考察によれば、ポルトガル貿易を犠牲にしてまで、長崎貿易を規制しようとしたのは、必需品の不足をオランダやスペイン船との貿易によって補完できると考えたからであった[57]。周知のように、この年の十二月には有馬晴信によるマードレ・デ・デウス号の撃沈事件が起こるが、この一件に関するパステルスの『一六～一七世紀日本スペイン交渉史』の次のような記述が興味深い[58]。

彼（長谷川左兵衛―引用者注）は直ちにペッソアの命令によってマカオで家臣を殺害された有馬国王ドン・ジョアン（晴信）に書状を認め、本件を皇帝に告訴して処分を求めるようにと巧みにドン・ジョアンを教唆した。内府様（家康）は、この告訴と要求を、オランダ人が自ら貿易協定を結ぼうと申し出た時に受理した。又この時期にドン・ロドゥリーゴ・デ・ビベーロが「サン・フェリーペ号」で関東（上総）に漂着し、もしスペイン人に日本の港を自由に使用させるならば、マカオを通じてポルトガル人から購入している商品の二倍も三倍もの物を入手できるであろうと内府様に伝えた。

これだけで内府様が（マードレ・デ・デウス）号のポルトガル人を皆殺しにすることを命ずるのに十分であった。そこでドン・ジョアン有馬（晴信）殿を召喚し、ペッソアを捕らえ、その部下を一人残さず殺戮し、王室財政のために船と積荷をことごとく没収し、ペッソアの首級を政庁に齎するようにと命じた。フィリピンの（托鉢）修道会員には安全に滞在し、長崎に教会や修道院を建てることを許可した。

すなわち、晴信の訴えが認められたのは、オランダとの貿易協定の成立、そしてビベーロがポルトガルに代わってスペインが二倍三倍もの貿易品の供給に当たりうるとの申し出があったからだ、というのである。以上のような家康のポルトガル政策の転換を前提にすれば、また唐船に対する対応もあらためて注目されてよい。

2　変転する唐船政策とその背景

島津氏の琉球出兵は、琉球の明への入貢が二年一貢より一〇年一貢に制限されるという、琉明関係に大きな影響をもたらすことになったが、商船往来の阻害要因にはならず、七月には島津領内へ一〇艘の唐船が入港し[59]、以後唐船の来航数は増大をみることになる[60]。しかし、一六一一年(慶長十六・万暦三十九)になると、家康は、唐船はいかなる地へ来航するともすべて長崎に回航し、商売を行うよう命じるにいたる[61]。

これより先の一六一〇年の十二月十六日付をもって、家康は福建商人周姓如に渡航朱印状を与えているが、その文言は「雖為着到何之浦々津々加守護、速可達長崎[62]」となっている。また本多正純の名で福建道総督軍務都察院都御史所あてに差し出された勘合復活を乞う旨の添状においても、「明歳福建商舶来我邦期以長崎港為湊泊之処[63]」と記されている。すなわち幕府はこの時点で唐船の長崎集中をはかる方針を打ち立てていたことになり、翌一六一一年にはこれを島津氏をはじめ諸大名に布達したものと理解される。

琉球を通じた対明交渉がはかばかしく進展しないなかにあって、長崎に唐船を集中させ、国家的な保護を加えつつ、貿易管理を強化しようとしたものであったといえるが、それはポルトガル貿易への依存から脱却し、スペイン・オランダ、そして中国貿易に軸足を移していく一環として捉えられる。ここにおいて積荷目録の上呈後、長崎奉行の許可を得て行われていた島津氏の唐船貿易も完全に封殺されることになったのであるが、当然のことながら島津氏よりはこれに抗する何らかの動きがあったことは想定されてよい。いまそれを直接示す史料は掲げ得ないが、以下の二つの史料にその一端はうかがえるように思われる。

〔史料A〕一六一〇年(慶長十五・万暦三十八)七月十二日付家久あて惟新(島津義弘)書状[64]

一、甑島ニ着岸之唐船三艘之内、一艘者可為長崎船之由奉行衆被申、如長崎可被引せ之由候、乍去当国ニ着岸之船

之事候間、於爰元商売共候様ニと懸引申半ニ候、余者追々可申通候、

〔史料B〕一六一一年五月十日付家久「覚」[65]

一、唐船ニ引船出候儀、堅法度申付候、乍去湊近参候をかまいなく候へハ破損候間、繋おかせ可申候哉之事、

史料Aの一六一〇年七月十二日付家久あて惟新書状は、甑島着岸の唐船三艘のうち、一艘について長崎奉行が長崎出航船であることを理由に長崎へ回航させるよう指示してきたのに対し、島津氏は、領内着岸の船であるので、その港において商売させてくれるよう交渉半ばであることを伝える。具体的な交渉の経緯はつかめないが、可能なかぎり島津領内から長崎へ唐船の寄航の流れを変えようとする長谷川の意向が示されたのに対し、取引き権が寄港地を領有する島津氏にあることを主張して、これに対抗しているのが注目されよう。

ところが史料Bの家久の「覚」は、洋上の唐船に引き舟を出すことを固く禁じ、港の近くまで接近し、放置して座礁の危険があれば、やむをえないので港に繋留しても差支えない、という内容になっている。この点からすると、唐船の領内入港を認められたものの、海上に唐船に引き船を出して強引に領内に引き込む行為が目立ったために、長谷川らよりあらためてそれを禁じる旨の申し入れがなされたのであろう。

以上、唐船の取扱いについて、幕府と島津氏の間にどのようなやりとりがあったのかは明瞭ではないが、唐船の招致をめぐって両者の間にせめぎあいがあったことは見えてくるように思う。いずれにしても、そうした経緯があって、結局幕府は一六一一年（慶長十六・万暦三十九）、唐船の長崎集中令の発布に踏み切ることになった。同令については、すでに多くの論著で引用されているので、あらためて掲げるまでもないが、「駿府記」[66]の十一月二十八日の条には次のように記される。

廿八日、於㆓前殿㆒大明人御覧之、大明商船、雖㆑至㆓何浦㆒、悉於㆓長崎㆒可㆑遂㆓商買㆒之由申請之、則賜㆓御印㆒、長谷

川左兵衛奉レ之云々、

すなわち、唐船の長崎集中令は十一月二十八日、駿府での来航明人たちの引見の場で通達されていることがわかるが、それはこの夏の来航唐船の数が予想以上に多数にのぼったからであろう。「駿府記」の八月二十日の条には「大明南蛮異域之商船八十余艘来朝」[67]とあり、来航船八十余艘のうち多くは明商船であったと考えられるから、家康がこれを好機と捉えたことは、あながち否定できないであろう。

唐船の長崎集中令が発布された翌年夏の貿易船の入津状況を「駿府記」で追ってみると、七月二十三日に黒船が長崎に着津、白糸一四万斤、そのほか緞子等多く来る（八月四日条）、七月二十五日大明商船および呂宋帰朝商船共二六艘長崎に着、白糸二〇万斤余載せ来る（七月二十五日条）、などの記事があって、大量の生糸が長崎に集中してもたらされるようになり、法令は効力を発揮していた様子がうかがえる。そのことは、いっぽうの唐船の寄港を禁じられた島津氏の場合をみると明らかである。惟新（島津義弘）は一六一二年（慶長十七・万暦四十）七月二十五日付の太田宗善（豊後国臼杵領主太田一吉）あての書状で次のように書き送っている[68]。

一、唐船為商売銀子被差下候、雖然当年者唐船着岸無之候、乍去小船一艘着津候へ共、長谷川左兵衛佐殿以御下知被仰付候間、此方より之かまい無之候、然間商売不罷成仕合ニ候、就其銀子之始末之儀、本田源右衛門尉より可申上候、（後略）

この一条から、宗善は義弘あてに夏の唐船の来航にそなえて買物銀を託していたことがわかる。しかし、小唐船一艘の着津があったにもかかわらず、長谷川左兵衛の下知に従うことになり、島津氏の関与する余地がなく「商売不罷成仕合」となったことを告げて、宗善に銀子の返還がなされる手はずになったことがわかる。島津氏の場合、こうした宗善にみられるようなかたちで、諸大名・商人より買物代銀の付託（投銀）をうけていたものとみられるが、惟新

（義弘）は、八月二日付で、荒木十左衛門に対しても、やはり次のような内容の書状を送っている。(69)

一、如承唐船之事者当国へハ従　公儀不被成御着候、此比小船二艘着岸申候へ共、是も長谷川左兵衛佐殿下知にて商売可在之由候間、此方自由ニ不罷成候、せめて貴辺へハ如此唐物なと之儀成共、致才覚御馳走可申物をと残多存事候、

この書状によれば、その後領内へは二艘の小唐船の入津があったようであるが、やはり長崎奉行長谷川の構うところで、島津がわの自由になるところではないとし、荒木に唐物の才覚馳走ができないことを残念がっている。

しかし、島津氏が貿易に関与できなくなっても、その後唐船の島津領内への寄航はやまなかった。そうした事態を重くみた長谷川の働きかけがあったのであろう、幕府は島津領内への寄航唐船をいちいち長崎へ回航させることをやめ、長崎より奉行を島津領内へ派遣することに改めることになる。十月二十日付の山口直友あて本多正純の書状には、「然而今度至薩广浦唐船着岸致候へ共、長崎より奉行被付置候付而、陸奥守殿より御構不成候由、蒙仰候、存其旨候」(70)と述べられている。

長崎より島津領内着岸の唐船の積荷改めに、特別に長崎奉行配下の役人を着岸地に送った例は、すでにみたように一六〇九年（慶長十四・万暦三十七）のポルトガル船の例があり、ついで一六一一年、オランダ船が平戸に着岸した際にやはり同様な措置がとられている。すなわち、松浦氏より入船の報告をうけた長崎奉行長谷川は二人の役人を送り、積荷の陸揚げを監視させている。(71)こうした先例を唐船にも及ぼそうとしていたのであり、とするならば、長崎奉行の貿易管理権が直接島津領に及ぶことと引き替えに、唐船の長崎集中令は実質的にここに放棄されたことになる。

この年また注目されるのは、一六〇九年マードレ・デ・デウス号事件ののち一時途絶えていたポルトガル貿易が復活することである。すなわち同年七月、ゴア総督の使者ソートマイオールが来航、家康は九月には同人を駿府に引見

して貿易許可の朱印状を与えている。[72]このポルトガル貿易の復活の理由は明瞭ではないが、要するに幕府がポルトガル貿易を断ち切ることができなかったことは確かである。すでに明らかにされているように、家康が執念を燃やしていたメキシコ貿易が実現する目処がたたなかったことがその背景として考えられてよい。

清水有子氏がインディアス総文書館所蔵のフィリピン政府関係文書によって明らかにするところによれば、[73]フィリピン政府はスペインの仇敵オランダが日本に進出した一六〇九年以降変化をみせはじめた。フィリピン政府のメキシコ貿易に対する当初の見解は、その非現実性を認めつつも、フィリピンの治安と日本宣教に利することであるから、家康が要求することは拒絶しないというものであった。しかし、日本がオランダとの関係断絶の意志のないことが明らかになると、メキシコ貿易に反対を表明するようになっていった。岸野久氏によれば、その背景にはまた、日本でメキシコ渡航可能な遠洋航海用の船が建造されることによって起こるマニラ侵寇の危惧、およびスペイン船が関東を経由することによって生じる経済的危惧があったことがわかる。[74]家康の構想するところは、まさに実現が危ぶまれる方向に向かいつつあったということになる。

しかし、そうしたなかにも一六一〇年(慶長十五・万暦三十八)、サンフランシスコ派の僧フライ・アロンソ・ムニヨスは、家康の要請を受けてメキシコ貿易の開始にあたって協約を結ぶため、ドン・ロドリゴの船に便乗して浦賀を発ち、翌年十二月には家康の書簡をスペイン政府に呈した。これを受けてスペイン政府は一六一二年に毎年商船一隻をアカプルコより浦賀に渡航せしめることとなった。ところが、日本のキリシタン禁制強化の情報に使者はメキシコに留められ、結局、家康あての書簡より商船派遣の一条は削除されることになっていった。幕府によるキリシタン禁止の動きは一六一一年八月頃より始まり、一六一二年八月六日には幕領を対象に禁令が公布され、さらに一六一三年十二月二十三日付をもってそれは全国に布達されていった。使者の一行は伊達政宗の使船に便乗して一六一五年(元和元・万暦四十三)閏六月に着し、家康および秀忠にイスパニア国王の返書を差し出したが、もはや使者一行が厚遇される状況にはなかった。こうして、ヌエバ・イスパニア貿易は具体化しないまま立ち消えとなっていったのである[75]。

幕府のキリシタン禁制強化にともなう旧教国との関係が変化するなかで、最大の焦点となっていったのはおそらく唐船処遇策であろう。島津氏の史料に即してみると、一六一四年(慶長十九・万暦四十二)五月十七日付で、家久は長谷川左兵衛より唐船着岸の時分は唐人次第と伝えられ[76]、そして翌一六一五年(元和元・万暦四十三)には琉球伝いに入港してくる唐船については「彼唐人共心次第早々致商売候様ニと」通達されるにいたっている[77]。この書状を家久より受け取った国許の惟新は、証跡のために召し置くよう老中衆に申し渡しており[78]、明らかに従来の唐船政策の転換として受けとめられていたことがわかる。

「駿府記」の同年閏六月三日の条には、「漳州船の紀伊国浦への寄港があり、積荷の砂糖の処置について、後藤少三郎が言上におよんだところ、「恣可㆑致㆓商買㆒之由被㆓仰出㆒」[79]とあって、砂糖を自由に売らせていることからして、現実にはこの年島津領内入港の唐船にも自由な貿易が許されたとみるべきであろう。ただし島津領内への唐船寄港に際し、実際に長谷川配下の役人が送り込まれたか否かについては、史料的に確認はできない。

その後、幕府の唐船の処遇策については、翌一六一六年(元和二・万暦四十四)六月にヨーロッパ船とともに、その寄港地を平戸・長崎二港に限定する方針を打ち出したかと思うと、八月八日にはこれより適用を除外するというように、変転することはよく知られた事実である[80]。このこと自体、唐船の扱いが大きな焦点となっていたことを物語っていよう。この法令の発布については、家康の死後、地位の低下した本多正純に代わって台頭してきた土井利勝ら譜代勢力による外交方針の転換があったとする清水紘一氏の指摘がある[81]。また永積洋子氏は、貿易地を制限し、すべての船を自己の支配下に置こうとした長崎奉行長谷川左兵衛と、その一味の京都・堺の大商人の働きかけによるものであったとする。[82] 島津氏の訴えによっていとも簡単に撤廃をみているのは、あるいはそうした事情があったかとも思われる。しかし、唐船のみが六月令から解放されたという点に着目すれば、島津氏の背後にいる唐人たちへの配慮が働いたと考えないわけにはいかない。

「唐物来由考」は、唐人たちは一六一六年（元和二）、島津領内への寄港を禁止されても、数百年来通船になじんできた薩摩の湊の前を乗り過ぎ、遠方の長崎に行くことを容易に納得しかねる有様であったため、南浦文之に「須知簿」を起草せしめ、唐船の薩摩領内への寄港が許されなくなった旨を告知せしめたとしている。[83] 唐船が幕府の規制が働く長崎を忌避し、島津氏をはじめ他の西国大名領へ寄港を望んだのはまた自然であろう。いっぽうまた幕府は、そうした唐人たちの要求を圧殺し、長崎集中令を堅持するにはためらいがあったとみるべきである。明国との「勘合」樹立の道が遠のき、対中国貿易は民間商船に依存するほかなかったからである。

結び

文禄・慶長の役後の商船の呂宋渡航の活発化にかんがみ、ばはん船の取締り、朱印状による海外との通交体制という、豊臣政権による海上の秩序維持政策を継承した徳川家康の貿易統制は、まず島津氏の真壺（ルソン壺）貿易に及ぶにいたった。すなわち、茶の湯文化の先導者としても、秀吉の後継者としての立場が明確にされたのである。これによって、島津氏は茶の湯形成期の当時にあって有力な貿易品であった真壺貿易の道を断たれたのであった。そして家康の浦賀を拠点としたヌエバ・イスパニア（メキシコ）貿易構想が具体化するようになると、島津氏の呂宋渡海は全く封じられるかたちとなっていった。島津領内の諸港は呂宋貿易のベースとして管理利用されていたふしがみえ、久志浦にみられるような呂宋渡海の封じ込め解除を求める声に押されるかのように、島津氏の対幕交渉が展開されたが、家康の浦賀貿易にかける意志の固さがそれをことごとく押し潰していったのである。

呂宋貿易に加えて唐船貿易の統制も、島津氏に大きな打撃をもたらした。やはり文禄・慶長の役後、来航唐船数が増大し、島津氏は一六〇三年（慶長八・万暦三十一）には唐船奉行を設置して貿易体制を調えていった。いっぽう徳川政権も、長崎奉行を中心にして長崎の外国貿易の拠点化に乗り出し、一六〇六年には、長崎奉行長谷川左兵衛（藤広）を通じて、唐船を含む外国商船に対して積荷目録を提出させ、先買い権を行使するにいたった。左兵衛による積荷目録提出の義務づけは、実質的に外国貿易に大きな影響を及ぼした。島津氏の場合、唐船貿易にあたって大御所家康、将軍秀忠の先買いに備えて積荷の管理強化をはからねばならなかったことからすれば、島津家がこれまで行っていた先買いも憚らねばならなかったことは当然であろう。

また、外国商船はこの制度の適用により、駿府の大御所・江戸の将軍の許可が出るまで積荷の取引きができなかったため、実質的に貿易上の制約をうけることになった。いうまでもないことであるが、島津氏の一六〇九年（慶長十四・万暦三十七）の琉球出兵は、こうした徳川政権による唐船貿易の統制強化という背景のなかにおいて捉える必要があろう。

この一六〇九年に、幕府は糸割符制のもとにあったポルトガル貿易に対し、新たに長谷川配下役人の船内立入りによる積荷目録の作成と取引凍結の処置を許すにいたった。すなわち、ポルトガル貿易に対する統制が一段と強化に向かったが、そこには外国貿易の軸足をオランダやスペインに移そうとする意図が孕まれていた。このように、ポルトガル貿易への依存から脱却し、オランダ・スペインとの貿易に国内必需品確保の途を模索しはじめたという点で、この年は徳川政権の貿易政策上重要な画期をなすものといえよう。

長崎に対する対外貿易拠点化政策は、一六一一年(慶長十六・万暦三十九)にさらに強化をみていった。すなわち、これまでどの港へも寄港を許されていた唐船は、寄港地を長崎に限定されることになった。朝尾直弘氏は、そうした長崎貿易の掌握と、キリシタン問題、国内政治の権威確立などを背景に、浦賀貿易が消滅していったとみている(84)。そうした脈絡で一連の事実を捉え直すと、寛永期に確立をみるいわゆる「鎖国」(解禁)の原型を見出すことができる。

だが、しかしこの段階において、ポルトガルについて、ポルトガル船ならびに唐船に対する処遇策については幕府の態度は明確にされるまでにはいたらない。ポルトガルについては一六一一年の九月には貿易を復活させ、唐船については一六一四年には長崎集中令を解き、以後一六一六年(元和二・万暦四十四)六月に再び長崎集中令に復帰したかと思うと、八月にはまた解禁とするように一貫しない。ポルトガルとの関係がマードレ・デ・デウス号事件後完全に遮断されるのではなく、貿易が再開された背景は、先の朝尾氏の指摘に即して考えれば、スペインとの浦賀貿易構想がこの段階で潰えてしまったことにあったとも理解されよう。国内必需品の補完ルートが確保できなかったかぎり、ポルトガル人を排除することはできなかったのである。

唐船に対する政策の変転も、唐船を継続的に招致し、国内必需品の確保が可能か否かという問題と深く関わっていたとみてよいであろう。長崎における管理貿易には唐人たちの抵抗も大きかったことが想定され、唐船の招致をはからねばならないこの段階においては、幕府も一定の妥協を要したのである。

こうして、客観的な諸情勢から旧教国のポルトガル人を国内から排除し、唐船を含めてあらゆる外国貿易を、長崎を拠点として統制下に置くという「鎖国」(解禁)体制の確立までにはいたらなかったが、幕府の志向するところは一六〇九年(慶長十四・万暦三十七)以降明確になっていったとみることができる。そうした幕府の方針は、すでに明らかにしたように、島津氏をも完全に貫いており、朝尾氏のいう幕府の権威性の確立を示していたといってよいであろう。そういう意味では琉球出兵後の島津氏の進貢貿易への関与の動向が注目されるところであるが、その点についてはあらためて別稿で論じたい

註

（1）徳川政権初期の貿易統制の動向については以下の論著を参照されたい。朝尾直弘『鎖国』（日本の歴史17、小学館、一九七五年）、森克己・沼田次郎『体系日本史叢書5　対外関係史』（山川出版社、一九七八年）、中田易直『近世対外関係史の研究』（吉川弘文館、一九八四年）、『長崎県史　対外交渉編』（長崎県、一九八六年）、永積洋子『近世初期の外交』（創文社、一九九〇年）、加藤栄一『幕藩国家の形成と外国貿易』（校倉書房、一九九三年）、同『幕藩制国家の成立と対外関係』（思文閣出版、一九九八年）、曾根勇二・木村直也編『新しい近世史2　国家と対外関係』（新人物往来社、一九九六年）。

（2）清水紘一「近世初頭長崎代官の一役割について―特に長谷川藤広を中心として―」（『長崎談叢』五八輯、一九七五年）、武野要子『藩貿易史の研究』（ミネルヴァ書房、一九七五年）、児玉太刀男「島津藩の中国貿易と鎖国」（箭内健次編『鎖国日本と国際交流』上巻、吉川弘文館、一九八八年）、木崎弘美「寛永鎖国と唐人貿易」（『洋学史研究』八号、洋学史研究会、一九九一年）。

（3）真栄平房昭「近世初期のルソン交流史を探る―周縁領域の視点から―」（『新薩摩学―薩摩・奄美・琉球』鹿児島純心女子大学国際文化研究センター―、南方新社、二〇〇四年）。

（4）佐久間正「十七世紀初頭日比交渉関係の報告―西班牙文書―」（『横浜大学論叢　人文科学系列』第九巻第二号、一九五八年）。

（5）家康の浦賀貿易をめぐるスペインとの交渉経過については、村上直次郎『異国日記抄』（三秀舎、一九一一年）、幸田成友『日欧交通史』（岩波書店、一九四二年）第七章・一六章、モルガ『フィリピン諸島誌』（大航海時代叢書Ⅶ、岩波書店、一九六六年）、箭内健次「日本・メキシコ貿易の基調」（『史淵』九九号、九州大学文学部、一九六七年）、高瀬弘一郎「十七世紀初頭におけるわが国のスペイン貿易について」（『史学』四五巻第一号、三田史学会、一九七二年）、岸野久「関ヶ原戦役前における徳川家康とフィリピンとの交渉―ローマイエズス会文書による―」（『キリスト教史学』二八集、キリスト教史学会、一九七四年）、パステルス著・松田毅一訳『日本・スペイン交渉史』（大修館、一九九四年）、清水有子「一七世紀初頭スペイン領フィリピン政府の日本関係文書」（『南島史学』六三号、南島史学会、二〇〇四年）。

（6）岩生成一『南洋日本町の研究』（岩波書店、一九七七年）二二八頁。

（7）岩生註（6）書、二三〇頁。

（8）「旧記雑録後編」巻四五、鹿児島県史料三（以下冊番号のみ記す）八〇八号。

（9）「旧記雑録後編」巻四五、三、八一一号。

（10）「旧記雑録後編」巻四六、三、八九六号。

（11）山本博文『幕藩体制の成立と近世の国制』（校倉書房、一九九〇年）三二一～三三三頁。

（12）（13）岸野註（5）。

（14）～（16）モルガ註（5）書、一八七～一八八頁。

（17）村上註（5）書、一九八～一九九頁。

（18）村上註（5）書、二〇四～二〇九頁。

（19）村上註（5）書、二一〇～二一四頁。

(20) パステルス註(5)書、一八八～一九二頁、村上註(5)書、二一二頁。
(21) パステルス註(5)書、一八八～一九二頁、村上註(5)書、四〇頁。
(22) 村上註(5)書、付録第四号「秀忠よりイスパニヤ国王に贈りし書翰」。
(23)(24) クリセル神父校閲・吉田小五郎訳『レオン・パジェス　日本切支丹宗門史』上巻(岩波文庫、一九三八年)八〇頁。
(25) 「旧記雑録後編」巻五八、三、一九三二号。
(26) 「島津家文書之三」(『大日本古文書』家わけ第十六)一五〇五号。
(27) 「旧記雑録後編」巻五八、三、一九四九号。
(28) 武野註(2)書、一〇一頁。
(29) 「異国朱印帳」(中村質編『影印本異国日記—金地院崇伝外交文書集成—』東京美術、一九八九年)。
(30) 「異国朱印帳」、岩生成一『朱印船貿易史の研究』(弘文堂、一九五八年)所収「表7　個人別年次別朱印船派遣船表」参照。
(31)(32) 「旧記雑録後編」巻六〇、四、二一五号。
(33) 「旧記雑録後編」、巻五五、三、一六一〇号。
(34) 「旧記雑録後編」、巻六〇、四、一九一号。
(35) 「與蠻君書」(村上註(5)書、二一七～二二〇頁)。
(36) 「寄呂宋国船主書」(村上註(5)書、二二三～二二五頁)。
(37) 清水紘一「近世初頭長崎奉行の一考察」(『中央史学』創刊号、一九七七年)。

(38)「旧記雑録後編」巻五七、三、一八二九号。
(39)『鹿児島県史料集Ⅵ』（鹿児島県史料刊行会、一九六六年）六四頁（ただし読点・並列点は上原）。
(40)『鹿児島県史料』（旧記雑録拾遺、伊地知季安著作史料集六）四二九頁。
(41)「唐物来由考」（『鹿児島県史料』〈旧記雑録拾遺、伊地知季安著作史料集六〉）四二九―四三〇頁。武野註(2)書、一〇七～一〇九頁。
(42)「旧記雑録後編」巻五七、三、一八三一号。
(43)「旧記雑録後編」巻五七、三、一八四三号。特に注記するところはないが、一八三一号文書と同様に伊勢平左衛門（貞成）の差出し文書である点から、本田ら唐船奉行あてのものとみて間違いはあるまい。
(44)「旧記雑録後編」巻五七、三、一八五三号。
(45)清水紘一「長崎代官小笠原一庵について」（『長崎談叢』五七輯、長崎史談会、一九七五年）。
(46)「旧記雑録後編」巻六〇、四、一七六号。
(47)「旧記雑録後編」巻六〇、四、二〇四号。
(48)「旧記雑録後編」巻六〇、四、一九四号。
(49)「旧記雑録後編」巻六〇、四、二一一号。
(50)「旧記雑録後編」巻六〇、四、二三二号。
(51)「当代記」巻五（『史籍雑纂』〈続群書類従完成会、一九九五年〉）。
(52)三宅英利「長崎奉行長谷川左兵衛論考―近世外交政策の一考察―」（『史淵』六九輯、一九五六年）、清水註(2)。
(53)加藤栄一『幕藩国家の形成と外国貿易』（校倉書房、一九九三年）一一六頁。

(54)『大日本史料』一二編ノ八、六五二頁。
(55)上原兼善『幕藩形成期の琉球支配』(吉川弘文館、二〇〇一年)七六頁。
(56)(57)五野井隆史「慶長一四年(一六〇九)の生糸貿易について」(『史学雑誌』八一編一一号、一九七二年)。
(58)パステルス註(5)書、二七四頁。
(59)この多数の唐船来航には、前年の慶長十三年(一六〇八)、薩摩久志浦より帰国することになった福建商人許麗寰に、義久の名で、次年再渡航の時、不幸にして他州里に至るとも小吏をその地に派遣したいとする、唐船貿易に対する積極的意志が伝えられた結果かとも考えられる(「与大明商客」〈『影印本異国日記』下、一一八頁〉)。
(60)日本への唐船の来航数の推移については、岩生成一「近世日支貿易に関する数量的考察」(『史学雑誌』六二編一一号、一九五三年)、児玉註(2)を参照。
(61)「駿府記」慶長十六年十一月二十八日条(『史籍雑纂』、続群書類従研究会、一九九五年)。
(62)『影印本異国日記』(上)一六頁。
(63)『影印本異国日記』(上)一五頁。
(64)「旧記雑録後編」巻六五、四、七一二号。
(65)「旧記雑録後編」巻六六、四、八二九号。
(66)(67)『史籍雑纂』。
(68)「旧記雑録後編」巻六七、四、九一五号。
(69)「旧記雑録後編」巻六七、四、九二五号。
(70)「旧記雑録後編」巻六七、四、九六四号。

(71) 三宅註(52)、清水紘一註(2)。
(72) 幸田註(5)書、二〇八〜二〇九頁。
(73) 清水有子註(5)。
(74) 岸野註(5)。
(75) その経緯については村上註(5)書付録、八〜一〇頁。幸田註(5)書、二七一〜二八五頁。
(76) 「旧記雑録後編」巻七〇、四、一〇九九号。
(77)(78) 「旧記雑録後編」巻七一、四、一二七四号。
(79) 『史籍雑纂』。
(80) 清水紘一「元和二年外国船平戸長崎集中令の一考察」(『社会文化史学』一六号、社会文化史学会、一九七八年)。木崎註(2)。
(81) 清水註(80)。
(82) 永積註(1)書、一九頁。
(83) 『鹿児島県史料』(旧記雑録拾遺、伊地知季安著作史料集六)四一三〜四一四頁。
(84) 朝尾註(1)書、一〇八〜一〇九頁。

索　　引

事項索引

あ

い

お

か・が

き・ぎ

く

け・げ

こ・ご

さ・ざ

す・ず

な

へ・べ

ほ

る・れ・ろ・わ

人名索引

あ

い

き・ぎ

し・じ

み

む・も

や・ゆ

よ

り・る・れ・ろ・わ

点が多い。もっとも考えられるのは琉球館立ち入り商人の手を通じて市場に放出されるか、士に主従関係の確認のために、あるいは役料として給賜されるのであろうが、実態については明確にし得なかった。王府唐物の問題でいえば、最初に触れたように冠船によってもたらされた貿易品の処理についても、手がかりを得ることができず、結局ここでは冠船貿易については全く触れえなかった。この問題に迫るには琉球産物の運送・販売にかかわった浜崎太平次をはじめとする薩摩藩御用商人の関係史料や、王府の公的記録の発掘が鍵となるであろう。

なお、本書をまとめるにあたって苦労したのは、貿易品の読みと性格の確定作業である。荒物類については辞典を引き引き学んでいったが、薬種類に関しては大いに悩まされた。その時におすがりしたのは、医師で漢籍に詳しい原田禹雄先生である。先生にはお手紙・はがき等でご丁寧なご教示を頂戴しただけでなく、お持ちの薬種関係の蔵書までご提供いただいた。そのことに関し、特に記して御礼を申しあげたい。ただ、先生のご厚意にもかかわらず、薬種類の中には私の力不足で、それがどのような性格のもので、いかなる効能をもつものなのか、示しえなかったものが多々ある。それらを一つずつ明確にしていくのも今後の残された課題の一つである。

本書では重要だと思われる史料は出来るだけ全文を引用したり、表にして示すようにした。それは琉球関係史料が残存状況が悪いため、見ることができたものについてはしっかり示して、後に続く人に手がかりを残しておきたいという思いからであるが、ページ数がやや膨らむ結果になってしまった。出版事情が悪い中にあって、特殊なテーマのしかも大部のものとなった本書の刊行をお引き受けいただいた岩田書院の岩田博氏には感謝の言葉もない。何よりもご丁寧にゲラに目を通し、誤植や筆者の表現上の誤りを的確にご指摘いただいたことに深甚なる謝意を表したい。

二〇一六年三月

上原　兼善

は仁政の体言者として振舞ったが、薩摩藩の琉球「付庸」の中味は実は「内国植民地」的統治を意味するのではないかという感を強くする。そのことは、商利確保を企図した藩の諸策に対する王府がわの対抗の動きからも反証される。進貢船の船間の拡張、昆布貿易の拡大、輸入唐物、鬱金・砂糖ほか琉球特産品の買い入れ、収取をめぐる薩琉間の攻防の様相は、本研究が明らかにし得た成果だと筆者自身では思っている。

しかし、本書で明らかにし得たことはほんの一握りのことで、むしろ今後解明されなければならない課題のほうが大きいといわねばならない。まず第一に輸出入の総量ひとつをとっても、こと志と違って全容把握というところまではいたりえなかった。統計資料を欠く前近代の貿易においてはそう簡単なことではないが、今後新たな史料の発掘と、事例分析を積み上げ一歩一歩その実像に迫る努力をしていくしかないであろう。

第二に、近世の琉球貿易は中世のそれとどのような違いあるのか、この点を見極めたいと思ったが、やはり明確にはできなかった。中世が仲介貿易にとどまっていて、近世になると、輸入品に付加価値をつけて輸出するという、加工貿易の段階にまで到達するのではという期待を寄せたが、残念ながら、そのことが確認できるまでにはいたらなかった。ただその点で興味を覚えたのは、西洋緞を琉球織物の原材に取り入れている例がみられたことである。そうした輸入原材の加工の事例はほかの製品にもみられることなのかどうか、今後詳細に検討してみる必要がある。

原材の輸入と加工製品の生産と結びつきがあったか否かということとともに、第三として、中国への輸出が新たな商品開発を刺激的に生み出している側面はなかったかどうか、ということについても検証していく必要があろう。たとえば輸出品としてさかんに登場する焼酎・味噌・醤油、扇子などの供給体制の問題である。

さらに今後明らかにされるべき課題の第四としては、王府唐物の処理の問題がある。渡唐役者、船方の買い荷の処理についてはは明らかにし得たと思うが、王府二番方銀で買い入れられた唐物はどのように処理されたか、わからない

編、二〇〇五年）に発表したものである。校正の機会が無く、不備だらけとなった拙論から、抜荷に関する一節だけ抽出し、若干手を加えて、本書に収録した。「付論」は『社会経済史学』一七一巻五号（二〇〇六年）掲載論文である。序章につながれば、という思いから加えておいた。

こうした旧稿を部分的に取り込みながら出来上がったのがこの本であるが、あらためて原稿を読み返してみると、近世の琉球国の位置がほの見えてくる。すでに確認済みのことであるが、徳川幕府は、琉球を対中国交渉の窓口とした経緯があって、中国との朝貢・冊封関係を再生産・維持していくために、琉球が日本市場で銀や代物を調達することを認めた。進貢貿易は琉球国を存立させる手立てとして保証されたのであった。

しかし、中国との朝貢・冊封関係を維持するための銀や代物の調達は、「琉球押えの役」をもって任ずる島津氏を通してはじめて可能であったことを見逃すべきではない。琉球が独自に日本市場に参入することが許されなかったから、おのずとそこには島津氏の貿易に対する発言権が増し、経済的に従属を余儀なくされる構図が生み出されていったのである。すでにみた通り、琉球は薩摩藩にとっては特産品の収奪の場であったのみならず、唐物獲得市場、そして藩特産品の輸出市場でもあった。藩の渡唐役者に対する高利での銀の融通、昆布など代物の高価格での販売、輸入唐物の買いたたきが常態であった。琉球より薩摩へ商品を送る場合、琉球在番奉行、唐物方（産物方・生産方）の送り手形を要し、薩摩藩よりの下り荷の場合も藩の手形を付すことを義務づけられた。つまり財の移動の管理統制が見受けられる。そして内政は尚家に委ねられていたとはいえ、外国との交渉案件については藩の琉球在番奉行に伺いをたて、あるいは藩の了解を一々とりつけねばならなかったことは、フランスの開国・通商要求に対する対応経過をみれば明らかである。

こうしてみると、琉球は「内国植民地」に位置づけられたという理解もなりたち得よう。徳川幕府は琉球に対して

あとがき

本書の主論を構成する一四の章のうち、序章「近世初期・中期の琉球貿易概観」、第一章「琉球王府財政と進貢貿易」、第五章第一節「「江戸立」延期嘆願書の提出と砂糖作増し要求」、第十章「長崎商法の復活と薩摩藩の対フランス貿易構想」、第十二章第一節「抜荷の盛行」、それに付論「初期徳川政権の貿易統制と島津氏の動向」を除いてほとんどが新稿である。既発表の章・節についてのみ、初出の紹介をしておく。

まず序章は、旧著の『鎖国と藩貿易』（八重岳書房、一九八一年）をベースにまとめ直したものである。若干の修正箇所もあるが、旧稿に入れてしかるべき章である。第一章は一九八六年に『岡山大学教育学部紀要』七二号に「近世中後期の琉球王府財政」と題し掲載した論考で、字句・標題などを訂正して収めた。近世琉球国の財政研究としては稚拙であることを認めるが、ここでは、琉球の換銀の対象とされた特産物の収取の実態、渡唐銀の捻出構造を知るうえでは問題はないと考え、あえて掲げた。第五章第一節は『境界からみた内と外』（九州史学研究会、岩田書院、二〇〇八年）に書いたもので、「薩摩藩の初期天保改革と琉球」が原題である。もともと薩摩藩による琉球砂糖買い入れの動きとともに論ずるつもりであったが、紙幅の都合上「江戸立」延期嘆願書の問題しか論じ得なかったので、本書では砂糖買い入れの問題に関する節を立て、二節構成とした。第十章は、一九七二年に書いた「天保十五～弘化三年の沖縄への外艦来航と薩摩藩―調所笑左衛門の動きを中心にして―」（『南島史論』、富村真演教授還暦記念論文集）という論考をベースにしているが、全く同じではない。史料を読み直し、最近の研究を取り込んで、大幅な加筆をおこなった。第十二章第一節はすでに註記でも述べたが、『第九届中琉歴史関係国際学術会議論文集』（福建師範大学中琉関係研究所

著者紹介

上原 兼善（うえはら けんぜん）

1944年　沖縄県生まれ
1974年　九州大学大学院文学研究科博士課程中退
同　年　九州大学文学部助手
1976年　宮崎大学教育学部助手
1979年　同大学 同学部助教授
1982年　岡山大学教育学部助教授
1996年　同大学 同学部教授
2009年　同大学 同学部退職
現　在　岡山大学名誉教授
本書により，第59回「日経・経済図書文化賞」，
第15回「徳川賞」，第39回「角川源義賞」受賞。

主要論著
『鎖国と藩貿易』八重岳書房，1981年
『幕藩制形成期の琉球支配』吉川弘文館，2001年
『島津氏の琉球侵略』榕樹書林，2009年
『名君の支配論理と藩社会』清文堂，2012年

近世《きんせい》琉球《りゅうきゅう》貿易史《ぼうえきし》の研究《けんきゅう》　　近世史研究叢書44

2016年（平成28年）6月　第1刷　300部発行　　定価［本体12800円＋税］
2017年（平成29年）11月　第2刷　150部発行

著　者　上原 兼善

発行所　有限会社 岩田書院　代表：岩田　博　　http://www.iwata-shoin.co.jp
〒157-0062 東京都世田谷区南烏山4-25-6-103 電話 03-3326-3757 FAX 03-3326-6788

組版・印刷・製本：ぷりんてぃあ第二

ISBN978-4-86602-957-3　C3321　¥12800E　　Printed in Japan

岩田書院 刊行案内（24）

			本体価	刊行年月
936	橋本 裕之	儀礼と芸能の民俗誌	8400	2015.10
937	飯澤 文夫	地方史文献年鑑2014	25800	2015.10
938	首藤 善樹	修験道聖護院史要覧	11800	2015.10
939	横山 昭男	明治前期の地域経済と社会＜近代史22＞	7800	2015.10
940	柴辻 俊六	真田幸綱・昌幸・信幸・信繁	2800	2015.10
941	斉藤 司	田中休愚「民間省要」の基礎的研究＜近世史43＞	11800	2015.10
942	黒田 基樹	北条氏房＜国衆19＞	4600	2015.11
943	鈴木 将典	戦国大名武田氏の領国支配＜戦国史14＞	8000	2015.12
944	加増 啓二	東京北東地域の中世的空間＜地域の中世16＞	3000	2015.12
945	板谷 徹	近世琉球の王府芸能と唐・大和	9900	2016.01
946	長谷川裕子	戦国期の地域権力と惣国一揆＜中世史28＞	7900	2016.01
947	月井 剛	戦国期地域権力と起請文＜地域の中世17＞	2200	2016.01
948	菅原 壽清	シャーマニズムとはなにか	11800	2016.02
950	荒武賢一朗	東北からみえる近世・近現代	6000	2016.02
951	佐々木美智子	「産む性」と現代社会	9500	2016.02
952	同編集委員会	幕末佐賀藩の科学技術 上	8500	2016.02
953	同編集委員会	幕末佐賀藩の科学技術 下	8500	2016.02
954	長谷川賢二	修験道組織の形成と地域社会	7000	2016.03
955	木野 主計	近代日本の歴史認識再考	7000	2016.03
956	五十川伸矢	東アジア梵鐘生産史の研究	6800	2016.03
957	神崎 直美	幕末大名夫人の知的好奇心	2700	2016.03
958	岩下 哲典	城下町と日本人の心性	7000	2016.03
959	福原・西岡他	一式造り物の民俗行事	6000	2016.04
960	福嶋・後藤他	廣澤寺伝来 小笠原流弓馬故実書＜史料叢刊10＞	14800	2016.04
961	糸賀 茂男	常陸中世武士団の史的考察	7400	2016.05
962	川勝 守生	近世日本石灰史料研究IX	7900	2016.05
963	所 理喜夫	徳川権力と中近世の地域社会	11000	2016.05
964	大豆生田稔	近江商人の酒造経営と北関東の地域社会	5800	2016.05
000	史料研究会	日本史のまめまめしい知識１＜ぶい＆ぶい新書＞	1000	2016.05
967	佐藤 久光	四国遍路の社会学	6800	2016.06
968	浜口 尚	先住民生存捕鯨の文化人類学的研究	3000	2016.07
969	裏 直記	農山漁村の生業環境と祭祀習俗・他界観	12800	2016.07
970	時枝 務	山岳宗教遺跡の研究	6400	2016.07
971	橋本 章	戦国武将英雄譚の誕生	2800	2016.07
972	高岡 徹	戦国期越中の攻防＜中世史30＞	8000	2016.08
973	市村・ほか	中世港町論の射程＜港町の原像・下＞	5600	2016.08
974	小川 雄	徳川権力と海上軍事＜戦国史15＞	8000	2016.09
975	福原・植木	山・鉾・屋台行事	3000	2016.09

岩田書院 刊行案内（25）

			本体価	刊行年月
976	小田　悦代	呪縛・護法・阿尾奢法＜宗教民俗９＞	6000	2016.10
977	清水　邦彦	中世曹洞宗における地蔵信仰の受容	7400	2016.10
978	飯澤　文夫	地方史文献年鑑2015＜郷土史総覧19＞	25800	2016.10
979	関口　功一	東国の古代地域史	6400	2016.10
980	柴　　裕之	織田氏一門＜国衆20＞	5000	2016.11
981	松崎　憲三	民俗信仰の位相	6200	2016.11
982	久下　正史	寺社縁起の形成と展開＜御影民俗22＞	8000	2016.12
983	佐藤　博信	中世東国の政治と経済＜中世東国論６＞	7400	2016.12
984	佐藤　博信	中世東国の社会と文化＜中世東国論７＞	7400	2016.12
985	大島　幸雄	平安後期散逸日記の研究＜古代史12＞	6800	2016.12
986	渡辺　尚志	藩地域の村社会と藩政＜松代藩５＞	8400	2017.11
987	小豆畑　毅	陸奥国の中世石川氏＜地域の中世18＞	3200	2017.02
988	高久　　舞	芸能伝承論	8000	2017.02
989	斉藤　　司	横浜吉田新田と吉田勘兵衛	3200	2017.02
990	吉岡　　孝	八王子千人同心における身分越境＜近世史45＞	7200	2017.03
991	鈴木　哲雄	社会科歴史教育論	8900	2017.04
992	丹治　健蔵	近世関東の水運と商品取引 続々	3000	2017.04
993	西海　賢二	旅する民間宗教者	2600	2017.04
994	同編集委員会	近代日本製鉄・電信の起源	7400	2017.04
995	川勝　守生	近世日本石灰史料研究10	7200	2017.05
996	那須　義定	中世の下野那須氏＜地域の中世19＞	3200	2017.05
997	織豊期研究会	織豊期研究の現在	6900	2017.05
000	史料研究会	日本史のまめまめしい知識２＜ぶい＆ぶい新書＞	1000	2017.05
998	千野原靖方	出典明記 中世房総史年表	5900	2017.05
999	植木・樋口	民俗文化の伝播と変容	14800	2017.06
000	小林　清治	戦国大名伊達氏の領国支配＜著作集１＞	8800	2017.06
001	河野　昭昌	南北朝期法隆寺雑記＜史料選書５＞	3200	2017.07
002	野本　寛一	民俗誌・海山の間＜著作集５＞	19800	2017.07
003	植松　明石	沖縄新城島民俗誌	6900	2017.07
004	田中　宣一	柳田国男・伝承の「発見」	2600	2017.09
005	横山　住雄	中世美濃遠山氏とその一族＜地域の中世20＞	2800	2017.09
006	中野　達哉	鎌倉寺社の近世	2800	2017.09
007	飯澤　文夫	地方史文献年鑑2016＜郷土史総覧19＞	25800	2017.09
008	関口　　健	法印様の民俗誌	8900	2017.10
009	由谷　裕哉	郷土の記憶・モニュメント＜ブックレットH22＞	1800	2017.10
010	茨城地域史	近世近代移行期の歴史意識・思想・由緒	5600	2017.10
011	斉藤　　司	煙管亭喜荘と「神奈川砂子」＜近世史46＞	6400	2017.10
012	四国地域史	四国の近世城郭＜ブックレットH23＞	1700	2017.10

近世史研究叢書

02	久保　貴子	近世の朝廷運営	6900円	1998.05
04	西沢　淳男	幕領陣屋と代官支配	7900円	1998.11
07	福江　　充	近世立山信仰の展開	11800円	2002.05
08	高橋　　実	助郷一揆の研究	7400円	2003.02
09	長谷川正次	高遠藩財政史の研究	18800円	2003.08
10	舟橋　明宏	近世の地主制と地域社会	8900円	2004.07
11	川村　　優	旗本領郷村の研究	11800円	2004.08
12	井上　定幸	近世の北関東と商品流通	5900円	2004.10
14	下重　　清	幕閣譜代藩の政治構造	7900円	2006.02
15	落合　　功	地域形成と近世社会	5900円	2006.08
16	白峰　　旬	幕府権力と城郭統制	7900円	2006.10
17	村井　早苗	キリシタン禁制の地域的展開	6900円	2007.02
18	黒石　陽子	近松以後の人形浄瑠璃	6900円	2007.02
19	長谷川匡俊	近世の地方寺院と庶民信仰	8200円	2007.05
20	渡辺　尚志	惣百姓と近世村落	6900円	2007.05
21	井上　　攻	近世社会の成熟と宿場世界	7900円	2008.05
22	滝口　正哉	江戸の社会と御免富	9500円	2009.05
23	高牧　　實	文人・勤番藩士の生活と心情	7900円	2009.08
24	大谷　貞夫	江戸幕府の直営牧	7900円	2009.11
25	太田　尚宏	幕府代官伊奈氏と江戸周辺地域	6900円	2010.10
26	尹　　裕淑	近世日朝通交と倭館	7900円	2011.02
27	高橋　伸拓	近世飛騨林業の展開	8400円	2011.09
28	出口　宏幸	江戸内海猟師町と役負担	6400円	2011.10
29	千葉真由美	近世百姓の印と村社会	7900円	2012.05
30	池田　仁子	金沢と加賀藩町場の生活文化	8900円	2012.08
32	宇佐美ミサ子	宿駅制度と女性差別	5900円	2012.12
34	B.ｸﾞﾗﾑﾘﾋ＝オカ	只野真葛論	7900円	2013.06
35	栗原　　亮	近世村落の成立と検地・入会地	11800円	2013.09
36	伊坂　道子	芝増上寺境内地の歴史的景観	8800円	2013.10
37	別府　信吾	岡山藩の寺社と史料	6900円	2013.12
38	中野　達哉	江戸の武家社会と百姓・町人	7900円	2014.02
39	石山　秀和	近世手習塾の地域社会史	7900円	2015.01
40	丹治　健蔵	近世関東の水運と商品取引 続	7400円	2015.05
41	西島　太郎	松江藩の基礎的研究	8400円	2015.07
42	池田　仁子	近世金沢の医療と医家	6400円	2015.09
43	斉藤　　司	田中休愚「民間省要」の基礎的研究	11800円	2015.10
45	吉岡　　孝	八王子千人同心における身分越境	7200円	2017.03
46	斉藤　　司	煙管亭喜荘と「神奈川砂子」	6400円	2017.10